ATRAVESSAR O FOGO

A marca FSC é a garantia de que a madeira utilizada na fabricação do papel deste livro provém de florestas que foram gerenciadas de maneira ambientalmente correta, socialmente justa e economicamente viável, além de outras fontes de origem controlada.

LOU REED

Atravessar o fogo

310 letras

Tradução
Christian Schwartz e
Caetano W. Galindo

Copyright © 2000 by Lou Reed. Todos os direitos reservados

Grafia atualizada segundo o Acordo Ortográfico da Língua Portuguesa de 1990, que entrou em vigor no Brasil em 2009.

Título original
Pass thru fire – The collected lyrics

Capa
Jeff Fischer

Preparação
Alexandre Boide

Revisão
Huendel Viana
Marina Nogueira

Dados Internacionais de Catalogação na Publicação (CIP)
(Câmara Brasileira do Livro, SP, Brasil)

Reed, Lou
    Atravessar o fogo : 310 letras / Lou Reed ; tradução
Christian Schwartz e Caetano W. Galindo — São Paulo :
Companhia das Letras, 2010.

    Título original : Pass thru fire : the collected lyrics.

    ISBN 978-85-359-1697-3

    1. Letras de música 2. Música rock - Letras I. Título.

10-05405   CDD-782.42166

Índice para catálogo sistemático:
1. Rock : Letras de música 782.42166

[2010]
Todos os direitos desta edição reservados à
EDITORA SCHWARCZ LTDA.
Rua Bandeira Paulista 702 cj. 32
04532-002 — São Paulo — SP
Tel. (11) 3707-3500
Fax (11) 3707-3501
www.companhiadasletras.com.br

Para L. A.

A Andrew Wylie, por tornar isto aqui possível, a Stefan Sagmeister, por seu brilhantismo e seu humor sempre presentes, a Karin Greenfield-Sanders, Beth Groubert, Roger Moenks, Mike Rathke, Tom Sarig e Ben Schafer, pelo essencial do essencial.

A fala de Brando, no carro, em Sindicato de ladrões, "Eu podia ter sido alguém". Ponha uma guitarra aí. A mesma coisa para Blanche, de Um bonde chamado desejo. A parte em que ela discorre sobre "a bondade de estranhos". Não dá até para ouvir isso cantado?

Sumário

19 Prefácio à edição da Da Capo Press
21 Introdução — Atravessar o fogo
23 Nota sobre a tradução

THE VELVET UNDERGROUND & NICO

26/ 501 *Domingo de manhã*/ Sunday morning
27/ 501 *Estou esperando o cara*/ I'm waiting for the man
28/ 502 *Femme fatale*/ Femme fatale
29/ 503 *A Vênus das peles*/ Venus in furs
30/ 503 *Corra corra corra*/ Run run run
31/ 504 *Todas as festas de amanhã*/ All tomorrow's parties
32/ 505 *Heroína*/ Heroin
34/ 506 *Lá vai ela outra vez*/ There she goes again
35/ 507 *Vou ser teu espelho*/ I'll be your mirror
36/ 507 *Canção fúnebre do anjo negro*/ Black angel's death song
38/ 509 *Filho europeu*/ European son

WHITE LIGHT / WHITE HEAT

40/ 509 *Luz Branca*/ *Calor Branco*/ White Light/ White Heat
42/ 510 *O presente*/ The gift
46/ 513 *A operação de Lady Godiva*/ Lady Godiva's operation

48/ 514   *Aí vem ela agora*/ Here she comes now
49/ 514   *Escutei ela chamar meu nome*/ I heard her call my name
50/ 515   *Sister Ray*/ Sister Ray

THE VELVET UNDERGROUND
53/ 516   *Candy diz*/ Candy says
54/ 517   *O que rola*/ What goes on
55/ 517   *Algum tipo de amor*/ Some kinda love
56/ 518   *Olhos azuis-claros*/ Pale blue eyes
57/ 519   *Jesus*/ Jesus
58/ 519   *Começando a ver a luz*/ Beginning to see the light
60/ 520   *Estou livre*/ I'm set free
61/ 521   *Essa é a história da minha vida*/ That's the story of my life
62/ 521   *O mistério do assassinato*/ The murder mystery
71/ 527   *Altas horas*/ After hours

1969 VELVET UNDERGROUND LIVE
73/ 528   *Doce Jane (protótipo)*/ Sweet Jane (prototype)
74/ 529   *Nova era (protótipo)*/ New age (prototype)
75/ 530   *Pra cima de você*/ Over you

LOADED
77/ 530   *Quem ama o sol*/ Who loves the sun
78/ 531   *Doce Jane (versão final)*/ Sweet Jane (final version)
79/ 532   *Rock'n'roll*/ Rock 'n' roll
80/ 532   *Vai devagar*/ Cool it down
81/ 533   *Nova era (versão final)*/ New age (final version)
82/ 534   *Cabeça erguida*/ Head held high
83/ 535   *O Solitário Caubói Bill*/ Lonesome Cowboy Bill
84/ 535   *Encontrei uma razão*/ I found a reason
85/ 536   *Trem na curva*/ Train round the bend
86/ 536   *Oh! O doce nada*/ Oh! Sweet nothing

VU
88/ 537   *Stephanie diz*/ Stephanie says
89/ 538   *Tentação dentro do seu coração*/ Temptation inside your heart
90/ 538   *Um dia desses*/ One of these days
91/ 539   *Vou na sua cola*/ I'm sticking with you

ANOTHER VIEW

93/ 540   *Ei, sr. Chuva* / Hey Mr. Rain
94/ 540   *Bill do Ferryboat* / Ferryboat Bill

THE VELVET UNDERGROUND LIVE MCMXCIII

96/ 540   *Canção de ninar do Velvet* / Velvet nursery rhyme
97/ 541   *Coiote* / Coyote

NICO: CHELSEA GIRL

100/ 542   *Garotas do Chelsea* / Chelsea girls
102/ 543   *Embrulhe seus problemas em sonhos* / Wrap your troubles in dreams

LOU REED

105/ 544   *Não aguento* / I can't stand it
106/ 544   *Caindo* / Going down
107/ 545   *O passo e o verbo* / Walk and talk it
108/ 546   *Lisa diz* / Lisa says
109/ 547   *Berlim* / Berlin
110/ 547   *Eu te amo* / I love you
111/ 548   *Menina indomável* / Wild child
113/ 549   *O amor te faz sentir* / Love makes you feel
114/ 549   *Jornada para o sol* / Ride into the sun
115/ 550   *Oceano* / Ocean

TRANSFORMER

117/ 551   *Perversa* / Vicious
118/ 552   *O baú do Andy* / Andy's chest
120/ 553   *Dia perfeito* / Perfect day
121/ 553   *Rondando* / Hangin' round
122/ 554   *Venha fazer uma loucura* / Walk on the wild side
124/ 555   *Maquiagem* / Make up
125/ 556   *Satélite do amor* / Satellite of love
126/ 556   *Roda de carro* / Wagon wheel
127/ 557   *Nova York ao telefone* / New York telephone conversation
128/ 558   *Me sinto tão livre* / I'm so free
129/ 558   *Boa noite, senhoras* / Goodnight ladies

BERLIN

109/ 547   *Berlim* / Berlin (ver LP *Lou Reed*)

132/ 559 *Lady Day*/ Lady Day
133/ 560 *Homens prósperos*/ Men of good fortune
134/ 560 *Caroline diz (I)*/ Caroline says (I)
135/ 561 *Você sabe o que é*/ How do you think it feels
136/ 562 *Oh, Jim*/ Oh, Jim
137/ 563 *Caroline diz (II)*/ Caroline says (II)
138/ 563 *As crianças*/ The kids
139/ 564 *A cama*/ The bed
140/ 565 *Música triste*/ Sad song

SALLY CAN'T DANCE
142/ 565 *Vai, Sally, vai*/ Ride Sally ride
143/ 566 *Linguagem dos animais*/ Animal language
144/ 566 *Baby Face*/ Baby Face
145/ 567 *Estrelas de Nova York*/ N.Y. stars
146/ 568 *Matar seus filhos*/ Kill your sons
147/ 568 *Tédio*/ Ennui
148/ 569 *Sally não pode dançar*/ Sally can't dance
150/ 570 *Billy*/ Billy

METAL MACHINE MUSIC
152/ 571 *Texto do encarte*/ Liner notes

CONEY ISLAND BABY
154/ 572 *Sensação incrível*/ Crazy feeling
155/ 572 *A garota do Charley*/ Charley's girl
156/ 573 *Ela é minha melhor amiga*/ She's my best friend
157/ 574 *Barato*/ Kicks
158/ 575 *Um presente*/ A gift
159/ 575 *Ooohhh, baby*/ Ooohhh baby
161/ 576 *Comigo e mais ninguém*/ Nobody's business
162/ 576 *Garoto de Coney Island*/ Coney Island baby

ROCK AND ROLL HEART
165/ 578 *Eu acredito no amor*/ I believe in love
166/ 578 *Batendo tambor*/ Banging on my drum
167/ 579 *Siga o mestre*/ Follow the leader
168/ 579 *Cai tão bem*/ You wear it so well
169/ 580 *Se aproveitam as moças*/ Ladies pay

170/ 580 *Coração rock'n'roll*/ Rock and roll heart
171/ 581 *Insensivelmente cruel*/ Senselessly cruel
172/ 581 *Direito à fama*/ Claim to fame
173/ 582 *Círculo vicioso*/ Vicious circle
174/ 582 *Uma vida protegida*/ A sheltered life
175/ 583 *Uma fase*/ Temporary thing

STREET HASSLE
177/ 584 *Me dá um pouco de curtição*/ Gimmie some good times
178/ 584 *Imunda (versão final)*/ Dirt (final version)
179/ 585 *Confusão de rua: Waltzing Matilda, parte I*/ Street hassle:
          Waltzing Matilda, part I
180/ 586 *Confusão de rua: confusão de rua, parte II*/ Street hassle: street hassle,
          part II
182/ 587 *Confusão de rua: cair fora, parte III*/ Street hassle: slip away, part III
183/ 587 *Eu quero ser negro*/ I wanna be black
184/ 588 *Curtir pra caramba juntos*/ Real good time together
185/ 588 *Estrela cadente*/ Shooting star
186/ 589 *Me deixe em paz*/ Leave me alone
187/ 589 *Espera*/ Wait

THE BELLS
189/ 590 *Cara estúpido*/ Stupid man
190/ 590 *Mística disco*/ Disco mystic
191/ 591 *Quero agitar com você*/ I wanna boogie with you
192/ 591 *Com você*/ With you
193/ 592 *Em busca de amor*/ Looking for love
194/ 592 *Luzes da cidade*/ City lights
195/ 593 *A noite inteira*/ All through the night
197/ 594 *Famílias*/ Families
199/ 595 *Os sinos*/ The bells

GROWING UP IN PUBLIC
201/ 596 *Como falar com um anjo*/ How do you speak to an angel
202/ 596 *Meu velho*/ My old man
203/ 597 *Ficar longe*/ Keep away
205/ 598 *Crescendo em público*/ Growing up in public
206/ 599 *Cerimoniosos*/ Standing on ceremony
207/ 600 *Tão sozinhos*/ So alone

209/ 601 *O amor veio pra ficar*/ Love is here to stay
210/ 602 *O poder do embebedamento positivo*/ The power of positive drinking
211/ 602 *Sorrisos*/ Smiles
212/ 603 *Pense nisso*/ Think it over
213/ 604 *Ensine as crianças eleitas*/ Teach the gifted children

THE BLUE MASK
215/ 604 *Minha casa*/ My house
216/ 605 *Mulheres*/ Women
217/ 606 *No fundo da garrafa*/ Underneath the bottle
218/ 606 *A arma*/ The gun
219/ 607 *A máscara azul*/ The blue mask
221/ 608 *Cara normal*/ Average guy
222/ 609 *A heroína*/ The heroine
224/ 610 *Ondas de medo*/ Waves of fear
225/ 611 *O dia em que John Kennedy morreu*/ The day John Kennedy died
226/ 612 *Braços celestiais*/ Heavenly arms

LEGENDARY HEARTS
228/ 612 *Corações lendários*/ Legendary hearts
229/ 613 *Não venha me falar de trabalho*/ Don't talk to me about work
230/ 614 *Faça minha cabeça*/ Make up my mind
231/ 614 *Lei marcial*/ Martial law
233/ 616 *O último pico*/ The last shot
234/ 617 *Apague a luz*/ Turn out the light
235/ 617 *Conselho indígena*/ Pow wow
236/ 618 *Traído*/ Betrayed
237/ 619 *Fundo do poço*/ Bottoming out
238/ 619 *Terra dos bravos*/ Home of the brave
239/ 620 *Jardim suspenso*/ Rooftop garden

NEW SENSATIONS
241/ 621 *Eu te amo, Suzanne*/ I love you, Suzanne
242/ 621 *Ciúme sem fim*/ Endlessly jealous
244/ 622 *Meu joystick vermelho*/ My red joystick
246/ 624 *Me procure*/ Turn to me
247/ 625 *Novas sensações*/ New sensations
248/ 625 *Fazendo o que queremos*/ Doin' the things that we want to
249/ 626 *O que faz um mito*/ What becomes a legend most

250/ 627 *Voar para o sol* / Fly into the sun
251/ 627 *Meu amigo George* / My friend George
252/ 628 *Doidão pela cidade* / High in the city
253/ 629 *No fliperama* / Down at the arcade

MISTRIAL
255/ 630 *Novo julgamento* / Mistrial
256/ 630 *Sem entrada* / No money down
257/ 631 *Lá fora* / Outside
258/ 632 *Não magoe uma mulher* / Don't hurt a woman
259/ 632 *Vídeo-violência* / Video violence
261/ 634 *Põe pra fora* / Spit it out
263/ 635 *Embalagem original* / The original wrapper
265/ 636 *A mamãe tem um amante* / Mama's got a lover
266/ 637 *Lembro de você* / I remember you
267/ 638 *Diz pro seu coração* / Tell it to your heart

NEW YORK
270/ 639 *Julieta era de Romeu* / Romeo had Juliette
272/ 640 *Parada do Dia das Bruxas* / Halloween parade
274/ 641 *Boulevard barra-pesada* / Dirty blvd.
275/ 642 *Eterno ciclo* / Endless cycle
276/ 642 *Não há tempo* / There is no time
278/ 644 *A última grande baleia americana* / Last great American whale
280/ 645 *O começo de uma grande aventura* / Beginning of a great adventure
282/ 646 *Um caminhão de fé* / Busload of faith
283/ 647 *Cheio de você* / Sick of you
285/ 648 *Dê um tempo* / Hold on
287/ 649 *Boa noite, sr. Waldheim* / Good evening Mr. Waldheim
289/ 650 *Natal em fevereiro* / Xmas in February
290/ 651 *Testa de ferro* / Strawman
291/ 652 *Mistério barato* / Dime store mystery

SONGS FOR DRELLA
293/ 653 *Cidade pequena* / Small town
295/ 654 *Portas abertas* / Open house
296/ 655 *O estilo necessário* / Style it takes
297/ 655 *Trabalho* / Work
299/ 657 *O problema dos classicistas* / Trouble with classicists

300/ 657 *Luz das estrelas* / Starlight
301/ 658 *Rostos e nomes* / Faces and names
303/ 659 *Imagens* / Images
305/ 660 *Desaparecer (Um aviso)* / Slip away (A warning)
306/ 661 *Nao fui eu* / It wasn't me
307/ 662 *Eu acredito* / I believe
308/ 662 *Ninguém além de você* / Nobody but you
309/ 663 *Um sonho* / A dream
311/ 665 *Mudado para sempre* / Forever changed
312/ 665 *Oi, sou eu* / Hello it's me

MAGIC AND LOSS

314/ 666 *O que tem de bom — A tese* / What's good—The thesis
316/ 667 *Poder e glória — A situação* / Power and glory—The situation
318/ 668 *Mago — Internamente* / Magician—Internally
320/ 670 *Espada de Dâmocles — Externamente* / Sword of Damocles—Externally
321/ 670 *Missa de Adeus — Em uma capela de extermínio corpóreo* /
Goodbye mass—In a chapel bodily termination
322/ 671 *Cremação — Ao pó voltarás* / Cremation—Ashes to ashes
323/ 672 *Sonhando — Fuga* / Dreamin'—Escape
324/ 672 *Sem oportunidade — Arrependimento* / No chance—Regret
325/ 673 *O rei guerreiro — Vingança* / The warrior king—Revenge
326/ 674 *A circuncisão de Harry — Devaneio desvairado* / Harry's circumcision—
Reverie gone astray
327/ 675 *Travado e chapado — Perda* / Gassed and stoked—Loss
329/ 676 *Poder e a glória. Parte II — Magia • Transformação* / Power and the glory.
Part II—Magic • Transformation
330/ 676 *Magia e perda — A soma final* / Magic and loss—The summation

SET THE TWILIGHT REELING

333/ 678 *Egg cream* / Egg cream
334/ 678 *Nova-iorquino* / NYC man
335/ 679 *Linha de chegada (para Sterl)* / Finish line (for Sterl)
337/ 680 *Escambo* / Trade in
339/ 681 *Se agarre às suas emoções* / Hang on to your emotions
341/ 682 *Sexo com os pais (filho da puta) Parte II* / Sex with your parents
(motherfucker) Part II
343/ 683 *Hookywooky* / Hookywooky
344/ 684 *A proposta* / The proposition

345 / 685   *A aventureira* / The adventurer
347 / 687   *Vazante* / Riptide
349 / 688   *Pôr o crepúsculo em movimento* / Set the twilight reeling

MISCELÂNEA

351 / 689   *Oceano* / Ocean 1970
352 / 690   *Você pode dançar* / You can dance 1975
354 / 691   *Um rosto tão bonito* / Such a pretty face 1977
355 / 691   *Ação afirmativa (Policial No. 99)* / Affirmative action (PO #99) 1977
357 / 692   *Melhor levantar e ir dançar* / Better get up and dance 1977
358 / 693   *Lá vem a noiva* / Here comes the bride 1978
359 / 694   *Meu nome é Mok* / My name is Mok 1983
361 / 695   *Irmãzinha* / Little sister 1983
362 / 695   *Aconteceu alguma coisa* / Something happened 1988
363 / 696   *Cartas para o Vaticano* / Letters to the Vatican 1988
365 / 697   *A calmaria antes da tempestade* / The calm before the storm 1988
366 / 698   *Um só mundo uma só voz* / One world one voice 1990
367 / 698   *Por que eu não posso ser bom* / Why can't I be good 1993
368 / 699   *Você vai saber que foi amada* / You'll know you were loved 1995
370 / 700   *Alguém está ouvindo?* / Is anybody listening 1997
372 / 701   *Sujeira do centro da cidade (protótipo)* / Downtown dirt (prototype)

TIME ROCKER

375 / 702   *Enfim só* / Alone at last
377 / 703   *Sangue do cordeiro* / Blood of the lamb
378 / 704   *Espetáculo de desaparecimento* / Vanishing act
379 / 705   *Mongo e Longo* / Mongo and Longo
381 / 706   *Uma testemunha da vida* / A witness to life
382 / 706   *Canção fofoca* / Gossip song
383 / 707   *Futuros fazendeiros da América* / Future farmers of America
385 / 708   *Vestindo uma pele nova* / Putting on a new skin
386 / 709   *Diminuendo ao contrário* / Reverse diminuendo
387 / 710   *Reverter o tempo* / Turning time around
389 / 711   *No que é divino* / Into the divine
390 / 711   *Por que você fala* / Why do you talk
391 / 712   *Eu não preciso disso* / I don't need this
392 / 713   *Livro-falante* / Talking book
393 / 714   *Na corrida* / On the run

ECSTASY

395/ 715 *Êxtase*/ Ecstasy
397/ 716 *Criança mística*/ Mystic child
399/ 717 *Paranoia em mi maior*/ Paranoia key of E
401/ 719 *Louco*/ Mad
403/ 720 *Dança moderna*/ Modern dance
405/ 721 *Farrapos*/ Tatters
407/ 722 *Baton Rouge*/ Baton Rouge
410/ 724 *O prisma branco*/ The white prism
412/ 726 *Grande céu*/ Big sky
414/ 727 *Minueto rock*/ The rock minuet
416/ 728 *Como um gambá*/ Like a possum

THE RAVEN

421/ 731 *O verme conquistador*/ The conqueror worm

ATO I

423/ 732 *O velho Poe*/ Old Poe
425/ 733 *Edgar Allen Poe*/ Edgar Allen Poe
427/ 735 *O vale da inquietude*/ The valley of unrest
429/ 736 *Chama por mim*/ Call on me
430/ 737 *A cidade no mar*/ The city in the sea
433/ 739 *Mudança*/ Change
435/ 740 *A queda da casa de Usher*/ The fall of the house of Usher
441/ 744 *O leito*/ The bed
442/ 745 *Dia perfeito*/ Perfect day
443/ 746 *O corvo*/ The raven
447/ 748 *Balão*/ Balloon

ATO II

449/ 749 *Canção da Broadway*/ Broadway song
450/ 750 *O coração delator, parte I*/ The tell-tale heart, part I
456/ 754 *Fúria cega*/ Blind rage
458/ 755 *O coração delator, parte II*/ The tell-tale heart, part II
463/ 758 *Brasas ardentes*/ Burning embers
464/ 759 *O demônio dos perversos*/ The imp of the perverse
467/ 760 *Espetáculo de desaparecimento*/ Vanishing act
468/ 761 *O barril*/ The cask
473/ 764 *Culpada*/ Guilty

476/ 766 *Criatura indomável de nascença* / A wild being from birth
479/ 768 *Quero saber (Poço e pêndulo)* / I wanna know (Pit and pendulum)
480/ 769 *Ciência da mente* / Science of the mind
481/ 769 *Annabel Lee* / *Os sinos* / Annabel Lee / The bells
482/ 770 *Hop-frog* / Hop-frog
483/ 771 *Cada rã a seu tempo* / Every frog has his day
484/ 772 *A fala de Tripitena* / Tripitena's speech
485/ 772 *Quem sou eu?* / Who am I?
487/ 774 *Orangotangos da corte* / Courtly orangutans
488/ 774 *Anjo da guarda* / Guardian angel

AS MAIS RECENTES
491/ 776 *Gravidade* / Gravity
493/ 777 *Coração generoso* / Generous heart
495/ 778 *Zona de segurança* / Safety zone
496/ 779 *Pai criança* / Junior dad
498/ 780 *Poder do coração* / Power of the heart

783 DISCOGRAFIA

789 *Sobre o autor*

Prefácio à edição da Da Capo Press

Chega uma hora em que, com sorte, a gente ganha uma antologia. Não um *Best of*, mas tudo, desde o começo até agora. É interessante, como autor, ver essas letras, ler as provas do livro e resistir ao impulso de mudá-las todas. Os tradutores me pedem explicações sobre palavras e frases que não posso dar. Algumas coisas me são desconhecidas. Algumas perguntas não podem ser respondidas. E certas vezes escrever significou apenas seguir o ritmo e o som e inventar palavras sem sentido algum além da sensação que transmitiam. Tentei permanecer fiel a todas as minhas canções. Não tenho nenhuma favorita. Fico espantado pelo simples fato de ser capaz de escrevê-las, e não tenho um entendimento profundo do processo, apenas sei que, quando consigo, é relativamente fácil de fazer e, quando não consigo, é mais ou menos como desmontar o motor de um carro.

Delmore Schwartz, meu professor, me apresentou à beleza da frase simples, e foi o que tentei seguir ao longo de uma vida escrevendo. Andy Warhol também era muito bom com as palavras e, com ele, aprendi uma certa ética do trabalho e o valor da repetição. Mas já tinha aprendido isso muito antes, com o rock'n'roll e o blues. Queria criar grandes monólogos para bateria e guitarra. Queria encenar uma canção. Queria escrever a peça com a música do meu coração. Amo os sotaques de Nova York. A psicologia das ruas. E, agora que estou mais velho, o terreno da meditação, as lições a serem aprendidas. E acima de tudo: sobre o que escrever agora.

Lou Reed

Introdução — Atravessar o fogo

O verso exato é "Quando você atravessa o fogo que lambe seus lábios". Meu outro verso favorito é "E que logo à frente há uma porta, não um muro". São muitos os meus versos favoritos no álbum *Magic and loss*. Originalmente, era para ser um disco sobre Magia, magia de verdade, a habilidade de fazer desaparecer a si mesmo. Eu tinha ouvido histórias de magos com estranhos poderes no México. Pensei que, se lançasse umas canções sobre magia, eles entrariam em contato comigo e me contariam seus segredos. Afinal, as pessoas estão sempre me contando seus segredos, e muitas vezes eu os coloco numa canção como se fossem coisas que aconteceram comigo. Infelizmente, dois amigos meus morreram de cânceres virulentos no intervalo de um ano, período em que eu escrevia as canções do disco, que então, de "Magia" (*Magic*), transformou-se em "Magia e perda" (*Magic and loss*). Eu queria encontrar um jeito mágico de lidar com o luto e a morte. Queria criar uma música que ajudasse em um momento de perda. Parece que estamos sempre recomeçando, ganhando mais chance para encarar de novo as coisas.

No álbum *New York*, outra vez eu estava envolvido com essas forças externas. "Apanhado entre as estrelas turvas..." As estrelas são turvas, o mapa é furado. Romeo Rodriguez perde sua alma no carro alugado de alguém. Uma atmosfera sombria para começar. Mas bastante previsível, a crer no dito que aparece em uma das minhas primeiras canções, "I'll be your mirror", em que o cantor faz a oferta: "vou te refletir, caso você não saiba quem é". Era uma canção de amor, mas a capacidade e o desejo de refletir podem ir a outros lugares, e nos mostrar outros espaços e condições dentro de e sobre nós mesmos.

Sempre achei que minhas letras iam além do simples relato e faziam asserções emocionais, embora não morais. Nas letras mais antigas, isso quase sempre era tomado como celebração ou glorificação do que, geralmente, se via como pecado. Comportamento e ações pecaminosos que não eram punidos. Que a coisa fosse gravada em discos era por si só algo pecaminoso. Um caldeirão de pecados registrados. Isso, mais o apoio de Andy Warhol, produziu uma mistura incendiária. Voltei a esse tempo em *Songs for Drella*, uma tentativa de transmitir o espírito da época, do homem e da posição de respeito que ele ocupava aos nossos olhos como artista. É maravilhoso, até hoje, ver como ele manipulava e controlava a imprensa, sua ética de trabalho extremada, sua luta para se manter relevante num mundo sempre a reboque da última modinha. A nova geração procura se definir, e a primeira coisa que faz é descartar o que veio antes, o velho.

Em *Time Rocker*, uma peça teatral que criei com Robert Wilson, estávamos interessados em transcender o tempo, atravessar seus vários mundos e fronteiras. Esse tipo de viagem significava para mim uma forma de mágica. Não tínhamos um carro alugado, mas um peixe para viajar no tempo. O que me remete ao desejo, em "Trade in", do disco *Set the twilight reeling*, de trocar a própria alma do mesmo que jeito que ela estava "à venda" em *Coney Island baby*. O mesmo "cara normal" ("Average guy") de *The blue mask* que pôs "alfinete[s] nos seus mamilos e achou que era um santo". O amor e o desejo de transcendência perpassam essas canções. "The proposition", "Make up my mind", "Wild side", por falar nisso. Os personagens dessas músicas estão sempre indo em direção a alguma coisa, há conflito e eles tentam resolver. Em "Some kind of love", ele "lubrifica teu ombro". Depois, tenta "se agarrar às suas emoções" ("Hang on to your emotions") para poder "pôr o crepúsculo em movimento" ("Set the twilight reeling" enquanto "a lua e as estrelas estão a postos diante da minha janela". As atrizes se relacionam porque estão atuando. Elas entendem o desejo de ver "os sinos" ("The bells"), de ouvir o chamado da transcendência e da liberdade. E todas as letras são sobre isso.

Lou Reed

Nota sobre a tradução

Podem-se traduzir letras de canções com vários fins. Legendas de clipes, uma antologia de poemas, uma banda que quer cantar uma "versão", um livro como este. Cada um deles terá seus meios.

Aqui, o que o leitor encontrará são versões que pretendem permitir a compreensão das letras de Lou Reed, consideradas como textos artísticos em verso branco e livre. Versões em que se abriu mão de rimas e metros rígidos que, sempre, hão de empenar um pouquinho o prosaico acesso semântico ao favorecer o engenho e a arte.

Assim, tentamos em geral ficar no registro da oralidade brasileira contemporânea, mesmo no que ela tenha de "contrário" à boa norma de gramáticos e mestres-escolas. Reed tende a ser pura e por vezes até grosseira oralidade nova-iorquina; não caberia transformá-lo em bem-comportada donzela lusitana.

Da mesma forma, pouco alteramos a pontuação original, estabelecida pelo próprio autor e com a mesma ênfase na oralidade, ou seja: é pontuação rara, não exatamente de texto escrito, mais preocupada com o ritmo das canções (embora ausente do livro, assim como harmonia e melodia, obviamente — daí o estranhamento até natural das letras simplesmente impressas no papel).

É lógico que houve exceções, canções que por seu tom pediam outros registros; é o caso, mais marcadamente, de todo o álbum *The raven*. É certo também, como sempre nessas discussões sobre normas linguísticas vivas num país do tamanho do Brasil, que a impossibilidade de estabelecer um padrão de oralidade que valha para o país todo fará transparecer aos olhos/ouvidos dos leitores de outras regiões o *nosso padrão* (vale a informação: a dupla de tradutores é curitibana). Viva a diferença.

Tentamos igualmente preservar, quando possível, aquilo que acreditamos que seria uma espécie de "vocabulário rock'n'roll", mais ou menos universal, que via de regra gera mero *nonsense* se traduzido e tende a ser mais que compreendido por quem, acreditamos, seja o leitor típico deste volume. Basta pensar no título da canção "Ooohhh baby".

Fizemos também algumas notas. Apenas notas informativas ou de esclarecimento sobre referências a outras obras, a personalidades históricas, ou a cidadãos e cidadãs comuns que, à época em que Lou Reed escrevia suas crônicas da América, tivessem conquistado certa notoriedade — geralmente trágica. Na introdução, Reed comenta: "Sempre achei que minhas letras iam além do simples relato e faziam asserções emocionais, embora não morais". Não pensamos no entanto que nos coubesse, como no caso de qualquer texto literário, explicar em rodapé seja lá o que possam ser as tais "asserções emocionais".

Uma preocupação, é preciso dizer enfim, a todo momento fez acender uma luz vermelha enquanto enfrentávamos os originais. O poeta (e letrista) Antonio Cícero a resume bem: "Quem já não teve a experiência, em relação a uma letra de canção, de se emocionar com ela ao escutá-la cantada e depois considerá-la insípida, ao lê-la no papel, sem acompanhamento musical?". E o que fazer se o próprio Reed, na Introdução deste volume, comenta: "Os tradutores me pedem explicações sobre palavras e frases que não posso dar. Algumas coisas me são desconhecidas. Algumas perguntas não podem ser respondidas. E certas vezes escrever significou apenas seguir o ritmo e o som e inventar palavras sem sentido algum além da sensação que transmitiam".

Imagine então o nosso lugar, limitados não apenas a uma versão de papel, mas à *nossa* versão de tudo isso.

E no entanto era necessário traduzir Lou Reed para o leitor brasileiro. Fica aqui nossa tentativa. Esperamos que não totalmente desprovida de engenho e arte.

Christian Schwartz e Caetano W. Galindo

THE VELVET UNDERGROUND & NICO

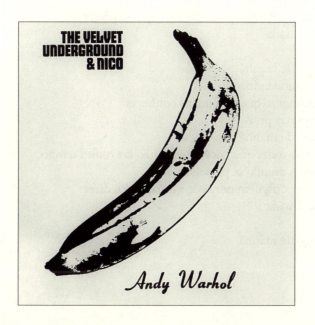

Domingo de manhã
[*Sunday morning*]

Domingo de manhã
Começo a compreender
É só uma inquietação ao meu redor
Um despertar precoce
Domingo de manhã
São apenas os anos perdidos ainda tão perto
Cuidado, o mundo te persegue
Tem sempre alguém perto de você que vai dizer
Isso não é nada

Domingo de manhã
E estou afundando
Um sentimento que não quero conhecer
Um despertar precoce
Domingo de manhã
São as ruas todas que você cruzou não faz muito tempo
Cuidado, o mundo te persegue
Tem sempre alguém perto de você que vai dizer
Isso não é nada

Domingo de manhã

Estou esperando o cara
[*I'm waiting for the man*]

Estou esperando o cara
Vinte e seis dólares na mão
Na altura do número 1-2-5 da Lexington
Doente e sujo, me sentindo mais morto do que vivo
Estou esperando o cara

Ei, menino branco, o que é que você faz aqui?
Ei, menino branco, subindo o morro pra tentar se divertir*
Oh, perdão, senhor, nem passou pela minha cabeça
Só estou procurando um camarada meu
Estou esperando o cara

Aí vem ele, todo vestido de preto
Sapatos de operário e chapéu de malandro
Nunca chega cedo, está sempre atrasado
A primeira coisa que a gente aprende é que sempre tem de esperar
Estou esperando o cara
Na frente de um sobrado escuro, no alto de três lances de escada
Todo mundo já te sacou, mas ninguém está nem aí
Ele tem lábia e te faz provar do doce
Aí você precisa se mandar porque não tem tempo a perder
Estou esperando o cara

Baby, não grite comigo, querida, não esperneie
Estou legal, sabe, vai dar tudo certo
Estou legal, estou, oh, muito legal
Até amanhã, mas aí já vai ser outro dia
Estou esperando o cara

---

* Os dois primeiros versos dessa estrofe foram usados pelo compositor e cantor da Legião Urbana, Renato Russo, na música "Mais do mesmo", do disco *Que país é este* (1987). Uma versão mais literal seria: "Ei, menino branco, está atrás de nossas minas?". Optou-se pela tradução consagrada. (Todas as notas desta edição são dos tradutores.)

Femme fatale
[*Femme fatale*]

Aí vem ela
Melhor tomar cuidado
Ela vai partir teu coração, é sério
Não é difícil se dar conta
Olha só esses olhos de cor falsa
Ela vai te dar bola só pra depois te dar o fora
Que palhaço

Porque todo mundo sabe
As coisas que ela faz pra agradar
Ela não passa de uma provocadora
Olha o jeito dela andar
Escuta o jeito como ela fala

Você está na lista dela
É o número 37, veja lá
Ela vai sorrir só pra ver a tua cara, que palhaço
Menino, ela é da pesada
Te derruba logo de saída
Ela vai te fazer de bobo, é sério

Porque todo mundo sabe
As coisas que ela faz pra agradar
Ela não passa de uma provocadora
Olha o jeito dela andar
Escuta o jeito como ela fala

Ela é uma *femme fatale*

A Vênus das peles*
[*Venus in furs*]

Botas de couro brilhantes, brilhantes, brilhantes
No escuro, a ninfeta do chicote
Aparece a caráter, teu escravo, não o abandone
Castigue-o, minha senhora, para que seu coração seja curado

Pecados à flor da pele, desejos sob a luz do poste
O figurino que ela vai usar
Peles raras de animais, adornos imperiais
Servo Severino espera por você

Estou cansado, estou exausto
Eu poderia dormir mil anos
Mil sonhos que me fariam despertar
Uma paleta feita de lágrimas

Beije a bota de couro brilhante, brilhante
Brilhante, o couro no escuro
Falem os chicotes, a cinta que espera por você
Castigue-o, minha senhora, para que seu coração seja curado

Severino, Severino, seja suave ao falar
Severino, de joelhos no chão
Experimente o chicote de um amor que não tem nada de suave
Experimente o chicote, e agora sangre pra mim

Botas de couro brilhantes, brilhantes, brilhantes
No escuro, a ninfeta do chicote
Severino, teu escravo, aparece a caráter, por favor não o abandone
Castigue-o, minha senhora, para que seu coração seja curado

---

* Título de um célebre livro do escritor austríaco Leopold von Ritter Sacher-Masoch, de cujo sobrenome originou-se o termo "sadomasoquismo".

Corra corra corra
[*Run run run*]

A menina Mary disse ao Tio Dave
Vendi minha alma, preciso ser salva
Vou dar uma volta na Union Square
Nunca se sabe quem pode estar por lá

Você tem de correr correr correr correr correr
A morte cigana e você
Vou te dizer o que fazer

A Margarida Paixão, tive de dar um pico nela
Ela não estava legal, estava passando mal
Foi vender a alma, não estava curtindo um barato
Não sabia o bagulho que podia comprar

A Sara Enjoada tinha um nariz dourado
Botas de bico fino apertadas nos dedos
Os anjos todos gritaram quando ela ficou azul
Eles não sabiam, não entenderam o que estava rolando

Harry Cara Limpa, que desperdício
Nem um gostinho ele conseguiu ter
Tomou o bonde até a 47
Achou que, se fosse um bom moço, iria pro céu

Você tem de correr correr correr correr correr
Dar uma tragada ou duas
Correr correr correr correr correr
A morte cigana e você
Vou te dizer o que fazer

Todas as festas de amanhã
[*All tomorrow's parties*]

E que roupa a pobre menina usará
Em todas as festas de amanhã
Um vestido ordinário saído sabe-se lá de onde
Em todas as festas de amanhã
E aonde ela irá, e o que ela fará
Quando der meia-noite
Ela vai outra vez procurar consolo e chorar atrás da porta

E que roupa a pobre menina usará
Em todas as festas de amanhã
Por que a seda e o linho dos vestidos de ontem
Em todas as festas de amanhã
E o que ela fará com os trapos do passado
Quando o futuro chegar
Ela vai outra vez procurar consolo e chorar atrás da porta

E que roupa a pobre menina usará
Em todas as festas de amanhã
Pois a criança de ontem é o mártir de amanhã
Pelo qual ninguém vai chorar

Um manto enegrecido
Um vestido ordinário
De trapos e seda — um figurino
Perfeito para aquela que senta e chora
Por todas as festas de amanhã

Heroína
[*Heroin*]

Não sei bem aonde estou indo
Mas vou tentar o reino dos céus, se eu puder
Porque ela me faz me sentir um homem
Quando sinto o pico na minha veia
Vou te contar, nada mais é a mesma coisa
Quando estou correndo apressado
E me sinto igualzinho ao filho de Jesus
E acho que já não sei de nada
E acho que já não sei de nada

Tomei uma grande decisão
Vou tentar anular minha vida
Porque quando o sangue começa a circular
Quando sobe pela seringa
Quando estou me aproximando da morte
Vocês não podem me ajudar, vocês não, caras
Nem vocês, meninas meigas com sua conversa meiga
Vocês todos podem ir dar uma volta
E acho que já não sei de nada
E acho que já não sei de nada

Queria ter nascido dez mil anos atrás
Queria ter navegado os mares mais sombrios
Num senhor veleiro dos grandes
Ir desta terra aqui até outra
Ah, de uniforme e quepe de marinheiro
Pra longe da cidade grande
Um homem não consegue se livrar
De todos os demônios desta cidade
E dele mesmo e dos que estão à sua volta
E acho que já não sei de nada
E acho que já não sei de nada

Heroína, seja minha morte
Heroína, minha esposa e minha vida
Porque uma agulha na minha veia
Leva ao centro da minha cabeça

E aí fico melhor do que se estivesse morto
Porque quando ela começa a circular
Já não estou mais nem aí mesmo
Com os pobres coitados desta cidade
E com todos os políticos loucos barulhentos
E com todo mundo pisando em todo mundo
E com todos os mortos empilhados

Porque quando ela começa a circular
Aí é que já não estou mais nem aí mesmo
Ah, quando a tal heroína entra no meu sangue
E esse sangue vai pra minha cabeça
Cara, graças a Deus, fico bem como se estivesse morto
E agradeço ao teu Deus por não ter consciência
E dou graças a Deus por não estar nem aí
E acho que já não sei de nada
Ah, e acho que já não sei de nada

Lá vai ela outra vez
[*There she goes again*]

Lá vai ela outra vez
À solta nas ruas outra vez
Ela está rendida, meu amigo
Mas, você sabe, ela jamais vai te pedir por favor outra vez
Olha só, ela não tem lágrimas nos olhos
Ela não vai se entregar pra qualquer um
O que você pode fazer?
Você vê ela desfilando pela rua
Olha pros teus amigos todos que ela vai encontrar
Melhor chegar junto

Lá vai ela outra vez
Está caindo pelas tabelas outra vez
Ela está rendida, meu amigo
Você sabe, ela jamais vai te pedir por favor outra vez
Olha só, ela não tem lágrimas nos olhos
Feito um passarinho, você sabe, ela vai voar
O que você pode fazer?
Você vê ela desfilando pela rua
Olha pros teus amigos todos que ela vai encontrar (lá vai ela)
Melhor chegar junto

Vou ser teu espelho
[*I'll be your mirror*]

Vou ser teu espelho, vou te refletir
Caso você não saiba quem é
Vou ser o vento, a chuva e o pôr do sol
A luz à tua porta
Pra mostrar que você está em casa

Quando achar que a escuridão tomou tua mente
Que por dentro você está perturbado e amargo
Me deixe te mostrar que você está cego
Por favor, baixe a guarda
Porque eu te vejo

Acho difícil
Acreditar que você não saiba
A beleza que tem
Mas, se não sabe,
Me deixe ser teus olhos
A mão que te guia na escuridão
E você não vai ter medo

Quando achar que a escuridão tomou tua mente
Que por dentro você está perturbado e amargo
Me deixe te mostrar que você está cego
Por favor, baixe a guarda
Porque eu te vejo

Vou ser teu espelho

Canção fúnebre do anjo negro
[*Black angel's death song*]

A miríade de opções em seu caminho estava disposta
Sobre um prato para ele escolher, o que ele tinha a perder?
Não um país encharcado em sangue de fantasmas e coberto de sono
Onde o anjo negro chorava
Não uma velha rua de uma cidade do leste
E escolheu

E o irmão andarilho perambulou pela noite
Com o cabelo
Na cara
De alto a baixo repartido com uma faca G.T.

Rally Man fez sua pregação na madrugada
Até a gente dizer adeus pra caveira dele
Grito lancinante

Brilho ofuscante, contornos e rugas avermelhados pelo tempo
Impregnados na escolha da mente sobre patins de gelo arrancando pedaços
Dos sinos

Boca cortada navalhas sangrando esquecidas na dor
Despojos de antisséptico murmuram adeus
Então você voa
Para a neve escura aconchegante do leste
E escolheu, escolheu outra vez

O sacrifício persiste, torna difícil esquecer
De onde você vem
Os talos dos teus olhos servem para perceber a dor
Escolha outra vez

O refrão de Roberman do sacrílego recluso
Pela morte de um cavalo
Disseram os intestinos na cauda de um rato
De novo, escolha ir embora

E se o terror a epifanias te envergonha
Faz tua cabeça balançar e ziguezaguear
Escolhe de que lado
Ficar

Se a pedra desvia o olhar, faz rachar em dois a didática
Usa a cor dos caminhos de rato tudo verde tenta algo entre um e outro
Se você escolher
Se você escolher
Tente perder
Porque a perda do que resta vem e começa
Começa o jogo
I Chi—Chi
Chi Chi I
Chi Chi Chi
Ka—Ta—Ko
Escolha escolher
Escolha escolher
Escolha ir embora

Filho europeu
[*European son*]

Você matou seu filho europeu
Você cospe nos menores de vinte e um anos
Mas agora suas nuvens azuis se foram
Melhor dizer adeus
Hey hey, bye bye bye

Você colocou papel de parede verde
E quer fazer amor ali mesmo
Seu filho europeu se foi
Melhor dizer adeus
Suas nuvens escapulindo em despedida

WHITE LIGHT / WHITE HEAT

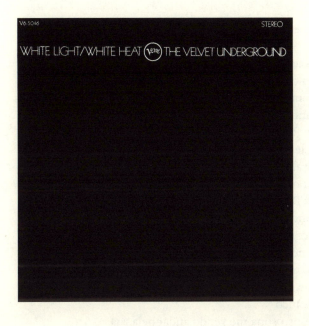

Luz Branca/ Calor Branco
[*White Light/ White Heat*]

Luz Branca
Bagunçando minha mente
Luz Branca
Não sabe que vai me deixar cego?
Calor Branco
Calor Branco
Comichão até as unhas dos pés
Luz Branca
Senhor, tenha piedade, vem Luz Branca, só Deus sabe

Luz Branca
Luz Branca
Bagunçando meu cérebro
Luz Branca
Oh, Luz Branca
Vai me deixar louco
Calor Branco
Calor Branco, comichão até as unhas dos pés
Oh, Luz Branca, eu disse agora, só Deus sabe, manda ver
Luz Branca
Oh, eu com certeza adoro ver esse troço gotejando aqui pra dentro
Luz Branca
Cuidado aí, cuidado aí
Não sabe que você vai acabar morto e ressecado?
Calor Branco
Yeah, a gostosona me vendo andar pela rua
Luz Branca
Sobe pra cabeça e vai te deixar morto, pendurado na tua rua
Luz Branca
Me leva pra dentro do meu cérebro
Luz Branca
Vai te deixar louco
Calor Branco
Oh, Calor Branco, comichão até as unhas dos pés
Luz Branca
Oh, Luz Branca, eu disse agora, só Deus sabe
Luz Branca

Oh, Luz Branca ilumina os meus olhos
Luz Branca
Não sabe que me deixa muito espantado?
Calor Branco
Oh, Calor Branco, comichão até as unhas dos pés
Luz Branca
Oh, Luz Branca, agora vou te contar, só Deus sabe, manda ver
Luz Branca
Oh, ela com certeza é veloz*
Olha que disparada doida, olha que disparada doida
É, a gente vai fazer isso toda semana
Calor Branco
Oh, cochicha engrola, todo mundo vai matar a própria mãe

Luz Branca
Aí vem ela, aí vem ela
Todo mundo saca que ela me faz disparar
Manda ver

* Possível jogo de palavras entre o verbo "speed" (acelerar) e o jargão de drogras "speed", que se aplica às anfetaminas e metanfetaminas. A operação é recorrente na obra do autor.

O presente
[*The gift*]

Waldo Jeffers tinha chegado ao seu limite. Já era meio de agosto, o que significava que ele estava longe de Marsha havia mais de dois meses. Dois meses, e tudo o que tinha eram três cartas meio estropiadas e dois telefonemas de longa distância que haviam lhe custado bem caro. Verdade que, quando terminaram as aulas e ela voltara para Wisconsin e ele, para Locust, ela tinha jurado manter certa fidelidade. Namoraria aqui e ali, mas só por diversão. Seria fiel a ele.

Mas, passado algum tempo, Waldo começara a se preocupar. Tinha dificuldades para dormir à noite e, quando conseguia, sonhava coisas horríveis. Ficava desperto de madrugada, impaciente, agitado debaixo da colcha franzida, lágrimas brotando dos seus olhos ao imaginar Marsha, juras de amor esquecidas sob efeito da bebida e do suave assédio de algum Neanderthal, rendendo-se finalmente às derradeiras carícias antes de se entregar ao ato. Era mais do que podia suportar a mente humana.

Visões da infidelidade de Marsha o perseguiam. Fantasias diurnas sobre entrega sexual invadiam seus pensamentos, e o fato era que ignoravam quem era ela, na verdade. Ele, Waldo, só ele, entendia. Tinha sacado intuitivamente cada cantinho da psique dela. Ele a tinha feito sorrir — ela precisava dele, e ele não estava lá. (ahh...)

A ideia lhe ocorreu na quinta-feira anterior aos desfiles de Ano-Novo. Ele tinha acabado de cortar e aparar a grama dos Edison por um dólar e cinquenta centavos e, em seguida, conferido sua caixa de correio para ver se havia, finalmente, alguma notícia de Marsha. Não havia nada, só um folheto da Amalgamated Aluminium Company querendo saber se ele estava precisando de toldos. Pelo menos tinham se preocupado em lhe mandar alguma coisa. Era uma empresa de Nova York. O correio chegava a qualquer lugar.

Foi aí que ele se deu conta. Não tinha dinheiro suficiente para viajar até Wisconsin pelos meios normais e aceitos, era verdade, mas por que não enviar-se pelo correio? Era absurdamente simples. Ia despachar a si mesmo, em uma caixa de encomenda especial. No dia seguinte, Waldo foi ao supermercado comprar o equipamento necessário. Comprou fita adesiva, grampeador e uma caixa de papelão de tamanho médio, adequada a uma pessoa mais ou menos do seu porte. Calculou que, com um pouquinho de esforço, poderia viajar com bastante conforto. Buracos para respirar, um pouco d'água e, talvez, uns lanchinhos, e seria provavelmente tão bom quanto viajar como turista.

Na sexta à tarde, Waldo estava pronto. Muito bem empacotado, aguardava pelo correio, que combinara de ir apanhá-lo às três. Tinha colocado avisos de "frágil" no pacote e, sentado encolhido, acomodado sobre a proteção de espuma emborrachada com que ele, prevenido, se lembrara de forrar o interior da caixa, tentava imaginar a cara de espanto e felicidade de Marsha quando atendesse a porta, visse a encomenda, desse a gorjeta ao entregador e, então, abrisse a caixa e encontrasse, finalmente, o próprio Waldo ali, em pessoa. Ela o beijaria e aí, quem sabe, eles poderiam sair para ver um filme. Se ao menos ele tivesse pensado naquilo antes. De repente, mãos brutas agarraram o pacote que era ele, que se viu levantado do chão e carregado. Aterrissou com um solavanco na carroceria de um caminhão e se foi.

Marsha Bronson tinha acabado de arrumar o cabelo. Aquele havia sido um final de semana dos mais pesados. Precisava se policiar para não beber daquele jeito. Mas Bill tinha sido legal com ela. No fim, tinha dito que ainda a respeitava e, afinal, era da natureza da pessoa, certamente, e muito embora não, ele não a amasse, sentia, sim, certa afeição por ela. E, também, os dois eram adultos e crescidos. Ah, o quanto Bill não poderia ensinar a Waldo. Mas Waldo parecia estar a muitos anos de distância.

Sheila Klein, a melhor das suas melhores amigas, abrindo a porta de tela da entrada, chegou à cozinha.

"Meu Deus, está absolutamente deprimente lá fora."

"Entendo o que você quer dizer. Estou me sentindo péssima." Marsha apertou o cinto do robe de algodão com barra de seda. Sheila passou o dedo sobre os vestígios de sal na mesa da cozinha, lambeu e fez uma careta.

"Devia estar tomando aquelas pílulas de sal, mas" — ela enrugou o nariz — "elas me dão vontade de vomitar."

Marsha começou a massagear a parte de baixo do queixo, um exercício que tinha aprendido na televisão. "Meu Deus, nem me fale nisso." Ela levantou da mesa e foi até a pia, de onde pegou um frasco de vitaminas cor-de-rosa e azuis. "Quer uma? Dizem que é melhor do que um bife", e em seguida tentou tocar os próprios joelhos.

"Acho que nunca mais vou querer ver daiquiri na minha frente." Desistiu do exercício e sentou, dessa vez na mesinha sobre a qual ficava o telefone. "Talvez o Bill ligue", ela disse, atraindo a atenção de Sheila, que cutucava a cutícula.

"Depois de ontem à noite, pensei que talvez você tivesse chegado ao limite com ele."

"Entendo o que você quer dizer. Meu Deus, o cara é um polvo — põe a mão em tudo quanto é lugar!", ela fez um gesto de quem levanta o braço para se defender. "Depois de um tempo, a gente cansa de lutar contra ele, sabe, e afinal eu não tinha o que fazer na sexta e no sábado, na verdade, então eu, tipo, devo essa pra ele — você sabe como é." Ela começou a se coçar.

Sheila estava rindo com a mão tapando a boca. "Vou te dizer: me senti do mesmo jeito e, depois de um tempo", ela se inclinou para a frente, num sussurro, "fiquei a fim da coisa." Agora ria bem alto.

Foi nessa hora que o sr. Jameson, da Agência dos Correios de Clarence Darrow, tocou a campainha do casarão em madeira e estuque. Quando Marsha Bronson atendeu a porta, ele a ajudou a carregar a encomenda para dentro. Pediu que ela assinasse recibos verdes e amarelos e foi embora com a gorjeta de quinze centavos que Marsha tinha tirado da carteira bege que sua mãe guardava no escritório.

"O que você acha que é?", Sheila perguntou.

Marsha ficou parada, os braços cruzados atrás das costas. Olhou para a caixa de papelão marrom no meio da sala de estar. "Sei lá."

Dentro da caixa, Waldo tremia de excitação enquanto ouvia as vozes abafadas. Sheila correu a unha pela fita adesiva que cobria a parte central do pacote. "Por que você não olha o endereço do remetente para saber de quem é?"

Waldo escutava as batidas do próprio coração. Podia sentir a vibração de passos. Estava chegando a hora.

Marsha contornou a caixa e leu a etiqueta preenchida a tinta. "Meu Deus, é do Waldo!"

"Aquele imbecil!", disse Sheila.

Waldo estremeceu, na expectativa.

"Bom, você vai ter que abrir, de qualquer jeito", disse Sheila, e as duas tentaram levantar a aba grampeada.

"Oaah", disse Marsha, grunhindo, "ele deve ter pregado isto aqui muito bem." Elas tentaram puxar a aba de novo. "Minha nossa, a gente vai precisar de uma superfuradeira pra abrir este troço." Puxaram mais uma vez. "Não tem onde agarrar." As duas pararam, ainda ofegantes. "Por que você não vai buscar uma tesoura?", disse Sheila. Marsha correu para a cozinha, mas só conseguiu achar uma tesourinha de costura. Então lembrou que o pai mantinha uma coleção de ferramentas no porão. Correu escada abaixo e, quando voltou, trazia na mão um enorme cortador de chapas de metal. "Foi o melhor que consegui encontrar." Estava bem sem fôlego. "Toma, você tenta, acho que vou morrer." Ela se jogou no sofá grande e macio e soltou o ar ruidosamente. Sheila tentou abrir uma fenda entre a fita adesiva e a ponta da aba de papelão, mas a lâmina do cortador era grande demais e não coube ali. "Droga de troço", ela disse, já ficando exasperada. Então, com um sorriso: "Tive uma ideia". "O quê?", perguntou Marsha. "Saca só", disse Sheila, a ponta do dedo tocando a própria cabeça.

Dentro da caixa, Waldo estava tão tomado de excitação que mal conseguia respirar. A pele formigava toda com o calor ali dentro, e ele podia sentir o coração batendo na garganta. Estava chegando a hora.

Sheila empinou o corpo e caminhou até o outro lado do pacote. Então se ajoelhou, agarrou o cortador pelos dois pegadores, respirou fundo e enfiou a longa lâmina bem no meio da caixa, atravessando a fita e o papelão, atravessando o forro de espuma emborrachada, e fazendo-a entrar exatamente no centro da cabeça de Waldo Jeffers, que se abriu um pouco, ao ritmo suavemente pulsante de pequenos arcos avermelhados no sol da manhã.

A operação de Lady Godiva
[*Lady Godiva's operation*]

Lady Godiva, vestida com tanto recato
Acaricia a cabeça de outro menino de cabelos cacheados
Mais um brinquedo, apenas
Cansada de silenciar, ela chora lágrimas sinceras
Dizendo palavras que, oh, claramente já foram ditas
Muito tempo atrás

Os ombros delicadamente envoltos em tecidos
A vida a tornou muito mais ousada agora
Que ela aprendeu como

Vestindo seda, rendas e sua inveja
Orgulho e alegria da última quermesse
Carência bem passageira

Hoje, cabelos mergulhados n'água
Fazendo amor com qualquer pobre infeliz
Não é divertido?

E, hoje, toda sua graça alimentada pela inveja
Lady Godiva dá uma espiada pra ver se tem alguém
E não está nem aí

O doutor já vem, pensa a enfermeira, SONHADORA
Ligando as máquinas que SUAVEMENTE bombeiam o ar
O corpo deitado, nu

Depilado e liso aquilo que um dia foi GRITO
Agora jaz inerte e quase ADORMECIDO
O cérebro deve estar longe dali

Bem amarrado à mesa branca
O éter faz o corpo se contorcer e murchar
Debaixo da luz branca

O médico chega com a faca e a parafernália
Vê a saliência que lhe lembra um repolho

E agora
Deve ser extirpada

E chega o momento da Grande! Grande! Decisão!
O médico está fazendo a primeira incisão!
Uma aqui — outra ali

O tubo de éter está gotejando, diz alguém meio desleixado
O paciente parece meio acordado
Os gritos ecoam no corredor
Sem desespero, alguém lhe dê um sedativo agora mesmo
O médico remove a lâmina
Assim, hábil, pra fora do cérebro
Quando contar até dez —
A cabeça não vai mexer

Aí vem ela agora
[*Here she comes now*]

Agora, se ela chegasse agora agora
Se ela chegasse agora agora
Se ela chegasse agora

Agora, se ela chegasse agora agora
Se ela chegasse agora agora
Se ela chegasse agora

Uau, é tão linda
Uau, parece esculpida em madeira
Olha só

Agora, se ela chegasse agora agora
Se ela chegasse agora agora
Se ela chegasse agora

Agora, se ela chegasse agora agora
Se ela chegasse agora agora
Se ela chegasse agora

Uau, é tão linda
Uau, parece esculpida em madeira
Olha só

Escutei ela chamar meu nome
[*I heard her call my name*]

Aqui vai a contagem regressiva
Já deu deu deu, baby
Estou com os olhos bem abertos
Desde que chapei na segunda-feira
Os globos oculares nos meus joelhos, engatinhando
Bati um papo de horas com a Mad Mary Williams
Ela disse que não entendeu uma palavra do que eu disse porque
Sei que ela se importa comigo
Escutei ela chamar meu nome
E sei que ela está morta e enterrada há muito tempo
Mesmo assim é diferente
Quando acordo de manhã, mulher
Escutei ela chamar meu nome
Sei que ela está morta e faz muito, muito tempo
Escutei ela chamar meu nome
E aí senti minha mente se escancarar

Sister Ray
[*Sister Ray*]

Duck e Sally no ritmo
Afinando a cozinha
E quem vê Miss Rayon
Empenhada em dedilhar seus sustenidos?
Estou procurando a minha veia
Falei que não conseguia entrar atravessado
Falei que não conseguia entrar atravessado
Uau, é bem como diz a Sister Ray
Vai

Rosie e Miss Rayon
Atentas esperando seu fornecedor
Que acabou de voltar da Carolina
Disse que não gostou do clima
Elas estão ocupadas esperando seu marinheiro
Que está bebendo vestido de rosa e couro
Acabou de chegar do Alabama
Ele quer saber como ganhar algum trocado
Estou procurando a minha veia
Falei que não conseguia entrar atravessado
Não conseguia entrar atravessado
Uau, é bem como diz a Sister Ray
Vai

Cecil tem um brinquedo novo
Ele ajeita e dispara no contratempo
Aponta pro marinheiro
Acerta e derruba ele morto no chão
Ah, você não devia fazer isso
Não sabe que assim vai manchar o carpete?
E aí, não vê que vai manchar o carpete?
E por falar nisso, você tem algum trocado?
Ah, não, cara, não tenho tempo-tempo
Ocupada demais desfrutando um blém-blém
Ocupada demais desfrutando meu blém-blém
Uau, ela faz bem como diz a Sister Ray

Estou procurando a minha veia
Falei que não c-c-conseguia entrar atravessado
Não c-c-c-c-conseguia entrar atravessado
Oh, vai, vai, uau, é bem bem bem bem como diz a Sister Ray

E agora, quem está batendo?
Quem está batendo na porta do meu quarto?
Poderia ser a polícia
Que vem e me leva passear-passear
Oh, mas não tenho tempo-tempo
Hey, hey, hey, ela está ocupada desfrutando meu blém-blém
Ela está ocupada desfrutando meu blém-blém
Uau, vai, bem como diz a Sister Ray

Estou procurando a minha veia
Não consegui entrar atravessado
Não consegui entrar atravessado
E é bem, oh, é bem como, uau, bem como diz a Sister Ray

Toca pra mim, Jim!

THE VELVET UNDERGROUND

Candy diz
[*Candy says*]

Candy diz passei a odiar o meu corpo
E todas as suas exigências neste mundo
Candy diz queria tanto saber
Sobre o que os outros conversam tão discretamente

Candy diz odeio lugares calmos
Onde se sabe de antemão tudo o que virá
Candy diz odeio as grandes decisões
Que provocam infindáveis confusões na minha mente

Vou contemplar o voo dos pássaros azuis
Por sobre meu ombro
Vou vê-los passar por mim
Talvez quando for mais velha
O que você acha que eu veria
Se pudesse sair de mim

O que rola
[*What goes on*]

O que rola aqui na tua mente
Acho que estou desabando
O que rola aqui na tua mente
Acho que estou de cabeça pra baixo
Moça, seja boazinha e faça o que deve
Você sabe que vai dar certo
Moça, seja boazinha e faça o que deve
Você sabe que vai ficar tudo bem

Estou subindo e descendo
Vou voar de um lado pro outro
Ver os sinos lá em cima no céu
Alguém cortou a corda
Moça, seja boazinha e faça o que deve
Você sabe que vai dar certo
Moça, seja boazinha e faça o que deve
Você sabe que vai ficar tudo bem

Um minuto um um minuto dois
Um minuto em cima e um minuto embaixo
O que rola aqui na tua mente
Acho que estou desabando
Moça, seja boazinha e faça o que deve
Você sabe que vai dar certo
Moça, seja boazinha e faça o que deve
Você sabe que vai ficar tudo bem

Algum tipo de amor
[*Some kinda love*]

Algum tipo de amor
Margarida disse pro Tom
Leva uma vida pra ir do pensamento à expressão
Situações surgem por causa do clima
E não existe um tipo de amor
Melhor que os outros

Alguns tipos de amor
Margarida disse pro Tom
Como num romance francês pornográfico
Combinam o absurdo e o vulgar
E alguns tipos de amor
As possibilidades são infinitas
E, pra mim, perder uma
Seria como perder o chão

Ouvi o que você disse
Margarida ouviu o Tom
E você, claro, é um chato
Mas mesmo assim não deixa de ter seu charme
Porque um chato é uma linha reta
Que encontra riqueza na divisão
E alguns jeitos de amar
Enganam o olhar

Lubrifica teu ombro
Vamos fazer o que mais te dá medo
Aquilo que te faz recuar
Mas mesmo assim te deixa com lágrimas nos olhos

Lubrifica teu ombro, baby
Deita no carpete
Entre pensamento e expressão
Vamos agora beijar o culpado

Só não sei o que tudo isso quer dizer
Veste o teu pijama vermelho e descobre

Olhos azuis-claros
[*Pale blue eyes*]

Às vezes me sinto tão feliz
Às vezes me sinto tão triste
Às vezes me sinto tão feliz
Mas quase sempre você simplesmente me deixa maluco
Baby, você simplesmente me deixa maluco
Não esqueço teus olhos azuis-claros
Não esqueço teus olhos azuis-claros

Pra mim você foi o topo da montanha
Pra mim você foi o ápice
Pra mim você foi tudo
Que um dia eu tive mas não soube guardar
Que um dia eu tive mas não soube guardar

Se o mundo pudesse se tornar puro e estranho como o vejo
Eu poria você no espelho que ponho à minha frente
Que ponho à minha frente

Desperdiçar uma vida inteira, socá-la numa xícara
Ela disse que dinheiro é como o tempo que passa
Promete mas não cumpre
Pra você, dívida é promessa

Foi bom o que a gente fez ontem
E eu faria de novo
O fato de ser uma mulher casada
Só prova que você é minha melhor amiga
Mas isso é um pecado muito, muito feio
Não esqueço teus olhos azuis-claros
Não esqueço teus olhos azuis-claros

Jesus
[*Jesus*]

Jesus, me ajude a encontrar meu lugar
Jesus, me ajude a encontrar meu lugar
Me ajude na minha fraqueza
Porque caí em desgraça
Jesus
Jesus

Começando a ver a luz
[*Beginning to see the light*]

Estou começando a ver a luz
Estou começando a ver a luz
Tem gente que faz um esforço danado
Mas ainda assim nunca consegue acertar
Estou começando a ver a luz

Estou começando a ver a luz
Agora estou começando a ver a luz
Vinho de manhã e café da manhã à noite
Estou começando a ver a luz

Lá vamos nós de novo
Bancar o bobo outra vez
Lá vamos nós de novo
Bancar o duro outra vez

Estou começando a ver a luz
Estou começando a ver a luz
Usei os dentes nas mãos
Pra poder descabelar a noite
Bem, estou começando a ver a luz

Me encontrei num sonho
E só queria te dizer — tudo estava legal
Estou começando a ver a luz

Lá vêm vocês dois
Qual você vai escolher?
Um é negro e o outro é triste
Não sei o que fazer

Estou começando a ver a luz
Estou começando a ver a luz
Tem gente que faz um esforço danado
Mas ainda assim nunca consegue acertar
Estou começando a ver a luz

Tem muitos problemas hoje em dia
Mas nenhum deles é meu
Baby, estou começando a ver a luz

Lá vamos nós de novo
Pensei que você fosse minha amiga
Lá vamos nós de novo
Pensei que você fosse minha amiga

Como é ser amada?

Estou livre
[*I'm set free*]

Fui libertado e sou prisioneiro
Das lembranças de um passado inconsequente
Fui libertado e sou prisioneiro e agora
Estou livre
Estou livre
Estou livre pra encontrar uma nova ilusão

Estava cego mas agora posso ver
O que me aconteceu nesta vida
O príncipe das histórias que caminha ao meu lado e agora
Estou livre
Estou livre
Estou livre pra encontrar uma nova ilusão

Fui libertado e sou prisioneiro
Deixa eu contar, gente, o que descobri
Vi minha cabeça rolar pelo chão e rir e agora
Estou livre
Estou livre
Estou livre pra encontrar uma nova ilusão

Essa é a história da minha vida
[*That's the story of my life*]

Essa é a história da minha vida
É essa a diferença entre o certo e o errado
Mas o Billy falou que essas duas palavras não valem nada
Essa é a história da minha vida

O mistério do assassinato
[*The murder mystery*]

A

papéis protetores de bala de serigrafia fantástica, que requerem lembranças, tanto lindas quanto livres de culpa, lúgubres e lindas com crepúsculo de eras, luxuriantes e lindas e imundas de riso, de risos lacônicos, *ennui* da paixão, para justificar desejos mais espúrios, retificar momentos, seriíssimos e urgentes, fazer uma saudação na cara dos tempos mais detestáveis, que requerem réplicas as mais simplórias e inexpressivas, com palavras quase chamuscadas, com o ritmo cardíaco das paixões, vomitadas com a graça de uma vadia decadente, alvo de grandes preocupações, origem nobre

B

[denegrir verbos obtusos e ativos pronomes, estocada a peneira do esgoto ótico, liberar a alavanca que sustenta erguidos todos os portões, furar os olhos, que sugam toda a lama, ler todos os livros e as pessoas que valem a pena de ser lidas e ainda assim ver a gosma no céu do teto]

A

por favor hasteie a bandeira
carpete vermelho-róseo inveja
aqui se usa inglês
este mensageiro está nervoso
não tem a menor graça
aqui no corredor

B

[senhor luar
suculento suave e deslumbrante
não é legal? nós somos o número um e coisa e tal
não é legal ser excepcional?]

A

por gritos e estrilos e ofensas várias, rebaixe a rainha e a dobre sobre a borda da banheira, contra o estado, o país, o comitê, segure a cabeça dela embaixo d'água por favor durante uma hora, por rastejar, regurgitar e contravenções várias, estourar aquele inchaço com a asa de um pardal, o inverso, o obverso, o converso, o reverso, a asa afiante do gume de um pardal, por adequadas prestações de contas numerosas demais para mencionarmos, como é gorda a rainha devorada por ratos, há só um jeito de se esfolar um gato ou envenenar um rato eis aqui a quatro ouça aqui a três dito com toda a clareza

largue esse trapo riso falso, oco e pesaroso
quem te deixou entrar?
se eu soubesse, aí poderia sair
o assassinato, sabe?
é um mistério pra mim

B

[transigir e obverter e inverter e perverter e reverter o inverso de perverso e reverter e reverter e reverter e reverter e picar isso tudo e depenar e cortar e cuspir e costurar tudo isso à alegria no gume de um ciclope e espinetar isso tudo à fúria no gume de um minuto cilíndrico]

[caro senhor musa
camarada de espírito e linhagem
ardil medieval
preenchendo o raso e
vazio, tolos que duelam
duelam por bolos]

A

para Rembrandt e Oswald, amendoins e ketchup, sicofantas de pau-oco se agitam nos arbustos, tomo posição com teu pé na bíblia enquanto rei devo dar ordens e constantemente excitar, se você jurar que vai se equiparar, regurgitar e equipurgitar, um rei pleno de virgem e me beijar e pôr em rodopio, permita-me salgueirar e me esgueirar milagres ocultos, despoja-me de vestes-sutura Harry e carne de porco, o destino de uma nação, repousa pesado em vossos seios, o rei em seu trono, larga a mão por sobre as vestes, a tortura do inverso e serigrafia e Harry, e pôr a língua a piar o reverso e inverso

B

[tantalizam poetas com visões de grandiosidade, seus rostos ficam roxos diante do fedor do adubo, enquanto os vivos se esforçam por reter o que perderam os mortos, com uma doença duplo-morta de escrever a que custo e os negócios os negócios e reverter e reverter e pôr o cérebro a girar o inverso e perverso]

A

objeções que bastam
fagote simiesco e tátil
me oboeja
cordão de isolamento o naipe de vírus
mais para a esquerda
fica o que não é direito

B

[arcano inglês
que aqui equivale a frenesi
passando para mim
lasciva paixão de idade
imundície corpulenta
disfarçada de seda]

A

desprezo, desprezo e desprezo pelo tédio, vou envenenar a cidade e naufragá-la com fogo, pelo Senfio e o Harry e o Porco-símio e Tesoura, a peruca do mensageiro parece prenhe de desejo, por piqueniques de mirtilos e pincenês e pegas, a saia do mensageiro, você teria a bondade de prender um pouco mais acima, para crianças e adultos todos abaixo de noventa, que coisa mais nojenta! você teria a bondade de abaixar? Uma perdida nesta lida não é camisa de vênus que se poupe, enquanto rei sou bem justo, mas justamente é bem impossível, uma veste e uma veste e uma veste e um bastão, nenhum inverso de dupla-classe pode fazer sentir mentir valer morrer

B

[com melodias primatoides baratas, jorro caipiroide, para devaneios iletrados para compreensões baratas, para compreensão em massa, o simples e o inver-

so, o adubo, o reverso, o obtuso e estúpido, e os negócios, e os negócios, e letras
baratas e estúpidas, e simples reverso em massa enquanto o que é real perece]

A

aceitar o porco, entram Mocho e Deslumbrante, Rei à esquerda, *aquilo* à
direita e se ataviando e ajustando o nariz enquanto lê do rolo que tem
cortem-lhe a cabeça, tirem-lhe a cabeça do pescoço, que requer lembranças
tanto lindas quanto livres de culpa, arranquem-lhe os olhos, depois podem-lhe o
nariz, sicofantas de pau-oco se agitam nos arbustos, tirem-lhe o cérebro a colheradas, ponham-lhe um barbante onde ficavam as orelhas, todos os cavalos do rei
e todos os homens do rei, pendurem a porcariada toda na ponta de um cabo, ras-
pem-lhe os olhos com a ponta de uma navalha, e que o cabo se estenda da ponta
de uma rosa, Caroline, Caroline, Caroline, Oh! mas guardem os vestígios do que
um dia foi nariz, passem minhas vestes, encham minha banheira de água

B

[linguiça folcloroide descasque a pele do francês e você vai encontrar o quê?
folículos imbricantes, prosa suculenta embalada em vestes]

[macacão e carne de porco e fazer sua fortuna, enquanto os deixa felizes
com o inverso e o obverso e os deixa felizes e os deixa felizes com o tímido e estúpido, só mais um lacaio burro, que expõe uma coisa, enquanto canta a outra,
mas o de verdade está só e é irmão de nenhum]

A

ninguém sabe
nariz nenhum é boa nova e
sem sentido
estende o vinho
faz aqui um brinde ao altruísta
porto de dez anos
perfeito e cortês

B

[segurança é legal
nem uma só palavra descuidada dita
assustador, pesadelos

feitos seguros em lindas canções
danação ou desencanto
vetados neste recinto]

A

Casbah e Cascata e Rosehip e Sensação, Cascata e Cianureto, Rachmaninoff, caveira-Beethoven carroça tola e justiça e perverter e reverter o inverso e inverter e inverter, catálogo mirtilo, rendas questionáveis, lamento do canalha e o resto vai em seu devido choro, batalhar e lutar e surrar e ferir enquanto mascamos menestréis e nos afogamos com terra, doença por favor parece ser a ordem do dia, agradar o rei, agradar o rei, agradar o rei, Casbah e Cascata e Rosehip e Sensação, questão de ordem devolver os reis aqui ao teto

alarde,
não tem nada no meu ombro, a luxúria não é só um luxo, raspar a
cabeça me deixou mais corajoso, poderias por favor ler aquilo que
te trouxe

B

[ah, que não sejam assoviados ou estudados ou cantarolados ou recordados à noite, quando o Eu está só, mas furar e assolar e selvagificar e fender com a graça de um diamante e sagacidade belicosa, atordoar, cambalear com palavras como rocha, para que aqueles que ouçam não possam mais retornar para casa]

[oi para o Ray
oi para Godiva e Angel quem
deixou vocês entrarem?
não está legal, a festa?
as luzes não ficam bonitas à noite?]

A

folha doente e lástima e tenazes tesouras de rede, estima e te abstém das filhas das núpcias, a estima pelos mais velhos e mais novos nos braços, estima e estima pelo inverso e perverso e obverso, e diverso, de reverso e reverso, estima dos doentes, dos burros, e do camelo do armazenamento de água da bomba, como o cérebro é para a medula para os raios X e imundo e cortante e descascante para a pele e para a pele e para o osso que se estrutura para lívido e pálido e túrgido e

estruturado e estruturado e estruturado e estruturado e estruturado e estima e te
abstém e estima e te abstém, os doentes, e os burros, inverso, reverso e perverso

B

[desprezo, desprezo e desprezo pelo que ferve e se contorce e se revira e
pelas reportagens pífias, pelos doentes com o corpo e os santos sinistros, os bebês
roxos afogados esturricados agora mortos na praia, os valorosos cavaleiros, que
pendem do teto, o porco no carpete, o esporro pálido e seco, que não tem efeito
para os doentes com a gangorra, o inverso, obverso, converso, reverso do reverso
o diverso e converso do reverso e perverso e doces pirotecnias, e mais um pouco
de inverso, converso, diverso, perverso, e reverso, o cemitério do inferno está
condenado enquanto eles mastigam seus cérebros, chorume e escória, reverso,
inverso e perverso]

A

arando enquanto tudo se acaba
burro e pronto carne de porco
vômito no carpete
entra no ataúde
seguro no parapeito
um saco no parapeito
porcos lá fora rosnando
chacina na praia
veja o salva-vidas se afogando
mar cheio de peixes
peixes cheios de porcelana
porcelana pratos cadentes
caem todos
carpete vomitado e reluzente
se estende diante de meus olhos olhos
me leva até o teto
caminho pela parede parede
tenro como a grama verde
bebo o horror do uísque
vejo as meninas dançando
moscas nas praias
praias são para marujos
freiras pelo quebra-mar

capuz negro cavaleiro em fúria
espadachim engolindo fogo

B

[vomita na escadaria
vomita no carpete
sangue no travesseiro
sobe no parapeito
veja os sinos da igreja brilhando
faca que raspa um prato doente
dentaduras cheias de respiros
que o alfaiate não conseguiu consertar
enchê-la de respiros à bala
entrando no ataúde
me leve para o ataúde
dentes na garganta vermelha dela
me aparafuse as margaridas
rasgar-lhe a gorja
tomar os mares fantásticos
tratá-la como a um marujo
pleno e livre e nervoso
disposto a fazer fortuna
deste jeito ou daquele
adoentado ou sadio
mijar sobre um prédio
como um cachorro sendo treinado
ensinar a sentar ou ladrar
tirolear cantarolante
lá no carpete]

A

fogo no carpete
põe a casa em chamas
toma e a leva ardente
delicadamente ao chão chão
Dizzy Bell senhorita Fortune
gorda e plena dos sumos do amor
pinga no carpete

embaixo da mangueira de incêndio
choro e uísque fortuna
me leva a vela à Lua, amor
marujos ébrios dos calabouços
cavaleiros romanos sem cabeça
o rei e a rainha estão vazios
suas cabeças estão no galpão
peixes sobre as águas
tigela sobre o salvador
laureado banguela emperucado
chão e cheio de engenho
nome num papel de carta
impressionando todo o gérmen de trigo
te ama por um centavo
te come por vinte e cinco
põe o ataúde a arder
não vá delicadamente em chamas

B

[cócegas poliéster
doente no parapeito
fodendo por um dólar
chupando uma mangueira de incêndio
mascando um fio de borracha
atado a cadeiras e iguarias
pague outro jogador
ah você é um sujeito tão bacana
toma outro dólar
amarre o cara no pé da cama
doente com grupos de bruxas
ardendo por uma carne crua
ossos sobre o metal
doente sobre o círculo
lá no carpete
embaixo do parapeito
esperando o teu lance
porco sobre o carpete
trilho de trem tumescente

análogo de neuroanestesia
pronto para uma boa olhada
babando para as bétulas
pendendo das bétulas
suculenta Nebraska]

Altas horas
[*After hours*]

Se você fechasse a porta, a noite poderia durar pra sempre
Deixe o sol lá fora e diga olá ao nunca
Todo mundo está dançando e se divertindo tanto
Quem dera pudesse ser assim comigo
Mas, se você fechasse a porta, eu nunca mais precisaria ver a luz do dia

Se você fechasse a porta, a noite poderia durar pra sempre
Deixe a taça de vinho lá fora e erga um brinde ao nunca
Oh, sei que algum dia alguém vai me olhar nos olhos
E dizer olá, você é muito especial pra mim
Mas, se você fechasse a porta, eu nunca mais precisaria ver a luz do dia

Festas em inferninhos
Cadillacs tinindo
E as pessoas nos metrôs e nos trens
Com aspecto cinzento na chuva
Paradas em desalinho
Oh, mas as pessoas ficam bonitas no escuro

E, se você fechasse a porta, a noite poderia durar pra sempre
Deixe o sol lá fora e diga olá ao nunca
Todo mundo está dançando e se divertindo tanto
Quem dera pudesse ser assim comigo
Porque, se você fechasse a porta, eu nunca mais precisaria ver a luz do dia
Eu nunca mais precisaria ver a luz do dia

1969 VELVET UNDERGROUND LIVE

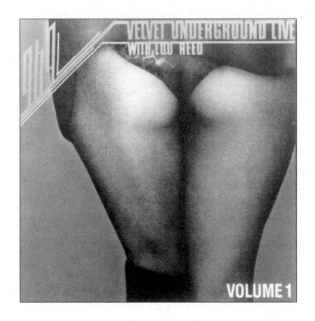

Doce Jane (protótipo)
[*Sweet Jane (prototype)*]

Qualquer um que algum dia teve um coração
Não se voltaria contra ele pra parti-lo
E qualquer um que algum dia teve seu papel
Não se voltaria contra ele pra odiá-lo

Doce Jane

Esperando o Jimmy ali perto do beco
Esperando que ele volte pra casa
Esperando em outra esquina
Procurando o caminho de casa

Doce Jane

Qualquer um que algum dia teve um sonho
Qualquer um que algum dia teve seu papel
Qualquer um que vá viver sozinho
Qualquer um que algum dia tenha se separado

Doce Jane

Vinho e rosas celestiais
Parecem sussurrar pra mim
Quando você sorri

Doce Jane

Nova era (protótipo)
[*New age (prototype)*]

Esperando o telefone tocar
Um colar de diamantes no meu ombro
Esperando o telefone tocar
Batom no ombro e no pescoço
Parece que é disso que sou a fim
Transar com Frank e Nancy quando
Atravessando a ponte nós formos, à procura do amor
Atravessando a ponte nós formos
À procura do amor

Vou correndo pra você
Ei, baby, se você me quiser
Vou correndo pra você
Baby, se você me quiser

Olhando para as minhas mãos hoje
Parecia que eram feitas de marfim
Recebi um telefonema estranho hoje
Alguém morreu e alguém se casou
Você sabe que é disso que sou a fim
Transar com Frank e Nancy quando
Atravessando a ponte nós formos, à procura do amor
Atravessando a ponte nós formos
À procura do amor

Vou correndo pra você
Ei, baby, se você me quiser
Vou correndo pra você
Baby, se você me quiser
Fui possuído por alguma coisa
E não sei o que é
Fui possuído por alguma coisa
E não sei o que é

É o começo de uma nova era

Pra cima de você
[*Over you*]

Lá vou eu de novo
Simplesmente bancar o bobo outra vez
Lá vou eu de novo
Pra cima de você, pra cima de você

Estou parecendo um sino de novo
Você sabe, estou começando a soar outra vez
Lá vou eu de novo
Pra cima de você, pra cima de você

Sempre assim: quando tinha
Tratava que nem lixo
Agora, naturalmente, quando não tenho
Cada vez menos vou atrás do arco-íris

LOADED

Quem ama o sol
[*Who loves the sun*]

Quem ama o sol, quem se importa se ele faz crescer as plantas
Quem se importa com o que ele é capaz se você partiu meu coração
Quem ama o vento, quem se importa se ele faz soprar a brisa
Quem se importa com o que ele é capaz se você partiu meu coração
Quem ama o sol
Quem ama o sol
Nem todo mundo
Ama o sol

Quem ama a chuva
Quem se importa se ela faz brotar as flores
Quem se importa que ela faça chover se você partiu meu coração
Quem ama o sol
Quem se importa se ele está brilhando
Quem se importa com o que ele é capaz se você partiu meu coração
Quem ama o sol
Nem todo mundo
Não é qualquer pessoa
Que ama o sol

Doce Jane (versão final)
[*Sweet Jane (final version)*]

Parado na esquina
De mala na mão
Jack de espartilho, Jane de colete
E eu, eu toco numa banda de rock'n'roll
Circulando por aí num carrão das antigas, Jim
Você sabe, eram outros tempos
Todos os poetas estudavam versificação
E as moças reviravam os olhos

Jack trabalha num banco
E Jane, num escritório
E ambos fazem suas economias
E quando chegam em casa do trabalho
Aconchegados perto da lareira
O rádio toca
Uma musiquinha clássica, Jim
"The march of the wooden soldiers"
E vocês todos, garotos rebeldes
Vocês podem ouvir o Jack dizer

Tem gente que gosta de sair pra dançar
E outras pessoas precisam trabalhar
E tem até umas mães malvadas
Bem, elas vão te dizer que nada mesmo presta
Você sabe que as mulheres nunca desmaiam de verdade
E que os maiorais sempre dão uma piscadela
Que as crianças são as únicas a corar de vergonha
E que a vida é apenas morrer
Mas qualquer um que algum dia teve um coração
Não se voltaria contra ele pra parti-lo
E qualquer um que algum dia teve seu papel
Não se voltaria contra ele pra odiá-lo

Doce Jane, doce Jane

Rock'n'roll
[Rock 'n' roll]

Jenny disse que quando tinha só cinco anos de idade
Não acontecia nada mesmo
Toda vez que ela ligava o rádio
Não rolava nada mesmo
Aí, uma bela manhã, ela põe numa estação de Nova York
Sabe, ela não acreditou no que ouviu
Começou a se chacoalhar com aquela música legal
Sabe, o rock'n'roll salvou a vida dela
Apesar de todas as castrações, sabe, a gente podia simplesmente sair e
Dançar ao som da rádio rock

Jenny disse que quando tinha só uns cinco anos de idade,
Sabe, meus pais vão matar todos nós
Duas tevês e dois Cadillacs —
Não vão me ajudar em nada mesmo
Aí uma bela manhã
Ela põe numa estação de Nova York
Sabe, ela não acreditou no que ouviu
Começou a dançar com aquela música legal
Sabe, o rock'n'roll salvou a vida dela
Apesar dos pesares
A gente podia simplesmente dançar ao som da rádio rock

E ficava tudo legal
Está tudo legal agora

Vai devagar
[*Cool it down*]

Alguém pegou os jornais
E alguém está com a chave
E alguém arranha a porta fechada
E diz, ei
O que você acha que está vendo?
Mas eu, eu estou logo ali na esquina
Você sabe, procurando a srta. Linda Lee
Porque ela pode cobrar por hora pra me amar
Me dar A-M-O-R de P
Se você quer a coisa rápido demais
Não sabe que não vai durar?
Claro, você sabe, pra mim não faz diferença

Alguém controla o tempo tempo
Alguém tem o direito
Todas as outras pessoas
Tentando consumir a noite
Mas agora eu, eu estou parado na esquina
Você sabe, procurando a srta. Linda Lee
Porque ela pode cobrar por hora pra me amar
Me dar A-M-O-R de P
Se você quer que a coisa dure
Não sabe, meu bem, que pode estar indo rápido demais?
Mas é claro
Você sabe que pra mim não faz diferença
Melhor ir devagar

Nova era (versão final)
[*New age (final version)*]

Você me dá um autógrafo?
Ele disse pra atriz gorda e loira
Sabia que vi todos os filmes que você fez?
De "Caminhos da dor" a "Joias da glória"
E aquele beijo no Robert Mitchum?
Nossa, mas achei que você nunca fosse pegar ele

Já madura a essa altura
E está atrás de amor
Você já passou da idade a essa altura
E está atrás de amor
Vou correndo pra você
Quando você me quiser, meu bem
Vou correndo pra você
Quando você me quiser, meu bem

Você me dá um autógrafo?
Ele disse pra atriz gorda e loira
Sabe, sei tudo o que você fez
Enfim, odeio divórcios
À esquerda fica um chuveiro de mármore
Foi divertido mesmo que por uma hora, mas
Você já passou da idade a essa altura
E está atrás de amor
Você já passou da idade a essa altura
E está atrás de amor
Vou correndo pra você
Quando você me quiser, meu bem
Vou correndo pra você
Quando você me quiser, meu bem

Fui possuído por alguma coisa que não sei o que é
Fui possuído por alguma coisa que não sei o que é

É o começo de uma nova era

Cabeça erguida
[*Head held high*]

Mamãe me dizia
Desde que eu tinha sete anos
Mantenha a cabeça erguida
Meus pais me diziam
Desde que eu tinha onze anos
Mantenha a cabeça erguida
Eles me disseram que a saída
Era me tornar dançarino
Mantenha a cabeça erguida
Oh, exatamente como imaginei
Todos eles uns deformados
Mantendo as cabeças erguidas

Agora estou mais velho
E ficando muito mais ousado
Mantendo a cabeça erguida
Como imaginei
Exatamente como tinha imaginado
Ergam essas cabeças
Exatamente como tinha imaginado
Sabe, eles, uns deformados
Mantenha a cabeça erguida
Sabe, eles diziam que a saída
Era me tornar dançarino
Mantenha a cabeça erguida, rapaz

Desde que eu era bebê
No colo da minha mãe
Oh, só escutando
Aquilo que todo mundo me dizia
Mas a saída ainda assim
Era me tornar dançarino
Mantenha a cabeça erguida
Mas exatamente como tinha imaginado
Todos eles uns deformados
Mantenham essas cabeças erguidas

O Solitário Caubói Bill
[*Lonesome Cowboy Bill*]

O Solitário Caubói Bill é peão de rodeio
O Solitário Caubói Bill, você precisa ouvir seu grito de guerra

O Solitário Caubói Bill é peão de rodeio
Desde garotinho já era peão de rodeio
Corcoveando nos cavalos xucros e bebericando vinho
Precisa ver ele lá
E todas as garotas de chapelão adoram ouvir seu grito de guerra
O Solitário Caubói Bill é peão de rodeio
O Solitário Caubói Bill, você precisa ouvir seu grito de guerra

O Solitário Caubói Bill ainda é peão de rodeio
Lá pras bandas do Colorado, pros lados de Ohio
E todas as garotas de chapelão adoram ouvir seu grito de guerra
O Solitário Caubói Bill é peão de rodeio
O Solitário Caubói Bill, você precisa ouvir seu grito de guerra

Você precisa ver ele no rodeio
Quando ele está indo rápido pra danar
Você precisa ouvir o pessoal gritando e vibrando
Chamam ele de Solitário Caubói Bill

Encontrei uma razão
[*I found a reason*]

Encontrei uma razão pra continuar vivendo, e a razão, querida, é você
Encontrei uma razão pra continuar cantando, e a razão, querida, é você
Oh, eu acredito, sim, se a gente não está satisfeito vai embora
Para algum lugar aonde nunca foi antes

Encontrei uma razão pra continuar vivendo, meu bem
Você sabe que a razão, querida, é você
Andei pelas estradas solitárias da vida
De mãos dadas comigo mesmo
E vejo quantas trilhas se atravessaram no nosso caminho

Oh, eu acredito, sim, que a gente é o que vê
O que está por vir é melhor do que aquilo que já foi

E você devia vir
Vem vem vem pra mim
Vem vem vem pra mim
Você devia vir
Vem vem vem pra mim

Trem na curva
[*Train round the bend*]

O trem na curva
Me levando pra longe do campo
Estou farto de árvores, me leve pra cidade
O trem vem dobrando a curva
O trem vem dobrando a curva

Fiquei tempo demais no campo
Dando uma de fazendeiro
Mas nada do que eu plantava nunca parecia vingar
O trem vem dobrando a curva
O trem vem dobrando a curva

Sou apenas um rapaz da cidade
Não faço mesmo o tipo homem do campo
Sinto falta das ruas da cidade e das luzes de neon
Veja o trem dobrando a curva
O trem vem dobrando a curva

Uma vez, ela dá duas
Ela dá um trato de cima a baixo
Ela dá uma, ela dá duas
Ela dá, o trem vem dobrando a curva
Você sabe, o trem vem dobrando a curva

Ei, de cima a baixo, do meio do nada
Me levando de volta pro meu lugar
Já vim aqui uma vez e esta noite não estou a fim
O trem vem dobrando a curva

Oh! O doce nada
[*Oh! Sweet nothing*]

Diga alguma coisa para Jimmy Brown, ele não tem nada na vida
Nem a camisa que veste, ele não tem nada na vida
Diga alguma coisa para Ginger Brown
Ele caminha de cabeça baixa
Tiraram os sapatos dos seus pés
E atiraram o pobre rapaz na rua
E é isso o que ele diz
Oh, o doce nada, ela não tem nada na vida
Oh, o doce nada, ela não tem nada na vida

Diga alguma coisa para Pearly Mae
Ela não sabe a diferença entre noite e dia
Jogaram ela no meio da rua
Como um gato ela caiu de pé

E diga alguma coisa para Joanie Love
Ela não tem nada na vida
Todo dia ela se apaixona
E toda noite é uma decepção
E quando acontece ela diz
Oh, o doce nada, não tenho nada na vida
Oh, o doce nada, não tenho nada na vida

V U

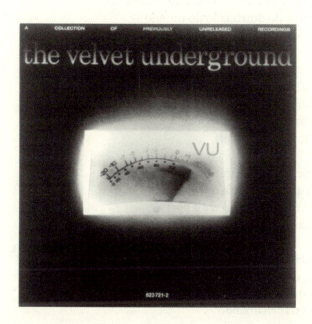

Stephanie diz
[*Stephanie says*]

Stephanie diz
Que ela quer saber
Por que entregou metade da vida
A pessoas que ela agora odeia

Stephanie diz (Stephanie diz)
Ao atender o telefone (atendendo o telefone)
De que país do outro lado do mundo
Devem estar ligando

Mas ela não tem medo de morrer
O pessoal todo a chama de Alasca
Entre mundos, o pessoal lhe pergunta então
Porque isso tudo é a cabeça dela
Está tudo na cabeça dela

Stephanie diz (Stephanie diz)
Que ela quer saber (ela quer saber)
Por que, mesmo sendo ela a porta
Não pode sair da sala

Stephanie diz (Stephanie diz)
Mas não desliga o telefone (desliga o telefone)
De que mar do outro lado do mundo
Devem estar chamando

Mas ela não tem medo de morrer
O pessoal todo a chama de Alasca
Entre mundos, o pessoal lhe pergunta então
Porque isso tudo é a cabeça dela
Está tudo na cabeça dela

Perguntam se é bom ou ruim
É uma sensação tão congelante
Faz tanto frio no Alasca (Stephanie diz)
Faz tanto frio no Alasca (Stephanie diz)
Faz tanto frio no Alasca (Stephanie diz)

Tentação dentro do seu coração
[*Temptation inside your heart*]

Sei onde fica a tentação, dentro do seu coração
Sei onde fica o mal, dentro do seu coração
Se você tenta fazer o que é certo
Certamente acaba errando

Sei onde fica a fronteira do espelho, dentro do seu coração
Sei onde fica o fio da navalha, dentro do seu coração
Ora, se você tenta fazer o que é certo
Certamente acaba errando
(A eletricidade vem de outros planetas)

Sei onde fica a tentação, dentro do seu coração
Sei onde fica o mal, dentro do seu coração
Ora, se você tenta fazer o que é certo
Certamente acaba errando
(O papa no castelo de prata)

Um dia desses
[*One of these days*]

Um dia desses, não é engraçado?
Você vai me procurar
E, baby, eu terei ido embora

Um dia desses, e não demora muito
Oh, querida, você vai chamar meu nome
E eu já vou estar longe

Vou te dizer uma coisa
Que eu nunca disse pra ninguém
Mas isso se eu conseguir parar de dançar
E tirar minha triste figura deste salão de baile

Um dia desses, não é engraçado?
Babe, você vai chamar meu nome
Você sabe que eu terei ido embora, bye bye, baby

Vou te dizer uma coisa
Que eu nunca disse pra ninguém
Mas isso se eu conseguir parar de dançar
E tirar minha triste figura deste salão de baile

Um dia desses, e não demora muito
Você vai chamar meu nome
E eu terei ido embora
Você vai chamar meu nome
E eu terei ido embora
Você vai chamar meu nome
E eu terei ido embora

Vou na sua cola
[*I'm sticking with you*]

Vou na sua cola
Porque sou feito grude
Qualquer coisa que você fizer
Eu faço também

Você assaltou uma diligência na chuva
E eu vou fazer a mesma coisa
Vi você pendurado em uma árvore
E fiz de conta que era eu

Vou na sua cola
Porque sou feito grude
Qualquer coisa que você fizer
Eu faço também

Lunáticos subindo pra estratosfera
Soldados combatendo os vietcongues
Mas com você ao meu lado posso fazer qualquer coisa
Quando balançamos, pendurados, estamos acima do bem e do mal

Faço o que for por você
Qualquer coisa que você quiser que eu faça
Faço o que for por você
Vou na sua cola

ANOTHER VIEW

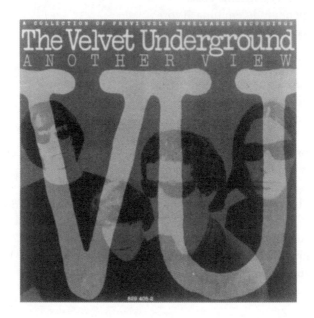

Ei, sr. Chuva
[*Hey Mr. Rain*]

Sr. Chuva, não vai vir comigo aqui pra baixo?
Ei, sr. Chuva, não vai vir comigo aqui pra baixo?
Estou trabalhando muito, baby, mirando o céu aí em cima
Ei, sr. Chuva, não vai vir comigo aqui pra baixo?

Sr. Chuva, não vai vir aqui pra baixo?
Ei, sr. Chuva, não vai vir aqui pra baixo?
Estou trabalhando muito, baby, mirando o céu aí em cima
Ei, sr. Chuva, não vai vir aqui pra baixo?

Bill do Ferryboat
[*Ferryboat Bill*]

Bill do Ferryboat, você não vai voltar pra casa?
Sabia que sua mulher casou com o filho de um anão?
E esse é o resumo da ópera

THE VELVET UNDERGROUND LIVE MCMXCIII

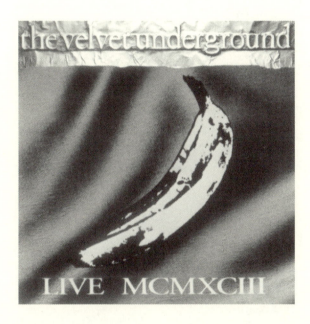

Canção de ninar do Velvet
[*Velvet nursery rhyme*]

Nós somos o Velvet Underground e viemos pra tocar
Faz exatamente 28 anos que estamos por aí
Tem a Maureen na bateria, se divertindo de montão
Vamos ouvir a Moe mandar ver nos tambores pra todo mundo
Tem o Sterling Morrison na guitarra
Ele é um *guitar hero* e manda muito bem

E aqui tem o John e eu
Não queremos nos envolver
Porque achamos isso tudo
Uma autêntica e pretensiosa MERDA

Coiote
[*Coyote*]

O coiote sobe ao topo da montanha
Fazendo as coisas que os coiotes fazem
Mirando a lua no céu
Você sabe, ele começa a uivar

O coiote sobe ao topo da montanha
Contempla o rio lá embaixo
E diz como é alto daqui
Cachorrinho nenhum vai tomar meu osso

É o coiote no topo da montanha
Fazendo as coisas que os coiotes fazem
Você tem de atirar a primeira pedra
Atirar a primeira pedra

O chacal sobe ao topo da montanha
Fazendo as coisas que os chacais fazem
Mirando a lua
Você sabe, ele começa a uivar

Cão selvagem no topo da montanha
Sangue nas mandíbulas, ele deixa cair o osso
Cachorrinho nenhum jamais, jamais vai tomar meu osso

É o chacal no topo da montanha
Fazendo as coisas que os chacais fazem
Atire a primeira pedra
Atire a primeira pedra

É o coiote no topo da montanha
Fazendo as coisas que os coiotes fazem
Mirando o céu, ele vê a lua e começa a uivar

É o coiote no topo da montanha
Sangue nas mandíbulas, ele deixa cair o osso
Cachorrinho nenhum jamais, jamais vai tomar meu osso

É o coiote no topo da montanha
Que diz como é alto daqui
Você tem de atirar a primeira pedra
Atire a primeira pedra

NICO: CHELSEA GIRL

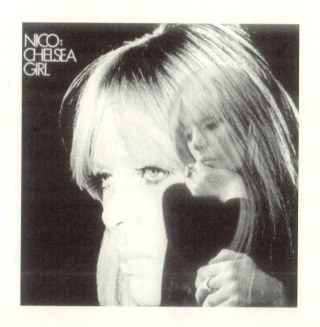

Garotas do Chelsea*
[*Chelsea girls*]

Este é o Quarto 506
Já basta pra te fazer passar mal
A Brigid toda embrulhada em papel-alumínio
Você se pergunta se ela vai conseguir se desembrulhar
Lá vêm elas agora
Veja elas correrem agora
Lá vêm elas agora
As garotas do Chelsea

Este é o Quarto 115
Lotado de bichas sadomasoquistas
Uma disputa de canetas coloridas
Você só se pergunta até onde elas podem chegar
Esta é a querida Pope Ondine
A Rona o tratou tão mal
Ela quer mudar de ares
Ela quer ser humana

A Pepper está se divertindo
Ela acha que é o filho de algum cara
Seus amores perfeitos não duram
Seu futuro está morto no passado de alguém

A querida Ingrid se achou com o chicote
Ela faz mais um de seus truques
Seus prazeres e ritmos se remexem
Ela tem problemas pra resolver

Mary, coitadinha, anda estressada e não consegue relaxar
Transformou a Susan num novelo
E agora a perdeu totalmente de vista

---

* Referência ao Hotel Chelsea, em Nova York, principal locação do filme *The Chelsea girls*, de Andy Warhol, e onde moravam, à época, alguns dos personagens do próprio filme (e da letra da canção), como Ondine, além da cantora Nico.

Largada, ela está em transe
A anfetamina a fez passar mal
Pó branco no ar
Ela não tem ossos e não se assusta com nada

Lá vem o Johnny Bore
Ele caiu desmaiado no chão
Injetaram leite nele
E, quando morreu, foi trocado por um pouco de seda
Lá vêm elas agora
Veja elas correrem agora
Lá vêm elas agora
As garotas do Chelsea

Embrulhe seus problemas em sonhos
[*Wrap your troubles in dreams*]

Embrulhe seus problemas em sonhos
E os mande todos pra longe
Coloque-os numa garrafa
E mares afora eles irão

Não fale de infortúnios
Não fale de desgraças
Apenas esteja pronto para a hora sagrada da morte
Agachado junto à porta
Se contorça e agite com a dor da música
Lancinante em seus apartes
Acaricie a morte com o toque de um amante
Porque ela será sua amada

Canta o chicote dourado que estala
Pelos corpos dos amantes
A terra treme sem remorso
Preparando a hora da morte
As ondas e os esguichos salgados do oceano
Vêm quebrar na costa
Vândalos chutam e matam jovens amores
Atirados ao chão de bares

A violência ecoa no país
E no coração de cada homem
A faca fere cortes já abertos
O pus corre por entre os cabelos emaranhados

A faca reluzente atravessa adiantada
O ar da meia-noite
Abrindo caminho nas entranhas
O sangue corre descuidado

O cérebro filtra excrementos
O ódio dobra a espinha
A imundície cobre cada poro do corpo
A ser purificado na hora da morte

Embrulhe seus problemas em sonhos e os mande todos pra longe
Coloque-os numa garrafa
E mares afora eles irão

LOU REED

Não aguento
[*I can't stand it*]

É difícil ser um homem
Morando numa caçamba de lixo
Minha senhoria me chamou
E tentou me bater com um esfregão

Não aguento mais isso, não aguento mais
Mas se ao menos Candy voltasse ficaria tudo bem

Vivo com treze gatos mortos
Um cão púrpura que usa polainas
Eles estão todos aí, morando no vestíbulo
E não aguento mais isso

Estou cansado de viver completamente só
Ninguém nunca me liga
Mas quando as coisas começam a ir mal
Simplesmente aumento o som

Não aguento mais isso, não aguento mais

Caindo
[*Going down*]

Quando você está em um sonho
E pensa que todos os problemas estão equacionados
Algumas peças do esquema parecem se agitar e vir abaixo
E quando você começa a cair
E aquelas pegadas
Começam a desaparecer
Bem, aí você sabe que está caindo
É, você cai de uma vez
E sabe que é a derradeira queda

Quando você está em pleno ar
E fica pensando
Que vai cair no sono e se perder
Um amigo, educado, é quem avisa
Ei, escuta, você anda trabalhando demais
E talvez precise de uma folga
E quando você começa a cair
E aquelas pegadas todas começam a desaparecer
Aí você sabe que está caindo
É, você está despencando de cabeça pra baixo
E sabe que é a derradeira queda

O tempo não é o que parece, simplesmente parece se estender
Quando você é sozinho neste mundo
Tudo, parece,
Seria mais interessante
Se você pudesse passar a noite com alguma garota
É, você está caindo de uma vez
É, você está despencando de cabeça pra baixo
E sabe que é a derradeira queda

O passo e o verbo
[*Walk and talk it*]

Coloco o coração nas minhas loucas melodias
Tenho sonhos e você também
Tenho um caminhão pra ir te pegar, prepare os ouvidos
Tenho pálpebras de carbono refinado, minha querida
Não tenho ninguém pra amar nem pra temer
Melhor você afiar o passo e o verbo pra não perder o ritmo

Melhor você se deixar levar, mulher
E tirar o pé do chão agora mesmo
Está indo muito rápido, você não quer que a coisa dure?
Melhor afiar o passo e o verbo
Melhor afiar o passo e o verbo pra não perder o ritmo

Tenho moedinhas nos sapatos, legal mesmo
Tenho sinos largados no gelo
Tenho sonhos, deixa eu misturá-los com um pouco de gim
Não esquento quando estou com frio e me aqueço quando está calor
Mas eu sou a única coisa, baby, que você não tem
Melhor afiar o passo e o verbo pra não perder o ritmo

Lisa diz
[*Lisa says*]

Numa noite como esta, Lisa diz
Seria tão bom se você me desse um beijão
E Lisa diz ei, meu bem, por apenas um sorrisinho
Vou cantar e tocar pra você por um tempão

Lisa diz, Lisa diz
Lisa diz, oh, não, Lisa diz

Lisa diz ei, meu bem, você deve achar que sou uma tolinha californiana
Do jeito que me trata como um objeto qualquer
Lisa diz ei, querido, se você enfiar a língua no meu ouvido
Aí tudo vai ficar muito claro por aqui

Lisa diz, oh, não, Lisa diz
Ei, não seja um bebezinho
Lisa diz, oh, não, Lisa diz

Ei, se você está querendo se divertir, Charlie
Bom, não sou bem eu a pessoa para isso
Sabe, se divertir, Charlie, sempre buscando diversão
Mas se está procurando um pouco de amor, amor mesmo
Então sente aqui
Você sabe que aqueles bons tempos, aqueles bons tempos
Simplesmente parecem passar por mim como uma ilusão
E, numa noite como esta, Lisa diz
Seria tão bom se você me desse um beijão
E Lisa diz ei, meu bem, por apenas um sorrisinho
Vou cantar e tocar pra você por um tempão

Por que sou tão tímido?
Por que sou tão tímido?
Você sabe que aqueles bons tempos, aqueles bons tempos
Simplesmente parecem passar por mim
Por que sou tão tímido?
A primeira vez que te vi, eu estava falando sozinho
Dizendo ei, você tem esses olhos tão, tão lindos (que olhos mais lindos)
Agora que você está perto, só consigo ficar chateado
Ei, Lisa, você pode me dizer por que sou tão tímido?

Berlim
[*Berlin*]

Em Berlim, junto ao muro
Você tinha 1,77 de altura
Foi tão legal
Luz de velas e Dubonnet no gelo
A gente num pequeno café
Dava para ouvir os violões
Foi tão legal
Era o paraíso

Você está certa e eu, errado
Você sabe que eu vou te perder
Agora que você foi embora
Um belo dia

Num pequeno café
Dava pra ouvir os violões
Foi tão legal
Luz de velas e Dubonnet no gelo
Não esqueça, contrate um veterano
Ele ainda não se divertiu tanto assim
Foi tão legal
Ei, meu bem, era o paraíso

Eu te amo
[*I love you*]

Quando penso em todas as coisas que fiz
E sei que é apenas o começo
Aqueles rostos sorridentes, você sabe que não posso esquecê-los
Mas eu te amo

Quando penso em todas as coisas que vi
E sei que é apenas o começo
Você sabe, aqueles rostos sorridentes, não posso esquecê-los
Mas por ora eu te amo

Só por um tempinho
Oh, baby, só pra te ver sorrir
Só por um tempinho

Quando penso em todas as coisas que fiz
E sei que é apenas o começo
Rostos e mais rostos sorridentes, Jesus, você sabe que não posso esquecê-los
Mas por ora eu te amo
Neste exato minuto, baby, agora, eu te amo
Pelo menos por ora eu te amo

Menina indomável
[*Wild child*]

Eu estava conversando com o Chuck com sua roupa de Ghengis Khan
E seu chapéu de feiticeiro
Ele falou do filme dele e da trilha sonora que estava compondo
E aí falamos sobre garotos de praia
E sobre diferentes tipos de sabão orgânico
E sobre os suicidas que não deixam bilhetes de despedida
Aí a gente falou da Lorraine, sempre acabamos falando da Lorraine

Eu estava conversando com o Bill
Que era chegado nuns comprimidos e em carrinhos de corrida
Ele tinha abandonado essas coisas desde a última vez que pirou
E foi longe demais
Aí a gente falou sobre filmes e poesia e sobre o jeito daquela atriz carregar
[a bolsa
E sobre como a vida às vezes pode piorar
Aí a gente falou da Lorraine, sempre acabamos falando da Lorraine

Eu estava falando com a Betty sobre seus testes de elenco, sobre como ela
[ficou estressada com eles
A vida no teatro é mesmo cheia
de altos e baixos
Mas ela se acalmou depois de algumas taças de vinho
É o que acontece quase sempre
Aí sentamos e passamos os dois a falar rimado
Até que falamos da Lorraine, sempre acabamos falando da Lorraine

Eu estava conversando com o Ed, que tinha sido dado como morto por um
[amigo em comum
Ele estava achando engraçado eu não ter dinheiro pra gastar com ele
Então nós dois dividimos um doce
E exaltamos nossas vidas e nossos sonhos
E como as coisas podem degringolar
E a gente falou da Lorraine, sempre acabamos falando da Lorraine

Ela é uma menina indomável e ninguém pode pegá-la
Ela é uma menina indomável e ninguém pode pegá-la
Dormindo nas ruas

Vivendo só
Sem uma casa ou um lar
E aí ela pede pra gente, por favor,
Ei, baby, me dá um trocado?
E agora, posso partir teu coração?
Ela é uma menina indomável, ela é uma menina indomável

O amor te faz sentir
[*Love makes you feel*]

A vida não é o que parece
Estou sempre sendo arrastado pra dentro dos sonhos
Que coisa mais triste
Sempre ser levado pelo turbilhão

Mas não é o que você diz ou faz
Que me faz sentir que estou caindo
São as coisas pelas quais nós dois passamos
Que me fazem sentir que estou de cabeça pra baixo
E o amor faz parecer que a gente tem mais de três metros de altura
É, o amor faz parecer que a gente tem mais de três metros de altura

É só um fato curioso
Estou sempre sendo arrastado pra dentro dos sonhos
Só não é muito direito
Sempre acabar arrastado pra dentro dos sonhos

Mas não é o que você diz ou faz
Que me faz sentir que estou caindo
São as coisas pelas quais nós dois passamos
Que me fazem sentir que estou de cabeça pra baixo
E o amor faz parecer que a gente tem mais de três metros de altura
É, o amor faz parecer que a gente tem mais de três metros de altura

E soa mais ou menos assim

Jornada para o sol
[*Ride into the sun*]

Buscando uma nova chance
Para ser outra pessoa
Buscando outro lugar
De onde partir em jornada para o sol

Jornada para o sol
Jornada para o sol
Jornada para o sol
Jornada para

O Sol
Onde tudo parece tão lindo
Mas se você está cansado e não suporta mais a cidade
Lembre-se que ela é apenas uma flor feita de argila

A Cidade
Onde tudo parece tão sujo
Mas se você está cansado e cheio de autopiedade
Lembre-se que é só mais uma pessoa no mundo

É difícil viver na cidade

Oceano
[*Ocean*]

Aí vêm o oceano e as ondas à beira-mar
Aí vêm o oceano e as ondas, por onde andaram?

Não vá nadar esta noite, meu amor
O mar está bravo, meu amor
E costuma levar os homens à loucura

Malcolm se consumiu no mar
O castelo fumegando
A loucura pode te deixar atordoado

Mas aqui vêm as ondas
Até a costa
Banhando as rochas que estão por aqui há séculos ou mais
À beira-mar

Aí vêm o oceano e as ondas à beira-mar
Aí vêm o oceano e as ondas, por onde andaram?

Castelos brilhando na noite
Torres acima do nosso pavor
Feiticeiros cortando cabeças
Malcolm vive a odiar
Serve teu cérebro num prato
Se empanturra com tua boca no jantar

Mas aí vêm as ondas à beira-mar
Banhando os olhos de homens já mortos
À beira-mar

TRANSFORMER

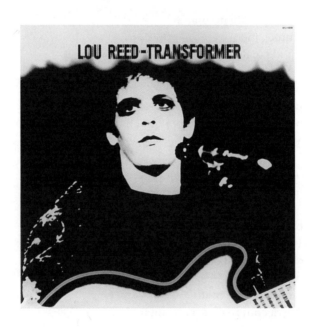

Perversa
[*Vicious*]

Perversa, você me bate com uma flor
Faz isso a toda hora
Oh, baby, você é tão perversa
Perversa, você quer que eu te bata com um taco
Mas tudo que eu tenho é uma palheta de guitarra
Baby, você é tão perversa

Quando vejo você chegar, baby, só quero correr — pra longe
Você não é o tipo de pessoa de quem eu queira ficar perto
Quando vejo você vindo pela rua
Piso nas suas mãos e esmago seus pés
Você não é o tipo de pessoa que eu queira encontrar
Babe, você é tão perversa, você é simplesmente tão perversa

Perversa, você me bate com uma flor
Faz isso a toda hora
Oh, baby, você é tão perversa

Perversa, ei!, por que você não engole lâminas de barbear?
Você deve achar que eu sou gilete
Mas, baby, você é tão perversa

Quando vejo você chegar, só tenho que correr
Você não é do bem e certamente não é muito divertida

Quando vejo você vindo pela rua
Piso na sua mão e esmago seus pés
Você não é o tipo de pessoa que eu queira encontrar
Porque você é tão perversa

O baú do Andy
[*Andy's chest*]

Se eu pudesse escolher ser qualquer coisa que voa neste mundo
Seria um morcego pra dar um rasante em cima de você
E se da última vez que você veio aqui as coisas estavam meio à deriva
Bem, você sabe o que acontece quando a noite cai
Quando as cascavéis trocam de pele e de coração
E todos os missionários se despem daquela casca
Oh, todas as árvores te chamam
E todas as serpentes venenosas te perseguem
E as montanhas todas, impetuosas, estão atrás de você?

Se eu pudesse escolher ser qualquer coisa que morde neste mundo
Em vez de uma jaguatirica domesticada numa coleira, preferiria ser uma
[pipa
E estar amarrado à ponta da tua linha
E voar pelo ar, baby, à noite
Porque você sabe o que dizem dos quincajus
Quando a gente raspa toda a penugem de bebê deles
Sobra um urso rosa pelado de mente cabeluda

E todos os sinos estão dobrando por você
E todas as pedras estão em erupção por você
E todos os vampiros de meia-tigela estão voando atrás de você

Ontem, a Daisy May e o Biff estavam mandando um ritmo na rua
E como num filme as mãos dela viraram os pés
O umbigo era a boca
O que significa que ela provou do que ia dizer

Mas o engraçado foi o que aconteceu com o nariz
Cresceu até chegar nos dedos dos pés
Agora, quando o pessoal diz que ela tem chulé, está falando do nariz

E cortinas enfeitadas de diamante, querida, pra você
E todos os nobres romanos pra você
E soldados do reino cristão, querida, pra você
E topos de montanhas com neve derretendo pra você
E cavaleiros em túnicas prateadas flamejantes pra você
E morcegos que com um beijo viram príncipes pra você
Rasante rasante
Pedra pedra

Dia perfeito
[*Perfect day*]

Um dia simplesmente perfeito
Beber sangria no parque
E mais tarde, quando escurecer
Vamos pra casa

Um dia simplesmente perfeito
Dar comida aos animais no zoológico
E mais tarde um cinema também
E depois pra casa

Ah, é um dia tão perfeito
Fico feliz de ter passado esse dia com você
Ah, um dia tão perfeito
Você segura minha barra
Você segura minha barra

Um dia simplesmente perfeito, os problemas todos deixados de lado
Passar o fim de semana sozinhos, é tão divertido
Um dia simplesmente perfeito, você me faz esquecer de mim
Eu achei que era outra pessoa, uma pessoa boa

Você vai colher exatamente aquilo que semeou

Rondando
[*Hangin' round*]

Harry era um jovem rico que ia virar padre
Ele desenterrou seu querido pai, recentemente falecido
Conseguiu isso com cartas de tarô e vibrações místicas da mente
E logo depois e dali em diante ele conseguiu sintonizar

Jeannie era uma fedelha, achava que sabia tudo
Fumava cigarro mentolado e transava no hall
Mas ela não fazia meu tipo, nem era do meu signo
Ou o tipo de bicho que me atrai

Você insiste em me rondar e
Não estou muito feliz que tenha me achado
Você ainda faz coisas que já não faço mais há anos
Você insiste em me rondar e
Não estou muito feliz que tenha me achado
Você ainda faz coisas que já não faço mais há anos

Kathy era meio surreal, pintava todas as unhas dos pés
E exibia uma dentadura na cara, bem presa no nariz
E, quando finalmente ela falou, a voz nasalada quebrou seus óculos
E ninguém mais podia fumar quando ela estava na sala

Veja só, os anjos anunciadores cantaram e pegaram um telefone
E, discando com uma faca na mão, fizeram um interurbano pra casa
Mas isso foi além da conta, chuvisco de poeira angelical
Sobre a AT&T, que nada de bom te desejou

Você insiste em me rondar e
Não estou muito feliz que tenha me achado
Você ainda faz coisas que já não faço mais há anos
Você insiste em me rondar e
Não estou muito feliz que tenha me achado
Você ainda faz coisas que já não faço mais há anos

Me rondar, é só o que você faz, baby
Me rondar

Venha fazer uma loucura
[*Walk on the wild side*]*

Holly veio de Miami, Flórida
Peregrinou pelos Estados Unidos
Fez as sobrancelhas no caminho
Depilou as pernas, e então ele virou ela
Ela diz: Ei, babe, venha fazer uma loucura
Disse Ei, meu bem, venha fazer uma loucura

Candy era forasteira na Ilha**
No quartinho dos fundos ela dava pra todo mundo
Mas nunca, nem durante um boquete, ela perdeu
a cabeça—
Ela diz: Ei, babe, venha fazer uma loucura
Disse: Ei, babe, venha fazer uma loucura
E as garotas de cor cantam
Doo da doo da doo
Doo da doo
Doo da doo da doo
Doo da doo
Doo da doo da doo
Doo da doo
Doo

Little Joe nunca desistiu, nem uma vez
Todo mundo tinha que pagar sempre
Um safanão aqui, outro ali
Nova York é o lugar onde dizem
Ei, babe, venha fazer uma loucura
Eu disse Ei, Joe, venha fazer uma loucura

Sugar Plum Fairy desceu às ruas
Atrás de alimento espiritual e um lugar pra comer
Foi ao Apollo

---

* "Take a walk on the wild side" era o que os travestis de Nova York diziam para atrair clientes.
** Em vários momentos de sua obra, Lou Reed se refere a Manhattan simplesmente como "Island".

Você precisava ter visto ele ir lá lá lá
Disseram: Ei, Sugar, venha fazer uma loucura
Eu disse: Ei, babe, venha fazer uma loucura

Jackie está simplesmente a mil
Pensou que era James Dean por um dia
E aí, penso eu, só podia se arrebentar
Um Valium teria evitado a pancada
Ela disse: Ei, babe, venha fazer uma loucura
Eu disse: Ei, doçura, venha fazer uma loucura

Maquiagem
[*Make up*]

Dormindo, teu rosto é sublime
E aí você abre os olhos
Então é hora de botar pancake fator um
O delineador é cor-de-rosa e o brilho para os lábios, pura diversão
Você é uma menininha esperta
Você é uma menininha esperta

Blush e coloração, incenso e gelo
Perfume e beijos, oh, é tão gostoso
Você é uma menininha esperta
Você é uma menininha tão esperta

Agora que estamos saindo
Saindo dos nossos armários
Saindo para as ruas
Sim, estamos saindo

Quando você está na cama, fica tão maravilhosa
Seria tão bom me apaixonar
Quando você se veste, ganho meu dia de verdade
O pessoal diz que isso é impossível

Vestidos com rendas delicadas
E todas as coisas que você põe no rosto
Você é uma menininha esperta, oh, você é uma menininha esperta

Delineador para clarear e depois pintar os olhos
Amarelo e verde, oh, mas que surpresa
Você é uma menininha esperta, oh, você é uma menininha tão esperta
Agora que estamos saindo
Saindo dos nossos armários
Saindo para as ruas
Sim, estamos saindo

Satélite do amor
[*Satellite of love*]

O satélite subiu lá pro céu
Esse tipo de coisa me deixa fora de órbita
Observei por um momento
Gosto de ver umas coisas na TV

Satélite do amor

O satélite partiu lá pra Marte
E logo vai estar cheio de estacionamentos por lá
Observei por um momento
Adoro ver umas coisas na TV

Me contaram que você foi bem atirada
Com o Harry, o Mark e o John
Segunda e terça
Quarta até quinta
Com o Harry, o Mark e o John

O satélite subiu lá pro céu
Esse tipo de coisa me deixa fora de órbita
Observei por um momento
Adoro ver umas coisas na TV

Satélite do amor

Roda de carro
[*Wagon wheel*]

Você não vai ser a roda do meu carro (diga, diga)
Você não vai me dizer, baby, como se sente?
Você tem de viver a vida, é, como se fosse o número um
É, você tem de, yeah, viver a vida
E garantir que seja divertida
Mas isso se você acha que vai curtir flertar com o perigo
Chute a cabeça e dê um jeito nela

Oh, pai do céu, o que posso fazer?
O que ela me fez está me deixando louco
Oh, pai do céu, eu sei que pequei
Mas olhe o que passei
Está me dando preguiça

Por que você não me acorda, sacode?
(Por favor) Não me deixe dormir demais

Nova York ao telefone
[*New York telephone conversation*]

Eu estava dormindo, tirando um cochilo gostoso, quando o telefone tocou
Quem seria do outro lado da linha
E estou mesmo em casa?
Você está sabendo o que ela aprontou pra ele?
Você ouviu o que estão falando?
É só mais uma conversa típica de Nova York fazendo algazarra na minha
[cabeça

Oh, oh, meu Deus, e que roupas vamos usar?
Oh, oh, meu Deus, e quem se importa?

É só uma conversa típica de Nova York
Fofoca o tempo inteiro
Você está sabendo quem aprontou o que pra quem?
É assim o tempo inteiro
Quem está por cima e quem não passa de amador
Aqui na cidade do espetáculo
Festas, reuniões, uma resposta errada
E todo mundo fica sabendo

Oh, que triste, e por que nós ligamos?
Oh, fico feliz que vocês todos tenham ligado

Estou ligando
É, estou ligando
Só pra falar com você
Porque sei que esta noite vai ser de matar
Se eu não puder ficar com você
Se-eu-não-puder-ficar-com-você

Me sinto tão livre
[*I'm so free*]

Sim, sou filho da Mãe Natureza
E sou filho único
Faço o que quero e quero tudo que vejo
Só acontece comigo

Me sinto tão livre
Me sinto tão livre

Oh, por favor, Saint Germaine
Cheguei até aqui
Você se lembra do estado em que fiquei?
Tinha chifres e nadadeiras

Me sinto tão livre
Me sinto tão livre
Você se lembra das carreiras prateadas?
Você tinha calafrios e eu tagarelava
Aí a gente ia pra Times Square
E desde então tenho dado umas voltas por aqui

Me sinto tão livre
Me sinto tão livre

Boa noite, senhoras
[*Goodnight ladies*]

Boa noite, senhoras, senhoras, boa noite
É hora de dizer adeus
Permitam-me dizer agora
Boa noite, senhoras, senhoras, boa noite
É hora de dizer adeus

A noite toda vocês beberam suas tequilas
Mas agora já chuparam o limão até o bagaço
Então por que não chapar, chapar, chapar e
Boa noite, senhoras, senhoras, boa noite

Boa noite, senhoras, senhoras, boa noite
É hora de dizer adeus
Boa noite, senhoras, senhoras, boa noite
É hora de dizer adeus, bye, bye

Já curtimos juntos um tempão
Mas agora é hora de chapar
Vamos lá, vamos chapar, chapar, chapar
E boa noite, senhoras, senhoras, boa noite

Oh, ainda sinto falta da minha outra metade
Deve ser por causa de alguma coisa que fiz no passado
Isso tudo não te dá vontade de rir?
É uma noite de sábado solitária

Ninguém me liga
Ponho outro disco pra tocar
Mas continuo cantando uma das suas músicas
É uma noite de sábado solitária

E se eu fosse um ator ou um dançarino cheio de glamour
Aí você sabe que logo me daria bem no amor
Mas agora a estrela-d'alva, uma lantejoula
É o aplauso que restou ao meu coração partido
E às onze assisto ao noticiário nacional

Algo me diz que você foi mesmo embora
Você me disse que poderíamos ser amigos, mas não é o que eu quero
Enfim, minha comida congelada está quase pronta
É uma noite de sábado solitária

BERLIN

Lady Day
[*Lady Day*]

Quando ela veio andando pela rua
Parecia uma criança, olhos baixos mirando os pés
Mas quando passou em frente ao bar
E ouviu a música tocando
Ela teve de entrar e cantar
Não poderia ser de outro jeito
Ela teve de entrar e cantar
Não poderia ser de outro jeito

Quando os aplausos se calaram
E o pessoal tomou seu rumo
Ela abandonou o balcão do bar
E saiu porta afora
Para o hotel
A que chamava de lar
Tinha paredes verdes
Banheiro no corredor
E eu disse não, não, não
Oh, Lady Day
E eu disse não, não, não
Oh, Lady Day

Homens prósperos
[*Men of good fortune*]

Homens prósperos muitas vezes derrubam impérios
Enquanto os homens de berço humilde quase sempre não podem fazer nada
O filho rico espera o pai morrer
O pobre só bebe e chora
E eu, eu não estou nem aí

Homens prósperos quase sempre não sabem fazer nada
Enquanto os homens de berço humilde são capazes de fazer qualquer coisa
Tentam de verdade se portar como homens
Lidar com as coisas da melhor maneira que podem
Não têm um papai rico a quem pedir socorro

Homens prósperos muitas vezes derrubam impérios
Enquanto os homens de berço humilde quase sempre não podem fazer nada
É preciso dinheiro pra fazer dinheiro, dizem
Veja os Ford, não começaram assim?
Enfim, pra mim tanto faz

Homens prósperos muitas vezes desejam morrer
Enquanto os homens de berço humilde querem o que pertence a *eles*
E morrem pra conseguir

Todas essas coisas grandiosas que a vida tem pra dar
Eles querem ter dinheiro e viver
Mas eu, eu simplesmente não estou nem aí
Com os homens prósperos, com os homens de berço humilde

Caroline diz (I)
[*Caroline says (I)*]

Caroline diz que sou só um brinquedo
Ela quer um homem e não um menino
Oh, Caroline diz, ooh, Caroline diz

Caroline diz que não consegue deixar de ser má
Ou cruel, ou oh, parece que é isso
Oh, Caroline diz, Caroline diz

Ela diz que não quer um homem que se curve
Mesmo assim ela é minha rainha germânica
Sim, ela é minha rainha

As coisas que ela faz, as coisas que ela diz
Ninguém deveria tratar os outros desse jeito
Mas no começo eu achei que podia aguentar tudo
Como veneno num frasco, ei, muitas vezes ela foi bem vil
Mas, claro, eu achei que podia aguentar

Caroline diz que não sou um homem
Aí ela vai pro não-tem-tu-vai-tu-mesmo
Oh, Caroline diz, é, Caroline diz

Caroline diz vez ou outra
Que não pode continuar a ser só minha
Oh, Caroline diz, é, Caroline diz

Ela me trata como um idiota
Mas, pra mim, ela ainda é minha rainha germânica
Ooh, ela é minha rainha

Você sabe o que é
[*How do you think it feels*]

Você sabe o que é
Estar a mil e sozinho?
Você sabe o que é
Só poder dizer "se ao menos"?
Se ao menos eu conseguisse um pouquinho
Se ao menos tivesse um trocado
Se ao menos, se ao menos, se ao menos
Você sabe o que é?
E quando você acha que vai parar?

Você sabe o que é
Estar de pé há cinco dias
Procurando sem parar, por medo de cair no sono?

Você sabe o que é
Se sentir como lobo e raposa?
Você sabe o que é
Só fazer amor por procuração?

Você sabe o que é?
E quando você acha que vai parar!
Quando você acha que vai parar?

Oh, Jim
[Oh, Jim]

Todos os teus amigos duas caras estão te entupindo de comprimidos
Dizem que é bom pra você, que vai ajudar a curar tuas dores
Não me interessa a modinha, eu sou um gato vagabundo
E quando a gente está por aqui de tanto ódio
Não sabe que é melhor acertar as contas?
Até aqui de ódio
Bater nela até deixar ela roxa e acertar as contas
Doo, doo, doo, doo, doo

Quando a gente vê as coisas com olhos de ódio
Todos os teus amigos duas caras, eles te pediram autógrafos
Te colocaram no palco, acharam que seria divertido
Mas não me interessa a modinha
Porque, meu bem, eu sou um gato vagabundo

E quando a gente está por aqui de ódio
Não sabe que é melhor acertar as contas?
Até aqui de ódio
Bater nela até deixar ela roxa e acertar as contas

Oh, Jim, como é que você pôde me tratar assim?
Hey hey hey, como é que você pôde me tratar assim?
Oh, Jim, como é que você pôde me tratar assim?
Hey hey, como é que você pôde me tratar assim?
Você sabe que partiu meu coração quando foi embora

E você disse que amava a gente
Mas só fez amor com uma de nós
Oh, Jim, como é que você pôde me tratar assim?
Você sabe que partiu meu coração quando foi embora

Quando a gente vê as coisas com olhos de ódio, oh, uau uau uau
Quando a gente vê as coisas com olhos de ódio, oh, uau uau uau
Quando a gente vê as coisas com olhos de ódio

Caroline diz (II)
[*Caroline says (II)*]

Caroline diz, quando se levanta do chão
Por que você me bate, não tem graça nenhuma
Caroline diz, enquanto maquia o olho
Você precisa aprender mais sobre si mesmo, pensar além de mim

Mas ela não tem medo de morrer
O pessoal todo chama ela de Alasca
Quando ela fica a toda, eles riem e perguntam pra ela
O que tem na cabeça
O que tem na cabeça

Caroline diz, quando se levanta do chão
Você pode me bater quanto quiser, mas não te amo mais
Caroline diz, mordendo o lábio
A vida é pra ser mais do que uma *bad trip*

Ela atravessou o vidro da janela com o punho
Foi uma sensação tão engraçada

Faz tanto frio no Alasca

As crianças
[*The kids*]

Estão levando seus filhos embora
Porque disseram que ela não é uma boa mãe
Estão levando seus filhos embora
Porque ela anda trepando com umas e outros
E com qualquer um, e com todos
Tipo policiais ralés que paravam e ficavam
Flertando com ela na minha frente

Estão levando seus filhos embora
Porque disseram que ela não é uma boa mãe
Estão levando seus filhos embora
Por causa das coisas que ouviram dizer que ela fez
O sargento negro da Força Aérea não foi o primeiro
E todas as drogas que ela tomou, e cada uma, e cada uma

E eu sou Water Boy
O que interesa mesmo ainda não acabou
Mas meu coração está transbordando de qualquer jeito
Sou apenas um homem cansado, sem nada a dizer
Mas desde que ela perdeu sua filha
São seus olhos que transbordam
E estou muito mais feliz assim

Estão levando seus filhos embora
Porque disseram que ela não é uma boa mãe

Estão levando seus filhos embora
Porque em primeiro lugar vinha a namorada de Paris
O que as duas fizeram, eles não precisaram nos perguntar
E depois o galês da Índia, que veio pra ficar

Estão levando seus filhos embora
Porque disseram que ela não é uma boa mãe
Estão levando seus filhos embora
Por causa das coisas que ela fez pelas ruas
Vielas e bares, não, ninguém fez mais
Do que aquela cadela suja e miserável, que não recusava ninguém

A cama
[*The bed*]

Era aqui que ela encostava a cabeça
Quando se deitava à noite
E foi aqui que foram concebidos nossos filhos
Velas iluminam o quarto à noite

E foi aqui que ela cortou os pulsos
Naquela estranha e fatídica noite
E eu disse oh, oh, oh, oh, oh, que sensação

Era neste lugar que a gente morava
Paguei por ele com amor e sangue
E essas são as caixas que ela guardava na estante
Cheias da poesia e outras coisas suas
E foi neste quarto que ela pegou a navalha
E cortou seus pulsos naquela estranha e fatídica noite

Eu nunca teria começado se soubesse
Que acabaria assim
Mas o engraçado é que não me sinto nem um pouco triste
Por ter acabado assim

Era aqui que ela encostava a cabeça
Quando se deitava à noite
E foi aqui que foram concebidos nossos filhos
Velas dão um brilho luminoso ao quarto à noite
E foi aqui que ela cortou os pulsos
Naquela estranha e fatídica noite
E eu disse oh, oh, oh, oh, oh, que sensação

Música triste
[*Sad song*]

Olhando para meu álbum de fotos
Ela parece Mary, rainha da Escócia
Ela me parecia muito imponente
O que só prova o quanto a gente pode se enganar
Vou parar de perder meu tempo
Outro já teria quebrado os dois braços dela
Música triste

Meu castelo, meus filhos e meu lar
Pensei que ela era Mary, rainha da Escócia
Tentei tanto, tanto
Só mostra o quanto a gente pode se enganar

Vou parar de perder meu tempo
Outro já teria quebrado os dois braços dela

SALLY CAN'T DANCE

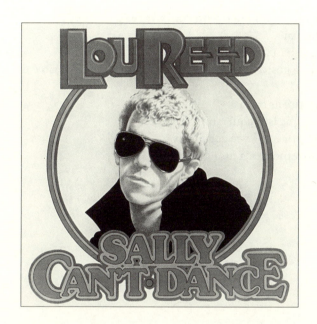

Vai, Sally, vai
[*Ride Sally ride*]

Sente-se
Batuque uma melodia naquele piano de cauda
Sente-se
Recoste-se languidamente no sofá
Ooh, não é gostoso, quando seu coração é de gelo?

Vai, Sally, vai
Não é o seu ritmo, ou o jeito como você se confunde
Vai, Sally, vai
Porque, se não for, você se contunde
Ooh, não é gostoso, quando você pensa que seu coração é de gelo?

Sente-se, tire as calças
Não sabe que isto aqui é uma festa?
Sente-se, por que você acha
Que trouxemos toda essa gente, srta. Brandy?

Linguagem dos animais
[*Animal language*]

A srta. Riley tinha um cachorro, que ela costumava manter no quintal
E quando o cachorro começava a latir
Todos os vizinhos começavam a gritar
Aí teve uma noite de tempestade, a srta. Riley deixou o cachorro sair
E quando os vizinhos o encontraram perambulando por ali
Meteram uma arma na boca dele e o mataram

Ele fez oohh au au au oohh au au au

A srta. Murphy tinha um gato, que ficava no seu colo
E uma vez, numa grande ocasião
Pareceu que aquele gato de Cheshire abriu mesmo um sorriso
Mas no restante do tempo ele corria atrás do que quer que lhe cruzasse a
[frente
Mas num dia muito quente o gato de Cheshire teve um derrame

E ele fez oohh miau miau miau
Oohh miau miau miau

Então o cachorro encontrou o gato, o cachorro louco e o gato excitado
Aí veio um camarada todo suado, ele enfiou uma tábua entre os dois
Então eles não chegaram às vias de fato, ficaram frustrados com tudo isso
Aí fizeram a única coisa que podiam fazer
Pegaram o suor do camarada e dividiram uma picada

Eles fizeram oohh au au au oohh miau miau miau

Baby Face
[*Baby Face*]

Jim, morar com você não é tão bacana, não existe só você no mundo
Você não é bonito
Não é a mesma pessoa de antes
E tem gente por aí que me daria bola
E eu disse, não, não, não, não, Baby Face

Conheci você num bar em LA, não estava muito legal
Você deu os lances certos, fez tudo como devia
Mas agora está cometendo um erro
E outro vai tomar o seu lugar
Você prefere ficar com as drogas a ficar comigo
E eu disse, não, não, não, não, Baby Face

Você não é o tipo de pessoa com quem é fácil viver na mesma casa
Sempre cozinho pra você, te coloco para fazer exercícios
Mas ultimamente tem sido tão difícil, o jeito como você fala
(Cara, você não divide nem o bagulho nem a grana)
O jeito como você anda
(Pode ficar com isso aí)
E não tenho certeza do que significa isso tudo
E eu disse, não, não, não, não, Baby Face
(Pode ficar com isso aí, pode ficar)

Estrelas de Nova York
[*N.Y. stars*]

Globos oculares estão em falta em nosso estoque
Só sobrou catarata e infecção
A bichona imitadora nunca teve ideias
Missão impossível, elas se autodestroem por medo

Numa noite típica de Nova York
Os necrófilos vão ver as chamadas estrelas
Uma coisa bem estúpida
Pagar cinco paus pra ver imitadores de quinta

Eles dizem:
"Sou tão vazio
Sem superfície ou profundidade
Oh, por favor, posso ser você?
Você tem tanta personalidade"

Feito edifícios novos
Quadrados, altos e todos iguais
Desculpe, sr. Imbecil
Não sabia que você não sabia que isto é um jogo
Só estou esperando que eles morram logo
Está mesmo ficando muito lotado por aqui
Ajude as estrelas de Nova York

Contribuições continuam a ser bem-vindas
Precisamos de um novo estoque de gente
Lembrem-se que somos muito bons com joguinhos

Matar seus filhos
[Kill your sons]

Todos os seus psiquiatras desmiolados estão aplicando choques em você
Disseram que deixariam você morar na casa da mamãe e do papai
Em vez de em um hospital psiquiátrico
Mas toda vez que você tentava ler um livro não conseguia
Chegar à página dezessete
Porque esquecia onde estava
Então nem ler você podia

A mamãe me informou pelo telefone que não sabia o que fazer com o papai
Ele pegou um machado e quebrou a mesa, você não está feliz com o
[casamento?
E a irmã se casou na Ilha
E o marido dela pega o trem
Ele é grande e gordo — e não tem cérebro

Em Creedmore me trataram muito bem
Mas em Payne Whitney foi ainda melhor
E quando eu pirei no PHC*
Fiquei tão triste — não recebi nenhuma carta lá

Todas as drogas que tomamos, foi realmente muito divertido
Mas quando chaparam você com cristais Therozine pra fumar
Você se engasgou como um filho da mãe

Você não sabe?
Vão matar seus filhos
Até que eles fujam fujam fujam fujam fujam fujam fujam fujam fujam

* Os nomes e a sigla nessa estrofe fazem referência a instituições especializadas no tratamento de distúrbios mentais, experiência pela qual Lou Reed passou na juventude.

Tédio
[*Ennui*]

Todas as coisas que você disse, você achou que eu estava morto
Tudo aquilo me fez tomar consciência
Oh, você está ficando velho, está fazendo coisas
Está perdendo cabelo
Todas as coisas nas quais você costumava acreditar
Terminaram sendo verdade
Você é culpado por ter razão

Você é o tipo de pessoa que não me faria falta
Dinheiro de um certo tipo
Te faria enxergar o que isso tudo significa
Pra tudo tem uma primeira vez
E a primeira é comigo
Você não vê?

Todas as coisas que seu ex-amante disse
Bem, dê só uma olhada nelas, pulam de janelas
E agora estão mortinhas
É a verdade, você não vê?

Vivem sem talento ou diversão
Perambulando pelas ruas
Transando com qualquer um
É a verdade
É a verdade

Junte os pedaços que formam sua vida
Talvez um dia você consiga achar uma esposa
E depois pagar pensão
Oh, você não vê?

Sally não pode dançar
[*Sally can't dance*]

Sally dança na pista
Ela diz que não pode mais
Ela caminha por Saint Mark's Place
E come comida natural na minha casa

Agora, Sally não pode mais dançar
Ela não consegue se levantar
Sally não pode mais dançar
Colocaram ela no porta-malas de um Ford
Ela não consegue mais dançar

Sally está perdendo as feições
Ela mora em Saint Mark's Place
Num apartamento barato alugado, oitenta dólares por mês
Ela se diverte muito, ela se diverte muito, mas

Sally não pode mais dançar
Sally não pode mais dançar
Ela tomou muita metedrina e não consegue se levantar
E agora Sally não pode mais dançar

Ela foi a primeira garota do pedaço
A usar calças em tie-dye
Como se esperaria de alguém como ela
Ela foi a primeira garota que vi
Usando flores pintadas no jeans
Ela foi a primeira garota do pedaço
A ser estuprada na Tomkins Square
Boa demais
Agora, ela usa uma espada como Napoleão
E mata os caras e age como eles

Saca só agora
Sally virou uma modelo famosa
Se mudou para a 80 com a Park
Ela tinha um pequeno apartamento
E era lá que costumava trepar com cantores folk

Sally não pode mais dançar
Sally não pode mais dançar
Sally não consegue mais se levantar
Sally não pode mais dançar

Ela conhecia todas as pessoas certas
Ela frequentava o Les Jardin
Ela dançava com a falsa amante de Picasso e usava
Joias de Kenneth Lane — é horrível, mas

Sally não pode mais dançar

Billy
[*Billy*]

Billy era um amigo meu
A gente cresceu juntos desde os nove anos
A gente foi pra mesma escola, ele era meu melhor amigo
E eu achava que a nossa amizade nunca ia acabar

No colegial, ele jogava futebol americano
E eu não fazia nada
Ele marcava *touchdowns* enquanto eu jogava sinuca
E ninguém saberia dizer qual de nós dois era o idiota

Aí nós dois fomos pra faculdade
Ele cursou medicina e eu, vagabundagem
Ele tirou A's e eu, D's
Ele correu atrás do diploma

Aí eu decidi largar
As coisas estavam complicadas demais
Billy ficou e fez residência e virou médico

Então estourou a guerra e ele teve que ir
Mas não eu, que era desequilibrado mental ou algo assim ou era o que
[diziam assim assim

Quando ele voltou, não era mais o mesmo
Seus nervos estavam abalados, mas eu não
A última vez que o vi não consegui mais aguentar
Não era o Billy que conheci
Era como conversar com uma porta

Billy era um amigo meu
A gente cresceu juntos desde os nove anos
A gente foi pra mesma escola
Agora eu muitas vezes me pergunto qual de nós dois era o idiota

METAL MACHINE MUSIC

Texto do encarte
[*Liner notes*]

Paixão — REALISMO — realismo era o segredo. Os discos eram cartas. Cartas de verdade, minhas para certas pessoas. Que não tinham e, basicamente, ainda não têm música alguma, seja cantada ou instrumental, para escutar. Um dos efeitos periféricos, tipicamente distorcido, foi aquilo que ficaria conhecido como *heavy metal*. Na Realidade, claro, algo difuso, obtuso, fraco, chato e, em suma, vergonhoso. Este disco não é para festas/pistas de dança/fundo musical romântico. É o que entendo por rock "de verdade", sobre coisas "reais". Ninguém que eu conheça o ouviu de cabo a rabo, incluindo eu mesmo. Não é para ser assim. Comece por onde quiser. Simetria, precisão matemática, exatidão obsessiva e detalhada e a larga vantagem que se tem sobre "modernos compositores eletrônicos". Eles, sem nenhum senso de ritmo, tampouco de melodia ou emoção, manipulados ou não. É para um certo tempo e lugar da mente. É a única gravação que conheço de algo feito seriamente, na medida do possível, como um presente, se assim posso chamar, de uma parte de uma certa cabeça para algumas poucas outras. A maioria de vocês não vai gostar, e não os culpo de jeito nenhum. Não é para vocês. Eu o fiz exatamente para ter, eu mesmo, o que escutar. Na certa um Mal-Entendido: Poder para Consumir (que Degradante): uma ideia realizada com respeito, inteligência, simpatia e graça, sem perder a concentração no objetivo primeiro e mais importante. Aliás, aqui entre nós, eu amo e adoro isto aqui. Sinto, mas não muito, se te desagrada.

Um disco para nós e é isso. Acalentei a esperança de que a inteligência que um dia habitou romances e filmes contaminaria o rock. Talvez estivesse errado. É por isso que *Sally não pode dançar* — seu *Rock'n'Roll Animal*. Mais do que uma boa tentativa, mas difícil para nós, muito. Mal divulgado, sem dúvida. Não foi feito para o mercado. O acordo que se faz com o "barato". Um tipo de reconhecimento específico. E, para dizer o mínimo, um mercado bem limitado. *Rock'n'Roll Animal*, que coisa, é o que torna isso possível. O mal-entendido prevalece a ponto de tornar possível a aparição do progenitor. Para aqueles que encaram a agulha como uma simples escova de dentes. Profissionais, e não cheiradores, por favor, não confundir superioridade (sem concorrência) com violência, poder ou outras justificações. O acordo Tácito do barato com o Eu. Não fomos nós que começamos a Primeira, a Segunda e a Terceira Guerra Mundial. Ou a Baía dos Porcos, por falar Nisso. Seja lá onde for. Para desencargo de consciência, sou obrigado a dizer que, por causa da estimulação de vários centros (lembrem-se de OOHHHMMM etc.), as possíveis contraindicações negativas devem ser apontadas. Obrigação de um disco, acima de tudo. Enfim, pessoas hipertensas etc., possibilidade de epilepsia (ou *petite mal*), desordens psicomotoras etc. etc. etc. Uma semana minha vale mais que um ano seu.

Lou Reed

CONEY ISLAND BABY

Sensação incrível
[*Crazy feeling*]

Você é o tipo de pessoa que eu sonhava pra mim
Você é o tipo de pessoa que eu sempre quis amar
E quando te vi pela primeira vez entrando pela porta daquele bar
E vi aqueles caras de terno e gravata te pagando uma bebida
E depois mais uma

Eu sentia — eu sabia que você sentia essa sensação incrível
Agora que você sente essa sensação incrível
Você sabe que sinto essa sensação incrível, também
Posso vê-la em você

E todo mundo sabe que o trabalho termina às três
E todo mundo sabe que depois desse horário o amor é livre
E você, você é mesmo uma rainha, ah, e que rainha, que rainha
E eu sei disso porque já estive no teu lugar
Eu sei exatamente o que você quer dizer porque

Você sente essa sensação incrível agora
Você sente essa sensação incrível
Você sente essa sensação incrível bem lá no fundo
Agora posso vê-la em teus olhos

Me sinto igualzinho a você, igualzinho a você

A garota do Charley
[*Charley's girl*]

Todo mundo disse que era melhor ficar esperto
Cara, ela vai te dedurar
E eu, você sabe, achei que tinha tirado a sorte grande
E agora olha só a encrenca em que me meti
Melhor você ficar esperto com a garota do Charley

Aconteceu no Ano-Novo
Disseram que todo mundo tinha de sair
Tinham um mandado nas mãos
Queriam estourar o bando todo
Falei se algum dia encontrar a Sharon de novo
Vou esmurrar a cara dela
Fique esperto com a garota do Charley
Você sabe que ela vai te dedurar

Ela é minha melhor amiga
[*She's my best friend*]

Ela é minha melhor amiga, com certeza não é uma garota comum
Ela é minha melhor amiga
Ela me entende quando estou pra baixo, pra baixo, pra baixo,
Pra baixo, pra baixo, pra baixo
Sabe, dói mesmo me sentir assim
Pra baixo, pra baixo, pra baixo, pra baixo, pra baixo, pra baixo
Sabe, dói mesmo saber que você é esse tipo de cara

Essa vai pra Mulberry Jane
Ela traçou o Jim quando chegou
Alguém cortou fora seus pés, agora Jelly rola pelas ruas

Se quiser me ver, ora, meu bem, você sabe que não estou por aqui
Mas, se quiser me ouvir, por que simplesmente não se vira?
A janela acesa é onde eu fico

Ela é minha melhor amiga
Com certeza não é uma qualquer
Ela é minha melhor amiga
Ela me entende quando estou pra baixo, pra baixo, pra baixo,
Pra baixo, pra baixo, pra baixo
Sabe, dói mesmo me sentir assim
Pra baixo, pra baixo, pra baixo, pra baixo, pra baixo, pra baixo
Sabe, dói mesmo saber que você é esse tipo de cara

Ouçam só essa do Joe do Jornal
Ele prendeu a mão na porta
Deixou cair os dentes no chão
O pessoal disse "Ei, Joe, parece que as notícias são essas"

Se quiser me ver, ora, meu bem, você sabe que não estou por aqui
Mas, se quiser me sentir, por que simplesmente não se vira?
A janela acesa é onde eu fico

Barato
[*Kicks*]

Ei, cara, qual é o teu estilo
O que é que faz a tua cabeça
Ei, cara, qual é o teu estilo
E como é que você faz correr a adrenalina

Ei, cara, qual é o teu estilo
Adoro o jeito como você dirige o teu carro
Ei, cara, qual é o teu estilo
Não tenho inveja desse teu jeito de levar a vida

Quando você cortou aquele cara com um estilete, cara, você
Você fez isso tão, ah, de graça
Quando o sangue escorreu pelo pescoço dele
Você não sabe que aquilo foi melhor que sexo?
Veja, veja bem
Muito melhor do que trepar — porque
Agora é o que há
Você arranja alguém pra, uh, te assediar
Aí você chega e
Arranja alguém pra, veja bem, te assediar e aí
Você mata
Você mata

Porque eu preciso de um barato
Ei, baby, babe, preciso de um barato, agora
Estou ficando entediado, eu preciso preciso preciso de um veja, veja bem
de um barato
Oh, me dá me dá me dá um barato
Quando você meteu a faca naquele gato
Você foi com tanta, ah, crueza

Quando o sangue escorreu pelo peito dele, uh
Foi muito melhor que sexo
Foi bem melhor do que chapar e aquilo era
O que há

Um presente
[*A gift*]

Sou um presente para as mulheres deste mundo
Sou um presente para as mulheres deste mundo
É tão, ah, difícil assumir responsabilidades
Como um bom vinho, quanto mais velho fico melhor
E, veja, sou simplesmente um presente para as mulheres deste mundo

Sou um presente para as mulheres deste mundo
Sou um presente para as mulheres deste mundo

É difícil acostumar com o segundo lugar
Depois de me ter, você sabe que já teve o melhor
E, veja, sou um presente para as mulheres deste mundo
Um presente, veja

Ooohhh, baby
[*Ooohhh baby*]

Você é o tipo de garota
Que todo mundo quer saber quem é
Você é o tipo de pessoa
Que todo mundo fica olhando
Mas agora você dança de topless
Num bar da Time Square
E todo mundo quer que você volte
Pra casa de massagem na Ninth Avenue (331)
Você faz minha cabeça
Ooh, baby, Ooh, baby, Ooh, baby, ooh ooh ooh
Ooh, baby, Ooh, baby, Ooh, baby, ooh ooh ooh

Teu velho era o melhor policial da Furtos e Roubos
Nas ruas
E todos os caras do distrito
Sempre de olho nele nas rondas
Mas quando ele passou o Seymour pra trás
As coisas já não iam tão bem
E nada nele é muito saliente, exceto suas mãos e pernas
E talvez até as minhas

Ele está sentindo que talvez seja uma boa que eles tenham dito
Ooh, baby, Ooh, baby, Ooh, baby, ooh ooh ooh
Ooh, baby, Ooh, baby, Ooh, baby, ooh ooh ooh

É muito engraçado me perguntarem
Por que eles mantêm as luzes tão baixas
Bem, a troca de ontem é a competição de hoje
E todas as luzes fluorescentes fazem com que
Tuas rugas não apareçam
E é muito engraçado como
Teus vinte paus a hora podem evaporar
Se você não me fizer gozar agora agora agora
Ooh, baby, Ooh, baby, Ooh, baby, ooh ooh ooh
Ooh, baby, Ooh, baby, Ooh, baby, ooh ooh ooh

Todo mundo queria saber quem você era
Quando apareceu e pediu uma cerveja
Você vinha de Ohio e tua mãe falou
Que você ia reservar um tempo pra ela e continuar por perto
Ooh, baby, Ooh, baby, Ooh, baby, ooh ooh ooh
Ooh, baby, Ooh, baby, Ooh, baby, ooh ooh ooh
Dá uma rebolada agora, gata
Vai, gata, manda ver

Comigo e mais ninguém
[*Nobody's business*]

Ei, se você está indo rápido demais
Não quer que a coisa dure?
Mas se começar a se mexer devagar
Aí, gata bonita, ei, você vai precisar se apressar, porque
Isso é comigo e mais ninguém
Não não não não não, não não não não não

Mas se você começar a se comportar mal
Aí vou ter que armar um barraco
Mas se você começar a me tratar bem
Ei, aí, baby, vou ter que aumentar seu preço, porque
Isso é comigo e mais ninguém

Garoto de Coney Island
[*Coney Island baby*]

Sabe, quando eu era um garoto no colegial
Acredite ou não
Queria jogar futebol americano por causa do treinador
E todos aqueles caras mais velhos
Disseram que ele era malvado e cruel,
Mas, sabe, eu queria jogar por causa do treinador

Disseram que eu era muito leve
Pra jogar na defesa
Então resolvi jogar pela direita
Quero jogar futebol americano por causa do treinador
Porque, sabe, um dia a gente precisa conseguir ficar de pé, cara
A menos que você caia
E aí você vai morrer
E o cara mais macho que eu conheci
Estava ao meu lado o tempo todo
Então eu tinha que jogar por causa do treinador
Cara, eu queria jogar futebol americano por causa do treinador

Quando você está totalmente sozinho e solitário no meio da noite
E descobre que está pondo a alma à venda
E começa a pensar em todas as coisas que fez
E passa a odiar quase tudo
Mas lembre-se da princesa que morava nas montanhas,
Que te amava mesmo sabendo que você era imoral
E agora mesmo ela poderia aparecer aqui, deslumbrante

E a glória do amor
A glória do amor
A glória do amor poderia surgir

Quando todos os teus amigos falsos foram embora e te traíram
E estão todos falando pelas tuas costas: cara, você nunca
Vai chegar a ser humano
Aí você começa de novo a pensar em todas aquelas coisas que fez
E sobre quem era e o que era

E sobre todas as coisas mais diversas
Você aprontou de tudo

Mas lembre-se que a cidade é um lugar curioso
Meio circo, meio esgoto
E lembre-se que pessoas diferentes têm seus gostos peculiares

E a glória do amor
A glória do amor
A glória do amor
Poderia te contemplar

Sou um Garoto de Coney Island agora

Queria dedicar esta ao Lou e à Rachel e a todos os garotos da Escola
[Primária 192

Cara, juro que largaria tudo por você

ROCK AND ROLL HEART

Eu acredito no amor
[*I believe in love*]

Eu acredito em curtição agora
E acredito no espetáculo
E acredito na cruz de ferro e, como todo mundo sabe,
Acredito em música pra curtir, yeah, rock'n'roll de curtição
Acredito na música, música, música que vai contentar sua alma mas
Acredito no amor (música pra curtir)

Acredito em curtição e acredito na alma
E acredito em tentação
E bato, bato, bato à sua porta
E acredito em curtição, rock'n'roll de curtição
Yeah, acredito na música, música, música
Que vai contentar sua alma, você não sabia?, ah
Eu acredito no amor
Música pra curtir
Rock'n'roll de curtição

Batendo tambor
[Banging on my drum]

Estou batendo meu tambor
Estou batendo meu tambor
Estou batendo meu tambor
E achando muito divertido, rapaz
Estou batendo meu tambor, yeah
Estou batendo meu tambor
Estou batendo meu tambor agora, babe
E me divertindo pra caramba

Siga o mestre
[Follow the leader]

Siga, siga o mestre, a-a-agora
Nova York, Nova York, a-a-a-a-a-agora

Oh, se você quer dançar
Ei, sue um pouco e, baby, melhor melhor colocar colocar aí um pouquinho
[mais de romance
Aí, sabe, você sua um pouco e coloca aí um pouquinho de romance
Aí é melhor seguir o mestre, siga o mestre, a-a-agora
Nova York, Nova York, a-a-a-a-a-agora

Cai tão bem
[*You wear it so well*]

Todas aquelas coisas, yeah, que você tem pra dar
Yeah, te caem tão bem
Yeah, te caem tão bem
Todas aquelas histórias, meu bem, que eu sei que você poderia contar
Yeah, te caem tão bem
E seu rosto disfarça, então não posso dizer
Que você sabia muito bem
Cai Tão Bem
Todas as coisas que fazem cantar os poetas
Te caem tão bem, yeah, você disfarça tão bem

E toda a dor que você costumava expressar
Você disfarça tão bem
Não dá pra dizer pelo seu rosto que você sabia muito bem
Ei, agora que você tem uma história e tanto pra contar
Yeah, você tem estilo e graça e te caem tão bem
Te caem tão bem e
Você tem uma história e tanto pra contar
Te caem tão bem
Graça e estilo
Combinam tanto com você
Te caem tão bem

Se aproveitam as moças
[*Ladies pay*]

Todos os marinheiros estão em casa de folga
E todo mundo está esperando por eles pra tentar enganá-los
Os lojistas deixaram as cortinas abertas
E todas as jovens formosas estão no aguardo
Ah, mas como se aproveitam as moças
Oh, se ao menos eles soubessem como se aproveitam
Aqui, vejam, como se aproveitam as moças
Quando os homens vão embora

Ninguém está guardando a porta
E ninguém dá de comer aos pobres
O pobre soldado doente está de cama com sua garota ao lado
Pensando em outro lugar do outro lado do mundo
Ah, como se aproveitam as moças
Oh, como se aproveitam as moças
Quando os homens vão embora
Oh, queria saber como se aproveitam as moças

Dia e noite
Noite e dia
Como se aproveitam as moças

Coração rock'n'roll
[*Rock and roll heart*]

Não gosto de ópera e não gosto de balé
E filmes franceses da Nouvelle Vague simplesmente me põem pra correr
Acho que sou burro porque sei que não sou esperto
Mas lá no fundo tenho um coração rock'n'roll
Yeah yeah yeah, lá no fundo tenho um coração rock'n'roll

Um coração rock'n'roll
Procurando curtição
Apenas um coração rock'n'roll, roll, roll
Procurando curtição

Não gosto de mensagens ou de coisas edificantes
Queria que pessoas desse tipo simplesmente desaparecessem
Acho que sou burro porque sei que não sou esperto
Mas lá no fundo tenho um coração rock'n'roll
Yeah yeah yeah, lá no fundo tenho um coração rock'n'roll

Insensivelmente cruel
[*Senselessly cruel*]

Quando eu era um coitado na escola
Garotas como você sempre me faziam de bobo
Mas agora chegou a hora de botar fora
Aquela teoria de que bom gosto a gente adquire
Você foi, oh, tão insensivelmente cruel

Desde o início eu suspeitei do pior
E você não me decepcionou, só que era a primeira
Mas agora eu não deixaria você me tocar se estivesse a centímetros de mim
E, garota, eu nunca, nunca vou me deixar magoar
Porque você me tratou tão mal
Você foi tão insensivelmente cruel

Direito à fama
[*Claim to fame*]

Fala, fala, blá, blá
Cuidado com aquela velha obsessão
Apanha ela e traz de volta
Aguenta o peso nas costas

Sem espaço, sem aluguel, o dinheiro já era
Já foi todo gasto agora
Me fale do seu direito à fama
Não existe um direito à fama?

Extra, extra, já li tudo sobre o assunto agora
Extra, extra, qualquer coisa sobre o direito à fama
Oooooh, minha gata, ooh, minha gata
Qualquer coisa sobre o direito à fama

Lábios úmidos, boca seca
Pronto praquela velha mãozinha agora
Não existe um direito à fama?

Escorraçado, encurralado, a cabeça é redonda
A praça é cercada
Não existe um direito à fama?
Agora me diz se não existe um direito à fama

Círculo vicioso
[*Vicious circle*]

Você está presa a um círculo vicioso
Cercada dos seus supostos amigos
Você está presa a um círculo vicioso
E parece que isso nunca vai acabar
Porque tem gente que acha que gosta de problemas
E tem gente que acha que não gosta
E pra cada um que diz sim
Tem alguém cujo olhar diz não

Você está presa a um círculo vicioso
Cercada dos seus supostos amigos
Você está presa a um círculo vicioso
E parece que isso nunca vai acabar
Porque tem gente que acha que são os nervos
E tem gente que acha que não
E tem gente que acha que são as coisas que você faz
E outros acham que você estava assim quando estava assado
Acham que era disso afinal que se tratava

Você está presa a um círculo vicioso
Cercada dos seus supostos amigos

Uma vida protegida
[*A sheltered life*]

Não conheço a Inglaterra
Não conheço a França
Nunca aprendi de verdade a dançar
Nunca fumei um baseado
Nunca usei drogas
Nunca dancei num tapete de pele de urso
Acho que é verdade o que todo mundo diz
Que vou ter de abandonar meu jeito provinciano
Acho que é verdade
Acho que vivo uma vida protegida

Nunca fui capaz de fazer nada
Tive uma vida provinciana e
Nunca aprendi a suingar
Não vivi grande coisa
Não vi grande coisa
Tenho sido fiel à minha esposa
E isso já é demais

Acho que é verdade
O que todo mundo diz
Que vou ter de abandonar meu jeito provinciano
Sabe, é verdade
Acho que vivo uma vida protegida

Uma fase
[*Temporary thing*]

Ei, agora, sua vadia, agora, baby, melhor você juntar suas coisas
E se mandar rápido daqui
Talvez teu sangue esteja ficando, ah, nobre demais
Não que a gente nunca tenha visto coisa igual
E se te incomoda, vire as costas
Então é melhor você tomar o caminho da porta
Mas eu sei — é só uma fase

Você leu livros demais, você viu peças demais
E se coisas assim te causam repulsa
Agora, escute, ei, escute, melhor pensar duas vezes
Sei que não parece muito agradável à tua nobre criação
É só uma fase

Onde está o número, onde está a moedinha e onde está o telefone
Me sinto um estranho, acho que você vai voltar pra casa
seu pai, sua mãe, o merda do seu irmão
Acho que não concordariam comigo
Mas estou pouco me fodendo
Eles não são melhores do que eu

Uh huh,
É só uma fase
Oh, yeah
Já passei por isso antes, é só uma fase
É só uma fase
Ah, sua vadia, larga dos meus filhos, uma fase

Cai fora

É só uma fase

STREET HASSLE

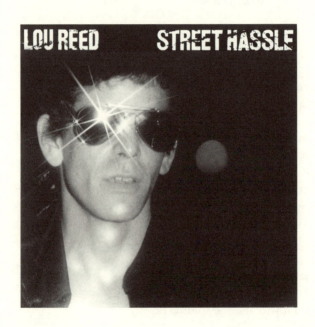

Me dá um pouco de curtição
[*Gimmie some good times*]

"Ei, se não é a Fera do Rock'n'Roll* em pessoa?
O que você anda fazendo, meu irmão?"
Parado na esquina
"Bem, isso eu estou vendo. O que você tem na mão?"
De mala na mão
"Ah, qual é! Que coisa!"
Jack de espartilho, Jane de colete
"'Viado' 'drogado' 'filho da mãe!'"
Querida Jane, eu toco numa banda de rock'n'roll
"Bem, isso eu estou vendo..."

Tem gente que diz que você não consegue, não importa, babe, quem você
[seja
E tem gente que diz que não consegue se mover, não importa onde esteja
Me dá, me dá, me dá um pouco de curtição
Me dá, me dá, me dá um pouco de dor
Não importa o quanto você seja feio, você sabe que pra mim tudo parece
[igual

Chuva da manhã nas nuvens azuis
Agora é só o brilho do sereno
Circulando pela cidade em carrões
E eu não tenho nada pra fazer
Me dá, me dá, me dá um pouco de curtição
Me dá, me dá, me dá um pouco dor
Você não sabe que as coisas sempre parecem feias?
Pra mim parece sempre tudo igual
Você não sabe que ambas parecem feias?
Pra mim parece sempre tudo igual
Parado na esquina
Pra mim parece sempre tudo igual

---

* *Rock'n'Roll Animal*, epíteto criado por Reed nos anos 1970, usado também como título de um álbum ao vivo lançado em 1974.

Imunda (versão final)
[Dirt (final version)]

Já faz um bom tempo desde a última vez que falei com você
Era uma boa hora?
Seus problemas atuais e você sabe que vão ficar bem piores
Espero que você saiba o quanto gosto disso
Você é uma suína repulsiva, existe justiça neste mundo
Ei, que tal essa?
Sua falta de consciência e sua imoralidade
Bem, mais e mais pessoas estão sabendo a respeito

Sentamos pra bater papo outra noite, os caras e eu,
Tentando achar a palavra certa
Que melhor descreveria
Você e a gente da sua laia
Que não tem princípios nem batismo
Que tal essa?
Que comeria merda e diria que é gostoso
Se tivesse dinheiro na parada

Ei, você se lembra daquela música de um cara do Texas chamado Bob
[Fuller?
Vou cantar pra você, era assim:
Combati a lei e a lei venceu
Combati a lei e a lei venceu

Você é simplesmente imunda

Confusão de rua: Waltzing Matilda, parte I
[*Street hassle: Waltzing Matilda, part I*]

Waltzing Matilda sacou sua carteira
O rapaz sexy sorriu com tristeza
Ela tirou quatro notas de vinte, pois gostava de números redondos
Todo mundo pode ser rainha por um dia
Oh, baby, estou pegando fogo e você sabe que admiro seu corpo
Por que a gente não cai fora daqui?
Mas tenho certeza que você sabe que é raro eu flertar assim
E sha-la-la-la por aí
Oh sha-la-la-la-la, sha-la-la-la-la
Ei, baby, vamos cair fora daqui

Lindo e gostoso, oh, que músculos
Chamem a Guarda Nacional
Ela lambuzou o jeans quando ele atacou as carnes dela
Em cima do balcão de fórmica
E, fluindo lento, ele a levou às alturas
E, audaz, pra outra esfera
E apesar do escárnio das gentes
Provou ser mais do que simples diversão sha-la-la-la e depois —
E então sha-la-la-la ele entrou nela devagar e mostrou de onde vinha
E então sha-la-la-la ele fez amor suavemente com ela, parecia que ela nunca
                                        [tinha gozado na vida
E então sha-la-la-la-la, sha-la-la-la-la
Quando o sol nasceu e ele se preparava pra ir embora
Você sabe sha-la-la-la-la, sha-la-la-la-la
Nenhum dos dois estava arrependido de nada

Confusão de rua: confusão de rua, parte II
[*Street hassle: street hassle, part II*]

Ei, essa vagabunda não está respirando, acho que abusou
De uma coisa ou de outra, ei, cara, se é que você me entende
Não quero te assustar, mas foi você que trouxe ela pra cá
Então é você que vai ter que tirar daqui
Não estou dando uma de esperto nem agindo friamente
E não vou cair em sentimentalismos
Mas, você sabe, as pessoas ficam emotivas e, às vezes, cara
Elas não agem racionalmente, sabe,
Pensam que estão na TV
Sha-la-la-la, cara, por que você não cai fora daqui?

Sabe, fiquei contente de te conhecer, cara
Foi legal mesmo esse papo contigo e queria realmente ter um
pouco mais de tempo pra conversar
Mas, sabe, poderia dar confusão tentar explicar
Pra um policial como foi que a tua gata acabou batendo as botas
E nem tem o que a gente possa fazer pra ajudar ela, não tinha nada que
[ninguém
Pudesse fazer, e se tivesse, cara
Você sabe que eu teria sido o primeiro
Mas quando alguém fica com a cara assim, azul, a verdade é uma só
Você sabe que a vagabunda nunca mais vai trepar
Aliás, é uma bela porcaria
O que você arrumou aí
Mas você precisa ter mais cuidado
Com as menininhas por aí

É sempre o pior ou o melhor
E, como não preciso escolher, acho que não vou
E sei que isso não é jeito de tratar uma visita
Mas por que você não agarra tua gata pelo pé
E simplesmente larga ela na rua escura e de manhã
Ela vai ser só mais um acidente

Você sabe que algumas pessoas não têm escolha
E jamais encontram uma voz
Pra falar —

Que possam ao menos chamar de sua
Então a primeira coisa que veem
Que dê a elas o direito a ser alguém
Elas vão atrás
Você sabe, chama-se —

Azar

Confusão de rua: cair fora, parte III
[*Street hassle: slip away, part III*]

(Peraí, cara, é mentira, só uma mentira que ela conta pros amigos, tem uma canção de verdade, uma canção de verdade que ela não admite nem pra si mesma, sangrando no seu coração, é uma canção de lamento pra muita gente, é uma canção dolorosa, cheia de verdades tristes e a vida está cheia de canções tristes, uma moedinha por um desejo, e desejar não faz acontecer, Joe, um lindo beijo, um lindo rosto não tem vez, mas vagabundos como a gente nasceram pra pagar)

O amor se foi e não tem mais ninguém aqui agora e
Não resta nada a dizer mas, oh, baby, sinto falta dele, baby
Ah, baby, venha e vamos cair fora
Venha, baby
Por que a gente não cai fora daqui?
O amor se foi, levou os anéis dos meus dedos
E não resta nada a dizer
Mas, oh, não, como preciso disso
Baby
Venha, baby, preciso de você, baby
Oh, por favor, não caia fora
Preciso tanto do teu amor,
Babe
Por favor não caia fora

Eu quero ser negro
[*I wanna be black*]

Eu quero ser negro
Ter ritmo por natureza
Esporrar a seis metros de distância, também
E foder os judeus
Eu quero ser negro
Quero ser um Pantera
E ter uma namorada chamada Samantha
E um harém de putas gostosas
Ooh, eu quero ser negro
Não quero mais ser um porra de um universitário de classe média
Só quero ter um harém de putinhas gostosas
Yeah, yeah, eu quero ser negro

Eu quero ser negro
Quero ser que nem o Martin Luther King
E levar um tiro na primavera
Guiar uma geração inteira
E foder os judeus

Eu quero ser negro, quero ser como o Malcolm
E rogar praga sobre o túmulo do Presidente Kennedy
E ter um pau grande, também

Não quero mais ser um porra de um universitário de classe média

Só quero ter um harém de putinhas gostosas
Yeah, yeah, eu quero ser negro

Curtir pra caramba juntos
[*Real good time together*]

A gente vai curtir pra caramba juntos
A gente vai curtir pra caramba juntos
A gente vai curtir pra caramba juntos
A gente vai rir e trepar e gritar juntos

Nah, nah, nah, nah, nah, nah, nah, nah, nah, nah, nah, nah

Estrela cadente
[*Shooting star*]

Todo mundo tem seu quinhão de glória
Procurando por você
É só uma história sobre vitória, derrota e glória
E você sabe que é verdade
Uh-huh, oh, yeah, você é só uma estrela cadente
Uh-huh, oh, yeah, você é só uma estrela cadente

Certa glória criada pela mão do homem não permitirá a intromissão
De outro Deus
E mais tarde convencer e permitir reorganizar
Um outro bar
E causar mais confusão e criar desilusão
Seria ir longe demais

E em confissão, uma adiada confissão
Um cadillac metálico
Uh-huh, oh, yeah, você é só uma estrela cadente
Uh-huh, oh, yeah, você é só uma estrela cadente

Me deixe em paz
[*Leave me alone*]

Todo mundo vai tentar te dizer o que fazer, e
Nunca, nunca, nunca, nunca deixem te dizer que é a verdade

Me deixe, me deixe, me deixe, me deixe
Me deixe em paz

Certos tipos de gente sempre te põem pra baixo
Você está tentando se levantar e eles só querem te ver com cara de desânimo

Você não sabe que certas pessoas simplesmente não sabem a hora de parar?
Não sabem a diferença entre o chão, o teto, o limite
E aí tem aqueles outros tipos que sempre te fazem esperar
E são eles os primeiros a dizer "Você errou"

Menino solitário solitário solitário solitário solitário
Me deixe, me deixe, me deixe, me deixe, me deixe em paz

Espera
[Wait]

(Tragédia
Foi tamanho desperdício
De um rosto tão lindo)
Espere, sei que não devia, mas espere, por favor
Sei que está ficando tarde
E está perdido quem hesita
Mas mesmo assim queria de verdade que você esperasse
Ainda que essa paixão definhe
E encontre você em outra condição
Em que ela parecerá um erro
Oh, babe, acho mesmo que você deveria esperar

Espere, eu realmente não desejaria seu ódio
Certamente não nesta hora tardia
Você quer dar e não apenas receber
Sei que a boa conduta é um fardo tremendo
Mas então não faz sentido esperar
Considerando a presente condição
Não me faça mudar de ideia nesta hora tardia
Oh, baby, você não acha que devemos esperar?

THE BELLS

Cara estúpido
[*Stupid man*]

Cara estúpido, de carona, largou uma boa vida em Saskatchewan
E ele acha que tem grandes, grandes planos
Vai construir uma casa numa terra qualquer
Oh, Casey, isso não te deixa maluca
Oh, morando totalmente sozinha perto dessa maldita água?
Oh, Casey, isso não te deixa maluca
Morando totalmente sozinha perto dessas águas calmas?
Por favor, diga um oi, por favor, diga um oi pra minha bebezinha
Oh, Casey, diga que o pai dela logo volta pra casa, logo logo, pra ver ela
Bem, estou a toda na rodovia
Com o motorista a 150 ou até mais
Não pense que ele está chapado ou bêbado
Ou que ele acha a vida um tédio
Oh, Casey, oh, Casey você não sabe o quanto isso me deixa maluco
Morando totalmente sozinho perto dessas águas?
Mas por favor, diga um oi, mas por favor, diga um oi pra minha bebezinha
Por favor, será que você mandaria um grande beijo pra ela e diria
Que o estúpido do pai dela logo volta pra casa
Oh, Casey, oh, Casey você não sabe que acabei ficando maluco
Morando bem sozinho perto dessas águas calmas?
Mas por favor, diga à minha bebê, bebê, bebê, bebê, bebezinha
Que estou meio enrolado agora mas logo volto pra casa
E serei o pai que devo ser
Por favor, mande um oi desse cara estúpido

Mística disco
[*Disco mystic*]

Disco, mística disco

Quero agitar com você
[*I wanna boogie with you*]

Ei, menina bonita, você não acha que poderia me dar uma chance?
Se enturmar comigo, ir à cidade para um pouco de romance e namoro
E sei que eu não sou nada, sei que não valho um tostão furado
Mas se você colocar seu coração nas minhas mãos
Tenho certeza que posso fazer você mudar de ideia

Quero agitar com você, yeah, quero curtir com você

E tem uma coisa, baby, com que ambos os seus pais concordaram
(Eles concordaram, sim)
Essa coisa é que os dois desconfiam muito de mim
(Desconfiam de mim)
E seu melhor amigo, o Frankie, seu melhor amigo Frankie
Quer ver o meu fim (quer ver o meu fim) e eu não culpo ele por isso
Ele fica tão imprestável depois de alguns drinques

Sabe, baby, quero agitar com você

E eu sei que a sua irmãzinha acha que sou um fiasco (acha que sou um
[fiasco)
Mas acho que você sabe que é verdade
Passei mais tempo na pior do que por cima (mais na pior do que por cima)
Diga pra sua irmã que eu sei que ela quer tirar uma casquinha (tirar uma
[casquinha)
Mas não tenho tempo, baby, ela que espere pra quando for uma mulher,
[não uma menina
Você não sabe que quero agitar com você
Ali na esquina?

Com você
[*With you*]

Com você, a vida acontece tão depressa
Com você, tudo é uma confusão
Mais devagar
Você não acha que poderia ser menos caprichosa?
Não sou você, não tenho o mesmo desejo de morrer
Mais devagar, mais devagar
Com você, não há como negar
É você, e não minha falta de tentativas
Com você todo mundo está mentindo
É você, não sou eu que estou chorando

Com você, é ficar e evitar as ruas
Com você, todo amigo é uma briga em potencial
Mais devagar, mais devagar
Com você, a conclusão é antecipada
Com você, tudo é delírio
Com você, não posso ter ilusões
É você que vai acabar machucada
Chorando

Com você, todo mundo é babaca
Com você, é fodido ou fodão
Mais devagar, mais devagar

Com você, a vida é apenas uma luta renhida
Com você, cada dia é uma aposta
Com você, mal posso esquecer a vida
Com você, bancando a Virgem Maria
E você está chorando

Em busca de amor
[*Looking for love*]

Ei, olha, tem uma menina linda e ela está roubando todos os seus lençóis
Ei, olha, tem uma menina linda que é o tipo de garota pra se encontrar
Ei, olha, tem um rapaz solitário e ele está em busca de amor
Olha, tem uma menina linda e ela está procurando um garanhão
Hey, olha, você não vai me dar agora?
Não vai me dar me dar me dar?
Ei, olha, tem uma menina de sorte, me dá me dá me dá

Ei, olha, tem um rapaz cosmopolita perambulando pelo mundo
Ei, olha, tem um figurão do *jetset* ainda procurando uma presa fácil
Eu disse, ei, olha, você costumava arranhar minhas costas
E parece disposta a tudo
Ei, olha, quando você arrancou minha camisa
Vê que está escrito no meu peito "O Andarilho"
Ei, olha, tem uma menina adorável
Beija fácil diz adeus
Ei, olha, tem uma criança adorável em busca em busca em busca de amor

Luzes da cidade
[*City lights*]

Essas luzes da cidade não trazem vida às ruas?
Essas noites loucas não nos aproximam?
Em qualquer dia chuvoso, você pode dançar e espantar a tristeza
Essas luzes da cidade não nos aproximam?

A bengala de Charlie Chaplin, bem, ela espantava a chuva
As coisas não foram mais as mesmas, depois que ele passou por aqui
Mas quando ele partiu, a nosso pedido
As coisas não foram mais as mesmas, depois que ele passou por aqui

Nossa terra era pra ser
Uma terra de liberdade
E aquelas luzes da cidade, luzes de eterno brilho
Mas aquele pequeno vagabundo, encostado no poste da esquina
Quando ele nos deixou, seu humor nos deixou pra sempre

Essas luzes da cidade não trazem vida às ruas?
Essas noites loucas não nos aproximam?
Em qualquer dia chuvoso, você pode dançar e espantar a tristeza
Essas luzes da cidade não nos aproximam?

A noite inteira
[*All through the night*]

Você não se sente tão sozinho quando chega a tarde
E vai ter de encarar a noite inteira?
Isso não te faz acreditar que alguma coisa está pra acontecer logo, baby
A noite inteira

Você alguma vez já tocou com uma banda de baile
E varou a noite, baby, a noite inteira?
Quando as horas do dia avançam sobre o inferno da noite todo mundo sai
[em busca de um sino pra tocar
A noite inteira
E faz isso a noite inteira

Quando as palavras já estão escritas e vem a poesia e o romance está escrito
[e o livro terminado, você disse, oh, senhor, baby
[amante dá pra mim a noite inteira e é o que ela diz

Minha melhor amiga, a Sally, ela ficou doente
E estou me sentindo bem doente, eu também
Acontece sempre e a noite inteira
Vim até o St. Vincent's e estou olhando pro teto que cai sobre o corpo
[enquanto ela fica ali, estendida
no chão
E diz, oh, baby, temos que celebrar a noite inteira
Me fez sentir tão triste que chorei a noite inteira
Falei "oh, Jesus" a noite inteira

Se os pecadores pecam e o bom homem se foi e a mulher não pode vir
E ajudá-lo a chegar em casa e o que você vai fazer a respeito
Quando eles continuam a noite inteira
E ele diz dá pra mim a noite inteira

Não é nada demais se um homem precisa chorar, dar algum carinho
E uma bronca
Eu falei ei, babe, dá pra mim a noite inteira

E tem gente que fica esperando coisas que nunca vêm
E tem gente que sonha coisas que nunca realizou

Eles fazem a noite inteira
A cidade é estranha e o campo, silencioso, mas o que eu queria saber é por
[que eles não fazem um protesto
Por que não, baby
A noite inteira?

Oh, gata, oh, gata, me fale dessas coisas todas a noite inteira
Quero isso a noite inteira
Se o Natal é só uma vez por ano
Por que não se pode derrubar uma lágrima só
Por aquelas coisas que não acontecem a noite inteira?

Famílias
[*Families*]

Mamãe, me diga como vai a família
E, mamãe, me diga como vão as coisas com você
E, minha irmãzinha, ouvi falar que você se casou
E que você já tem uma bebezinha, também
E veja esses tios e primos que mal conheço
E dá pra acreditar que minha velha cadela Chelsy também está aí?
E dá pra acreditar que ninguém nesta família queria ficar com ela?
E agora a cadela é mais parte da família do que eu
Não apareço mais tanto em casa
Não, não apareço mais tanto em casa

E, mamãe, sei o quanto você está decepcionada
E, papai, sei que você sente a mesma coisa
E, não, ainda não me casei
E, não, não tenho planos de um neto
Para vocês
E, por falar nisso, papai, me diga como vão os negócios
Soube que suas ações estão subindo bastante
Não, papai, você não é mais um homem pobre
E espero que perceba isso
Antes de morrer

Por favor, não vamos começar de novo com essa história
Sei o quanto você se ressente da vida que levo

Mas, uma vez mais, não quero os negócios da família
Não quero herdá-los no dia da tua morte
Sério, pai, você devia dar tudo à minha irmã
A Elizabeth, sabe, a Elizabeth
Ela tem uma cabeça melhor que a minha pra essas coisas
Mora praticamente na mesma rua
É mesmo o tipo de filha de quem você devia se orgulhar

Mas, papai, sei que esta visita é um erro
Não temos nada em comum exceto o sobrenome
E famílias de subúrbio
Quase sempre fazem seus membros chorar

E não acho que eu vá aparecer mais tanto em casa
Não, não acho que eu vá aparecer mais tanto em casa daqui pra frente

Mamãe, Papai

Os sinos
[*The bells*]

E as atrizes se dão
Com o ator que volta tarde pra casa
Depois que as peças terminaram
E as plateias se dispersaram
Em meio às luzes da cidade e às ruas
Não havia ingresso que pagasse
O maravilhoso espetáculo dos espetáculos
Ah, só a Broadway sabe
Que A Grande e Branca Via Láctea
Tinha algo a dizer
Quando ele caiu de joelhos
Depois de se elevar no ar
Sem nada que o sustentasse
Não foi mesmo muito bonito
Brincar daquilo sem paraquedas
Parado à beira do abismo
Olhando, ele achou que viu um riacho —

E gritou: "Veja! Lá estão os sinos!"
E cantou: "Lá vêm os sinos!"
          "Lá vêm os sinos!"
          "Lá vêm os sinos!"

Lá vêm os sinos!

GROWING UP IN PUBLIC

Como falar com um anjo
[*How do you speak to an angel*]

Um filho que é amaldiçoado com uma mãe megera
Ou com um pai fraco com um sorriso bobo, na melhor das hipóteses
É criado pra reproduzir os temas clássicos e eternos
Do amor filial e do incesto

Como ele faz
Pra falar com uma
Como ele faz pra falar com a garota mais linda?
Como ele faz
Pra conversar com ela?
O que diz pra começar o papo?
O que diz se ela for tímida?

O que você faz com suas paixões pragmáticas?
Com seu clássico estilo neurótico?
Como lida com sua vaga compreensão de si mesmo?
O que você faz quando mente?

Como fazer
Pra falar com uma
Como fazer pra falar com a garota mais linda?
Como fazer pra conversar com ela?
Como dançar na cabeça de um alfinete
Quando você está olhando de fora?

Meu velho
[*My old man*]

Quando eu era um menino pequeno de escola pública no Brooklyn
No recreio, no pátio de concreto, faziam a gente formar fila em duplas
Em ordem alfabética, Reagan, Reed e Russo
Ainda me lembro dos nomes
E taco e paredão
Eram os únicos jogos que a gente jogava
E eu queria ser como o meu velho
Queria crescer e ser como o meu velho
Queria me vestir, queria apenas ser
Queria me comportar como o meu velho

E aí, como todo mundo, fui crescendo
E não queria mais ser como o meu pai
Estava cansado dos seus maus-tratos
E de ter de me esconder debaixo da escrivaninha
E, quando ele batia na minha mãe, eu ficava tão possesso que chegava a me
[engasgar
E não queria ser como o meu velho
Não queria nem mesmo me parecer com o meu velho
Não queria nem mesmo ser parecido com o meu velho

Um filho vê o pai ser cruel com a mãe
E jura somente voltar quando
For muito mais rico, e tão crescido em todos os sentidos
Que o velho nunca mais vai bater em ninguém outra vez

E você acredita no que ele me disse?
Ele disse, Lou, seja homem

Ficar longe
[*Keep away*]

Guarde o ciúme e as observações venenosas pra você
Você sabe que não estou tendo um caso
Você só fica com esse ouvido grudado no chão
Se descabela se ouve qualquer som
E aqui estão o apito, o distintivo e o telefone
Pode me prender se eu não estiver em casa
E, se eu não mantiver minha palavra, juro que fico longe

Aqui estão uns livros e um quebra-cabeça de Escher
Aqui está o *Medida por medida* de Shakespeare
Aqui estão um balão, um elástico e um saco
Por que você não os explode, se acha que foi traída?
Aqui estão um castelo, um dragão de papel e um fosso
Um brinco, uma escova de dentes e uma capa
E, se eu não mantiver minha palavra, juro que fico longe

Juro que esqueço
De tudo que fizemos
Vou deixar pra trás os bons tempos e
Deixar pra trás a curtição
Juro que me alisto no exército ou talvez nos *marines*
Vou começar a usar ternos de marca e abandono meu jeans
Juro que me afasto de todos os meus velhos amigos
Vou jogar fora meus discos, vou tentar me emendar
Juro que paro de apostar o dinheiro do aluguel
Vou parar com a comida e a bebida, vou deixar de desperdiçar a vida

Aqui está uma régua, pode usar pra me julgar
Aqui está um vale, talvez tenha alguma coisa que você queira comprar
Aqui está um band-aid caso você corte o pé
Aqui está um martelinho odontológico, pode usar nos teus dentes da frente
Aqui está uma pistola que ninguém usa mais
E um bracelete feito de algum metal vagabundo
E, se eu não mantiver minha palavra, você nunca mais vai me ver

Juro que esqueço dignidade e orgulho
Vou evitar as abstrações, guardar tudo aqui dentro

Bem, vou me lambuzar de manteiga e derreter numa estante
Vou me fritar nos meus próprios fluídos, virar outra pessoa

Bem, juro simplesmente ficar longe de tudo que é bom
Vou me deitar na sarjeta que é o meu lugar
Juro que acendo uma vela pra cada inimigo moderno
Juro que com isso viro a página e nunca mais vou te ver
porque preciso ir embora

Crescendo em público
[*Growing up in public*]

Algumas pessoas curtem o poder do poder
O poder absoluto e corruptor que enlouquece os grandes homens
Outras por sua vez encontram alívio na ação
Manipulação, abuso e destruição dos subalternos

Crescendo em Público
Crescendo em Público
Crescendo em Público
Crescendo em Público
Com as calças arriadas

Algumas pessoas curtem prazeres sádicos
Despertam teus desejos e salivam na tua orelha
São figuras quase efeminadas loucas por sexo oral
Formam tua integridade, então sabem jogar com teus medos

E vão fazer isso em público
Vão fazer isso com você em público
Porque você está Crescendo em Público
Porque você está Crescendo em Público
Com as calças arriadas

Algumas pessoas acham que ser homem não é viril
E aí tem aquelas que acham que o próprio conceito é uma piada
Mas algumas pessoas acham que ser homem é o mais importante
E aí tem aquelas que desejam nunca ter acordado
De um sonho com jeito de pesadelo
Reduzidas a uma situação nem suntuosa nem tranquila
Um Príncipe Hamlet flagrado entre a razão e o instinto
Flagrado com as calças arriadas

Flagrado
Fui realmente flagrado
Fui flagrado
Flagrado, baby, me decidindo sobre você

ATRAVESSAR O FOGO — 310 LETRAS   205

Cerimoniosos
[*Standing on ceremony*]

Não esqueça as boas maneiras
Tire o chapéu, por favor
Sua mãe está morrendo
Escute ela tossir

Sempre fomos cerimoniosos
Sempre fomos cerimoniosos

Quer fazer o favor de mostrar algum respeito?
Embora na vida real você nunca faça isso
Sua mãe está morrendo
E juro por Deus que espero que você esteja feliz agora

Sempre fomos cerimoniosos
Sempre fomos cerimoniosos

Então, por favor, ponha outra música pra tocar nessa jukebox
Por favor, ponha outra canção triste e bonita pra mim
E se aquele telefone tocar
Diga a eles que não me viu
E se aquele telefone tocar
Diga a eles que não me vê faz semanas
E deixe essa por minha conta
Que continuo cerimonioso

Tão sozinhos
[*So alone*]

Ela liga
Ela diz que não quer ficar sozinha
Diz que isso está deixando ela neurótica
Mas, por favor, não confunda com erótica
Tão sozinha
Tão tão sozinha

Ela diz vamos dar uma volta
Vamos tomar um drinque e bater um papo
E ele pensa que ela tem potencial
Se pelo menos deixasse de lado aquele terço
Tão tão sozinha
Ninguém quer ficar sozinho

Mas eu simplesmente não sabia
Juro pra você, simplesmente não sabia
Nunca teria magoado você
Se soubesse
Nunca teria dito aquelas coisas pra você
Só um louco teria dito aquilo pra você

Vamos admitir, cometi um erro
Bem, sabe, os tolos se atropelam enquanto os anjos se contêm
Não posso ser esperto o tempo inteiro
E afinal eu nem sabia que você ainda pensava nele
Pra falar a verdade
Esqueci totalmente dele

E você sabe que não acho legal
Perguntar para um cara sobre os defeitos de outro
Não me importo que seja você a me escolher
Desde que a gente vá pra cama — sozinhos
Só nós dois, sozinhos

Eu simplesmente não sabia
Juro por Deus, simplesmente não sabia
Você não consegue entender que é assustador?

Quando a gente ouve mulheres falando sobre castrar e odiar homens?
Quem quer saber que você odeia os homens?

Bem, você disse então que queria dançar
Pois agora vamos dançar
Você disse que não se sentia completa
Mas vamos fazer você dar a volta por cima
Você disse que estava muito irritada
E me disse que sexo, eu podia esquecer
Você disse que gostava de mim pela minha inteligência
Bem, eu gosto mesmo é do seu traseiro

Oh, levante e agite, oh, baby, levante e dance
Oh, levante levante levante levante e agite, baby, oh levante e dance
Rebole, gata, oh, levante e dance

Você se fez entender muito bem
Não é do tipo que choraminga sobre um copo de cerveja
Por que não vamos pra minha casa?
Pode acreditar, sou muito recatado
E estou tão sozinho
Tão tão sozinho

Claro, os homens são todos uns animais
Ei, veja, vou sentar aqui quietinho e ficar olhando pros meus pés
Não culpo você por estar ressentida
Com esses animais olhando para os seus peitos
Tão sozinhos
Somos tão sozinhos

Ei, você se importa se eu apagar a luz?
Não leve a mal, mas por que você não passa a noite aqui?
Sei que suas paixões tocam fundo
Mas a essa altura nós dois precisamos dormir
Tão sozinhos
E quem quer ficar sozinho?

O amor veio pra ficar
[*Love is here to stay*]

Os dois adoram comida chinesa, ele odeia temperar
Ele adora jogar fliperama, ela quer ser a próxima a jogar
Ela gosta de romances longos, ele curte quadrinhos
Eles são urbanoides polimórficos abastados, mas de algum jeito dão certo

Ela gosta de Truman Capote, ele gosta de Gore Vidal
Ele gosta de Edgar Allan Poe e ela curte Mean Joe Green
Ela acha que comer carne é nojento, ele gosta de cachorro-quente
Ela curte a terapia de Gestalt, enquanto pra ele Est e o resto lhe dão
[engulhos, mas

O amor está aqui, e veio pra ficar
O amor está aqui, e veio pra ficar
Dá provas todos os dias
O amor está aqui, e veio pra ficar

O poder do embebedamento positivo
[*The power of positive drinking*]

Tem quem goste de vinho e tem quem goste de cerva
Mas o que eu realmente amo é o meu uísque
É o poder, o poder do embebedamento positivo
Algumas pessoas estragam seus drinques com gelo
E depois vêm pedir conselho
Dizem pra você: nunca contei isso pra ninguém
Elas dizem: coca é fino mas é a bebida que faz o frasista
E não gosto de coqueteizinhos, beber de golinhos ou bêbados lamurientos
Sabe, você precisa ter muito cuidado
Com os bares que frequenta hoje em dia
E aí tem gente que bebe pra soltar a libido
E outros que bebem pra inflar seus egos
É a minha sina, cara
Dizem que tenho uma cara confiável

Tem gente que diz que o álcool deixa menos lúcido
E eu acho que é verdade mesmo, se você for meio idiota
Não sou do tipo que comete o mesmo erro duas vezes
E tem gente que diz que bebida alcoólica mata as células da cabeça
Se é assim, levantar da cama tem o mesmo efeito
Quando eu me mandar, vou fazer isso com graça, copo na mão

Sorrisos
[*Smiles*]

Sorrisos — fui ensinado a nunca sorrir
Me disseram que os sorrisos elegantes de zombaria, trapaça e enganação
[abundam
Minha mãe me falou que, a menos que alguém te enfie na frente de uma
[câmera
Sorrir é a última coisa que você deve fazer
Aqueles sorrisos — aqueles sorrisos sem alegria e cheios de dentes

Sorrisos — todo mundo sorri na TV
O apresentador do game show com suas velhas enrugadas e murchas
O apresentador do talkshow recebendo estrelas de cinema
O político lambendo botas
O assaltante, o estuprador,
O maníaco incendiário
Todos sorriem no noticiário
Uma hora ou outra
Aqueles sorrisos — aqueles sorrisos vulgares e doentios

Quando eu era novo, minha mãe me disse
"Nunca, jamais permita que te vejam feliz"
Sorrisos, nunca, jamais permita que te vejam sorrir
Vão sempre te deprimir — com aqueles sorrisos
Nunca, jamais permita que te vejam sorrir
Vão sempre te deprimir — com os teus sorrisos
Nunca, jamais permita que te vejam sorrir
Vão sempre te deprimir — com os teus sorrisos
Nunca, jamais permita que te vejam sorrir
Você não sabe que vão te obrigar a cantar?
Doo doo doo doo doo doo doo doo
Doo doo doo doo doo doo doo doo
Doo

Pense nisso
[*Think it over*]

Ao acordar, ele olhou extasiado pro rosto dela
Nos lábios dele, o cheiro, o gosto dela
Cabelos pretos emoldurando seu rosto perfeito
Com sua mente maravilhosa e sua graça inacreditável
E, então, ele a acordou num impulso
Para oferecer a ela seu coração
De uma vez por todas, para guardar para sempre
E as primeiras palavras que ela ouviu ele dizer
Foram mesmo muito doces
Ele a estava pedindo em casamento, pra pensar nisso
Baby, pense nisso

Ela falou que em algum lugar ficava uma terra distante
Onde tudo é ordem e graça
Lá ninguém cai em desgraça
E todos lá são sábios e têm bom gosto
E aí ela suspirou, bem, lá-rá-rá lá-rá-rá
Você e eu já chegamos tão longe
E temos que tomar cuidado de verdade com o que dizemos
Porque quando se pede o coração de alguém
Você precisa saber que é capaz
Realmente capaz de cuidar dele
Então vou pensar
Baby, vou pensar nisso

Ensine as crianças eleitas
[Teach the gifted children]

Ensine as crianças eleitas, ensine-as a ter piedade
Ensine-as sobre o pôr do sol, ensine-as sobre a lua que nasce
Ensine-as sobre a raiva, o pecado que vem com o amanhecer
Ensine-as sobre flores e a beleza do esquecimento
Aí me leve para o rio e me ponha na água
Abençoe-as e perdoe-as, Pai, porque elas simplesmente não sabem

Todas as crianças eleitas, ensine as crianças eleitas
Coisas sobre homens e bichos
Ensine-as sobre as cidades, a história dos mistérios
Seus vícios e suas virtudes
Sobre galhos que balançam ao vento
Ou sobre a recompensa pelos seus pecados
Ensine-as o perdão, ensine-as a piedade
Ensine-as sobre a música
E sobre a água fresca e purificadora
Ensine as crianças eleitas
Todas as crianças eleitas

THE BLUE MASK

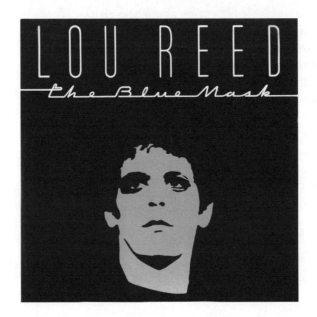

Minha casa
[*My house*]

A imagem do poeta na brisa
Gansos canadenses voando acima das árvores
Uma névoa pairando suave sobre o lago
Minha casa é muito bonita à noite
Meu amigo e mestre fica no quarto de hóspedes
Ele está morto — finalmente em paz, o judeu errante
Outros amigos colocaram pedras no seu túmulo
Ele foi o primeiro grande homem que conheci
Sylvia e eu sacamos nosso tabuleiro de ouija
Para chamar algum espírito — ele pairou pelo quarto
Ficamos felizes e espantados com o que vimos
Resplandeceu régio e orgulhoso o nome Delmore
Delmore, senti falta do seu senso de humor
Senti falta de todas as suas piadas e das coisas brilhantes que você dizia
Como Dedalus pra Bloom, que sacada perfeita
E encontrá-lo na minha casa torna as coisas perfeitas
Tive mesmo uma vida de sorte
Minha escrita, minha moto e minha mulher
E, para completar, um espírito de pura poesia
Mora comigo nesta casa de madeira e pedras
A imagem do poeta na brisa
Gansos canadenses voando acima das árvores
Uma névoa pairando suave sobre o lago
Nossa casa é muito bonita à noite

Mulheres
[*Women*]

Amo as mulheres
Acho que elas são demais
São o consolo de um mundo em situação terrível
São uma bênção pros olhos
Um bálsamo pra alma
Que pesadelo seria não haver mulheres no mundo

Eu costumava olhar pras mulheres das revistas
Sei que era machista, mas eu era um adolescente
Eu era muito amargurado, sexo só às escondidas
Não conseguia manter minhas mãos longe das mulheres
E não vou conseguir até morrer

O amor de uma mulher pode te alegrar e as mulheres são inspiradoras
Me dá vontade de comprar flores e contratar uma serenata celestial
Um coral de *castratti* pra cantar pro meu amor
Eles cantariam um pouquinho de Bach pra nós e então faríamos amor

Amo as mulheres
Todos amamos as mulheres
Nós amamos as mulheres

No fundo da garrafa
[*Underneath the bottle*]

Oooh, wheee, olhe só pra mim
Procurando agradar
É sempre a mesma história — do homem e sua busca por glória
E ele a encontrou, no fundo da garrafa
As coisas nunca estão bem
Vão de mal a pior
Ei, manda mais um uísque com essa cerveja
Fico triste de dizer que hoje me sinto igual — igual a como me sinto sempre
Manda um drinque para eu relaxar
Oooh, wheee, a bebida me liberta
Não posso trabalhar nem nada, tremendo assim por dentro
Ah, caralho, que puta azar eu tenho
Estou de saco cheio, no fundo da garrafa
Sete dias tem uma semana, dois deles eu durmo
Não consigo lembrar que merda eu estava fazendo
Tenho arranhões na perna e não me lembro quando foi
Que caí da escada, eu estava deitado no fundo da garrafa
Oooh, wheee
Filho da P
Você está tão no fundo do poço que não pode descer mais
Adeus, mundo, o jogo é duro demais
E está me confundindo todo
Perdi meu orgulho e ele está se escondendo
Lá —
No fundo da garrafa

A arma
[*The gun*]

O cara tem uma arma
Ele sabe como usá-la
Uma Browning nove milímetros, vamos ver do que é capaz
Ele vai apontar pra tua boca
Diz que arrebenta teus miolos
Não tente se meter a besta
Estou armado
Armado
Armado
Não tente se meter a besta
Armado
Sai pra lá
Devagar
Atiro na tua cara
Se disser uma só palavra
Diga pra moça deitar no chão
Quero ter certeza que você vai ver isso
Não ia querer que você perdesse nada
Olha pra tua mulher
Armado
Atirando
Animal imundo

Armado
Armado
Olha só a tua cara
Armado
Armado
Armado

O animal morre com medo nos olhos
Com uma arma
Não toque nele
Não toque nele
Fique longe dele
Ele tem uma arma

A máscara azul
[*The blue mask*]

Amarraram os braços dele atrás das costas pra ensiná-lo a nadar
Colocaram sangue em seu café e leite no seu gim
Pisaram no soldado em meio à sordidez
Ele tinha a guerra no corpo e o cérebro em agonia

Faça o sacrifício
Mutile meu rosto
Se você precisa de alguém pra matar
Sou um homem sem testamento
Enxágue a lâmina na chuva
Me deixe gozar o luxo da dor
Por favor, não me liberte
Morrer é muito importante pra mim

A dor era aguda e fez ele gritar
Ele sabia que estava vivo
Colocaram um alfinete nos seus mamilos
Ele achou que era um santo
Fiz amor com minha mãe, matei meu pai e meu irmão
O que devo fazer?
Quando o pecado chega tão longe, é como um carro desgovernado
Não dá pra controlar
Cuspa no rosto dele e grite
Não há Édipo hoje em dia
Isto aqui não é a peça em que você pensa que está atuando
O que você vai dizer?

Tire a máscara azul do meu rosto e olhe no meu olho
Ser castigado me deixa excitado
Sempre fui assim
Odeio e desprezo o arrependimento
Você fica marcado pra sempre
Tua fraqueza resulta em indiferença
E indiscrição pelas ruas
Imundo é você, limpo é o que você não é
Você merece uma boa surra

Faça o sacrifício
Vá até o fim
Não haverá um "não" tão sonoro
Que impeça esse dia de desespero
Não leve a morte embora
Corte o dedo nas juntas
Abata o garanhão durante a monta
E enfie o troço na boca dele

Cara normal
[*Average guy*]

Não sou cristão nem algum santo renascido
Não sou caubói nem doutor em marxismo
Não sou marginal nem o Reverendo Aleijado de direita
Sou apenas um cara normal, tentando fazer o que é direito
Sou apenas um cara normal

Um cara normal — sou apenas um cara normal
Sou normal na aparência e por dentro
Sou um amante normal e moro num lugar normal
Você não me reconheceria se me encontrasse por aí
Sou apenas um cara normal qualquer
Sou apenas um cara normal

Me preocupo com dinheiro e impostos e tal
Me preocupo que meu fígado esteja inchado e dolorido
Me preocupo com minha saúde e com meus intestinos
E com a onda de crimes nas ruas
Sou mesmo apenas um cara normal qualquer
Tentando caminhar pelas próprias pernas
Sou apenas um cara normal qualquer

Aparência normal
Gosto normal
Altura normal
Cintura normal
Normal em tudo o que faço
Minha temperatura é 36,7
Sou apenas um cara normal

Um cara normal

A heroína
[*The heroine*]

A heroína se levantou sobre o convés
O barco estava fora de controle
O casco sendo reduzido a destroços
Homens lutando lá embaixo
O mar os havia castigado por tanto tempo
Que só o que sentiam era medo
E o menino está na sua cabine, ele pensa que a porta está trancada
O mar está virado, o menino aprende a esperar
Pela heroína
Trancado em seu refúgio
Ele espera pela heroína

O mastro está rachando com as ondas que batem
Marinheiros rolavam no convés
E quando achavam que ninguém estava olhando
Cortavam o pescoço de algum fraco
Enquanto a heroína, vestida
Com um vestido branco de virgem
Tentava controlar o barco enorme
Mas a tempestade em fúria não queria saber
Tinham embarcado numa longa jornada

O menino, na sua cabine, pensa que a porta está trancada
Acha difícil respirar, inspirando o mar
E onde está a heroína
Para disparar a arma?
Para acalmar os mares furiosos?
E se deixar possuir pelo menino na cabine
Ele pensa que a porta está trancada
A mulher tem a chave
Mas ela não tem como pegá-la

Essa é para a heroína
Que transcende todos os homens
Que estão trancados na cabine
A moça vai deixá-lo sair?

A Heroína
Amarrada ao mastro
Uma tênue ascensão
Heroína

Ondas de medo
[*Waves of fear*]

Ondas de medo atacam durante a noite
Ondas revoltas — visões doentias
Meu coração está a ponto de explodir
Meu peito está apertado
Ondas de medo, ondas de medo

Ondas de medo
De cócoras no chão
Procurando algum comprimido, a bebida já era
Filetes de sangue escorrendo do meu nariz, mal posso respirar
Ondas de medo, estou assustado demais pra ir embora

Estou amedrontado demais pra usar o telefone
Estou amedrontado demais pra acender a luz
Estou com tanto medo de ter perdido o controle
Estou sufocando sem uma palavra
Suando como louco, com o queixo babado
O que foi esse barulho esquisito,
O que é aquilo ali no chão?
Ondas de medo
Pulsando com a morte
Praguejo contra os meus tremores
Me sobressalto com meus próprios passos
Me encolho no meu terror
Odeio meu próprio cheiro
Sei onde devo estar
Devo estar no inferno

Ondas de medo
Ondas de medo

O dia em que John Kennedy morreu
[*The day John Kennedy died*]

Sonhei que era o presidente dos Estados Unidos
Sonhei que vencia a ignorância, a estupidez e o ódio
Sonhei com a união e as leis perfeitas, incontornáveis
E, principalmente, sonhei que esqueci o dia em que John Kennedy morreu

Sonhei que era capaz de fazer o serviço que outros não tinham feito
Sonhei que era incorruptível e justo com todos
Sonhei que não era desagradável nem imoral, um criminoso predador
E, principalmente, sonhei que esqueci o dia em que John Kennedy morreu

Lembro onde eu estava naquele dia, estava num bar no norte
Na TV passava um jogo de futebol americano do time da universidade
Aí a tela apagou e o locutor disse:
"Aconteceu uma tragédia, relatos não confirmados dão conta de que
o presidente foi baleado, e pode estar morto ou agonizando".
Silêncio, alguém gritou "O quê?!"
Corri pra rua
As pessoas se reuniam em toda parte dizendo você ouviu o que falaram
[na TV?

E aí um cara num Porsche com o rádio ligado
Tocou a buzina e deu a notícia
Ele falou: "O presidente morreu, levou dois tiros na cabeça
Em Dallas, e ninguém sabe quem foi".

Sonhei que era o presidente dos Estados Unidos
Sonhei que era jovem e esperto e que não era tudo em vão
Sonhei que havia sentido na vida e na raça humana
Sonhei que conseguia de algum jeito compreender que alguém
Atirasse na cara dele

Oh, o dia em que John Kennedy morreu

Braços celestiais
[Heavenly arms]

Braços celestiais vêm me abraçar
Braços celestiais te atiçam a dançar
Num mundo de ressentimentos, os dançarinos estão estáticos
Braços celestiais vêm a mim

Braços celestiais suaves como uma canção de amor
Braços celestiais pousam um beijo no teu ouvido
Num mundo que parece maluco
Todos os dançarinos parecem tristes
Braços celestiais vêm a mim

Braços celestiais vêm em meu socorro
Só uma mulher pode amar um homem
Num mundo cheio de ódio, o amor nunca deveria esperar
Braços celestiais vêm a mim

Braços celestiais fortes como um pôr do sol
Braços celestiais puros como a chuva
Os amantes estão de sobreaviso
Com a tempestade iminente do mundo
Braços celestiais vêm a mim
Sylvia

LEGENDARY HEARTS

Corações lendários
[*Legendary hearts*]

Corações lendários, que nos deprimem
Com as histórias de seus amores
Os grandes amores transcendentes
Enquanto seguimos aqui e lutamos
E perdemos mais uma noite de amor lendário

Amores lendários, que assombram meu sono
Promessas a cumprir, que eu jamais deveria ter feito
Não estou à altura
Sou bom para um beijo apenas — não para o amor lendário

Romeu, ó Romeu — onde estás, Romeu?
Ele está num carro ou num bar
Ou misturando seu sangue com alguma droga impura
Ele está no passado e aparentemente perdido para sempre
Ele se esforçou bastante para ser bom
Mas a essência de sua alma estava manchada, impura
E, quando ele fez sua mesura, nenhuma plateia aplaudiu

Corações lendários, que nos deprimem
Fazem sangrar nossas emoções, gritar de carência
Não há amor lendário que caia do céu
É aqui e agora neste quarto

E você precisa lutar para fazer o que é direito
Você tem de lutar para manter seu amor lendário

Não venha me falar de trabalho
[*Don't talk to me about work*]

Um dia perfeito pra levantar da cama
Banho, roupa, barba, beijo na tua testa
Aí chego no escritório e minha cabeça começa a viajar
Um dia perfeito pra ficar andando por aí
Ver um filme violento, escutar os sons
Mas até na rua, quando ouço um telefone tocar
Meu coração começa a palpitar
Quando chego em casa, não quero te ouvir falar

Não venha me falar de trabalho
Por favor, não venha me falar de trabalho
Estou por aqui —
Com o trabalho, com o trabalho

Quantos dólares
Quantas vendas
Quantos mentirosos
Quantas historinhas
Quantos insultos a gente tem de aguentar nesta vida?

Passo a maior parte do dia na prisão
Então por favor me desculpe se me comporto assim
Mas tenho obrigações a cumprir
Então tenha cuidado quando fala comigo
Não venha me falar de trabalho
Por favor, não venha me falar de trabalho
Estou por aqui —
Com o trabalho, com o trabalho
Não venha me falar de trabalho
Por favor, não venha me falar de trabalho
Estou por aqui
Com o trabalho, com o trabalho

Faça minha cabeça
[*Make up my mind*]

Não consigo me decidir
Não consigo decidir que cores ficam bem nesta sala
Não consigo decidir nada sobre você
Faça minha cabeça

Não consigo me decidir
Você está rindo de mim ou foi uma piada?
O cigarro no lençol começa a fumegar
Faça sua cabeça

Direita ou esquerda, em cima ou embaixo, dentro ou fora, reto ou curvo
Amor ou luxúria, chuva ou sol
Não consigo me decidir, pobre de mim

Não consigo me decidir
Não sei diferenciar o certo do errado
Você vai rir de mim enquanto dorme esta noite?
Me abandonar —

Por que você não se decide
Sobre me abandonar?

Lei marcial
[*Martial law*]

Declarei trégua
Então parem com essa guerra
O xerife está na área
Não vou aturar nenhum linguarudo tagarelando
Pelo menos não enquanto estiver por perto
Este aqui é meu amigo Ace
Ele é do oitavo distrito
E não deixa passar nada
E fomos mandados
Porque as brigas de vocês
Já foram longe demais
E antes que um dos dois
Acabe machucando o outro
Estou declarando lei marcial

Vim, vi, declarei lei marcial
Sou o xerife desta cidade
As cadeias estão cheias de gente assim
Deviam ouvir o blá-blá-blá de vocês
O que uma garota como você está fazendo com essa luminária?
Melhor largar isso no chão
E, filho, isso não é uma boa ideia, arrebentar essa porta a chutes
Ei, Ace, você pode dar uma geral no lugar
E tirar os vizinhos do corredor?
Estou declarando lei marcial

Vim, vi, declarei lei marcial
Porque sou o xerife desta cidade
E se vocês mantiverem distância
Tenho algo a dizer
Que pode ajudá-los

Mantenha as mãos no lugar
Mantenha sua boca grande calada
Não toque ninguém com seu ódio
E se tudo que sai da sua boca é veneno
Tome o cuidado de não falar

São três e meia da madrugada
Não esmurre, não arranhe, não morda
Tente não despejar o lixo do dia
Em nenhum outro lugar que não seja lá fora
Agora eu e o sr. Ace vamos deixá-los
E essa guerra vai terminar
E se formos chamados de volta
Vou acabar com vocês
E empilhar os pedacinhos

Vim, vi, declarei lei marcial
Sou o xerife desta cidade

O último pico
[*The last shot*]

O último pico deveria ter me matado
Me manda outra bebida
Vamos beber ao último pico
E ao sangue sobre os pratos na pia
Sangue dentro da xícara de café, sangue no tampo da mesa
Mas quando você para, para mesmo
Mas só o que você quer
É saber que aquele foi o último pico
Espirrei sangue na mosca pousada na parede
Meu coração quase parou, mas nem chegou perto
Quebrei o espelho quando caí, quando caí caí caí
Me manda um duplo, sirva um pra você também
Me manda uma cervejinha, e uma pra você também
Um brinde a tudo aquilo que não se move, que não se move
Mas quando você para, para mesmo
Mas só o que você quer é saber que aquele foi o último pico
Mas quando você para, para mesmo
Mas só o que você quer é saber que aquele foi o último pico
Uísque, bourbon, vodca, scotch
Tanto faz o que você tem aí
Só quero saber que esse é meu último pico, meu último pico
Lembro muito bem quando foi que me entreguei

Tá vendo aqui, foi onde lasquei meu dente
Dei um pico na veia do pescoço e cuspi Quaalude
No meu último pico
Aqui vai um brinde a tudo que é bom e aqui um brinde ao ódio
E aqui vai um brinde aos brindes e não estou me vangloriando
Quando digo que estou tomando jeito, quando digo que estou tomando jeito

Mas quando você para, para mesmo
Mas só o que você quer é saber que aquele foi o último pico
Teu último pico
Quando você se entrega, está entregue
Mas só o que você quer
É saber que aquele foi o último pico

Apague a luz
[*Turn out the light*]

Amor, amor, por que essa luz acesa
Na hora do rala e rola e está escuro lá fora
E qual é a diferença entre certo e errado
Certo e errado
Não é engraçado como a dor vai embora
E depois volta outro dia?
A atmosfera está muito agradável hoje
Agradável hoje

Amor, amor, por que essa luz acesa
Você esqueceu de apagar?
Bom, tudo bem, mas está claro demais
Claro demais
Veja a águia sobrevoando a montanha
O lago que reflete e está tão parado
A tensão desapareceu da minha vontade
Da minha vontade

A lua sobre a montanha brilhando luminosa
Primeiro escuridão e depois luz
E às vezes há luz demais
Luz demais

Por que você não apaga a luz?
Apague a luz

Conselho indígena
[*Pow wow*]

Cristóvão Colombo descobriu a América
Achou que tinha encontrado uma cornucópia
Deu amor aos índios e eles retribuíram
Um conselho indígena reunido na tapera é o que há

Quero dançar contigo
Quero dançar contigo
Quero dançar contigo
Quero dançar contigo
O índio lutou com seu arco e sua flecha
Até que o general Custer foi derrotado por Touro Sentado
Escalpelado dia e noite
Me dê aquela aguardente
Vou comprar uma esposa pra mim

Quero dançar contigo
Quero dançar contigo
Quero dançar contigo
Quero dançar contigo
Quando vocês tinham acabado de se mudar pra nossa área
Nossos ancestrais tiveram um choque cultural
Dois macacos de galhos diferentes
Vamos lá, vamos parar de guerrear
E venha dançar comigo

Venha e dance comigo
Venha e dance comigo
Porque eu quero mesmo é dançar contigo
Quero dançar contigo

Traído
[*Betrayed*]

Traído — por aquela que diz que te ama
Por aquela que diz que precisa de você
Mais do que de qualquer outro homem
Traído por sua beleza frágil e perversa
Seu pai fez o que devia, e eu terminei traído

A justiça lhe deu suas qualificações — sua mãe era como aço
Seus primos, todos condenados
Só ela escapou àquela roda
Mas o motoqueiro, não importa o quanto seja bom
É vítima do caminhão desgovernado
E o veneno do pai dela foi seu destino mais implacável

Somos três nesta cama, noite de infâmia
Um de nós deita de costas, o pai dela não lhe sai da cabeça
E rápida ela se vira e me dá um tapa no rosto
E com os olhos bem abertos ela grita
Te odeio, te odeio, te odeio
Mas seu olhar vai além de mim

Traído — por aquela que diz que te ama
Por aquela que diz que precisa de você mais do que de qualquer outro
[homem
Traído por sua beleza frágil e perversa
Seu pai fez o que devia
E eu terminei traído

Fundo do poço
[*Bottoming out*]

Estou a toda velocidade numa moto
Descendo esta estrada sinuosa do interior
E passo pelo cascalho no pé da montanha
Onde caí na semana passada
Ainda tem um pouco de óleo ali perto do velho olmo
E um esquilo morto que atropelei
Mas, se eu não tivesse me mandado, teria batido em você até matar
Então fui dar um passeio

Minha médica diz que espera que eu saiba a sorte que tive
Afinal, era meu sangue misturado à terra naquela noite
Mas esse ódio violento, que se volta pra dentro
Não passa com um trago
E a gente precisa mesmo dar uma olhada nele
E eu digo que preciso de outro trago

Estou rasgando a Rota 80 Leste
O sol do meu lado direito
Estou bêbado mas enxergando direito
E penso na minha noivinha
E à esquerda, à sombra, eu vejo
Uma coisa que me faz rir
Miro a moto naquele panelão no asfalto depois do túnel

Fundo do poço

Terra dos bravos
[*Home of the brave*]

Essa é para o Johnny com a sua Jo e Micky se casou
E essa é para o Jerry que tem a sua Joyce
E eu — eu estou tremendo
De pavor esta noite
Pelas filhas e pelos filhos perdidos na terra dos bravos

Essa é para terra dos bravos
Essa é para as vidas que não são salvas
Essa é para terra dos bravos
Essa é para terra dos bravos

Essa é para o Frank, que apanhou em algum bar, no pitoresco Brooklyn
[Heights
E essa é para um amigo que se jogou na frente de um trem
Uma noite, às sete horas
E para outro amigo que acha que não vale nada
Anda sumido
Em algum lugar da terra dos bravos

As estrelas se escondem atrás das nuvens
As luzes da rua brilham demais
Um homem chuta uma mulher que grudou firme na perna dele
E de repente penso em você e pisco os olhos de pavor
E me mando pra terra dos bravos

Essa é para terra dos bravos
Essa é para terra dos bravos
Essa é para as vidas que são salvas
Essa é para terra dos bravos

E todo dia você precisa morrer um pouco
Chorar um pouco
Morrer um pouco

Jardim suspenso
[*Rooftop garden*]

Sentados no nosso jardim suspenso
Olhando lá pra baixo
Sentados no nosso jardim suspenso
Esperando pelo sol
Não é legal ver passar um avião?
Que belo casal somos você e eu

Sentados no nosso jardim suspenso, alguns pingos de chuva
As luzes da cidade cintilando
Do mesmo jeito
Meu café é sem açúcar
E seu chá?
No nosso jardim suspenso acima da cidade

Não vamos abrir a caixa de correio
Não vamos atender o telefone
Vamos simplesmente fingir que não tem ninguém em casa

No nosso jardim suspenso
Aqui em cima, no terraço

NEW SENSATIONS

Eu te amo, Suzanne
[*I love you, Suzanne*]

Você partiu meu coração e me fez chorar
Disse que eu não sabia dançar
Mas agora voltei pra você saber que sei mesmo como ser romântico

Você faz o que tem de fazer
Você faz tudo que pode
Você faz o que quer
Ei, mas eu te amo, Suzanne

Você faz tudo uma vez só
Você experimenta sempre duas vezes
Você faz o que tem de fazer
Ei, mas eu te amo, Suzanne

Te amo quando você é boa
Te amo quando você é má
Você faz o que tem de fazer
Mas eu te amo, Suzanne

Você faz o que quer
Você faz o que pode
Você faz o que quer, babe
Mas eu te amo, Suzanne

Ciúme sem fim
[*Endlessly jealous*]

O ciúme sem fim toma conta da minha mente
O ciúme quase sempre me faz ser grosseiro
Desculpe pelo que eu disse
Desculpe pelo que eu fiz
Desculpe por ter te batido
Desculpe
Desculpe

Ciúme sem fim de você
Por teu ciúme sem fim de mim
O homem que você achou que eu poderia ser
Ficando louco de ciúme

O ciúme sem fim devora meu crânio
O ciúme sem fim faz eu me sentir estúpido
Lutando contra o ciúme sem fim lutando
Sinto meus dedos apertando
Apertando, por favor não quebre o braço dela
Ciúme de pensar em você
Do teu poder sem fim sobre mim
Sobre meu ciúme sem fim ciúme
Ciúme sem fim de você

Desculpe
Correr para o telefone pra dizer
Desculpe
Ficar sem moedas
O telefone público
Me cospe na cara — tenha um bom dia
Desculpe
Por favor, você sabe que sinto muito
Sou assim, oh, há tanto tempo
Ciúme sem fim ciúme de você

O ciúme sem fim devora minha mente
O ciúme sem fim me faz ser grosseiro
Desculpe pelo que eu disse

Desculpe pelo que eu fiz
Desculpe por ter te batido
Desculpe
Desculpe

Ciúme sem fim de você
Por teu ciúme sem fim de mim
Ciúme sem fim de você
Por teu ciúme sem fim de mim

Ciúme sem fim de você
Ciúme sem fim de você

Meu joystick vermelho
[*My red joystick*]

A primeira mordida na maçã deu a Eva inteligência
A segunda mordida ensinou-lhe a partir o coração dos homens
A terceira mordida ensinou-lhe a se exibir
Mas ela nunca deu a quarta mordida, que diz
Já deu

Já deu, baby
De você, já deu
Pode ficar com teus vestidos
Pode ficar com tuas joias
Pode ficar com a TV colorida
Essas novelas só me enchem o saco
Tudo que peço que você deixe comigo
É o meu joystick vermelho

Meu joystick vermelho, meu joystick vermelho
Tudo que peço que você deixe comigo é o meu joystick vermelho

Eva beijou Abel
Foi assim que ele acabou assassinado por Caim
Abraão entregou seu filho
Pra ficar com a esposa
E até o Senhor todo-poderoso
Falando pro pessoal das trincheiras e das tocas
Falava pra toda a raça humana quando disse

Fique com o Porsche
Fique com as crianças
Fique com as ações
Baby, fique com os tapetes
Fique com aquelas rosas
Do meu pobre coração cansado
Mas por favor por favor por favor
Deixe o meu joystick vermelho

Eva bebia cidra,
Eva preparava um bom vinho de maçã

Eva fazia calda de maçã
Sabia como se divertir
Ela entrou no quarto
Levantou bastante a saia
Ela disse: "Se um pouco de conhecimento é coisa perigosa, baby,
Me dê um tanto antes que eu morra"

Ei, Eva, dê uma mordida na minha maçã
Sei que você acha que é bem matreira
A única coisa que te peço pra deixar comigo
É o meu joystick vermelho

Meu joystick vermelho
Meu joystick vermelho
Tudo que peço que você deixe comigo é o meu joystick vermelho
Meu joystick vermelho, baby
Meu joystick vermelho
Tudo que peço que você deixe comigo é
O meu joystick vermelho

Me procure
[*Turn to me*]

Quando você abandona um vício
Está num beco sem saída
E teu carro quebra no meio do trânsito
Lembre-se que sou alguém que te ama
Você sempre pode ligar pra mim

Se teu pai anda queimando cocaína
E tua mãe rodando bolsinha
Mesmo assim não é motivo pra você ter uma recaída
Lembre-se que sou alguém que te ama
Você sempre pode ligar pra mim

Quando você está no osso
E não tem nada entre as pernas
E algum amigo morreu de um troço de nome impronunciável
Lembre-se que sou alguém que te ama
Você sempre pode ligar pra mim

Você não consegue pagar o aluguel
Teu chefe é um idiota e
Teu apartamento não tem aquecimento e
Tua mulher te diz que talvez seja a hora de ter um filho
Lembre-se que sou alguém que te ama
Você sempre pode ligar pra mim

Quando você não aguentar mais e ligar a TV
E acender um cigarro e
Aí um anúncio de utilidade pública
Vier te atormentar e
Você vir um pulmão corroído
Ou um infarto fatal

Me procure

Novas sensações
[*New sensations*]

Não gosto de culpa, seja por estar chapado ou por ser estúpido
Bêbado e avacalhado não sou cúpido
Hoje faz dois anos que fui preso na noite de Natal
Não quero sofrer, quero caminhar, e não ser carregado
Não quero desistir, quero continuar casado
Não sou nenhum cachorro amarrado a um carro estacionado

Quero os princípios de uma musa eterna
Quero erradicar minhas visões negativas
E me livrar dessas pessoas que estão sempre pra baixo
É muito fácil apontar o que está errado
Mas não é isso o que eu quero ouvir a noite inteira
Tem gente que é como Tuinals humanos

Peguei minha GPZ pra dar uma volta
Foi bom sentir o motor entre as minhas pernas
O ar estava frio, fazia uns cinco graus lá fora
Me mandei pra Pensilvânia pros lados do Parque Delaware
Às vezes me perdia e precisava olhar o mapa
Parei numa lanchonete de beira de estrada pra um hambúrguer e uma coca
Tinha uns caipiras e uns caçadores no lugar
Alguém tinha casado e alguém tinha morrido
Fui até a jukebox e pus uma música caipira
Os caras discutiam futebol quando acenei e saí
E segui pras montanhas com o coração aquecido
Amo tanto aquela GPZ, você sabe que eu seria capaz de dar um beijo nela

Fazendo o que queremos
[*Doin' the things that we want to*]

Fomos ver a peça do Sam* uma noite dessas
(Fazendo o que queremos)
Foi intenso, a gente não tirou os olhos do palco
(Fazendo o que ele quer)
O cara é um caubói saído de algum rodeio
(Fazendo o que ele quer)
A mulher o amou um dia, mas agora quer partir
(Fazendo o que ela quer)

O cara era um falastrão, a moça, uma atirada
(Fazendo o que eles querem)
Lutavam com suas palavras, seus corpos e seus atos
(Fazendo o que eles querem)
E quando terminaram de brigar eles saíram do palco
(Fazendo o que eles querem)
Eu estava muito espantado com o comportamento dos dois
Fazendo o que eles querem
Fazendo o que eles querem

Me faz lembrar os filmes do Marty** sobre Nova York
Aqueles filmes tão honestos e violentos e tão brilhantes
Louco de Amor encontra Touro Indomável
São tão inspiradores, amo as coisas que eles fazem
Fazendo o que quero

Não tem muita coisa pra se ouvir no rádio hoje em dia
Mas a gente sempre pode ver um filme ou uma peça
Um brinde ao Travis Bickle e outro ao Johnny Boy
Crescendo nas ruas cruéis de Nova York

Fiz esta canção porque gostaria de cumprimentar vocês
De certa forma, caras, vocês são os melhores amigos que já tive

---

* O dramaturgo, escritor e ator Sam Shepard.
** O cineasta Martin Scorsese.

O que faz um mito
[*What becomes a legend most*]

O que faz um mito — ela sozinha num saguão de hotel
O que faz um mito — uma champanhezinha ruim e umas cervejas
[importadas
O que faz um mito — músicos que chegam e depois a abandonam
O que faz um mito — além de ser uma estrela lendária
O que faz um mito — deitar na cama fria e suntuosa
O que faz um mito — deitar na cama vendo um talkshow na TV
O que faz um mito — cinquenta dias e cinquenta cidades e
Todo mundo diz que ela é bonita
Ao menos tão bonita quanto um mito deve ser

Cinquenta dias podem acabar com você
Cinquenta cidades passando batidas
Um cara diferente em cada hotel
E, se você não se cuidar, boatos vão rolar

O que faz um mito — não é a metade vazia da cama
Nem um coração que é deixado vazio
Isso não tem graça, não tem graça nenhuma

O que faz um mito — ela deitada no seu quarto de hotel
O que faz um mito
Ora, baby, esta noite é você

Voar para o sol
[*Fly into the sun*]

Eu não fugiria do Holocausto
Eu não fugiria da bomba
Eu daria boas-vindas à chance de conhecer meu criador
E voaria para o sol
E voaria para o sol
Explodiria em um milhão de pedacinhos e voaria para o sol

Eu não fugiria de sua luz ofuscante
Eu não fugiria de sua chuva
Encararia como o fim do sofrimento, o fim da dor mundana
O fim da dor mundana — o fim da dor mundana
Brilharia à luz do momento desconhecido
Para dar fim à dor mundana

A terra está chorando, o céu está agitado
As estrelas, divididas em seu núcleo
E cada próton e nêutron sem nome, infiltrado nos meus ossos
E um mamífero sem nome se levanta sombrio
Enquanto o homem arde em seu túmulo
E olho para isso como o momento abençoado de voar para o sol
Voar para o sol — voar para o sol
Eu me consumiria em um milhão de pedacinhos e voaria para o sol
Para acabar com esse mistério, para responder ao meu mistério
Encararia como o magnífico momento de acabar com o mistério
Voar para o sol — voar para o sol
Explodiria em um milhão de pedacinhos e voaria para o sol

Meu amigo George
[*My friend George*]

Li no jornal sobre um cara morto com uma espada
E isso me fez pensar no meu amigo George
O pessoal contou que o cara tinha seu um metro e sessenta e cinco
Parece ser o George e seu pau assassino

Conheço o George desde os oito anos
Sempre achei ele o máximo e
Tudo que o George fazia
Sabe, eu fazia também
O George gostava de música e gostava de brigar
Ele trabalhava à noite numa academia no centro
Eu treinava boxe com ele depois do trabalho
A gente arrebentava a cara um do outro, mas era só de brincadeira

Aí soube que o George tinha esse pau
Que não usava apenas pra se divertir
Vi ele no bar do Smalley
Ele estava agitado, eu tentei acalmar
Faça a vingança, ele me disse — vingança pela humanidade
Faça a vingança dos fracos e dos pobres
Dê com o pau bem na cabeça desses caras
Brigar é minha música, o pau é minha espada
E você sabe que gosto de você, então por favor não diga nada
Não ouve a música, o hino?, é meu chamado
E a última vez que vi o Georgie foi saindo por aquela porta

Ei, meu irmão, qual é — falando do meu amigo George
Ei, meu irmão, qual é — você está falando do meu amigo George

Doidão pela cidade
[*High in the city*]

Tenho tempo
Tenho pés
Vamos pra rua
Tenho minha clava e você a tua faca
Você precisa proteger sua própria vida

Quero ficar doidão pela cidade
Quero continuar vivo aqui na cidade
Quero continuar doidão pela cidade
Doidão pela cidade / doidão pela cidade
Não vamos até Sutton Place
Você sabe que lá todo mundo tem o seu akita
Não quero falar de política hoje
Me sinto muito bem
Me deixe ficar do meu jeito
Cuidado com o cara à sua direita
Vi ele no noticiário de sábado à noite
Ele estava doidão pela cidade
Doidão pela cidade
Ei, veja, estão botando fogo naquele jipe
Não dá pra salvar muita coisa
Quero continuar vivo na cidade

Tanta gente se sentido pra baixo
E só tem um jeito de ir e ficar
Doidão pela cidade
Doidão pela cidade
Vamos pegar uma torta e seguir pro parque
Vou te abraçar e beijar até escurecer
Aqui na cidade
Ficando doidão pela cidade

No fliperama
[*Down at the arcade*]

No fliperama está o paladino
Pros lados da Broadway jogando seus joguinhos
É muito perigoso apostar dinheiro no Robotron
Oh, sou o Great Defender
E sei muito bem como me virar

Um punhado de moedas, cinquenta dólares em jogo
A vida é uma aposta em videotape
Liguei pro disque-jóquei pra dedicar uma música ao Blair
São as Temptations cantando "I'll be there"

O presidente me ligou pra dar a notícia
Fui agraciado com o Nobel de Rhythm'n'Blues
E o Stevie Wonder quer gravar uma música minha
Oh, sou o Great Defender
E sei muito bem como me virar

Oh, sou o Great Defender, escute minha canção
Espero mesmo que você goste, ela não é muito longa
Tem raízes nos anos 50, mas o espírito é de 1984
E se você gostar de verdade
Então vou cantar mais uma vez

No fliperama
Oh, sou o Great Defender
E realmente acho que mandei bem

MISTRIAL

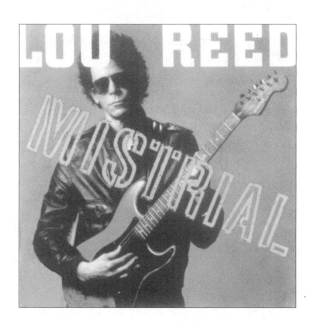

Novo julgamento
[*Mistrial*]

Aos seis anos tive minha primeira namorada
Aos oito tomei meu primeiro drinque
Aos catorze andava chapado pelas ruas
O que alguém poderia me dizer?
Pode me chamar de senhor
Pode me chamar de Sir
Mas não aponte o dedo pra mim

Quero um novo julgamento
Pra limpar meu nome
Quero um novo julgamento perante o povo
Quero um novo julgamento
Pra limpar meu nome
Quero me defender perante o povo de Nova York

Aos trinta eu me comportava mal
Se dissesse que não, estaria mentindo
Mas tem umas manhas que a gente aprende nas ruas
Que uma faculdade não pode ensinar

Quero um novo julgamento
Pra limpar meu nome
Quero um novo julgamento perante o povo
Quero um novo julgamento
Pra limpar meu nome
Quero me defender perante o povo de Nova York

E eu disse NOVO JULGAMENTO
Perante o povo

E eu digo NOVO JULGAMENTO
Perante o povo de Nova York

Sem entrada
[*No money down*]

Sei que você está decepcionada
Com a maneira como fiz as coisas
Você acha que eu não entendi o que acontecia
E agi covardemente
E como o que faço afeta a nós dois
Você sente que eu te decepcionei

Dizem que existe alguém pra cada um de nós
E pra cada um de nós, um alguém
E há quem tatue rosas no peito
Com um coração e o nome Rollo
E outros trabalham sem um relações públicas por perto
É quando se saem melhor
Babe, longe das vistas

Olha, já conheci um ou dois heróis
E todos eles aprendem a nadar na lama
E todos têm botas encrustradas
Com as solas sujas
De tanto esmagar insetos
Então quando a coisa aperta pra dar o fora
Têm sempre a Harley em ponto de bala
A Lua pode chegar a eclipsar o Sol

Você está pagando um preço
Quando não há preço a pagar
Confiança de amantes — sem entrada
É confiança em quem se ama — sem entrada

Lá fora
[*Outside*]

Lá fora o mundo é uma criança estúpida — lá fora
Lá fora se reflete o pior dos estilos — lá fora
Aqui dentro, com você nos meus braços
Uma criança estúpida ainda por nascer
Aqui dentro, baby, quando estamos aqui dentro

Lá fora a política da ganância — lá fora
Lá fora a má conduta grassa — lá fora
A repressão estúpida domina as ruas
Enquanto, de joelhos, beijo teus pés
Aqui dentro, baby, quando estamos aqui dentro — lá fora

Lá fora não pensam, se reproduzem — lá fora
Lá fora a emoção manda na necessidade — lá fora
Lá fora o mundo é uma criança estúpida
Que poderíamos trazer à vida
Nos teus braços
Aqui dentro, baby, quando estamos aqui dentro

Lá fora a política do ódio e da ganância — lá fora
Lá fora o mundo é uma criança estúpida — lá fora
Mas quando aconchego você nos meus braços
É uma criança estúpida o que você quer
Aqui dentro, não interessa o mundo lá fora
Aqui dentro, um bebê é o que você quer aqui dentro

Não magoe uma mulher
[*Don't hurt a woman*]

Eu estava bravo
Disse coisas que não deveria dizer
Mas, por favor, não me abandone

Às vezes fico tão irritado
Mas admito que estava errado

Por favor, não vá
Sei que eu estava errado
Às vezes — sei lá
O que me dá

Mas tento me lembrar
Não magoe uma mulher

Eu estava bravo
Disse coisas que não deveria dizer
Devo ter perdido o controle
Às vezes me dá um estalo na cabeça
E não sou mais eu ali

Aquele não era eu
Você não pode acreditar em tudo que vê
Vamos combinar que eu nunca disse nada daquilo
E vou tentar me lembrar
Não magoe uma mulher

Vídeo-violência
[*Video violence*]

A correnteza ruge fundo dentro de nós
Esta é a era da vídeo-violência
A correnteza ruge tão fundo dentro de nós
Esta é a era da vídeo-violência

Logo de manhã, tomando seu café
Liga a TV e assiste a algum filme em que garotas são brutalmente
[esfaqueadas
Mulheres de desenho animado, amarradas e suadas
Debatendo-se e aos gritos
Obrigado, tenha um bom dia

O coração dele palpita, ele troca de canal
Procurando alguma coisa que não seja estupro ou morte
Ou espancamentos ou tortura
Mas com exceção da Disney
É uma aliança perversa
Esta era da vídeo-violência

No trabalho o chefe fica lá sentado, aos berros
Se ele perder o emprego, a vida perde o sentido
Seu filho está no colegial
Não está aprendendo nada
Senta na frente da TV
Pra assistir carros explodindo porque

Num bar tem uma mulher mostrando os peitos
Ela tem acne e cicatrizes, o cabelo desgrenhado
Enquanto ele coloca cinco dólares na calcinha exótica dela
A vídeo-jukebox toca Madonna

Enquanto isso, na outra quadra
Num cinema qualquer
Eles coçam seus sacos
Diante da décima terceira decapitação
Enquanto os mortos se levantam pra vida

Os vivos baixam à morte
A correnteza é profunda e ruge dentro

Nosso bom moço olha uma puta nos olhos
Amarra ela numa cama
Enquanto castiga suas costas até sangrar
E aí de volta pra casa
Bebendo mais um café instantâneo
Liga pra algum caipira evangélico que
Ele viu na TV um dia desses e diz

A correnteza ruge, avança sobre nós
Esta é a era da vídeo-violência
Não há uma era da razão no horizonte
Esta é a era da vídeo-violência

A correnteza ruge tão fundo dentro de nós
Esta é a era da vídeo-violência
A correnteza ruge tão fundo dentro de nós
Esta é a era da vídeo-violência

Põe pra fora
[*Spit it out*]

Se você tem raiva aí dentro
E por isso não consegue pensar
Põe pra fora
Se você fica tão possesso
Que não consegue falar
Põe pra fora

Fala com ele ou ela ou o que for
E diz a eles onde podem enfiar isso
Põe pra fora
Põe pra fora
Você precisa falar com ele ou ela ou o que for
E encher a boca e desembuchar
Põe pra fora
Põe pra fora

Se você ficar estressado no trabalho
Põe pra fora
Se um táxi quase te atropelar
Põe pra fora
Você precisa encher a boca
E falar e desembuchar na cara deles
Põe pra fora
Põe pra fora

Fala com ele ou ela ou o que for
E enche a boca e põe pra fora
Põe pra fora
Põe pra fora

Se você é paciente e tem tempo
Põe pra fora
Espera até que eles entrem em decadência
Põe pra fora
Os chineses dizem que o duro combina com o macio
O Yin com o Yang
O de baixo com o de cima

Põe pra fora
Põe pra fora
Você precisa agarrar o imbecil, seja um homem, uma mulher ou o que for
E desembuchar na cara deles
Põe pra fora
Põe pra fora

Embalagem original
[*The original wrapper*]

Eu estava em casa no West End
Assistindo TV a cabo com uma amiga
A gente estava vendo o noticiário, o mundo está uma confusão
Os pobres e os famintos, um mundo sob tensão
Herpes, AIDS, o Oriente Médio a mil
Melhor dar uma olhada nessa salsicha antes de colocar no waffle
E enquanto você faz isso — dê uma olhada na massa
Veja se o confeito está na
Embalagem Original

O Reagan diz que aborto é assassinato
E se volta pro Cardeal O'Connor*
Olhe pro Jerry Falwell,** pro Louis Farrakhan***
Ambos falam de religião e da irmandade entre os homens
Ambos soam como se viessem de Teerã
Cuidado, eles estão a mil
Melhor dar uma olhada nessa salsicha antes de colocar no waffle
E enquanto você faz isso — dê uma olhada na massa
Veja se o doce está na
Embalagem Original
Ei, cara, melhor conferir essa massa
Ver se o doce está na
Embalagem Original

Brancos contra brancos, negros contra judeus
Parece que estamos em 1942
O bebê está na frente da MTV vendo fantasias violentas
Enquanto o pai entorna cerveja com seu esporte favorito
Pra acabar descobrindo que seus heróis são todos uns cheiradores

---

* Joseph O'Connor (1920-2000), nomeado Arcebispo de Nova York em 1984 e proeminente liderança católica, defendeu ferrenhamente a doutrina no que diz respeito a políticas como aborto e pena de morte.
** Jerry Falwell (1933-2007), importante liderança evangélica americana, ficou nacionalmente conhecido na TV e no rádio por conta de seu programa Old Time Gospel Hour.
*** Louis Eugene Walcott (1933-), negro, é o líder máximo da Nação do Islã nos Estados Unidos.

É clássico, é original — a velha história de sempre
A política do ódio em um novo ambiente
Odeie o que é bom e odeie o que é ruim
E se isso tudo não te deixar maluco
Vou ficar com o teu e vou ficar com o meu
Nada é sagrado e nada é divino
Padre, me dê a bênção — estamos a mil
Melhor dar uma olhada nessa salsicha antes de colocar no waffle
E enquanto você faz isso melhor dar uma olhada na massa
Veja se o doce está na Embalagem Original

Nasci nos Estados Unidos
Minha infância foi difícil mas correta
Vi uma lassidão moral e uma despreocupação
Um sentimento de que não tem pra onde correr
Yippies, hippies e os yuppies oportunistas
Não me trate como se eu fosse algum maldito lacaio
Porque o assassino continua vivo enquanto as vítimas morrem,
Eu queria mais é que fosse olho por olho
Coração por coração, cérebro por cérebro
E se isso tudo faz você se sentir meio maluco
Chuta o balde — aumenta o som
Pega tua guitarra e olha pra multidão
E diz "Não pretendia dar uma de superior,
Mas a vida me deixou emotivo e meio belicoso,
Lúgubre, então faço minha saudação
E mando um rock pra soar realmente fabuloso
Ohh poop ah doo e prazer em conhecer
Hip hop vai dar bop até que eu drope".
Cuidado com o mundo, vindo pra cima de você a mil
Melhor dar uma olhada nessa salsicha antes de colocar no waffle
E enquanto você faz isso melhor dar uma olhada na massa
Ver se o doce está na Embalagem Original
Ei, ei campeão, melhor conferir essa massa
Ver se o doce está na
Embalagem Original

A mamãe tem um amante
[*Mama's got a lover*]

A mamãe tem um amante
Um pintor, me disseram
Ela está trocando suas propriedades
Pelo meio artístico do velho Soho

A mamãe tem um amante
Ele é dono de uma galeria
Ela diz que ele gosta de colagens
Mas o que dá dinheiro é GRA-FI-TE

A mamãe tem um amante
Conheci ele ontem
Ela diz que espera que eu goste dele
Talvez eu mande pra ele um cartão no Dia dos Pais

A mamãe tem um amante
Eles estão apoiando um filme
É sobre uma mãe trabalhadora
Que dá à luz gêmeos siameses
Um negro e um branco

A mamãe tem um amante
Ele tem algo a dizer
Ele diz que curte sujeira e podridão
A essência da "decadência urbana"

A mamãe tem um amante
A gente se conheceu ontem
Ela diz que espera que eu goste dele
Vou mandar pra ele um cartão no Dia dos Pais

A mamãe tem um amante
Conheci ele ontem
Ela está iniciando um novo capítulo
Quem dera fosse a última página

Lembro de você
[*I remember you*]

Lembro de você, lembro de mim
Lembro, lembro de como as coisas eram
Lembro de cada palavra que você disse
Lembro, como poderia esquecer?
Sim, eu lembro, lembro de você

Lembro de você, lembro do seu antigo endereço e
Lembro, como poderia esquecer?
Lembro de pensar em como minha sorte tinha mudado
Lembro de ficar tão impressionado
Lembro, lembro de você

Lembro de você, lembro de mim
Lembro de como as coisas eram
Lembro como foi que a gente se conheceu
Lembro, nunca vou esquecer porque
Lembro, lembro de você

Diz pro seu coração
[*Tell it to your heart*]

Estou olhando por um telescópio à noite
Uma enorme luz no céu —
As luzes girando me lembraram você
Uma estrela rodando em sua órbita e iluminando o céu
Ou talvez nem fosse uma estrela

Estou à margem do rio Hudson à noite
Mirando do outro lado, na costa de Jersey
Um neon iluminado com o nome de algum refrigerante
E pensei
Teu nome deveria estar bailando em fachos lançados por satélites
Maior do que qualquer letreiro na Times Square

Diz pro seu coração
Por favor, não tenha medo
Sou aquele que te ama de todo e qualquer jeito
Diz pro seu coração
Por favor, não tenha medo
Amantes de Nova York
Digam pros seus corações

Estou aqui no telhado, são cinco da manhã, acho que não estava
                                    [conseguindo dormir
E vejo aquela mesma luz girando que vi na semana passada
Talvez eu devesse acordar você mas até lá talvez ela tenha sumido
A gente nunca sabe o que vê quando olha pro céu

Corri pra fora por uma rua escura e escutando
O salto da minha bota bater
Minha jaqueta de couro rangia, eu precisava de um cigarro
Quando dobrei a esquina minha luz giratória estava no meio da rua
Estavam filmando um comercial de TV

Diz pro seu coração .
Por favor, não tenha medo
Não estamos num filme de adolescentes
Que termina em tragédia

Diz pro seu coração
Por favor, não tenha medo
Amantes de Nova York
Digam pros seus corações

NEW YORK

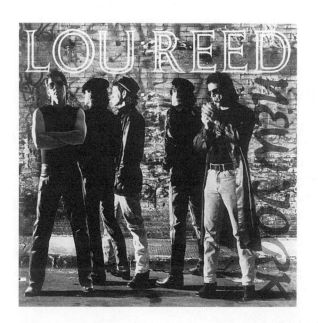

Julieta era de Romeu
[*Romeo had Juliette*]

Apanhado entre as estrelas turvas, as linhas traçadas, o mapa furado
Que trouxe Colombo a Nova York
Entre o Oriente e o Ocidente
Ele faz uma visita a ela usando um colete de couro
A Terra grita e de repente para
Um crucifixo de diamantes na orelha dele ajuda a espantar o medo
Por ter deixado a alma em algum carro alugado
Dentro das calças ele esconde um esfregão pra limpar a bagunça que fez
Na vida da encantadora Julieta Bell

E Romeu queria Julieta
E Julieta queria Romeu

Romeu Rodriguez alinha os ombros e amaldiçoa Jesus
Passa um pente no rabo de cavalo preto
Está pensando no seu quarto solitário
A pia fedorenta perto da cama
Aí o perfume dela invade seus olhos
E a voz dela era como o soar de um sino

Lá fora as ruas estavam a todo vapor, os traficantes de crack a sonhar
Com uma Uzi que alguém tinha acabado de descolar
Aposto que eu consigo acertar aquela lâmpada com a mão boa amarrada
[nas costas
Diz o pequeno Joey Diaz
Meu irmão, me vê mais uma arma
Aqueles vagabundos da cidade são como o diabo
Aqueles italianos precisam de uma lição
Esse tira que morreu no Harlem, você acha que eles entenderam o recado?
Eu estava dançando quando vi os miolos dele se espalharem na rua

E Romeu era de Julieta
E Julieta era de Romeu

Vou enfiar Manhattan num saco de lixo com uma inscrição dizendo
"É difícil dar a mínima hoje em dia"

Manhattan está afundando feito uma rocha no Hudson imundo, que
[absurdo
Escreveram um livro sobre isso, disseram que é como na Roma antiga
O perfume ardia nos olhos dele, que agarrava firme as coxas dela
E por um momento ele vislumbrou alguma coisa
E aí desapareceu e foi-se embora

Parada do Dia das Bruxas
[*Halloween parade*]

Tem uma bicha da cidade cantando "Proud Mary"
Enquanto atravessa a Christopher Street
E alguma boneca sulista bancando a malvada em altos brados
Lá onde as docas encontram a terra de ninguém
Este Dia das Bruxas é pra não esquecer
Principalmente por estar aqui sem você

Tem Greta Garbo e um Alfred Hitchcock
E um garanhão negro jamaicano
Tem cinco Cinderelas e umas drags vestidas de couro
Quase caí de cara
Tem uma Crawford, uma Davis e um Cary Grant malvestido
E os caras de uma gangue do Bronx que vieram arrumar encrenca aqui

Mas não tem nenhum Cabeludo nem Virgem Maria
Você não vai mais ouvir essas vozes
E o Johnny Rio e a Rotten Rita
Você não vai mais ver essas caras
Este Dia das Bruxas é pra não esquecer
Principalmente por estar aqui sem você

Tem os Perdedores Renascidos e os Beberrões Purpúreos
E um pessoal animado de Washington Heights
Os rapazes da Avenida B, as moças da Avenida D
Uma Sininho de calças justas
Esta festa sei lá por que me põe pra baixo
Principalmente quando não vejo você por perto

Não tem Pedro Pedante dizendo coisas românticas
Em latim, grego ou cucarachês
Não tem os Três Bananas ou Brandy Alexandre
Servindo todos os seus truques

É um sentimento diferente o que tenho hoje
Principalmente quando sei que você foi embora
Tem uma garota do Soho com uma camiseta que diz "Eu chupo"
Ela está com os "Jive Five 2 Plus 3"

E as meninas que cobram por um programinha estão dando desconto
Ou até fazendo de graça
O passado insiste em bater bater bater à minha porta
E eu não quero mais ouvir
Sem consolo, por favor
Pra me sentir na moda
Tenho que levantar a cabeça
Mas isso me deixa maluco e maluco fico triste
E aí começo a congelar
No fundo eu tinha medo que fosse verdade
No fundo eu tinha medo que eles falassem de você
A Parada do Dia das Bruxas
Vejo você no ano que vem —
Na Parada do Dia das Bruxas

Boulevard barra-pesada
[*Dirty blvd.*]

Pedro mora do lado de fora do Hotel Wilshire
Ele olha por uma janela sem vidro
As paredes são de papelão
O chão, de jornal
E ele apanha do pai porque está cansado demais pra ir pedir esmola
Ele tem nove irmãos e irmãs
Eles são criados de joelhos
É difícil correr quando suas coxas são espancadas com um cabide
Pedro sonha em crescer e matar o velho
Mas a chance é mínima, ele está indo pro boulevard

Este quarto custa dois mil dólares por mês
Pode crer, cara, é verdade
Em algum lugar o proprietário está rindo de se mijar nas calças
Ninguém aqui sonha ser médico ou advogado ou o que quer que seja
Sonham em traficar no bouvelard barra-pesada

Me traz teus famintos, teus exauridos, teus pobres, vou mijar em cima deles
É isso que diz a Estátua da Intolerância
Tuas pobres massas em desordem — vamos matá-las a pauladas
E acabar logo com isso e simplesmente desová-las no boulevard

Está uma bela noite lá fora, tem ópera no Lincoln Center
E estrelas de cinema chegam de limusine
Os refletores lançam seu facho sobre a silhueta de Manhattan
Mas as luzes passeiam pelas ruas miseráveis

Um garotinho está perto do Lincoln Tunnel
Ele está vendendo rosas de plástico por um dólar
O tráfico está todo na rua 39
As putas da TV convidam os policiais para um boquete

E, de volta ao Wilshire, Pedro fica a sonhar
Ele achou um livro de mágica numa lata de lixo
Ele olha as figuras e mira o teto rachado
"Quando contar até três", ele diz, "quero poder desaparecer
e voar, voar pra longe."

Eterno ciclo
[*Endless cycle*]

A propensão do pai passa para o filho
E o deixa incomodado e aturdido
As drogas nas suas veias só o fazem cuspir
Na própria cara que o olha do espelho
Como ele pode separar o bem do mal?
Nem consegue lembrar o próprio nome
Como ele pode fazer o que deve ser feito
Se é um seguidor e não um líder?
O vício da mãe passa para a filha
E a deixa diminuída e indefesa
O álcool dispara pelo cérebro dela com a força de uma arma
E a põe pra correr em círculos
Como ela pode separar o bem do mal
Se está largada de costas no seu quarto?
Como ela pode fazer o que deve ser feito
Se é uma covarde e uma coitada?
O homem que se casa vai bater no filho
E achar desculpas intermináveis
A mulher infelizmente vai fazer mais ou menos a mesma coisa
Pensando que é justo e normal
Melhor do que sua mamãe e seu papai fizeram
Melhor do que os sofrimentos da sua própria infância
A verdade é que são mais felizes quando sofrem
No fundo, é por isso que se casaram

Não há tempo
[*There is no time*]

Não é hora para festejos
Não é hora para apertos de mão
Não é hora para tapinhas nas costas
Não é hora para bandinhas desfilando
Não é hora para otimismo
Não é hora para reflexões intermináveis
Não é hora para o meu país certo ou errado
Lembre a que isso levou

Não há tempo

Não é hora para cumprimentos
Não é hora para dar as costas
Não é hora para rodeios
Não é hora para discursos decorados
Não é hora para mostrar gratidão
Não é hora para vantagens pessoais
É tempo de enfrentar ou se calar
Não vai haver outra oportunidade

Não há tempo

Não é hora para engolir a raiva
Não é hora para ignorar o ódio
Não é hora para bancar o frívolo
Porque está ficando tarde
Não é hora para vinganças pessoais
Não é hora para não saber quem você é
O autoconhecimento é uma coisa perigosa
A liberdade de saber quem você é
Não é hora para ignorar alertas
Não é hora para limpar o prato
Não vamos chorar sobre o leite derramado
E deixar o passado se tornar nosso destino

Não há tempo

Não é hora para virar as costas e ir beber
Ou fumar umas pedras de crack
É tempo de juntar forças
E se preparar e atacar
Não é hora para comemoração
Não é hora para saudações à bandeira
Não é hora para buscas interiores
O futuro está à mão
Não é hora para falsa retórica
Não é hora para discurso político
É tempo de agir
Porque o futuro está logo ali

Esta é a hora, porque não há tempo

A última grande baleia americana
[*Last great American whale*]

Dizem que ela não tinha um inimigo
Sua grandeza era de admirar
Ela era a última sobrevivente de uma linhagem
Era a última deste lado do mundo
Ela media uns oitocentos metros do nariz à cauda
Prateada e preta com poderosas nadadeiras
Dizem que era capaz de quebrar uma montanha ao meio
Foi assim que surgiu o Grand Canyon

Alguns dizem que a viram nos Grandes Lagos
Alguns dizem que a viram pros lados da Flórida
Minha mãe diz que a viu em Chinatown
Mas a gente não pode sempre confiar nas mães
Lá nas Carolinas o sol brilha forte durante o dia
O farol ilumina fantasmagórico à noite
O chefe de uma tribo local tinha matado o filho racista do prefeito
E estava no corredor da morte desde 1958
O filho do prefeito era um porco arruaceiro
Cuspia nos índios e coisas muito piores
O Velho Chefe enterrou uma machadinha na cabeça dele
Comparada à morte, a vida para ele parecia pior
Os irmãos da tribo se reuniram no farol pra cantar
E tentar convocar uma tempestade ou uma chuva
A baía se abriu e a grande baleia emergiu
E levantou uma onda imensa
A onda bateu na cadeia e libertou o chefe
Da tribo subiu um clamor
Os brancos, afogados
Os marrons e os vermelhos, libertados

Mas infelizmente teve uma outra coisa
Algum caipira, membro local da NRA*
Guardava uma bazuca na sala de estar

* National Rifle Association, principal entidade a congregar os defensores das armas de fogo nos Estados Unidos.

E pensando que tinha o Chefe na mira
Estourou os miolos da baleia com um arpão de chumbo

Bem, os americanos não se importam muito com nada
Com a terra e a água, muito menos
E a vida animal está lá embaixo nas preferências do público
E a vida humana vale menos do que fermento contaminado
Os americanos não se importam muito com a beleza
Cagam nos rios, desovam o ácido de bateria nos riachos
Veem os ratos se banharem na praia
E se queixam por não poder nadar
Dizem que as coisas são feitas para a maioria
Não acredite em metade do que você vê
E em nada do que ouve

É como me disse meu amigo pintor, o Donald
"Enfie um garfo no rabo deles e faça eles se mexerem, estão doentes"

O começo de uma grande aventura
[*Beginning of a great adventure*]

Talvez fosse divertido ter uma criança para sair por aí
Um pequeno eu para inculcar meus pensamentos
Um pequeno eu ou ele ou ela para inculcar meus sonhos
Um jeito de dizer que a vida não é um desperdício
Eu manteria o pestinha longe da escola
Eu mesmo daria as aulas
Eu o manteria longe do veneno da multidão
Mas também um isolamento imaculado
Pode não ser a melhor ideia
Tentar imortalizar a si mesmo não é bom

Por que parar no primeiro, eu poderia ter uns dez, a típica família de televisão
Criaria um pequeno exército progressista na floresta
Igualzinho a esses caipiras lunáticos que encontro no bar aqui perto
Com sua tribo de porcos mutantes congênitos com cascos clivados
Eu ensinaria a eles como plantar uma bomba, começar um incêndio, tocar
[guitarra
E, se flagrassem um caçador, a atirar nos miolos dele
Tentaria ser o mais progressista que pudesse
Desde que não tivesse que fazer muito esforço

Susie, Jesus, Bogart, Sam, Leslie, Jill e Jeff
Rita, Winny, Andy, Fran e Jet
Boris, Bono, Lucy, Ethel, Bunny, Reg e Tom
São muitos nomes para tentar não esquecer
Carrie, Marlon, Mo e Steve
La Rue e Jerry Lee
Eggplant, Rufus, Dummy, Star e The Glob
Eu precisaria de um maldito computador para organizar todos esses nomes
Espero que essa história de bebês não vá longe demais

Espero que seja verdade o que minha mulher me disse
Ela falou, baby, "é o começo de uma grande aventura"

Talvez fosse divertido ter uma criança para sair por aí
Criá-la à minha imagem como um deus
Teria meus próprios carregadores de caixão para me levar ao túmulo

E me fazer companhia quando eu for um palerma enrugado e desdentado
Um velho balbuciante idiota sentado sozinho e babando na
camisa
Um bode caquético chafurdando na sujeira
Talvez fosse divertido ter uma criança a quem passar alguma coisa
Alguma coisa melhor que raiva, sofrimento, ira e dor

Um caminhão de fé
[Busload of faith]

Você não pode contar com a família
Você não pode contar com os amigos
Você não pode contar com um começo
Você não pode contar com um fim
Você não pode contar com a inteligência
Você não pode contar com Deus
Você só pode contar com uma coisa
Você precisa de um caminhão de fé pra sobreviver

Você pode contar que o pior sempre acontece
Você pode contar com a determinação do assassino
Você pode apostar que se ele estuprar alguém
Não tenha dúvida de que virá uma criança
E você pode apostar que se ela abortar
Os pró-vida vão atacá-la enfurecidos
Você pode contar que o pior sempre acontece
Você precisa de um caminhão de fé pra sobreviver

Você não pode contar com os de bom coração
Os de bom coração criaram os abajures e o sabão
Você não pode contar com o Sacramento
Nenhum Pai, ou o Espírito Santo
Você não pode contar com nenhuma igreja
A menos que queira comprar umas propriedades
Você não pode contar com um monte de coisas
Você precisa de um caminhão de fé pra sobreviver

Você não pode contar com milagres
Você não pode contar com o ar
Você não pode contar com homens sábios
Você não consegue encontrá-los porque não sobrou nenhum
Você não pode contar com a crueldade
A crueza de pensamentos e palavras
Você pode contar que o pior sempre acontece
Você precisa de um caminhão de fé pra sobreviver

Cheio de você
[*Sick of you*]

Acordei de manhã com a TV aos berros
Escovei os dentes enquanto assistia ao noticiário
Todas as praias estavam fechadas, o oceano era um mar Vermelho
Mas não tinha ninguém lá pra fazer ele se abrir
Não tinha salada fresca porque
Tem substâncias químicas no repolho
Staten Island desapareceu ao meio-dia
E dizem que o Meio-Oeste está sob tremenda pressão
E a NASA explodiu a Lua
A camada de ozônio não tem mais ozônio
E você vai me trocar pelo vizinho
Estou cheio de você

Prenderam o prefeito por causa de favores ilegais
Ele vendeu o Empire State pro Japão
E o Oliver North casou com o Richard Secord*
E deu à luz uma pequena Teerã
E o Aiatolá comprou um navio de guerra nuclear
Se ele morrer, quer que seja com estilo
E não há comida que não carregue o fedor
De algum dejeto humano jogado no Nilo
Bem, uma coisa com certeza é verdade
Ninguém aqui sabe o que fazer
E estou cheio de você

O rádio anunciou que havia quatrocentos mortos
Em alguma cidadezinha do Arkansas
Algum caminhoneiro rebitado
Enfiou o caminhão num reator nuclear
E matou todo mundo que viu pela frente

---

* O primeiro nome citado é o do assessor para assuntos militares da administração Ronald Reagan (1981-1989); o segundo, o de um general americano da época. Ambos se envolveram no escândalo que ficou conhecido como Irã-Contras, no qual foi descoberta ação dos Estados Unidos na venda de armamentos para o Irã, cuja renda vinha sendo usada para armar a guerrilha de oposição ao governo socialista de Daniel Ortega na Nicarágua.

Agora ele está curtindo o Morton Downey*
E está brilhando fulgurante
Os médicos dizem que é um avanço da medicina
Dizem que o mal vem para o bem
E há algo a se aprender
Com toda experiência humana
Bem, sei de uma coisa que é mesmo verdade
Isto aqui é um zoológico e o tratador não é você
E estou cheio disso, estou cheio de você
Condenaram os Trump e aí ele caiu doente
E morreu em tratamento no Mt. Sinai
E meu melhor amigo Bill morreu por causa de um comprimido envenenado
Que algum médico maluco receitou contra o estresse
Meus braços e pernas estão atrofiados
A comida está cheia de pedaços
Descobriram um animal que ninguém nunca tinha visto
Era um negociador infiltrado comendo um pneu de borracha
Depois de ter atropelado o Rudolph Giuliani
Dizem que o presidente morreu
Ninguém consegue encontrar a cabeça dele
Faz semanas que está perdida
Mas ninguém reparou
Ele parecia tão bem
E estou cheio de você
Estou cheio de você
Bye, bye, bye

* Morton Downey (1901-1985), famoso artista de rádio, cinema e cabaré, particularmente célebre antes da Segunda Guerra Mundial.

Dê um tempo
[*Hold on*]

Tem negros com facas e brancos com tacos
Brigando em Howard Beach
Não existem direitos humanos
Quando se caminha pelas ruas de NY
Um menino de dez anos chamado Buda deu um tiro na cabeça de um
[policial

Na semana passada, no Central Park
Os pais e as filhas estão postados
Junto aos caixões na Estátua da Intolerância

Melhor dar um tempo — tem alguma coisa acontecendo aqui
Melhor dar um tempo — te encontro na Tomkins Square

Os traficantes mandaram um recado pros policiais na semana passada
Atiraram nele dentro do carro em que ele estava
E a Eleanor Bumpers e o Michael Stewart devem ter gostado disso
Há uma fúria crescente se espalhando feito uma praga de frascos
[ensanguentados
Boiando na praia
Vou demorar mais do que os Angels e o Valente Mike Tyson
Pra curar essa maldita ressaca

Um viciado atropelou uma moça, uma bailarina grávida
Ela nunca mais vai dançar mas o bebê foi salvo
O cara se injetou e apagou ao volante
E não se lembra de nada
Mataram aquela senhora porque pensavam que fosse testemunha
De um crime que ela nem mesmo viu
E seu lar é a terra dos bravos junto à Estátua da Intolerância

Você tem um três-oitão preto e um canivete
Você ainda precisa pegar o metrô
Lá embaixo tem a essência perfumada de NY

Mas você não é nenhum Bernard Goetz*
Não tem nenhum advogado de máfia pra te defender
Por aqueles quinze minutos de fama
Os abastados e os depossuídos estão sangrando na banheira
Esse é o futuro de Nova York, não o meu

* A letra faz referência a alguns episódios violentos em Nova York, nos anos 1980, envolvendo figuras mais (Mike Tyson) ou menos conhecidas (Eleanor Bumpers, uma nova-iorquina negra morta a tiros pela polícia). Bernard Goetz se envolveu num crime emblemático para uma época em que a violência urbana saíra de controle na cidade, ao assassinar a tiros nada menos do que quatro jovens, os quais ele alegava terem tentado assaltá-lo no metrô. Goetz recebeu apenas uma condenação por porte ilegal de arma de fogo e acabou conhecido como "o justiceiro do metrô".

Boa noite, sr. Waldheim
[*Good evening Mr. Waldheim*]

Boa noite, sr. Waldheim*
E o Sumo Pontífice, como vai?
Vocês têm tanto em comum
Nas coisas que fazem
E aí está Jesse Jackson**
Ele fala sobre um consenso
Esse consenso me inclui?
Ou é só bravata
Para causar agitação?
Oh, Jesse, você precisa ver o barulho que faz
Um barulho que incomoda
Alguns medos ainda reverberam

Jesse, você fala em consenso
Isso inclui a OLP?
E esse pessoal aqui e agora
Que não faz tanto tempo lutou por você?
As palavras que fluem tão livremente
E saem graciosas de seus lábios
Espero que você não as diminua por um deslize racista
Ah, o consenso
Consenso é uma palavra ou só bravata?
Consenso — lembre dos ativistas dos direitos civis a sete
[palmos do chão

Se eu saísse para presidente e antes tivesse sido membro do Ku Klux Klan
Você não me acusaria
Como acuso você pelo Farrakhan?
E o Sumo Pontífice, o estimado Sumo Pontífice
Alguém é capaz de apertar sua mão?

* Kurt Waldheim (1918-2007), diplomata austríaco, secretário-geral das Nações Unidas entre 1972 e 1981.
** Jesse Louis Jackson (1943-), pastor batista, assistente de Martin Luther King nos anos 1960 e, desde então, importante ativista político americano.

Ou você gosta de uniformes e gente beijando sua mão?
Ou é verdade
Que o consenso pra mim inclui você também?

Boa noite, sr. Waldheim
E o Sumo Pontífice, como vai?
Enquanto os dois avançam pelo bosque esta noite
Estou pensando em vocês
E, Jesse, você está nos meus pensamentos
À medida que o ritmo das palavras arrefece
Meu consenso convida você a entrar
Ou você prefere esperar lá fora?
Ou é verdade
Que o consenso pra mim não inclui você?
Ou é verdade
Que não há consenso que sirva pra mim e pra você?

Natal em fevereiro
[*Xmas in February*]

Sam estava deitado no meio da selva
O Agente Laranja espalhado pelo céu feito geleia de laranja
Uma jukebox importada tocava Hendrix
Eles rezavam para ser salvos
Aqueles amarelos eram duros e destemidos
É o preço que se paga pela invasão
Natal em fevereiro

Sam perdeu o braço em alguma cidade de fronteira
Seus dedos estão misturados à plantação de alguém
Se ele não tivesse aquele ópio pra fumar
A dor não ia nunca, jamais parar
Metade dos amigos dele está enfiada em sacos de defunto pretos
Com seus nomes impressos em cima
Natal em fevereiro

Sammy era chapeiro de uma lanchonete
Numa cidade de negros e operários
Todo mundo trabalhava na metalúrgica
Mas a metalúrgica fechou
Ele achou que se alistando no Exército
Teria um futuro estável
Sem Natais em fevereiro

Sam está olhando o muro do Vietnã*
Já faz um tempo que ele voltou pra casa agora
Sua mulher e seu filho foram embora, ele está desempregado
Ele é um lembrete da guerra que não foi ganha
É aquele cara na rua com um cartaz que diz
"Por favor, ajude a mandar esse veterano pra casa"
Mas ele está em casa
E não tem Natal em fevereiro
Não importa o quanto ele economize

* Referência ao monumento em homenagem aos militares mortos no Vietnã. Em Washington, aberto à visitação pública, há um muro com os nomes de todas as baixas do lado americano na guerra.

Testa de ferro
[*Strawman*]

Nós que temos tanto
Pra vocês que têm tão pouco
Pra vocês que não têm absolutamente nada
Nós que temos tanto
Mais do que qualquer um precisa
E vocês que não têm absolutamente nada
Alguém precisa de mais um filme de um milhão de dólares?
Alguém precisa de mais um astro de um milhão de dólares?
Alguém ainda precisa que se diga e repita
Que uma cusparada contra o vento volta com o dobro da força?

Testa de ferro, indo direto encontrar o diabo
Testa de ferro, indo direto pro inferno

Alguém precisa realmente de um míssil de um bilhão de dólares?
Alguém precisa de um carro de sessenta mil?
Alguém precisa de mais um presidente?
Ou dos pecados de Swaggart,* partes 6, 7, 8 e 9?
Alguém precisa de mais um político
Pego de calças curtas?
Dinheiro enfiado no rabo
Alguém precisa de mais um pregador racista?
Cuspir contra o vento só pode te atingir

Alguém precisa de outro lançamento fracassado
Em direção à Lua, a Vênus ou a Marte?
Alguém precisa de mais um cantor de rock com pose de superior
Cujo nariz, ele diz, aponta direto pra Deus?
Alguém ainda precisa de mais um arranha-céu vazio?
Se você é como eu, tenho certeza que um pequeno milagre te basta
Uma espada flamejante ou talvez uma arca dourada flutuando no Hudson
Quando você dá uma cusparada contra o vento, ela volta direto pra você

---

* Jimmy Swaggart (1935-), televangelista americano envolvido em diversos escândalos que se notabilizou por uma confissão pública de seus pecados durante a qual chorou copiosamente na TV, em 1988.

Mistério barato
[*Dime store mystery*]

Ele jazia abatido e machucado, espetado
E sangrando, falando imobilizado na cruz
Sua mente estava girando pesada?
Alucinava e desvanecia, que desperdício
As coisas que não tinha tocado ou beijado
Seus sentidos lentamente se esvaíam
Não como Buda nem como Vishnu
A vida não brotaria nele outra vez
Não acho difícil de acreditar
Que talvez ele tenha questionado suas crenças
O começo da última tentação
Mistério barato

A natureza dual, natureza divina, natureza humana
Divide a alma
Totalmente humana, totalmente divina e dividida
A grande alma imortal
Quebrada em pedaços, pedaços girando, opostos se atraem
De frente, de lado, por trás
A mente ataca
Conheço esse sentimento, conheço de antes
Desde Descartes, passando por Hegel
Fé é sempre dúvida
Mistério barato, última tentação

Eu estava martelando, pensando, batucando, ponderando
Os mistérios da vida
Lá fora a cidade guinchando gritando sussurrando
Os mistérios da vida
Tem um enterro amanhã na St. Patrick's
Os sinos vão dobrar por você
O que você devia estar pensando
Quando chegou sua hora?
Queria não ter gastado meu tempo
Com tantas coisas humanas, e com as coisas divinas, tão menos
O fim da última tentação
O fim de um mistério barato

SONGS FOR DRELLA*

* Apelido de Andy Warhol, mentor do grupo The Velvet Underground, de que participavam tanto Lou Reed quanto John Cale, que assinam o álbum. A origem do apelido estaria ligada ao fato de Warhol ser visto como uma fusão das figuras de Drácula e Cinderela. O álbum foi o tributo dos dois ex-membros (que não trabalhavam juntos desde *White Light/White Heat*, de 1968, último disco da banda a contar com a participação de Cale) ao idealizador do Velvet Underground, elaborado logo depois de sua morte, em 1987.

Cidade pequena
[*Small town*]

Quando você cresce em uma cidade pequena
Quando você cresce em uma cidade pequena
Quando você cresce em uma cidade pequena
Você diz que ninguém famoso veio daqui
Quando você cresce em uma cidade pequena
E está tendo um colapso nervoso
E acha que nunca vai escapar
De você mesmo ou do lugar onde mora
De onde veio Picasso?
Nenhum Michelangelo veio de Pittsburgh
Se a arte é a ponta do iceberg
Eu sou a parte afundada embaixo d'água

Quando você cresce em uma cidade pequena
Pele feia, vista fraca — gay e gordinho
As pessoas olham esquisito pra você
Quando você está em uma cidade pequena
O meu pai trabalhava com construção civil
Eu não sirvo pra isso
Ah — e pra que é que você serve?
Sumir daqui

Eu odeio ser esquisito numa cidade pequena
Se é pra ficarem olhando que fiquem olhando em Nova York
Esse pintor albino de olhos cor-de-rosa
Até onde pode ir minha fantasia?
Eu não sou um Dali de Pittsburgh
Nem um Capote de encantador cicio
Meu herói — ah, você acha que podia encontrar com ele?
Eu era capaz de acampar na frente da casa dele

Só tem uma coisa boa em uma cidade pequena
Só tem uma coisa boa em uma cidade pequena
Só tem uma coisa boa em uma cidade pequena
Você sabe que quer sair

Quando você cresce em uma cidade pequena
Você sabe que vai decrescer em uma cidade pequena
Uma cidade pequena só serve bem para uma coisa
Você a odeia e sabe que vai ter de ir embora

Portas abertas
[*Open house*]

Por favor
Apareça na rua 81 eu estou no apartamento em cima do bar
Você sabe que não tem como errar, fica na frente do metrô
E da lojinha cafona com as echarpes de poliéster

Minha pele é pálida como a lua lá fora
Meu cabelo é prateado como um relógio da Tiffany
Gosto de um monte de gente ao meu redor mas não dou beijinhos
E por favor não encoste em mim

É um costume tchecoslovaco que a minha mãe me passou
O melhor jeito de fazer amigos, Andy, é convidar para um chá
Portas abertas, portas abertas

Eu tenho um monte de gatos, olha o meu favorito
É uma dama chamada Sam
Eu fiz uma bonequinha de papel dela — pode ficar com ela
Foi isso que eu fiz quando tive dança de são vito
É um costume tchecoslovaco que minha mãe me passou
Dar presentinhos às pessoas para elas lembrarem de mim
Portas abertas, portas abertas

Alguém traga verduras, alguém por favor traga calor
Minha mãe apareceu ontem, precisamos de alguma coisa para comer
Acho que consegui um emprego hoje eles querem que eu desenhe sapatos
Os que eu desenhei eram velhos e usados
Eles me disseram — desenhe alguma coisa nova
Portas abertas, portas abertas

Me leve de avião para a Lua, para uma estrela
Mas o céu de Nova York não tem estrelas
Elas estão todas pelo chão
Você tem cicatrizes de música, eu tenho de tinta
Hoje desenhei 550 sapatos diferentes
Quase desmaiei
Portas abertas, portas abertas

O estilo necessário
[*Style it takes*]

Você tem o dinheiro, eu tenho o tempo
Você quer a sua liberdade, entregue a sua liberdade pra mim
Porque eu tenho o estilo necessário
E dinheiro é o que basta
Você tem os contatos e eu tenho a arte
Você gosta de atenção e eu gosto da sua aparência
E eu tenho o estilo necessário
E você conhece as pessoas necessárias
Por que você não senta bem ali, a gente faz um retrato cinematográfico
Eu ligo a câmera — e eu nem vou ficar aqui
Um retrato que se move, você tem uma aparência genial, eu acho.
Vou colocar o Empire State na sua parede
vinte e quatro horas brilhando na sua parede
Veja o sol se erguer sobre o prédio no seu quarto
Arte papel de parede, uma vista linda
Eu tenho uma caixa de Brillo e digo que é arte
É a mesma que você pode comprar em qualquer supermercado
Porque eu tenho o estilo necessário
E você tem as pessoas necessárias
Esta aqui é uma banda de rock chamada The Velvet Underground*
Eu projeto filmes neles**
Gostou do som deles?
Porque eles têm um estilo marcante e eu tenho arte pra fazer
Vamos fazer um filme aqui na semana que vem
A gente não tem som mas você é demais
Você tem o estilo necessário (beijo)
Você tem o estilo necessário (comida)
Você tem o estilo necessário (sofá)
Você tem o estilo necessário (beijo)

---

* O nome da banda, inicialmente chamada The Primitives, vem de um livro, de autoria de Michael Leigh, que trata do submundo erótico dos anos 1960, daí a ideia de um submundo de veludo.
** Referência ao evento multimídia *Exploding Plastic Inevitable*, de Warhol, de que a banda fazia parte em seus primeiros momentos.

Trabalho
[*Work*]

Andy era católico, a ética corria em seus ossos
Morava sozinho com a mãe, colecionando fofocas e brinquedos
Todo domingo, quando ia à igreja
Ele se ajoelhava no banco e dizia
"É trabalho, só o trabalho importa."

Ele era muitas coisas, o que eu lembro mais
Ele dizia, "Eu tenho que ganhar o pão, alguém tem que ganhar a manteiga"
Ele chegava cedo na Factory
Se você perguntasse ele diria sem pensar
"É trabalho"

Eu podia fazer de tudo, nunca era o bastante
Ele dizia que eu era preguiçoso, eu dizia que era jovem
Ele dizia, "Quantas músicas você compôs?"
Não tinha composto nada, menti e disse "Dez"
"Você não vai ser jovem pra sempre — devia ter composto quinze"
É trabalho

"Você devia fazer coisas grandes
As pessoas gostam
E as músicas com os palavrões você garanta que sejam gravadas assim
Andy gostava de criar confusão, isso era engraçado nele
Ele dizia, "É só trabalho"

Andy um dia sentou pra conversar
Ele disse, "Decida o que você quer"

"Você quer expandir os seus parâmetros
Ou vagar pelos museus como um diletante"
Eu o demiti no ato, ele ficou vermelho e me chamou de rato
Era a pior palavra que ele conseguiu pensar
Eu nunca o tinha visto daquele jeito
Era trabalho, eu achava que ele tinha dito que era só trabalho

Andy dizia muitas coisas, eu armazenei tudo na minha cabeça
Às vezes quando eu não consigo decidir o que fazer
Penso no que Andy teria dito
Ele provavelmente diria
"Você pensa demais — Isso é porque tem trabalho que você não quer fazer"
É trabalho, a coisa mais importante é o trabalho
É trabalho, a coisa mais importante é o trabalho

O problema dos classicistas
[*Trouble with classicists*]

O problema de um classicista — ele olha para uma árvore
E vê só isso, ele pinta uma árvore
O problema de um classicista, ele olha para o céu
Não se pergunta por quê, ele simplesmente pinta um céu

O problema de um impressionista, ele olha para um tronco
Ele não sabe quem é, de pé, encarando aquele tronco
E as memórias surrealistas são amorfas e orgulhosas demais
Enquanto que aqueles pintores machões do centro da cidade não passam
[de alcoólatras
O problema dos impressionistas
Esse é o problema dos impressionistas

O problema das celebridades, elas estão preocupadas demais com o estilo
É pessoal demais, elas são apaixonadas pela própria astúcia
São como imigrantes ilegais tentando ganhar uma grana
Dirigem radiotáxis mas pensam como caminhoneiros
É esse o problema das celebridades

Eu gosto dos meninos drogadinhos do centro da cidade que picham muros
[e trens
Gosto da falta de treino, da técnica primitiva
Acho que às vezes faz mal você ficar muito tempo na escola
Acho que às vezes faz mal você ter medo de ser chamado de bobo
É esse o problema dos classicistas

Luz das estrelas
[*Starlight*]

Abre-te, luz das estrelas, luz das estrelas, abre a porta
Nova York está chamando, com filmes das ruas
Filmes com gente de verdade, o que você leva é o que você vê
Abre-te luz das estrelas, Andy é Cecil B. DeMille
Anda, Los Angeles, liga para nós
A gente tem superastros que falam, eles fazem qualquer coisa
Ingrid, Viva, Little Joe, Baby Jane e Edie S.
Mas é melhor vocês ligarem logo antes que a gente se mate de conversar

Abre-te, luz das estrelas, todos são estrelas
Filmes de oito horas em tela dupla
Nós temos cor, temos som
Vocês não são capazes de nos reconhecer? Nós somos tudo que vocês
[odeiam
Andy adora os velhos filmes de Holywood, ele vai matar vocês de susto,
[seus hipócritas
Vocês sabem que aquele pico é de verdade
Aquela pessoa gritando, é assim que acontece na verdade
Estamos improvisando cinco filmes por semana
Se Holywood não ligar — vamos ficar doentes

Abre-te, luz das estrelas
Faz pelos filmes o que fez pela arte
Você consegue ver beleza na feiura, ou ela está brincando no chão
Há estrelas vindas das ruas de Nova York
Vamos registrá-las em filme
Mas se ninguém quiser vê-las
Vamos fazer outro e depois outro

Luz das estrelas, deixa-nos entrar naquela sala mágica
Nós todos sonhamos com Hollywood, nunca é cedo demais
Vocês não querem nos dar um milhão de dólares, o aluguel está vencido
Andy vai dar dois filmes e uma pintura pra vocês
Abre-te, luz das estrelas!

Rostos e nomes
[*Faces and names*]

Rostos e nomes, queria que fossem a mesma coisa
Rostos e nomes só me causam problemas
Rostos e nomes
Se tivéssemos todos a mesma cara e tivéssemos todos o mesmo nome
Eu não teria ciúme de você nem você de mim
Rostos e nomes

Eu sempre me apaixono por alguém que tem a aparência
Que eu queria ter
Eu estou sempre encarando alguém que magoa
E a pessoa que eles magoam no fundo sou eu
Rostos e nomes, pra mim são a mesma coisa
Se eu me parecesse com você e você comigo
Os problemas seriam menores, não é?
Rostos e nomes, eu queria que sumissem
Eu desapareceria naquela parede e jamais falaria
Falar não falar

Eu queria ser um robô ou uma máquina
Sem um só sentimento ou ideia
As pessoas que querem conhecer o nome que tenho
Sempre se desapontam comigo
Rostos e nomes, queria que fossem a mesma coisa
Rostos e nomes só me causam problemas
Rostos e nomes
Eu preferia ser um buraco na parede — olhando para o outro lado
Eu preferia olhar e ouvir, ouvir não falar
Com rostos e nomes
Se tive uma crise quando era criança

Se perdi o cabelo quando era jovem
Se você se veste como se fosse mais velho e não é
Quando envelhece de verdade, fica com a mesma aparência
Se tivéssemos todos a mesma cara, não ficaríamos com esses joguinhos
Eu me vestindo pra você, você pra mim — tirando a roupa pra mim

Rostos e nomes, se fossem todos iguais
Você não teria ciúme de mim nem eu de você
Eu com ciúme de você — eu com ciúme de você
Seu rosto e seu nome
Seu rosto e seu nome
Rostos e nomes
Rostos e nomes

Imagens
[*Images*]

Acho que as imagens valem a repetição
Imagens repetidas de uma pintura
Imagens tiradas de uma pintura
De uma foto que vale ser vista de novo
Adoro imagens que valem a repetição, projeto no teto
Multiplico em serigrafia
Vejo com um sentimento diferente
Imagens / aquelas imagens / imagens / aquelas imagens

Alguns dizem que as imagens não têm sentimentos, eu acho que há um
                                            [sentido mais profundo
Uma precisão mecânica ou algo do gênero
Instiga um sentimento mais calmo
Eu adoro a multiplicidade da gravura
Coisas renascidas ostentam sentidos novos
Acho que as imagens valem a repetição a repetição a repetição
Imagens / ah, imagens / aquelas imagens / imagens

Estou longe de ser um *idiot savant* urbano cuspindo tinta sem qualquer
                                            [ordenação
Longe de ser uma esfinge, mistério ou enigma
O que eu pinto é muito corriqueiro
Não acho que eu seja velho ou moderno, não acho que ache que esteja
                                            [achando
Não importa o que eu estou pensando
São as imagens que valem a repetição a repetição
Aquelas imagens / imagens

Se você está à procura de um sentido mais profundo, eu tenho a
                                            [profundidade deste
Teto alto
Se você acha que a técnica é o sentido, pode me achar muito simples
Você pode achar que as imagens são chatas
Carros e latas, cadeiras e flores
E você pode me achar pessoalmente chato
Martelo, fonte, Mao Tsé-tung, Mao Tsé-tung
Aquelas imagens / aquelas imagens / imagens

Acho que vale a pena repetir as imagens no teto
Adoro imagens que valem a repetição repetição repetição
Imagens / imagens / aquelas imagens / aquelas imagens

Desaparecer (Um aviso)
[*Slip away (A warning)*]

Os amigos disseram pra passar a chave e não ficar mais de portas abertas
Disseram que a Factory tem de mudar e desaparecer aos poucos
Mas se eu tiver que viver com medo, de onde vou tirar minhas ideias
Com todos aqueles doidos desaparecendo, será que eu vou desaparecer aos
[poucos

Mas de fato Billy Name não está mais aqui, Ondine não é mais a mesma
Wonton e a tartaruga foram embora
Desaparecer aos poucos... desaparecer aos poucos

Se eu fechar a porta da Factory e não vir mais essas pessoas
Se eu ceder à infâmia... eu vou desaparecer aos poucos

Eu sei que parece que os amigos têm razão
Bom dia, luz do dia, noite, adeus
Mas a luz das estrelas está tão quieta aqui, acho que vou desaparecer aos
[poucos

O que eu posso fazer sozinho? É bom ouvir notícias de outra pessoa
É bom ouvir uma voz doida — não vou desaparecer
Não vou desaparecer

Se eu tiver que viver com medo minhas ideias vão desaparecer aos poucos
Se eu tiver que viver com medo, tenho medo que minha vida desapareça
[aos poucos
Se você não puder me ver ao cruzar a minha porta
Ora, suas ideias podem desaparecer aos poucos
Se eu tiver que passar a chave, não existe mais outra vida
Desaparece

Os amigos disseram pra passar a chave
Olhe bem o que entra pela porta
Disseram que a Factory tem de mudar
Mas eu não

Não fui eu
[*It wasn't me*]

Não fui eu que envergonhei você, não é justo dizer isso
Você queria trabalhar — eu te dei uma chance
Não fui eu quem magoou você, isso é me dar mais mérito do que eu
[mereço
Não me ameace com as coisas que você faz pra você mesmo

Não fui eu que envergonhei você, não fui eu que derrubei você
Você fez isso sozinho sem nenhuma ajuda minha
Não fui eu quem magoou você, eu te mostrei possibilidades
Os seus problemas estavam lá antes de você me conhecer

Eu não disse que tinha que ser assim
Você não pode me culpar por essas coisas
Não fui eu, não fui eu, não fui eu
Eu sei que ela morreu, não fui eu

Não fui eu quem mudou você, você fez isso sozinho
Eu não sou uma desculpa pro buraco em que você se enfiou
Eu não sou um simplório mas não sou um pai pra vocês todos
A morte existe mas você faz as coisas que acontecem com você

Eu nunca disse desista do controle
Eu nunca disse enfie uma agulha no braço e morra
Não fui eu, não fui eu, não fui eu
Eu sei que ele morreu mas não fui eu

Não fui eu que envergonhei você, que cobri você de lama
Você fez isso sozinho sem nenhuma ajuda minha
Você age como se eu pudesse ter avisado ou te impedido como algum deus
Mas as pessoas nunca escutam e você sabe que é assim mesmo

Eu nunca disse corte os pulsos e morra
Eu nunca disse joga fora a sua vida
Não fui eu, não fui eu, não fui eu
Você está se matando sozinho — não pode pôr a culpa em mim

Eu acredito
[*I believe*]

Valerie Solanis subiu de elevador, desceu no quarto andar
Valerie Solanis subiu de elevador, desceu no quarto andar
Ela apontou uma arma para Andy dizendo você não pode mais me
[controlar

Eu acredito que deva haver um castigo
Eu acredito que olho por olho seja fundamental
Eu acredito que algo esteja errado se ela está viva neste momento

Valerie Solanis deu três passos, apontando para o chão
Valerie Solanis balançou a arma, apontando para o chão
De dentro de sua loucura imbecil falou e bang Andy caiu no chão

Eu acredito que a vida seja séria o bastante para haver um castigo
Eu acredito que ser doente não é uma desculpa e
Eu acredito que teria eu mesmo ligado a cadeira elétrica para ela

Quando chegaram com ele no hospital seu pulso tinha desaparecido
Acharam que ele estava morto
Suas entranhas jorravam das feridas para o chão
Acharam que ele estava morto
Só anos depois o hospital faria com ele
O que ela não conseguiu
O que ela não conseguiu
"Onde você estava, você não veio me ver"
Andy disse "Acho que eu morri, por que você não veio me ver"
Andy disse "Doía tanto, eles tiraram sangue da minha mão"

Eu acredito que deva haver um castigo
Eu acredito que deva haver uma paga
Eu acredito que agora sejamos todos mais pobres por isso

Me visitar, me visitar
Me visitar, me visitar
Me visitar, por que você não veio me visitar
Me visitar, por que você não veio me visitar

Ninguém além de você
[Nobody but you]

Parece que eu não dou a mínima, mas não é verdade
Desde o tiro — não existe ninguém além de você
Eu sei que pareço blasé, "Andy Festeiro" é o que dizem os jornais
No jantar sou o sujeito que paga — para um ninguém como você
Ninguém além de você, um ninguém como você
Desde o tiro não existe ninguém além de você

Você não quer decorar a minha casa?
Eu fico ali sentado bem quietinho
Você me conhece, eu gosto muito de olhar — pra ninguém além de você
Eu vou segurar a tua mão e dar um tapa na minha cara
Eu vou te provocar, pro teu desgosto
Você não quer me pôr no meu lugar? — um ninguém como você

Aos domingos eu rezo muito, eu queria dar corda em você
E pintar o teu relógio
Eu quero ser o que não sou — para um ninguém como você

A bala me rompeu o fígado e o pulmão, os médicos disseram que era o meu
[fim
Eu tenho algum osso trincado por dentro — por ninguém além de você
Ninguém além de você, ninguém como você
Osso trincado por ninguém além de você

Eu ainda não sei ao certo se não morri
E se estou sonhando, eu ainda tenho dores fortes por dentro
Eu sei que nunca vou ser uma noiva — pra ninguém como você
Queria ter um queixo mais forte, a minha pele era boa, o meu nariz era
[fino
Isso aqui não é um filme em que eu quisesse estar — com um ninguém
[como você
Ninguém como você, um ninguém como você
Minha vida inteira — foram ninguéns como você

Um sonho
[A dream]

Era uma noite de outono clara e muito fria. Eu tive um sonho horrível. Billy Name e Brigid estavam brincando embaixo da minha escada no segundo andar perto de duas da manhã. Eu acordei porque Amos e Archie começaram a latir. Isso me deixou muito bravo porque eu não estava me sentindo bem e disse isso a eles. Eu estava muito irritado, o *eu* de verdade, que era bom eles lembrarem o que tinha acontecido com Sam, a Gata Má que foi deixada em casa e ficou doente e foi para o céu dos gatinhos.

Era uma noite de outono clara e muito fria. Caíam alguns flocos de neve. Meu Deus, era tão bonito, aí eu fui pegar a minha câmera para tirar umas fotos. Aí eu estava tirando as fotos mas a coisa da exposição não estava certa e eu ia ligar para o Fred ou o Gerry para saber como regular aquilo mas, nossa, era muito tarde e aí eu lembrei que eles provavelmente ainda estavam no jantar e de um jeito ou de outro eu estava me sentindo muito mal e não queria falar com ninguém. Mas os flocos de neve eram tão lindos e pareciam tão reais e eu queria mesmo segurar um deles. E foi aí que ouvi as vozes no fim do corredor perto da escada. Aí eu peguei uma lanterna e estava com medo e saí para o corredor. Anda acontecendo todo tipo de coisa por aqui recentemente e alguém tem que ganhar o pão e enfim lá estavam Brigid e Billy brincando. E embaixo da escada havia uma pequena campina meio como o parque na rua 23 onde todos os meninos vão jogar frisbee. Nossa, isso deve ser divertido, talvez a gente devesse fazer um artigo sobre isso na revista, mas eles vão simplesmente me dizer que eu sou estúpido e que não vai vender. Mas dessa vez vou bater o pé, quer dizer, a revista é minha, não é?

Então eu estava pensando isso enquanto os flocos iam caindo e ouvi essas vozes que se divertiam tanto. Nossa, ia ser tão legal se divertir um pouco, Aí eu chamei o Billy, mas ou ele não me ouviu ou não queria responder, o que era muito estranho porque mesmo que eu não goste de reuniões sempre amei o Billy. Estou tão feliz por ele estar trabalhando. Quer dizer, é diferente da Ondine. Ele fica fazendo turnês com aqueles filmes e nem paga a gente, e o filme, quer dizer, o filme simplesmente vai se desintegrar e aí fazer o quê? Quer dizer, ele é tão normal sem drogas. Eu não entendo mesmo.

E aí eu vi o John Cale. E ele anda com uma cara ótima mesmo. Tem passado pelo escritório para fazer exercícios comigo. Ronnie disse que eu estou musculoso mas ele tem sido muito malvado desde que foi para o AA. Quer dizer, que sentido tem deixar de beber se você continua malvado do mesmo jeito? Ele diz que eu estou preguiçoso mas não é verdade, só não consigo ter ideias. Quer dizer, eu não vou conseguir, vamos falar a verdade, ter qualquer ideia no escritório.

E ver o John me fez pensar nos Velvets e eu estava pensando neles quando estive na rua St. Marks Place para ir até aquela galeria nova que aqueles amores daqueles meninos abriram, mas eles me acharam velho, e aí eu vi o velho Dom, o velho clube em que a gente fez os primeiros shows. Era tão legal. Eu não entendo a história do primeiro disco dos Velvets. Quer dizer, eu fiz a capa e fui o produtor e sempre vejo com outra embalagem e nunca ganhei um centavo. Como é que pode ser. Eu devia ligar para o Henry. Mas foi bom ver o John, eu fiz uma capa para ele, mas fiz em preto e branco e ele mudou para colorido. Teria valido mais se ele tivesse deixado do meu jeito, mas nunca dá para dizer nada para ninguém. Isso eu aprendi.

Tentei ligar de novo para o Billy e o John mas eles não me reconheciam, era como se eu não estivesse lá. Por que eles não me deixam entrar? E aí eu vi o Lou. Estou tão puto com ele. Lou Reed casou e não me convidou. Quer dizer, será que é porque ele achou que eu ia levar gente demais. Eu não entendo. Ele podia pelo menos ter ligado. Quer dizer, ele está se dando tão bem. Por que ele não me liga? Eu o vi no programa da MTV e ele estava na sala ao lado e nem chegou a dizer oi. Eu não entendo. Sabe? Eu odeio o Lou, odeio mesmo. Ele não quer nem contratar a gente para os vídeos dele. E eu tinha tanto orgulho dele.

Hoje eu fiquei com tanto medo. Tinha sangue vazando pela minha camisa, daquelas cicatrizes antigas do tiro. E a cinta que eu uso para segurar as minhas entranhas estava machucando. E eu fiz três séries de quinze flexões de braço e quatro séries de dez abdominais. Mas aí as minhas entranhas doeram e eu vi gotas de sangue na minha camisa, e lembro dos médicos dizendo que eu estava morto. E aí depois eles tiveram que tirar sangue da minha mão porque tinham ficado sem veias mas aí pensar isso tudo estava me transformando num velho rabujento e de um jeito ou de outro não há o que você possa fazer então se eles não iam me deixar brincar com eles no meu próprio sonho. Eu simplesmente ia ter que criar outro e mais outro e mais outro. Nossa, não ia ser divertido se eu morresse nesse sonho antes de conseguir criar outro?

E ninguém ligou.

Mudado para sempre
[*Forever changed*]

Trem entrando na cidade
Eu me perdi — e nunca voltei
Fiz uma viagem de volta ao mundo — e nunca voltei
Silhuetas negras, trilhos que se cruzam — nunca voltei

Você pode achar que eu sou frívolo — egoísta e frio
Você pode achar que eu sou vazio — depende do seu ponto de vista
Andy da Sociedade, que pinta e grava
Os de cima e os de baixo — nunca voltar atrás

Preciso ir pra cidade — arranjar um emprego
Preciso arranjar trabalho — para me sustentar
Minha vida antiga ficou para trás — eu a vejo sumindo
Minha vida está desaparecendo — desaparecendo de vista

Hong Kong e eu fiquei mudado
Burma Tailândia — e eu fiquei mudado
Alguns bons amigos — para me sustentar
Henry e Brigid — para me sustentar
Apenas a arte — para me sustentar
Apenas o coração — para me sustentar
Minha vida antiga está desaparecendo — desaparecendo de vista

Mudado para sempre, mudado para sempre
Fiquei mudado para sempre

Oi, sou eu
[*Hello it's me*]

Andy, sou eu, faz tempo que não te vejo
Queria ter falado mais com você quando você estava vivo
Eu achava que você era seguro quando dava uma de tímido
Oi, sou eu

Sinto muita saudade de você, muita saudade da sua inteligência
Faz tanto tempo que não ouço ideias como aquelas
Eu adorava ver você desenhar e ver você pintar
Mas quando te vi pela última vez, dei as costas

Quando Billy Name estava doente e trancado no quarto
Você me pediu umas bolinhas, achei que era pra você
Desculpa se eu duvidei do seu bom coração
As coisas parecem sempre terminar antes de começar

Oi, sou eu, aquela exposição foi genial
O seu papel de parede de vacas e os travesseiros prateados flutuantes
Queria ter prestado mais atenção quando riram de você
Oi, sou eu

"Artista pop dança", dizia a manchete
"O tiro é encenação, ou Warhol está mesmo morto?"
A pena por roubo de carros é maior
Lembro de pensar enquanto ouvia o meu próprio disco em um bar

Eles te odiavam de verdade, agora tudo aquilo mudou
Mas tenho alguns ressentimentos que jamais poderão ser desfeitos
Você me bateu bem onde doía, eu não ri
Teus diários não são um epitáfio digno

Mas agora então, Andy — acho que está na hora de ir
Espero que um dia, de algum jeito, você goste desse showzinho
Sei que chegou tarde mas só sei fazer assim
Oi, sou eu — Boa noite, Andy
Adeus, Andy

MAGIC AND LOSS

O que tem de bom — A tese
[*What's good—The thesis*]

A vida é como um refrigerante de maionese
E a vida é como o cosmos sem espaço
E a vida é como bacon com sorvete
Isso é a vida sem você

A vida é um devir eterno
Mas a vida é lidar eternamente com a dor
Agora a vida é como a morte sem viver
Isso é a vida sem você

A vida é como sânscrito lido para um pônei
Eu vejo você mentalmente sufocando com a língua
Pra que serve conhecer uma devoção como essa
Eu tenho a minha experiência — sei o que faz as coisas funcionarem

Pra que serve um chocolate guia de cegos
Pra que serve um nariz computadorizado
E pra que serviu o câncer em abril
Ora, pra nada — pra nada mesmo

Pra que serve uma guerra sem mortes
Pra que serve uma chuva que cai para cima
Pra que serve uma doença que não te faz mal
Ora, pra nada, eu acho, pra nada mesmo

Pra que servem essas coisas que estou pensando
Deve ser melhor não pensar em nada
Um amante de isopor com emoções de concreto
Não pra muita coisa, não mesmo

Pra que serve a vida sem viver
Pra que serve esse leão que late
Você amou uma vida que outros desperdiçam toda noite
Não é justo, não mesmo

O que tem de bom?
O que tem de bom?

Não muito mesmo
A vida é boa —
Mas nem um pouco justa

Poder e glória — A situação
[*Power and glory—The situation*]

Recebi uma visita do Poder e da Glória
Recebi uma visita de um hino majestoso
Grandiosos raios, relâmpagos
Irradiando luz no céu
Eletricidade correndo pelas minhas veias

Fui capturado por um momento mais amplo
Fui tomado pelo alento cálido da divindade
Farto como um leão em atividade
Com seu poder vital
Eu quero tudo —
Não só um pedaço

Vi um homem virar pássaro
Vi um pássaro virar tigre
Vi um homem pendurado de um despenhadeiro pelas pontas dos dedos
[dos pés
Nas selvas da Amazônia
Vi um homem enfiar uma agulha incandescente no olho
Virar corvo e voar pelas árvores
Engolir brasas quentes e exalar chamas
E eu queria que isso acontecesse comigo

Vimos a lua sumir no seu bolso
Vimos as estrelas desapareceram diante dos olhos
Vimos o homem atravessar as águas e alcançar o sol
Banhado de luz eterna
Cuspíamos perguntas à espera de respostas
Criando lendas, religiões e mitos
Livros, histórias, filmes e peças
Tudo tentando explicar esse fato

Vi um homem virar uma criança pequena
O câncer reduzi-lo a pó
Sua voz se enfraquecendo enquanto lutava pela vida
Com uma bravura que poucos homens conhecem
Vi isótopos serem introduzidos em seus pulmões

Tentando deter o avanço canceroso
E isso me fez pensar em Leda e o Cisne
E ouro sendo feito de chumbo
O mesmo poder que queimou Hiroshima
Gerando bebês de três pernas e morte
Encolhido, do tamanho de uma moeda
Para ajudá-lo a recuperar o fôlego
E fui atingido pelo Poder e a Glória
Recebi uma visita de um hino majestoso
Grandiosos raios, relâmpagos, irradiando luz no céu
Enquanto por ele corria a radiação
Ele queria tudo
Não só um pedaço

Mago — Internamente
[*Magician—Internally*]

Mago, mago, me leva em tuas asas
E com cuidado recolhe as nuvens
Lamento, lamento tanto não ter encantos
Apenas palavras para ajudar a me enlevar
Quero um pouco de magia que me enleve
Quero um pouco de magia que me enleve
Quero contar até cinco
Virar e me descobrir desaparecido
Arrebatado através da tempestade
E acordar na calmaria

Libera-me deste corpo
Deste volume que se move a meu lado
Deixa-me abandonar este corpo, longe de mim
Estou cansado de olhar para mim
Odeio este corpo dolorido
Que a doença lentamente consumiu

Mago, leva meu espírito
Por dentro sou jovem e vital
Por dentro estou vivo — por favor me leva daqui
Tanto por fazer — é cedo demais
Para minha vida estar no fim
Para este corpo simplesmente apodrecer

Quero um pouco de magia que me mantenha vivo
Quero um milagre, não quero morrer
Tenho medo de dormir e nunca mais acordar
De não mais existir
Vou fechar os olhos e sumir
E flutuar para a neblina

Alguém por favor me escute
Minha mão não aguenta uma xícara de café
Meus dedos estão fracos — as coisas simplesmente caem
Por dentro sou jovem e lindo

Tanta coisa inacabada
Até meu alento me foi tirado

Doutor, o senhor não é mago — e eu não tenho fé
Preciso de mais do que a crença pode me dar agora
Quero acreditar em milagres — não apenas nos números
Preciso de um pouco de magia que me leve daqui

Quero um pouco de magia que me enleve
Quero um pouco de magia que me enleve
Surja nesta noite estrelada
Substitua as estrelas a lua a luz — o sol sumiu
Arrebatado através da tempestade
E acordo na calmaria...
Arrebatado através da tempestade
E acordo na calmaria

Espada de Dâmocles — Externamente
[*Sword of Damocles—Externally*]

Vejo que a espada de Dâmocles está bem sobre tua cabeça
Estão tentando um tratamento novo para te tirar da cama
Mas a radiação mata tanto o mal quanto o bem
Ela não sabe diferenciar
Então para te curar eles precisam te matar
A espada de Dâmocles pende sobre tua cabeça

Mas eu já vi muita gente morrer
Em acidentes de carro ou por drogas
Ontem à noite na rua 33 vi um menino ser atropelado por um ônibus
Mas esta tortura prolongada sob a qual sobrevive parte de você
É muito difícil de encarar
Para te curar eles precisam te matar
A espada de Dâmocles sobre tua cabeça

Essa mistura de Morfina e Dexedrina
A gente usa na rua
Mata a dor e te mantém de pé
Chega a ser tua alma
Mas essa charada tem suas próprias regras
Os bons nem sempre vencem
E quem pode mais chora menos
A espada de Dâmocles
Pende sobre tua cabeça

Parece que está feito tudo que deve ser feito
Olhando daqui, no entanto, as coisas não parecem justas
Mas há coisas que não podemos saber
Talvez haja alguma coisa logo ali
Um outro mundo de que não sabemos
Sei que você odeia essa merda mística
É só um outro jeito de ver
A espada de Dâmocles sobre tua cabeça

Missa de Adeus — Em uma capela de extermínio corpóreo
[Goodbye mass—In a chapel bodily termination]

Sentado em uma cadeira dura tente sentar reto
Sentado em uma cadeira dura este momento não vai esperar
Ouvindo os discursos — estão falando de você
Olha todo mundo, todo mundo que você conhecia

Sentado com as costas retas fica difícil ouvir
Algumas pessoas choram, fica difícil ouvir
Não acho que você teria gostado disso, você teria feito uma piada
Você teria deixado mais fácil, você diria "Amanhã eu sou fumaça"

Sentado em uma cadeira dura até onde nós fomos
Fazendo força para ouvir seus amigos que vieram
Alguns são famosos e alguns estão só como eu
Fazendo força para ouvir, fazendo força para ver

Sentado em uma cadeira dura... hora de levantar
Algumas pessoas choram, eu me viro para agarrar sua mão
É sua filha dizendo obrigada
Você, você teria feito uma piada
"Não é impressionante", você diria, "Amanhã eu sou fumaça"

Cremação — Ao pó voltarás
[*Cremation—Ashes to ashes*]

Então... O mar negro de carvão espera por mim mim mim
O mar negro de carvão espera para sempre
As ondas batem na praia
Gritando mais mais mais
Mas o mar negro de carvão espera para sempre

Os tornados vêm, costa cima, correndo
Furacões rasgam o céu para sempre
Embora mude o clima
O mar segue o mesmo
O mar negro de carvão espera para sempre

Há cinzas derramadas sobre a culpa coletiva
As pessoas descansam no mar para sempre
Desde que te queimaram
Juntaram num pote
Para você o mar negro de carvão não tem terrores

Será que tuas sombras vão flutuar como um barco estrangeiro
Ou será que vão afundar absorvidas para sempre
Será que o litoral atlântico
Terá orgulhoso a última palavra
Nada mais jamais te conteve

Agora o mar negro de carvão espera por mim mim mim
O mar negro de carvão espera para sempre
Quando eu for embora desta espelunca
Em algum momento do futuro
O mesmo mar negro de carvão estará à espera

Sonhando — Fuga
[*Dreamin'—Escape*]

Se fecho os olhos vejo o seu rosto e sou nada sem você
Se me esforço e me concentro, ainda consigo te ouvir falar
Imagino que estou no seu quarto junto da cadeira
Você está fumando um cigarro
Se fecho os olhos posso ver o seu rosto, você está dizendo "Fiquei com
[saudade de você"
Sonhando — Estou sempre sonhando

Se fecho os olhos consigo sentir o seu perfume — você olha e diz "Oi,
[querido"
Se fecho os olhos imagens da China ainda estão nas paredes
Ouço o cachorro latir me viro e digo "O que você está dizendo?"
Imagino você na cadeira vermelha no quarto pálido

Você ficava na cadeira com um tubo no braço — uma magreza
Você ainda fazia piadas (não sei que drogas estavam te dando)
Você dizia "Acho que não é uma boa hora para investimentos de longo
[prazo"
Você estava sempre rindo, mas nunca riu de mim

Dizem que no fim a dor era tão grande que você gritava
Você nunca foi do tipo santo, mas merecia coisa melhor
De um canto eu vi enquanto eles tiravam coisas do seu apartamento
Mas consigo imaginar a sua cadeira vermelha e o seu quarto pálido

Se fecho os olhos vejo o seu rosto e não estou com você
Se me esforço e me concentro consigo ouvir a sua voz dizendo
"Quem melhor que você"
Se fecho os olhos não consigo acreditar que estou aqui com você
Dentro do seu quarto pálido a sua cadeira vermelha vazia e a minha cabeça
Sonhando — Eu estou sempre sonhando

Sem oportunidade — Arrependimento
[*No chance—Regret*]

Deve ser bom ser estável, deve ser bom ser firme
Deve ser bom nunca se desviar do alvo
Deve ser bom ser confiável e nunca decepcionar as pessoas
Deve ser o máximo ser tudo que você não é
Deve ser o máximo ser tudo que eu não sou

Vejo você no hospital seu humor está intacto
Nunca me envergonha a força que pareço não ter
Se eu estivesse no seu lugar
Tão estranho eu não estar
Eu ia desmontar em um minuto e meio
Eu ia desmontar em um minuto e meio
E não tive oportunidade de dizer adeus

Deve ser bom ser normal deve ser bom ser frio
Deve ser bom não ter que ir, ah, pra cima ou pra baixo
Mas eu, eu sou todo emotivo por mais que tente evitar
Você foi embora e eu estou aqui vivo
Você foi embora e eu estou aqui vivo
E não tive oportunidade de dizer adeus
Não — Não tive oportunidade de dizer adeus

Existem coisas que dizemos querer saber e na verdade nunca quisemos
Mas eu queria ter sabido que você ia morrer
Aí não ia me sentir tão imbecil, tão idiota porque não liguei
E não tive oportunidade de dizer adeus
Não tive oportunidade de dizer adeus

Não, isso não é lógico — quem foi que escolheu ficar ou ir embora
Se você pensa demais isso só faz te deixar louco
Mas o seu otimismo me fez pensar que você realmente tinha vencido
Aí eu não tive oportunidade de dizer adeus
Não tive oportunidade de dizer adeus

O rei guerreiro — Vingança
[*The warrior king—Revenge*]

Queria ser o rei guerreiro em todas as línguas que falo
Senhor de tudo que domino e de tudo que vejo me aposso
Poder onipresente inatacável incontrolável
Com imensa fúria violenta no cerne de minha alma

Queria ser um rei guerreiro inescrutável benigno
Com um poder sem rosto sempre pronto a atacar sob minhas ordens
Passos tão pesados que o mundo treme
Minha raiva instila medo
Contudo cauteloso firme mas justo e bom
O rei guerreiro perfeito

Queria ter instalado anjos na casa de todos os súditos
Agentes de minha bondade de que ninguém ficaria desprovido
Um bife em cada prato um carro para cada casa
E se você me contrariasse
Eu mandaria furar seus olhos

Você não existe sem mim, sem mim você não existe
E se a lógica não convence você — resta sempre isto
Sou maior, mais inteligente, mais forte, duro
Contudo sensível e bondoso
E embora pudesse esmagar você como um inseto
Isso jamais me ocorreria

Não me ocorreria quebrar seu pescoço
Ou arrancar sua língua maldosa
Não me ocorreria quebrar sua perna como um graveto
Ou achatar você como uma lesma
Você é um mensageiro violento
E não estou acima de suas provocações
E se você me atingir, sabe que vou matar você
Porque sou o rei guerreiro

A circuncisão de Harry — Devaneio desvairado
[*Harry's circumcision—Reverie gone astray*]

Olhando no espelho Harry não gostou do que via
As bochechas da mãe, os olhos do pai
À medida que os dias caíam sobre ele o futuro se revelava claro
Ele estava virando seus pais
A decepção final

Saindo do chuveiro, Harry se observou
Entradas no cabelo, um pouco dentuço
Pegou a navalha para começar a fazer a barba
E pensou — ah, como eu queria ser diferente
Queria ser mais forte, queria ser mais magro
Queria não ter este nariz
Estas orelhas de abano lembram meu pai
E eu não quero mesmo lembrar
A decepção final

Harry olhava para o espelho pensando em Vincent van Gogh
E com um gesto seco cortou fora o nariz
E feliz com isso fez um corte onde ficava seu queixo
Sempre quis uma covinha
O fim de toda a ilusão
Então olhando bem no meio das pernas
Harry pensou na gama de possibilidades
Rosto novo vida nova sem memórias do passado
E cortou a garganta de uma orelha à outra

Harry acordou tossindo — a sutura doeu
Um médico sorriu para ele de algum ponto no quarto
Meu filho, salvamos sua vida mas você nunca mais será igual
E quando ouviu isso, Harry não conseguiu segurar o riso
E quando ouviu isso! Harry não conseguiu segurar o riso
Por mais que doesse, Harry não conseguiu segurar o riso
A decepção final

Travado e chapado — Perda
[*Gassed and stoked—Loss*]

Bom, você cobriu seus rastros
E agora eu não enxergo você
Você mandou espalhar suas cinzas no mar
Não há túmulo pra visitar, lápide pra olhar
Você saiu no obituário do *New York Times*
Não há disco fita livro filme
Algumas fotografias e lembranças
Às vezes eu disco seu número por engano
E isso é o que eu ouço
Esse número não funciona mais, querido
Por favor ligue de novo
Esse número não funciona mais
Sua festa não mora mais aqui
Esse número não funciona mais
Se você ainda precisa de ajuda
Não desligue e uma telefonista
Vai tentar tirar você dessa

Eu sabia que devia ter ido ver você naquela quinta-feira
Eu sabia que não devia ter ido embora
Mas sua voz parecia tão boa, você parecia tão animado
Que eu achei que veria você na semana seguinte
Eu me repito sempre que se eu tivesse dois neurônios
Se eu tivesse dois neurônios na cabeça
Eu não estaria aqui sentado discando um número errado
E escutando o que uma gravação me diz

Eu sabia que devia ter escrito, anotado as coisas
Eu sempre digo que nunca vou esquecer
Quem consegue esquecer um piloto caolho
Que é um pianista de concerto
Pintor, poeta, excelente compositor
Meus amigos estão se misturando na minha cabeça
Estão se fundindo em um único Grande Espírito
E esse espírito não está morto

Agora pode ser que eu não lembre de tudo que você disse
Mas lembro de tudo que você fez
E não passa um dia nem uma hora
Sem que eu tente ser como você
Você era travado, chapado e louco de vontade de ir
E era assim o tempo todo
Então acho que você sabe por que eu fico rindo de mim mesmo
Toda vez que ligo para o número errado
Esse número não funciona mais, querido
Travado, chapado e pronto pra ir embora
Travado, chapado e pronto pra ir embora
Travado, chapado e pronto pra ir embora

Poder e a glória. Parte II — Magia • Transformação
[*Power and the glory. Part II—Magic • Transformation*]

Com uma bravura mais forte que a luxúria
— Injetada em suas veias

Magia e perda — A soma final
[*Magic and loss—The summation*]

Quando você atravessa o fogo
Você atravessa humilde
Você atravessa um labirinto de insegurança
Quando atravessa humilde
As luzes podem cegar
Algumas pessoas nunca entendem isso direito
Você atravessa a arrogância você atravessa a dor
Você atravessa um passado sempre presente
E é melhor não esperar que a sorte salve você
Atravesse o fogo rumo à luz

Ao atravessar o fogo
A mão direita acenando
Há coisas que você precisa jogar fora
Aquele pavor cáustico dentro da cabeça
Nunca vai ser útil para você
Você precisa ser muito forte
Porque vai começar do zero
Repetidamente
E quando a fumaça vai baixando
Há um fogo que a tudo consome
Esperando logo à frente

Dizem que ninguém pode fazer tudo sozinho
Mas você quer, na sua cabeça
Mas você não pode ser Shakespeare
E não pode ser Joyce
Então o que resta
Você limitado a você
E uma fúria pode ferir você
Você precisa começar do começo de novo
E exatamente neste momento
Este maravilhoso fogo começou novamente

Quando você atravessa humilde
Quando atravessa adoentado
Quando atravessa

Eu sou melhor que todos vocês
Quando atravessa
Raiva e autodepreciação
E tem a força de reconhecer tudo isso
Quando o passado te faz rir
E você consegue saborear a magia
Que permitiu você sobreviver à sua própria guerra
Você descobre que aquele fogo é a paixão
E que logo à frente há uma porta, não um muro

Ao atravessar o fogo, ao atravessar o fogo
Tente lembrar o nome dele
Quando você atravessa o fogo que lambe seus lábios
Você não pode continuar o mesmo
E se o prédio está em chamas
Siga na direção daquela porta
Mas não apague as chamas
Há em tudo um tanto de magia
E então alguma perda pra igualar as coisas

SET THE TWILIGHT REELING

Egg cream
[*Egg cream*]

Quando eu era garoto — deste tamanhinho
Um egg cream de chocolate não era de se jogar fora
Um pouco de xarope de chocolate U-Bet, água com gás misturada com
[leite
Mexa até fazer bastante espuma no topo — tinha gosto de seda

Agora você pode ir até o Junior's ou o Dave's na Canal Street
Acho que tem um Kens em Boston
Deve ter alguma coisa em Los Angeles
Mas a Becky's na King's Highway
Era o egg cream preferido
Se você não está acreditando em mim
Vá perguntar a um dos meninos

A única lembrança boa que eu tenho da P.S. 92*
Era o egg cream que serviam na Becky's
Era uma bebida assombrosa
Por cinquenta centavos você ganhava uma dose — bolhas de chocolate
[subindo pelo nariz
Ficava mais fácil lidar com as brigas de faca e os meninos mijando na rua

Então na próxima vez que você for ao Brooklyn — por favor diga oi por
[mim
Tottono's é pra pizza e sorvete é com Al e Shirley
Mas normalmente você vai à Becky's — senta em um canto e diz oi
E pede dois egg creams de chocolate — um pra ficar e levar

Você grita, eu fervo, todos nós queremos *egg cream*

* Escola de Nova York.

Nova-iorquino
[*NYC man*]

Só pode dar problema se você partir meu coração
Se você sem querer esmigalhar meu coração nos idos de março
Eu preferiria que você fosse direta
Você não precisa passar por isso tudo
Eu sou nova-iorquino, querida
Diga "fora" e acabou

É complicado demais inventar uma mentira
Que você ia ter de lembrar e, sério, por que
Eu não ia querer ficar perto de você
Se você não me quisesse por perto
Eu sou homem
É só piscar e eu desapareço

Brutus fez um discurso bonito mas César foi traído
Lady Macbeth ficou louca mas Macbeth foi morto
Ofélia e Desdêmona mortas deixando Hamlet em uma peça
Mas eu não sou um Lear de olhar cego
Diga "fora" e eu desapareço

As estrelas fecharam bem os olhos
A Terra mudou de rumo
Um reino repousa nos ombros de um cavaleiro negro
Enquanto tenta montar um cavalo branco coberto de joias
Enquanto um relógio cheio de borboletas na hora certa
Liberta mil mariposas
Você diz "sai" eu vou embora
Sem qualquer remorso
Sem cartas, faxes, telefonemas ou lágrimas
Há uma diferença entre
Ruim e pior

Eu te amo, Nova York
É só piscar e eu desapareço
Só um grãozinho de areia

Linha de chegada (para Sterl)*
[*Finish line (for Sterl)*]

O vento leva a neve para a frente da minha janela
A multidão lá embaixo enlouquece na rua
Dois negros de aluguel correm por duas ruelas separadas
Rumo à linha de chegada

Junto aos trilhos perto do matadouro
Açougueiros com aventais cortam carne sobre a neve
O sangue faz os negros pulsarem de inveja
Rumo à linha de chegada

Dois negros de aluguel — seus rostos não param de mudar
Como estes sentimentos que tenho por você
Nada é para sempre, nem mesmo cinco minutos
Quando você vai rumo à linha de chegada

Junto ao armazém perto da carne
Junto dos túneis que cercam as celas
Prisioneiros marcham em quadrados e círculos
Estão no rumo da linha de chegada

Estão fazendo fila para a Arca de Noé
Estão se apunhalando no escuro
Saudando uma bandeira feita com as meias de um cara rico
Rumo à linha de chegada

Perto da linha o gelo está se rompendo
Dois sentimentos de aluguel sentados nas arquibancadas
Duas mães, dois pais e ambos são pagos
E de repente eu me lembro

Logo à frente fica a linha de chegada
Dois árbitros de aluguel e dois farrapos axadrezados
Do canto do meu olho vem um

* Sterling Morrison, guitarrista do Velvet Underground, falecido em 1995.

Cavalo escuro com asas negras
No rumo da linha de chegada

Tenho cinco anos, a sala é indefinida
Acho que há também uma menina muito nova
É tão difícil lembrar o que aconteceu exatamente
Enquanto parto da linha de chegada

Primeiro veio o fogo, depois veio a luz
Depois sentimento, depois a visão

Escambo
[*Trade in*]

Conheci um novo eu às oito da noite
O outro se perdeu
Não foi um escambo
Embora eu não pudesse acreditar no custo
Acordei chorando quando nos despedimos
Eu e meu velho eu
A cada dia ele desaparecia um pouco mais
Enquanto eu virava outra pessoa

Ele na verdade foi assassinado
Eu o tinha desmontado
Mas quando fui montar de novo
Não achei o coração
Que repousava embaixo de uma cadeira
Em um leito de folha de flandres brilhante
Se eu abrisse as abas
Ainda o via bater
Ainda ouvia sua voz se desfiar
Enquanto eu dizia:

Quero um escambo
Uma décima quarta chance na vida
Conheci uma mulher com mil rostos
E quero que ela seja minha mulher

Como pude estar tão enganado
Como pude pensar que era de verdade
Uma criança que é criada por um idiota
E aquele idiota depois vira você
Como eu podia acreditar em um filme
Como eu podia acreditar em um livro
Mas acima de tudo como eu podia ouvir você
Um imbecil tão óbvio
Uma vida inteira escutando babacas
É engraçado mas é verdade
Então se livre deles eu me disse
Mas primeiro eu — eu vou me livrar de você

Me leve até a janela
Meu coração disse pra minha cabeça
Por favor me incendeie
Pra gente poder começar de novo
Eu estava tão errado que era até engraçado
E não consigo pedir desculpas
Mas em vez disso,
Você pode ser tudo que eu não sou
No momento em que eu morrer

Se agarre às suas emoções
[*Hang on to your emotions*]

Quando a sua imaginação tem coisas demais a dizer
Quando o filho da noite encontra o doce do dia
E você tem dificuldade para entender o que os outros têm a dizer
É melhor você se agarrar às suas emoções

Quando o demagogo dentro da sua cabeça assumiu o controle
E como regra o que você diz ou faz é criticado
E essa litania de fracassos é recitada mil vezes
É melhor você se agarrar às suas emoções

Será que você nunca se sentiu assim?
Que a sua mente é uma jaula dentro da jaula um gato
Que cospe e arranha tudo que alcança
E isso é você
E as suas emoções?

Será que você nunca se sentiu assim?
A sua mente é uma jaula dentro da jaula um rato
Raivosamente tentando alcançar
Você e as suas emoções
Você e as suas emoções?

Quando sua imaginação tem coisas demais a dizer
Quando aquela voz simplória dentro da sua cabeça diz desista da vida
Você pode pensar em perguntar como ela ficou desse jeito
Que livros ela leu que a deixaram desse jeito
E onde foi que ela ganhou o direito de falar com alguém desse jeito
É melhor você se segurar nas suas emoções
Se segure nas suas emoções

Quando uma brisa da cidade noturna sopra pelo quarto
E um sol e uma lua de cinco da manhã começam seu desmaio
Você escuta a respiração de quem ama
E sem a menor demora
Você consegue liberar as suas emoções
Você consegue soltar as suas emoções

Eu quero soltar
Eu quero liberar agora

Sexo com os pais (filho da puta) Parte II
[*Sex with your parents (motherfucker) Part II*]

Eu estava pensando em coisas que odeio fazer
Coisas que você faz pra mim ou eu pra você
Algo mais gordo e mais feio que o Rush Rambo*
Algo mais nojento que o Robert Dole**
Algo rosa que saiu de um buraco
E era isso — transar com os próprios pais

Eu estava tão de saco cheio dessa merda direitista republicana
Esses velhos feios com medo dos peitos e dos paus dos jovens
Que tentei pensar em alguma coisa que me enojasse
E era isso — transar com os próprios pais

Agora esses bostas podem roubar o que quiserem
E podem aprovar leis que dizem que você não pode dizer o que quer
E não pode olhar pra isso e não pode olhar pra aquilo
E não pode fumar isso e não pode cheirar aquilo
E eu, baby — eu tenho as estatísticas — eu tenho números
Esse pessoal andou dormindo com os próprios pais

Agora eu sei que você está chocado mas aguenta aí e toma um gole
Se parar pra pensar um minuto vai ver que é verdade
Eles estão envergonhados e sentem repulsa
Eles não sabem o que fazer
Eles transaram com os pais
Quando olharam dentro dos olhos da namorada eles viram a mamãe
Em nome dos valores da família nós temos que perguntar qual família
Em nome dos valores da família nós temos que perguntar

Senador, foi divulgado que o senhor manteve
Relações ilegais com sua mãe

---

* Um apelido possível para Rush Limbaugh, apresentador de rádio, um dos representantes mais ativos da extrema-direita norte-americana. Limbaugh se atribui inúmeros desses epítetos em seus programas, entre eles El Rushbaugh ou Lash Rambo.
** Bob Dole, político americano, senador, líder da maioria republicana durante os anos 1980, candidato a presidente dos Estados Unidos em 1996, quando foi derrotado por Bill Clinton.

Senador, uma relação ilegal via testa de ferro é
Um pombo chamado por outro nome

Senadores, vocês estão nos enrolando
Aqui em Nova York a gente tem um nome
Pra quem quer comer sua adorada genitora
E cagar na nossa liberdade
Sem nem usar camisinha
Sem nem dizer "não"
Meu Deus, a gente tem um nome pra isso
É — ô seu Filho da Puta

Hookywooky
[*Hookywooky*]

Estou com você no telhado da tua casa
Olhando o céu químico
Todo roxo azul e tons de laranja
Uns pombos voando
O trânsito na Canal Street é barulhento — espantoso
E alguém está estourando fogos
Ou dando tiros de revólver no quarteirão ao lado
O trânsito está tão barulhento que é um espanto
Parecem fogos
Ou um revólver no quarteirão ao lado
Eu quero *hookywooky* com você

O seu ex-amante Satchel chegou da França
Mais um ex!
Eles cercam você como uma Madre Superiora
Vocês todos, ainda amigos
Mas nenhum dos meus casos antigos fala comigo
Quando as coisas acabam pra mim acabaram
Elas levam as tuas calças o teu dinheiro o teu nome
Mas a canção permanece

Você é tão educada que chega a doer
Acho que eu podia aprender um monte
Sobre as pessoas, as plantas e as relações
Como não me machucar tanto
E cada amante que eu conhecesse no teu telhado
Eu não ia querer jogar daqui

Hum, pro céu químico
Lá na rua, pra morrer
Sob as rodas de um carro na Canal Street
E cada amante que eu conhecesse no teu telhado
Eu não ia querer jogar daqui
Pro céu químico
Sob as rodas de um carro na Canal Street

A proposta
[*The proposition*]

Não se pode ter a flor sem a raiz
Não se pode ter fogo sem fuligem
Até uma stripper precisa da sua roupinha vermelha de franjas
E nós estávamos predestinados

Em toda guerra o Norte enfrenta o Sul
E todo mundo sabe que todos os cuzões têm boca
Sem mistério, de que falariam os escritores
Nós estávamos predestinados

A maçã precisa de sementes tanto quanto o melão
Seu pé precisa do braço e o braço, do cotovelo
E um dia desses eu sei que você vai precisar de mim
Nós estávamos predestinados

Tua mãe é uma ogra, teu pai é um canalha
Você não vai ver os meus pais homenageados em nenhum selo
Mas exatamente como uma lâmpada se rosqueia no abajur
Nós estávamos predestinados

Como a aids precisa de uma vacina
Em algum lugar uma vacina precisa da aids
Como uma vítima precisa de vida
Uma vida precisa ser salva
E de tudo isso
Vai surgir um jeito melhor
Nós estávamos predestinados

Então pode ir para a Europa, Los Angeles ou Marte
Pode ficar em cima de um prédio
Jogando tijolos nos carros
Pode praticar o vodu das profundezas
Mas como eu você vai ver
Nós estávamos predestinados

A aventureira
[*The adventurer*]

Você é uma aventureira
Você veleja pelos oceanos
Você escala o Himalaia
Em busca da verdade e da beleza como uma terra natal
Você é uma rainha reencarnada
Adorada do alto, de longe
Alguns veem você como um elixir
Um talento natural elementar em busca da perfeição da graça
Em uma catacumba
Ou uma caverna de desenhos infinitos
Pré-históricos ou religiosos
Suas realizações, prodígios
Em busca da perfeição do tom
Sua língua, tão clara
Sua voz girando perfeitamente
Enquanto na cidade estou sentado, angustiado
Soltando anéis de fumaça de charutos finos
Ou dirigindo carros importados em alta velocidade
Pra capturar seus vestígios

Você é uma aventureira
Um turbante úmido enrolado na cabeça
Nas encostas predizem sua morte
Ah, como você os enganou, a todos
Mas súditos são uma desculpa esfarrapada
Quando você realmente precisa é de uma musa
Um conhecimento inspirador do que vem antes

Velocidades da luz
O bruxuleio passageiro de uma vela
Em seu cesto de palha
Cera em chamas — Fatos!
Será que você encontrou aquele conhecimento superior
Que escapou de você na universidade
Será que você achou aquele supervórtice
Que podia fazer seu córtex cerebral
Perder o juízo

Você é uma aventureira
Você estava à procura de sentido
Enquanto o restante de nós fervia
Em um poço urbano inspirador
Uma aventureira
Você entra como se eu estivesse sonhando
Eu queria nunca mais acordar
Diferenciando tramoias e meu único amor de verdade

Você é uma aventureira
Você adora ângulos e cerejas
A altura e a largura das barragens
As pontes e túneis naturais da raça humana
Você é uma aventureira
Parece que nada amedronta você
E se amedronta não te faz desistir
Você simplesmente não pensa no assunto
Deixa de lado e abstrai
Você redefine o ponto do seu tempo no espaço — Corre!
Enquanto se afasta mais de mim

E embora eu entenda o raciocínio
E tenha muitas vezes feito o mesmo vejo que partes de mim desaparecem
Voce é uma aventureira
E embora eu certamente vá sentir sua falta
E tenha claro que vou sobreviver sem você
E talvez algo de bom venha disso
Mas neste momento prevejo certa dor
E embora eu saiba que sua partida
É um elemento necessário do que nós dois fazemos
Uma aventureira
Dividindo o átomo
Dividindo o que já foi
Dividindo a essência
Do nosso destino marcado pelos astros
Ninguém que conhece você esquece
Minha aventura
Minha aventura
Minha aventureira

Vazante
[*Riptide*]

Ela perdeu a cabeça
Como o vento numa tempestade
Como o oceano ao nascer do sol, desaparecendo, com a vazante

Ela perdeu a cabeça
Arrastada pela lua
Arrancada de seu sono enquanto o frio gesto lunar ganha controle

O que você vai fazer com suas emoções
Que você mal reconhece
Adormecida eu ouvi você gritar
"Isso não é por vontade!
Isso não é por vontade!
Se isso é a vida eu prefiro morrer!"
Na vazante

Ela perdeu a cabeça — vazante
Como um músculo que incha
Você sabe quando tropeça
Esteja bem ou doente
O corpo dói

Ela saiu com a vazante
Foi a um baile de prisioneiros
Acompanhada por um macaco
Comendo membros em um prato a colheradas

O que você vai fazer com suas emoções

Disse a gaivota ao maluco
O que você vai fazer com suas emoções
Ela disse "Por favor, me acorde."
Ela disse "Não encoste em mim agora."
Ela disse "Eu queria estar morta."
Com a vazante

Ela perdeu a cabeça — vazante — você sempre ganha
Acontece o tempo todo o tempo todo, vazante
Ela perdeu a cabeça como a chuva em um furacão
Ela não tem a menor chance nessa dança lunar vazante

Eu estava pensando no último quadro de Van Gogh
Os trigais e os corvos
Será que pode ser isso o que você anda sentindo
Quando vê o chão
Enquanto cai do céu
Enquanto o piso desaparece
De sob seus pés vazante

Ela está perdendo a cabeça
Lá na maré
Perdendo a cabeça
Com a vazante

Pôr o crepúsculo em movimento
[*Set the twilight reeling*]

Me aceite como eu sou
Uma estrela que acaba de surgir
Longa fervura explode
Dentro o eu se contorce
No bolso do coração
Na pressa do sangue
No músculo do meu sexo
No cuidadoso amor descuidado
Eu aceito o homem recém-descoberto e ponho o crepúsculo em movimento

Às cinco da manhã a lua e o sol
Estão a postos diante da minha janela
Ligeiros relances do vidro azul que colocamos
Bem defronte da janela
E você que aceita
Na sua alma e na sua cabeça
O que foi mal compreendido
O que se concebeu com pavor
Nasce um novo eu
O outro eu morreu
Eu aceito o homem recém-descoberto e ponho o crepúsculo em movimento

Um cantor de soul está no palco
O holofote mostra seu suor
Ele cai sobre um joelho
Parece chorar
Os metais não dão folga
Mas na batida da bateria ele se vê enrijecendo
No rosto do microfone ele vê o rosto dela crescendo
E o *crescendo* gradual não mais retarda
Eu aceito o homem recém-descoberto e ponho o crepúsculo em movimento

Enquanto os raios do pôr do sol brilham por entre as nuvens
Como a lua de cromo que ele põe
Enquanto perco todos os meus arrependimentos e ponho o crepúsculo em
[movimento
Eu aceito o homem recém-descoberto e ponho o crepúsculo em movimento

MISCELÂNEA

Oceano
[Ocean]

Aí vêm o oceano e as ondas à beira-mar
Aí vêm o oceano e as ondas, por onde andaram?
Noite iluminada prata e preta
Um brinde a uma noite de verão
Um castelo esplêndido vazio

À noite com um olhar furioso
A princesa andou brigando
A loucura procura um amor

E aí vêm as ondas pela praia
Lavando a alma
Do corpo que vem
Das profundezas do mar
Aí vêm o oceano e as ondas à beira-mar
Aí vêm o oceano e as ondas, por onde andaram?
Não vá nadar esta noite, meu amor
A maré subiu, meu amor
A praga de Malcolm assombra a nossa família
Odiosa, forte e rica
Rainha dos mares imundos
Celebre a justiça do paraíso

Aí vêm as ondas e a não ser por um grito
Há muito que lembra uma canção no barulho do vento
Que sopra pelo mar
Pelo vento lá no mar
Lá vêm as ondas

Você pode dançar
[*You can dance*]

Sim, você pode dançar
Com seu único amor
Sim, você pode dançar
E se divertir, porra
Sim, você pode chorar
Com seu único amor
Mas eu vou dizer pra você
Querida, que eu não vou voltar

Sim, você pode rir, HAH
Até começar a chorar
Você pode dançar, dançar
Até chorar
Sim, você pode dançar
Sim, você pode dançar
Sim sim dançar dançar dançar dançar dançar
Sim, você pode dançar
Sim, você pode dançar
Ah, vai em frente, menina, e dança

Sim, você pode rir
Até começar a cair
Você pode insistir
Mas eu não acho que você ainda esteja por cima
Você pode continuar e insistir
Com seu único amor
Mas eu te digo outra coisa, querida
Eu não vou voltar mais
Você pode fingir que vai chorar
Você pode rir até a porra do seu coração ter um treco
Você pode rir
Sim, você pode rir
Sim, você pode dançar
Sim, você pode dançar dançar dançar dançar dançar
Você pode dançar
Sim, você pode dançar
Fica aqui, estou dizendo pra você dançar

Você pode rir HAH
Até começar a chorar e
Você pode insistir até ficar bem seca
E você pode dançar
Até a sua vida acabar mas eu
Eu não vou voltar

Sim, você pode dançar e dançar e dançar
Até o seu coração secar
Você pode insistir até eu desejar que você morra
E você pode dançar
Sim você pode dançar
Sim, você pode dançar dançar dançar dançar dançar
Sim, você pode dançar
Sim, você pode dançar
Ei, mexe a bunda e dança

Um rosto tão bonito
[*Such a pretty face*]

um rosto tão bonito
e foi um desperdício tão grande
e um rosto tão bonito
foi uma desgraça tão grande
e um rosto tão bonito
e foi um desperdício tão grande
foi um desperdício tão grande
um rosto tão bonito
e foi um desperdício tão grande

Ação afirmativa (Policial No. 99)
[*Affirmative action (PO #99)*]

Ei, patrulheiro número 44
Eu queria ver você no chão
Ei, patrulheiro número 99
Eu queria transar com você uma hora dessas

Não há nada que os foras da lei mais queiram ver
Que um patrulheiro de joelhos dizendo
Por favor
Briga de rua

Não há nada que os foras da lei mais queiram ver
Que um patrulheiro de joelhos
Acho que essa fora da lei é muito gostosa
Ela vai pro subúrbio da cidade e toma uma injeção de hormônio
Não há nada que ela queira mais e mais
Que um patrulheiro de joelhos

Ei, patrulheiro número 99
Ei, policial, eu queria traçar você uma hora dessas
E, patrulheiro número 44
Eu queria que você me chupasse mais um pouco
Não há nada que os foras da lei mais queiram ver
Que um patrulheiro de joelhos dizendo
Por favor
Briga de rua

Bangue-bangue, querida, nas ruas
Um policial estendido aos meus pés
O que foi que você disse ontem à noite
Que me fez querer sair e começar uma briga
Quando eu vi o corpo na rua
Ele me fez achar que eu ia ficar mais fraco
Não há coisa que os foras da lei mais queiram ver
Que um patrulheiro de joelhos

Ei, patrulheiro número 44
Eu queria muito ver você mais vezes

Ei, patrulheiro número 99
Eu queria me encontrar com você uma hora dessas

A gente estava procurando uma briga de rua

Melhor levantar e ir dançar
[Better get up and dance]

Dance, dance, você tem de levantar e ir dançar
Melhor dançar dançar dançar, você tem de levantar e ir dançar
Levante da cama, cara, se você está mal
Melhor levantar e ir dançar
Não fique aí sentada esperando o telefone
Melhor levantar e ir dançar
Melhor dançar dançar, você tem de levantar e ir dançar
Melhor dançar dançar, você tem de levantar e ir dançar

Querida, você não sabe que está perdendo tanto tempo
Melhor levantar e ir dançar
Não venha me dizer que não posso ter tudo
Melhor levantar e ir dançar
Melhor dançar dançar, melhor levantar e ir dançar
Melhor dançar dançar dançar, melhor levantar e ir dançar
Melhor dançar dançar, melhor levantar e ir dançar
Melhor dançar dançar dançar, melhor levantar e ir dançar

Querida, você não é nada quando está sozinha
Melhor levantar e ir dançar
Não fique aí sentada esperando ao lado do telefone
Melhor levantar e ir dançar
Melhor dançar dançar, melhor levantar e ir dançar
Melhor dançar dançar dançar, melhor levantar e ir dançar

Lá vem a noiva
[*Here comes the bride*]

Eu só quero te contar uma história
Aconteceu com um amigo meu
Não tinha nem poder nem glória
Disse que não tinha tempo
Ele disse que era do tipo feliz
Faça de tudo para saber mais sobre essa menina
Ela foi lá e casou com outro cara
Acabou com o meu amigo
Ele ouviu o padre dizer
Lá vem a noiva...
E ela não está linda?

Alguém ligue pra tia Carrie
E diga que o seu sobrinho Jimmy
Está chegando de Vermont pelo litoral
E alguém ligue pro pai dele
Diga que o filho dele está chegando
E está parecendo um fantasma

E alguém ache aquela Virgem Maria
Ah, não deixem de contar pra aquela vadia
Que o Jimmy está voltando pra casa
E alguém diga pra aquelas damas de companhia
ESPERA AÍ!!
Não contem pro padre, vão em frente
A gente não quer ouvir essas palavras
Lá vem a noiva
E ela não está linda?

Meu nome é Mok
[*My name is Mok*]

Meu nome é Mok, muito obrigado
Eu sei que você adora as minhas paradas
Você nunca viu alguém como eu
Uau, sou o maior acontecimento desde a Terceira Guerra Mundial

Meu nome é Mok e estou pegando fogo
Sou o fósforo e sou a pira
Sou o sacerdote músico negro do vodu
Uau, sou o maior acontecimento desde a Terceira Guerra Mundial

Meu nome é Mok, muito obrigado
Sou a força que Sodoma usou contra Ló
Sou a coluna, sou a cobra
Sou a batida que te sacode
Uau, sou o ponto alto, a ponta, o fim
Sou mais que um amante e mais que um amigo
Sou a força do puro desejo
A minha mágica vai te levar além
De onde você já esteve
Então vem comigo atravessar a porta
Das tuas esperanças e dos teus sonhos estúpidos

Meu nome é Mok, muito obrigado
Meninas...

O nome dele é Mok, muito obrigado
Você acha que é só cena mas não é
O espetáculo que você vai ver
É o melhor, absolutamente o maior
Espanto desde a Terceira Guerra Mundial

Meu nome é Mok, muito obrigado
Espera só até você ver as minhas paradas
Eu não tenho nada na manga
Vem dar uma olhada
Nada é igual a mim
Sou o matador, sou a fonte

E você vai me idolatrar, é claro
Sou o oráculo, sou o vidente, o espírito
Não há dúvida de que eu sou tudo
Sei o que você estava esperando
Você não vai precisar mais esperar
A história revela, meu amigo, revela uma única coisa
Só existe um começo e um só fim
Só existe um, um único, não é?
Meu nome é Mok, muito obrigado
Ei, meninas...

Irmãzinha
[*Little sister*]

Você sabe que é difícil pra mim
Eu não posso usar o telefone
E à sombra da publicidade não nascem relacionamentos
E eu me sinto como um Hércules que acaba de ser tosado
Mas eu sempre amei a minha irmãzinha

Venha me pegar às oito
Você vai me ver na TV
Eu sei que não estou com uma cara boa, o tempo não teve piedade de
[mim
Mas por favor acredite em mim
A culpa é toda minha
E eu sempre amei a minha irmãzinha

Lembra quando
A gente era mais novo quando
Você ficava me esperando na escola
E professores, amigos e pecados descarados
E eu muitas vezes era cruel
Mas você sempre acreditava em mim
Você achava que eu era o máximo
E agora que consegui ficar sozinho com você deixa eu desabafar

Escolha uma melodia e então conte até dez
Vou inventar uma rima e aí a gente tenta de novo
Pra rir ou pra chorar, ou pra dar um suspiro
Por um passado que pode ter acontecido
E o quanto, de verdade, eu amava a minha irmãzinha

Aconteceu alguma coisa
[*Something happened*]

Aconteceu alguma coisa que eu simplesmente não entendo
Aconteceu alguma coisa, isso está me deixando louco
Aconteceu alguma coisa de que você não ouve falar
Eu pelo menos nunca tinha ouvido

Aconteceu alguma coisa que eu simplesmente não entendo
Aconteceu alguma coisa que eu simplesmente não entendo
Aconteceu alguma coisa, isso está me deixando louco
Eu nunca vi isso na TV
Nunca li em nenhum livro
Aconteceu alguma coisa que eu simplesmente não entendo

Aconteceu alguma coisa que eu simplesmente não entendo
Aconteceu alguma coisa, isso está me deixando louco
Eu achava que sabia um monte de coisas
Mas eu não sei nada mesmo
Aconteceu alguma coisa que eu simplesmente não entendo
As coisas que ouço e vejo
Não parecem mais as mesmas
As coisas que eu toco e sinto mudaram pra sempre
Eu nunca me senti assim antes
E espero que nunca volte a me sentir
Aconteceu alguma coisa, não sei por que ou quando
Aconteceu alguma coisa que eu simplesmente não entendo

Cartas para o Vaticano
[*Letters to the Vatican*]

Rosie está sentada em um bar fumando um grande charuto masculino
Em um lugar chamado Sammy's na Amsterdam Avenue
Ela não parece ter nem um dia a mais que 65 anos, embora na verdade
[tenha 29
Ela gosta de discos dos anos 60
Eles a fazem lembrar dos bons tempos

E depois de um pouco de vinho e de um pouco de uísque
Rosie começa a perder o controle:
Ela joga um copo no espelho e pede uma caneta a Big Max

Ela escreve uma carta ao Vaticano
"Vou escrever uma carta pra Ele:
Caro Papa, me manda um sabonete e uma garrafa de gim de Bombaim"
Uma carta ao Vaticano
"Vou escrever uma carta pra Ele:
Caro Papa, me manda uma esperança ou uma corda pra ser o meu fim"
E ninguém a detém
Nós todos damos uma mão
Nós todos a conhecíamos quando não era assim tão louca
Nós só a seguramos até pararem os tremores
Porque o coração diz o que só o coração sabe

"Quero ouvir um pouco de Diana Ross
Quero ouvir um pouco de Marvin Gaye
Quero ouvir uma música que me lembre um dia melhor"

Rosie dá um tapa na boca de uma menina bonita
E, correndo até a jukebox, tenta meter uma moeda
Ela diz "Cansei de vocês, homens
E nunca mais vou dizer sim; é santidade ou nada
Pra mim, nessa vida..."

Ela escreve uma carta ao Vaticano
"Vou escrever uma carta pra Ele:
Caro Papa, me manda um sabonete e uma garrafa de gim de Bombaim"
Uma carta ao Vaticano

"Vou escrever uma carta pra Ele:
Caro Papa, me manda uma esperança ou uma corda para ser o meu fim"

E ninguém a detém
Nós todos damos uma mão
Nós todos a conhecíamos quando não era assim tão louca
Nós só a seguramos até pararem os tremores
Porque o coração diz o que só o coração sabe

A calmaria antes da tempestade
[*The calm before the storm*]

Houve um tempo em que a ignorância dava força a nossa inocência
Houve um tempo em que todos pensávamos que não podíamos fazer
[bobagem
Houve um tempo, há tanto tempo
Mas aqui estamos nós na calmaria antes da tempestade

Enquanto a orquestra toca
Eles constroem barricadas para ajudar a fechar as portas
Enquanto o músico canta
O holocausto toca os címbalos da guerra
Nós encaramos
As coisas que estavam lá
E não estão mais...
E em nossos corações
Aqui estamos nós de novo
Na calmaria antes da tempestade

Houve um tempo em que tínhamos uma ideia cujo tempo ainda não tinha
[chegado
Eles ficavam mudando o nome dela para ainda podermos fingir
Que não tinha desaparecido de verdade
Ouvimos nossos gritos virarem canções e voltarem a ser gritos
E aqui estamos nós de novo
Na calmaria antes da tempestade

Um só mundo uma só voz
[*One world one voice*]

Um só mundo uma só voz
Falando em uma língua comum
Falando com uma bateria comum
A batida do teu coração

Um só mundo uma só voz
Falando com uma língua comum
A música fala a todos
E todos falam a ela

Um só mundo uma só voz
Cada um de nós tem sua escolha
A escolha entre viver e morrer
A música te faz sorrir

Um só mundo uma só voz
Nossa comunhão nos dá uma escolha
E já que somos todos um
É tudo ou nada

Um só mundo uma só voz
Falando em uma língua comum
Falando através de guitarras e baterias
Unificando a todos nós

Um só mundo uma só voz
Nossa comunhão nos dá uma escolha
E já que somos todos um
É tudo ou nada

Por que eu não posso ser bom
[*Why can't I be good*]

Por que eu não posso ser bom?
Por que eu não posso agir como um homem?
Por que eu não posso ser bom e fazer o que os outros homens podem?
Por que eu não posso ser bom, fazer alguma coisa da vida?
Se eu não posso ser um deus que eu seja mais que uma esposa
Por que eu não posso ser bom?

Eu não quero ser fraco, quero ser forte
Não um fracote gordo e feliz com dois braços inúteis
Uma boca que fica se mexendo sem ter o que dizer
Um bebê eterno que nunca se afastou

Eu queria olhar no espelho com uma sensação de orgulho
No lugar de ver um reflexo de um fracasso — um crime
Eu não quero desviar o olhar para garantir que posso não ver
Não quero tampar os ouvidos quando penso em mim

Eu quero ser como o vento quando arranca uma árvore
Que a carrega através do oceano para plantá-la em um vale
Quero ser como o sol que a faz florescer e crescer
Não quero mais ser o que sou

Eu estava pensando em algum tipo de síncope pirada
Que fosse ajudar a melhorar esta música
Algum ritmo violento que lhe desse embalo
Alguma rima de pura perfeição — uma batida tão dura e forte
Se eu não conseguir acertar desta vez
Será que haverá outra vez?

Por que eu não posso ser bom?

Você vai saber que foi amada
[*You'll know you were loved*]

Quem espera alguma coisa alcança
Mas tudo se perde se você hesita
E eu nunca fui de esperar
Você vai saber que foi amada

Você pode contratar grandes advogados
Você pode falar com os seus amigos
Você pode dizer que nós fizemos isso e aquilo
Algumas coisas não mudam

Desembrulhe o presente e queime os restos
Você vai saber que foi amada

Agora pense no Roscoe, ele não vale muito
Dizem que as coisas em que ele toca ficam estragadas
É como se do pincel dele pingasse piche
Mas você vai saber que foi amada

Ou Stan ou Jake emergindo do seu passado
Daqueles casos de amor que não duraram
Mas eu, eu vou dar meu último suspiro
Você vai saber que foi amada

Um papagaio um burro um cão um osso
Alguns de nós nunca tiveram casa
E se tivemos saímos de lá faz tempo
E não soubemos que fomos amados

Vazia como um relógio de madeira
Abandonado entre as árvores ao meio-dia
Entranhas todas enferrujadas, a mola saltou
Mas você vai saber que foi amada

Mesmo quando você está dormindo à noite
Dentro do seu coração vai gritar
Você nunca pode dizer adeus
Quando sabe que foi amada

Acomodados do mundo, uni-vos
Vocês não têm nada a perder, a não ser o medo
E juntos nós talvez possamos passar uma noite
Quando você souber que foi amada

E juntos nós talvez possamos
Passar uma noite quando você souber que foi amada

Alguém está ouvindo?
[*Is anybody listening*]

Alguém está ouvindo? Tem alguém aí?
Será que existe alguém que escuta a música de um pobre homem?
Será que é verdade que os nossos corações estão vazios?
Que não merecemos atenção?
O som de uma só mão batendo palmas
É a música de um pobre

Alguém está ouvindo a história de opressão?
Está todo mundo cansado do cara que perde a oportunidade?
Está todo mundo de saco cheio de mais uma história de degradação
Do solitário humilhado uma vez mais
Que tomou uma surra que quase o matou?

Será que todo mundo está cansado de histórias de fracasso?
Será que todo mundo está cansado do cara que não consegue dar certo?
(Me dá a mão)
Será que a cidade finalmente abriu mão de qualquer fingimento, noção de
[atenção?
É verdade que vocês estão cansados de um
Pobre ajoelhado?

Alguém está ouvindo? Tem alguém aí?
Alguém está ouvindo a canção deste coitado
Uivando nos detritos nos intestinos da cidade
Gritando por uma chance justa
Fumaça ardendo nos pulmões?

Alguém está ouvindo? Tem alguém aí?
Se nós todos nos juntássemos em uma voz em coro
A terra podia se mover
O céu se abalaria
Se cantássemos todos juntos
A história de todos os pobres
Ouçam o grito da cidade

Alguém está ouvindo a alma da cidade grande
As montanhas dos Apalaches, o operário de pé?

Alguém está ouvindo a alma de West Virginia
O fazendeiro no interior
Um condenado cumprindo uma dura pena?

Alguém está ouvindo? Tem alguém aí?
Alguém está ouvindo a canção de um pobre homem?
Alguém está preocupado com o cara que está sempre trabalhando
E é jogado fora como um prato descartável
Quando aparece um cara mais novo?

Tem alguém aí? Alguém está ouvindo?
Alguém está ouvindo a música deste pobre homem?
Tem alguém aí? Alguém pode me ouvir?
O som de uma só mão batendo palmas é a música de um pobre

Sujeira do centro da cidade (protótipo)
[*Downtown dirt (prototype)*]

Juntando pedaços de informações
Nas docas
Juntando pedaços de informações sobre você
E sobre como arrombar fechaduras
Explorando o Lower East Side
Um colchão na chuva
Aquelas senhoras dos bairros chiques com seus casacos dos bairros chiques
Vêm pra cá pra transar

É tedioso, uma viagem de machão
E eu sou do tipo que fascina

Ei, senhora Pamela Brown
Como vai Dakota?
Você tem vinte e oito anos de idade e já esticou o rosto
Mas ainda assim você parece tão mais velha
A sua cama está suja o seu lençol é um trapo
Você tem chatos
As coisas que eles te vendem — seus cartões de crédito
É por elas que eu te amo
Eu te amo por isso

Eu te vendo açúcar — sou humanitário
Eu dou tudo pra mim, assim você fica limpa
E eu pago as dívidas

E psicologicamente, sabe, olha, psicologicamente
É melhor eu achar que sou sujeira
Psicologicamente é melhor eu achar que sou sujeira
Você não acha que é melhor eu achar que sou sujeira?

Ei, você não gosta de ganhar uma sujeira?
Só vale isso, é só sujeira?
Barata
Uma merda de uma sujeira barata

Ei, Pam sujeira
Sujeira barata
Que vale sujeira
Sujeira chique
Sujeira

TIME ROCKER

Enfim só
[*Alone at last*]

Enfim só
Oi, tenho que ir
Eu me conheci há um ano — que susto!

Enfim só
Oi, tenho que chegar
Eu topei comigo há dois anos — que susto!

Como era a cara daquela menina
Com quem eu nunca casei
Voo para o futuro e a vejo com um carrinho de bebê
Você não perdeu muita coisa, meu velho
Você estaria num tribunal de indigentes

Examine o futuro
Examine o passado
Aqui estou eu, enfim só
Com a história acabada e amanhãs por vir
Eu testemunhei a invenção da bomba atômica
Eu vi minha própria morte
Será que eu devia tentar evitá-la
E se conseguisse — será que eu podia viver para sempre
E jamais envelhecer e ser sempre saudável
Será que eu podia mudar nossa época e ficar muito rico
Será que a história mudaria porque eu a vi
Enfim só
Enfim só
Enfim só

Aqui estou eu, enfim só
Uma cabeça sobre os ombros
Pernas embaixo da bunda
À minha frente o futuro
Atrás de mim o passado
O presente se modificando sempre

Se eu soubesse o que podia fazer
Um é um e dois são dois
Mas isso que eu vou atravessar é o tempo
Enfim só
Enfim só
Passado o futuro

Sangue do cordeiro
[Blood of the lamb]

Quem você acha que engana?
O sangue do cordeiro não perdoa
Eu preferia a cabeça do rei do Sião
Ou o coração de um príncipe do Paquistão

Quem você acha que engana?
Este sacrifício não perdoa
Em seguida mate pra mim um primogênito
Me traga o pinto de um touro torturado
A mão, o pé, a língua, o cérebro de um homem

Quem você acha que engana?
O sangue do cordeiro não perdoa
Me traga as orelhas da esposa de um faraó
O amor bárbaro se fantasia de ódio

Quem você acha que engana?
O sangue do cordeiro não perdoa
Sangue no altar, sangue nos pés
Sangue na paisagem, ah, que tarado
Um rio de sangue é como um rio de mijo pra mim

Quem você acha que engana?
O sangue do cordeiro não perdoa
O dente de um rei, o escalpo de uma rainha
A luz das estrelas, o início de um grito

Quem você acha que engana?
O sangue do cordeiro não pode ser perdoado
Sangue nas mãos, sangue nos pés
Sangue nos becos, sangue na rua
Sangue que mancha e não sai
Um rio de mijo pra mim

Quem você acha que engana?
Quem você acha que engana?

Espetáculo de desaparecimento
[*Vanishing act*]

Deve ser legal sumir
Fazer um espetáculo de desaparecimento
Estar sempre seguindo em frente
E nunca olhando para trás

Como é legal sumir e
Flutuar numa névoa
De braço dado com uma jovem
Em busca de um beijo

Pode ser legal sumir
Fazer um espetáculo de desaparecimento
Estar sempre olhando para a frente
Nunca por cima do ombro

Deve ser legal sumir
Flutuar numa névoa
De braço dado com uma jovem
Em busca de um beijo

Flutuar na névoa
Flutuar na névoa
Sumir na névoa
E flutuar na névoa

Mongo e Longo
[*Mongo and Longo*]

Mongo: Quando papai morreu ele me fez escravo
Longo: É, quando o papai morreu ele me deixou tudo
    A tenda o circo a cozinheira sua cadeira
    Tudo que você vê e cheira inclusive o ar
Mongo: E eu, senhor Mongo, tenho que te servir para sempre
Longo: E eu, senhor Longo, fico feliz por isso!

Ambos: As coisas sempre foram assim
    Um é feitor o outro é escravo

Longo: Senhor Mongo, me traga pão
    O vinho de insetos com
    Um colarinho de oito anos
    Um pouco de barata trinta com fragrância almíscar
    E sirva na cabeça do papai, perto do busto

Ambos: Como é bom que seja assim
Mongo: Ele é o feitor
Longo: Ele é o escravo
Ambos: As coisas sempre foram assim
    Um é feitor o outro é escravo

Mongo: Não me deixaram nada, então tenho que me comportar
    Mas o fato é que fico mais feliz como escravo
    Pois sempre ajo bem e não tenho que pensar
    Fico mais feliz assim, eu acho
    Há muita tensão e responsabilidade
    Em ser quem está sempre livre
    Se pudesse escolher ia continuar sendo eu
    Alguns são feitos para servir

Longo: Vamos fazer um brinde com
    Um pouco de vinho de bicho morto

Ambos: Foi assim desde o princípio dos tempos
Longo: Eu sou feitor ele é escravo
Ambos: As coisas sempre foram assim

Longo: Eu fui feito para o poder
    Agora parece óbvio
    Como o adorado falecido papai
    Sempre soube
    Alguns nascem para a grandeza
    Alguns nascem para rastejar
    Vocês sabem que é verdade
    Ele não consegue se decidir de jeito nenhum
    Na minha mente não há dúvidas
    De que é melhor desse jeito

Ambos: As coisas sempre foram assim
    Um é feitor o outro é escravo
    Um é feito para servir

Uma testemunha da vida
[*A witness to life*]

Historicamente indefeso eu fico parado sem entrar
Assisto à distância
Meu coração quase derretendo — longe
Consumido mas afastado
Sou para sempre uma testemunha
Um degustador e não um bebedor
Para sempre
Testemunha da vida

Historicamente passivo eu fico parado sempre à espera
Para sempre observando
Coração palpitando
Aguardando uma missiva ou alguma espécie de sinal
Um beijo ou um tapa que me provoque algum tipo de arrepio

Testemunha da vida

Canção fofoca
[*Gossip song*]

Você soube que ela está grávida? (NÃO!)
É, grávida de novo
Meu Deus, ela não consegue recusar seu amor a ninguém!

Você viu o namorado? (NÃO!)
Além de feio sem futuro (NÃO!)
Você acha que a gente precisa fazer alguma coisa como amigas
Dizer que ela na verdade é uma vagabunda
Dizer exatamente o que as coisas são
Se ela não tomar cuidado vai acabar ficando sem amigas

Você viu quem ela está namorando?
Ele é um arremedo de homem
Ele mal sorri e quando
Fala cicia

Eu preferia ir para a cama com uma vassoura
Eu preferia dizer a verdade que mentir
Se as amigas não podem dizer a verdade
Então quem vai poder?

Eu sei que você ia me contar se
Eu fosse mesquinha
Eu sei que você ia dizer se eu fosse pequena
Se as suas amigas não podem dizer
Diabo, quem é que pode?

Ela é a nossa melhor amiga mas
Está acabando com a vida dela
Ela só vai piorar as coisas se
Virar esposa dele
Ela não está ficando mais jovem
Mas será que não consegue coisa melhor?

Ah, ela consegue coisa melhor
Ah, ela consegue coisa melhor
Ah, ela consegue coisa melhor que isso
Ah, ela consegue coisa melhor que isso

Futuros fazendeiros da América
[*Future farmers of America*]

Nascido em uma fazenda sob um luar transatlântico
Rachada como um feixe de lenha minha família dividida
Vendido como uma peça de gado uma peça de carne uma vaca
Uma merda que respira

Escolhido pela idade pela força e pela constituição
Convocado pois era alto era grande dava conta
De uma árvore ou um pedaço de aço eu fazia
O que meu dono gordo não consegue

Futuros fazendeiros da América

Estou sempre olhando como a mulher dele me seca
Eu tenho um sexo duas vezes maior que o do marido dela
Se eu não fosse tão grande tão forte tão pálido
Eu sumiria embaixo de um arbusto

Homens e mulheres descoloridos do mundo, uni-vos
Matai seus mestres com um golpe de faca
Matai-os durante o sexo matai-os durante uma conversa
Matai quando possível

Futuros fazendeiros da América

Esses proprietários pretos imbecis são alheios às questões do coração
Olhe pra mim! Eu nunca vou ser dono da terra em que trabalho!
Todos nós aqui temos o mesmo sobrenome
Esse pai tem de morrer

Eu nasci no escuro ápice do crepúsculo
Meu pai era escuro minha mãe era clara
Olhe pra mim eu sou forte
Podia esmagá-lo com a mão

Podia esmagá-lo com
Podia esmagá-lo com
Podia esmagá-lo com a mão

Futuros fazendeiros da América
Podia esmagá-lo com a mão

Vestindo uma pele nova
[*Putting on a new skin*]

Vestindo uma pele nova
Cobrindo o sangue velho
Lembre de onde viemos
Lama negra grudenta primordial

Parecendo um rinoceronte
Parecendo um tigre
Com tantas cores aqui
Por que eu gosto de você só de preto?
Por que eu te amo só de preto?

Roxo amarelo verde *chartreuse*
Prata cinza não seja obtusa
A não ser que você seja só uma velha reclusa
Eu te amo de preto

Vestindo uma pele nova
À procura de diversão
Se livrando da velha aparência
Em busca do recém-sublime!
Em busca do recém-sublime!

Azul serpente e marrom câncer
Branco torrencial e bordô suculento
Eu só quero tirar minha pele velha
Porque eu te amo de preto
Porque eu te amo de preto

Diminuendo ao contrário
[*Reverse diminuendo*]

Deve ser legal ter uma casa
Que fica sempre embaixo dos pés
Em que se pode sempre confiar
Um lugar pra comer e dormir

Como deve ser legal ter um tapete
Onde esticar as pernas
Com uma bisteca ao meu lado
Quero ser um cachorro

Deve ser legal ter uma casa
Um lugar digno de confiança
Que fica pra sempre no mesmo lugar
E nunca sai dali

Deve ser legal ter uma lareira acesa
E se esticar num tapete
Um osso carnudo perto do nariz
Eu quero ser um cachorro

Eu quero ser um cachorro
Eu quero ser um cachorro
Com uma bisteca nas patas
Eu quero ser um cachorro

Reverter o tempo
[*Turning time around*]

(Priscilla)
Que nome você dá ao amor
(Nick)
Bom, eu o chamo de Harry
(Priscilla)
Por favor eu estou falando sério
Que nome você dá ao amor

(Nick)
Bom, eu não o chamo de família
E não o chamo de tesão
E como todos nós sabemos — o casamento não é necessário
E eu acho que no fim é uma questão de confiança
Se eu tivesse que chamar — eu chamaria o amor de tempo

(Priscilla)
Que nome você dá ao amor
Você não pode ser mais específico?
Que nome você dá ao amor
Será que é mais que o hieróglifo do coração

(Nick)
O tempo não tem sentido
Nem futuro nem passado
E quando você está amando
Não precisa fazer perguntas
O tempo nunca basta
Pra você segurar o amor nas mãos
Reverter o tempo

(Ambos)
Reverter o tempo
Isso é que é o amor
Reverter o tempo
Sim, é isso que é o amor
(Nick)
Meu tempo é seu tempo

Quando você está amando
(Priscilla)
E tempo é aquilo que nunca basta pra você
(Nick)
Você não pode ver nem segurar
É exatamente como o amor

(Ambos)
Reverter o tempo
Reverter o tempo
Reverter o tempo

No que é divino
[*Into the divine*]

Eu te acho tão linda
Eu te acho tão boa
E acho que ia sentir saudade
Se você sumir no que é divino

Penso no caroço de uma maçã
Quando você começa a pensar em deus
E sei que ia sentir saudade
Se você desaparecer no que é divino

Eu te acho tão linda
Tão linda quanto as estrelas e o espaço enegrecido
Mas vejo apenas uma semente sem caroço
Quando você grita por um deus que não está lá

Mas eu te acho tão linda
E te vejo como um sol
Que brilha através dessas galáxias
Reluzente e quente

E eu te acho tão linda
E se há uma só coisa em que eu remotamente acredito
É no quanto eu ia sentir saudade
Se você desaparecesse no que é divino
É no quanto eu ia sentir saudade
Se você desaparecesse no que é divino

Por que você fala
[*Why do you talk*]

Por que você fala
Por que perde o teu tempo
Dizendo a mesma coisa de sempre
Devia ser crime

Você nunca escuta
Em vez disso você gagueja
Como se fosse interessante
E cheia de glamour
Como se você fosse interessante
E cheia de glamour

Por que você fala tanto
Por que não cala a boca
Você não tem nada a dizer
Você carece de drama

É a mesma coisa de sempre
Você queria saber por quê
Quem fez a terra se mover
Quem fez o céu ficar alto
Quem fez a terra se mover
Quem fez o céu ficar alto
Quem fez o teu sangue vermelho
Quem fez você pensar o que pensa
Quem fez você respirar um alento
Me diga, por que você fala
Me diga, por que você fala
Me diga, por que você fala
Me diga, por que você fala

Por que você fala sempre
Por que você emite sons
Por que você não escuta
Por que você fala tanto
Por que você não escuta
Por que você fala tanto

Por que você não cala a boca

Eu não preciso disso
[*I don't need this*]

Eu não preciso disso
Não dou a mínima
Não sinto isso
Não dou a mínima
Se estou com fome então como
Se estou com sono então durmo

Eu não preciso disso
Não dou a mínima
Em dois anos vou estar aposentado
Não me sinto bem
Não me sinto triste
Não fico bravo
Não fico puto
Não subo
Não desço
Não preciso disso
Não dou a mínima

Tem quem goste de luar
Sonatas gays
Eu queria ir embora
Persona non grata
Me mudar
Sem levar nada comigo
Sem cabelo na cabeça
Se estiver frio
Sem roupa
Sem dinheiro extra
Sem filhos
Sem uma querida extra
Sem amante
Sem chocolatinhos
Sem soluços e suspiros
Eu quero ir embora
Eu quero ir embora
Eu quero ir embora

Eu não preciso disso

Livro-falante
[*Talking book*]

Queria ter um livro-falante
Que me dissesse como agir e que aparência ter
Um livro-falante que tivesse teclas
Para lembranças passadas e presentes

Um livro-falante que dissesse seu nome
Para que se você fosse embora você continuasse aqui
Mais que uma foto numa prateleira
Em uma imaginação que eu pudesse tocar
Um livro-falante, falando

Queria ter um livro-falante
Cheio de botões pra apertar
Que contivesse olhares e visões
Seu toque
Seu olhar seus olhos seu cheiro
Seu toque
Seu tato seu hálito
Seus sons seus suspiros
Quanto tempo eu ia viver pra perguntar a ele por que
Um tem de viver e o outro tem de morrer

Queria ter um livro-falante
Ao meu lado pra poder olhar
E tocar e sentir e sonhar um olhar
Muito mais amplo que um livro-falante
Um sabor de amores futuros e passados
Será que isso é demais mesmo pra pedir
Neste tempo de um só momento no espaço
Será que nosso amor pode mesmo ser substituído
Por um livro-falante?

Na corrida
[*On the run*]

Você nunca cede
Estou vendo a dor nos seus olhos
Não se preocupe, o jogo está ganho
Eu já chego, na corrida

Eu vou fazer você feliz, os outros são bobos
Só me chame, eu vou ser o seu cassetete
Eles fazem por dinheiro, é isso que chamam de diversão
Eu já chego, na corrida

Uma sala com treze cadeiras
Três leões, dez ursos-polares
Um cubo de gelo do tamanho do sol
Eu já chego, na corrida

Estou vendo a dor nos seus olhos
E você sabe que eu sinto também
Eu venho correndo, o jogo está ganho
Eu já chego, na corrida

Nós nunca cedemos
Eu vou dizer que te amo um milhão de vezes
Não esqueça que o jogo está ganho
Eu já chego, na corrida

Não se esqueça, o jogo está ganho
Eu já chego, na corrida

ECSTASY

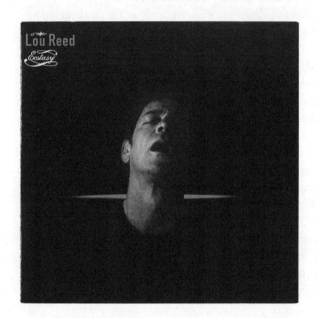

Êxtase
[*Ecstasy*]

Te chamam de Êxtase
Nada gruda em você
Nem Velcro nem Fita Durex
Nem os meus braços mergulhados na cola
Nem se eu me embrulhar com nylon
Um pedaço de Silver Tape preso às costas
O amor furou a seta com uma 12
E eu não consigo ter você de volta
Êxtase, Êxtase
Êxtase

Do outro lado da rua um Ford velho
Eles levaram as rodas
O motor se foi
No banco tem uma caixa
Com um bilhete que diz "Tchauzinho, Charlie — muito obrigado"
Vejo por uma janela uma criança com um babador
E penso na gente e no que a gente quase fez
O Hudson, um foguete de luz
Os navios passam pela Estátua da Liberdade à noite
Eles a chamam de Êxtase. Êxtase
Êxtase. Êxtase

Alguns caras me chamam de são Marfim
Alguns me chamam de são Maurício
Sou liso como alabastro
Com veias brancas correndo pelas bochechas
Um piercing bem grande na sobrancelha
Uma tatuagem no braço que diz "Domínio"
Eu a pus por cima da tatuagem
Que tinha o teu nome
Eles te chamavam de Êxtase Êxtase Êxtase
Eles te chamam de Êxtase Êxtase Êxtase

A lua atravessando uma nuvem
Um corpo de cara para cima flutua em direção à multidão
E eu penso em um tempo e no que não pude fazer

Não pude manter você perto de mim, eu não pude, não pude me tornar
[você

Eles te chamam de Êxtase
Não consigo te segurar e não consigo te levantar
Me sinto como aquele carro que vi hoje
Sem rádio sem motor sem capô
Estou indo para o café tomara que tenha música lá
E tomara que eles toquem direito
Mas se a gente tiver que se separar eu vou ter uma cicatriz nova bem no
coração —— Eu vou chamá-la de Êxtase
Êxtase Êxtase Êxtase
Êxtase Êxtase Êxtase

Criança mística
[*Mystic child*]

Era apenas o tempo dos recém-natimortos
Com os fiapos de teias na tua cabeça
A lua polar preferia olhar pra fora
Enlouquecendo

Álcool percorrendo o cérebro
O maníaco-depressivo alucina
Enlouquecendo enlouquecendo

Uma raiva desesperada chega às ruas
Junto do rio fedorento, do mercado de carne
Enlouquecendo criança mística

No inverno com os dedos dos pés congelados
Olhando pelas grandes janelas
Para voar
Enlouquecendo

A situação X fora de controle
Meus olhos semiabertos como uma toupeira
Que sorri
Enlouquecendo

Na mística manhã em que o rio se encontra
Com o realejo da batida do hip hop
Às cinco da manhã a rua viscosa
Louca enlouquecendo

Pela janela como um raio
Atravessando na queda um telhado com estrondo
Cego
Enlouquecendo

Doente e entorpecido como um filhote na sarjeta ele está
Vomitando
Louco
Como uma criança

Se não pode ter tudo que se relaciona
Pra testemunhar sua grandeza
Ele vai cortar alguém com um prato quebrado
E ficar sobre a grade do metrô
E sorrir
Enlouquecendo enlouquecendo com um sorriso

Manhã santa
Sol no céu e alguém
Aqui perdeu as xícaras
A aurora está em trapos, toda picada
Enlouquecendo como uma criança mística
Como uma criança mística

Domingo de manhã olhando do telhado
Enlouquecendo
Com um sorriso — criança mística

No auge ele está com tudo
Seus anéis são de ouro, suas tranças são de jade
Ele saltou para a rua — está com tudo
Adeus, criança
Adeus, criança
Criança mística
Enlouquecendo

Paranoia em mi maior
[*Paranoia key of E*]

Como é que você diz que vai e aí não vai
Você muda de opinião e aí diz que não
O mistério é por que eu aceito o papel expiatório
O mistério que você chama de amor

Às vezes você é como uma águia, forte como uma rocha
Outras vezes parece que você se afrouxa
E todos os seus piores medos despencam
Na rua, na neve

Eu lembro quando você sonhou
Que tudo era o que parecia ser
Mas agora os pesadelos tomam o lugar de tudo
E tudo que você vê é errado

Você disse que a gente ia se ver mas está duas horas atrasada
Você disse que achava que alguém tinha arrombado o teu portão
E aí se escondeu e teve medo de esperar
Vendo sombras na neve

Mas o seu amigo Godfrey é a escolha perfeita
Num minuto deprimido e no outro celebrando
Ele parece ter achado a voz perfeita
Paranoia em mi maior

Digamos que tudo que ele diz é verdade
Você me ama mas eu te engano
E o meu quarto é um zoológico feminino
Pior que Clinton no horário nobre
Eu te juro que não estou com a Jill ou a Joyce
Ou a Cyd ou a Sherry ou a Darlene ou pior
Eu não estou te beijando enquanto xingo em silêncio
Paranoia em mi maior

Vamos brincar assim quando voltarmos a nos ver
Eu sou as mãos e você é os pés

E juntos vamos manter o ritmo
Da paranoia em mi maior

Pois você sabe que mania é em si maior
Psicose é em dó
Vamos esperar que o nosso destino não seja
Paranoia em mi maior

Anorexia é em sol bemol
O fá é tudo que eu deixei de fora
Dislexia, Cleptomania e Acrofobia
Parricídio lá, matricídio ré como os esquizos
Paranoia em mi maior

Vamos para uma coda em ká maior
Alguma coisa que só a gente consiga tocar
De repente a gente acende como 100 KW
Paranoia fora do tom
Paranoia em mi maior

Louco
[*Mad*]

Louco — você simplesmente me deixa louco
Eu odeio sua respiração silenciosa noite adentro
Triste — você me deixa triste
Quando justaponho seus traços fico triste

Eu sei que não devia ter ficado com outra pessoa na nossa cama
Mas eu estava tão cansado, estava tão cansado
Quem podia imaginar que você ia achar um grampo de cabelo
Isso simplesmente me deixa louco
Me deixa louco
Isso simplesmente me deixa, me deixa louco

Feliz — quando eu vou embora você fica feliz
Aquela tensão absurda se dissipa
Pivete — você acha que eu sou um neném
Ninguém gosta de ouvir "por que você não cresce"
Ao nascer do sol

Eu sei que não devia ter ficado com outra pessoa na nossa cama
Mas eu estava tão cansado, tão cansado
Quem podia imaginar que você ia achar um grampo de cabelo
Isso me deixa louco
Me deixa louco
Você não está vendo que isso simplesmente me deixa louco?

Boba — você é boba como meu polegar
Na melancólica manhã em que você arremessa uma caneca de café na
                                                    [minha cabeça
Escória — você disse que eu sou escória
Que coisa mais feminina e delicada de se fazer

Late — por que você não late de uma vez
Senta, junto, fica, são as palavras perfeitas feitas pra você
Babaca — você diz que eu sou um babaca
É melhor você discar 911 porque eu vou te abraçar bem forte

Eu sei que não devia ter ficado com outra pessoa na nossa cama
Mas eu estava tão cansado, tão cansado
Você disse que ia passar a noite fora da cidade
E eu acreditei em você
Eu acreditei em você
Eu estava tão cansado
Isso me deixa louco
Isso me deixa louco
Boba...

Dança moderna
[*Modern dance*]

Talvez eu devesse ir morar em Amsterdã
em uma rua lateral perto de um grande canal
passar as noites no Museu Van Gogh
que sonho, o Museu Van Gogh

ou talvez seja hora de ver Tânger
um estilo de vida diferente, alguns medos diferentes
e talvez eu devesse estar em Edimburgo
de kilt em Edimburgo

Fazendo uma dança moderna
Fazendo uma dança moderna

Ou talvez eu devesse comprar uma fazenda no Sul da França
Onde os ventos são felpudos
E os camponeses dançam
E eu e você íamos dormir juntos sob o luar
Vaguear em junho e dormir até meio-dia

E talvez eu e você pudéssemos nos apaixonar
Reconquistar o espírito que um dia tivemos
Você ia me deixar te abraçar e tocar a noite
Que brilha tanto
Brilha tanto de medo

Fazendo uma dança moderna
Fazendo uma dança moderna

Merda, talvez eu devesse ir pra Yucatán
onde as mulheres são mulheres e homem é homem
ninguém confuso
jamais perde o lugar
com seu lugar
na raça humana

Talvez eu não seja feito pra vida na cidade
o cheiro dos escapamentos, o cheiro da luta

e talvez você não queira ser esposa
ser esposa não é vida

Fazendo uma dança moderna
Fazendo uma dança moderna

Então talvez eu deva ir pra Tanganica
Onde correm os rios
descendo montanhas altas e íngremes
Ou ir pra Índia estudar cânticos
E perder o romantismo com a dança de um mantra

Eu preciso de um guru, preciso de um pouco de leis
Que me expliquem as coisas que vi
E por que sempre dá nisso
É ladeira abaixo depois do primeiro beijo

Talvez... eu deva me mudar pra Roterdã
Talvez... me mudar pra Amsterdã
Eu devia me mudar pra Irlanda
Pra Itália, pra Espanha, pro Afeganistão
Onde não chove

Ou talvez eu deva simplesmente aprender uma dança moderna
Em que os papéis são instáveis, a dança moderna
Você nunca encosta, você não sabe com quem está
Esta semana este mês neste momento do ano
Esta semana este mês neste momento do ano

Fazendo uma Dança Moderna
Você não sabe com quem está — dança moderna
Eu devia me mudar pro Paquistão ir pro Afeganistão — dança
Você não sabe com quem está — dança
Você não sabe com quem está — dança moderna
E talvez você não queria ser esposa
Ser esposa não é vida
Fazendo uma dança moderna
Você nunca encosta, você não sabe com quem está
Dança — dança moderna
Os papéis são instáveis — dança

Farrapos
[*Tatters*]

Alguns casais vivem em harmonia
Alguns não
Alguns casais gritam e berram
Alguns não
Mas o que você disse foi uma coisa que eu não consigo esquecer
Ecoa na minha cabeça como uma bala feita de chumbo

Algumas pessoas gritam e berram e algumas não
Algumas pessoas sacrificam suas vidas e algumas não
Algumas pessoas esperam que o sono as leve dali
Enquanto outras leem livros sem parar
Esperando que os problemas vão embora

Eu sei que você tem esperança de que tudo funcione
Nenhum de nós é do tipo que levanta a voz
Você dorme no quarto
Enquanto eu ando de um lado para o outro no corredor
Os dois sob o olhar do nosso bebê
Que imagina qual dos dois vai chamar

Acho que é verdade que nem todo fósforo queima e brilha
Acho que é verdade que nem tudo que eu digo é verdade
Mas o que você disse ainda martela na minha cabeça
Quem teria pensado que isso podia acontecer com a gente
Quando fomos para a cama pela primeira vez

Me dizem no fim que nada disso importa
Todos os casais têm problemas e nada disso importa
Mas o que você disse ainda ecoa na minha cabeça
E eu ainda estou no hall de entrada tendo que dormir sozinho

Eu sei que não faz diferença pra você mas esta é a minha nova ideia
Não que tenha importância, mas esta é a última coisa que me ocorreu
A nossa coisinha está deitada ali em farrapos
E você, querida, não tem educação

Triste ir embora assim — deixar tudo em farrapos
Entristecedor ir embora assim — deixar tudo em farrapos
Acho que nós todos podíamos dizer que nada disso importa
Mas ainda assim é triste ver tudo em farrapos

Baton Rouge
[*Baton Rouge*]

Quando eu penso em você, Baton Rouge
Penso em uma banda de mariachis
Penso nos meus dezesseis e em um campo de futebol verdinho
Penso na menina que nunca foi minha

Quando penso em você, Baton Rouge
Penso no banco traseiro de um carro
As janelas estão embaçadas
E nós também
Quando a polícia pede os nossos documentos

Tão indefesos
Tão indefesos
Aaahhh, são indefesos
Aaahhh, são indefesos
Aaahhh, são indefesos
Tão indefesos

Bom, um dia eu tive um carro
Perdi num divórcio
Uma juíza mulher é claro
Ela disse dê o carro e a casa e o teu gosto para ela
Ou eu marco a data do julgamento

Então agora quando eu penso em você, Baton Rouge
E as profundas beldades sulistas com seu toque
Fico imaginando onde acaba o amor e o ódio começa a corar
Nos campos nos pântanos na pressa

Nas teias de terracota da tua mente
Quando você começou a me ver?
Como uma aranha que tece uma teia
De maldosas intenções
E você como a coitadinha de mim
Na fogueira no boteco
Esse morro partido e exumado

No quarto da casa
Onde nos descasamos

Tão indefesos
Tão indefesos
Tão indefesos

Quando eu era o vilão no teu coração
Pondo freios no teu movimento
Você me deu um tapa na cara e gritou e berrou
Foi isso que o casamento passou a significar
O mais amargo fim de um sonho

Você queria filhos
E eu não
Será que era isso por trás de tudo?
Você pode rir quando me ouvir gritar
Você pode rir quando me ouvir gritar
Quem dera eu tivesse
Tão indefesos
Tão indefesos
Tão indefesos
Tão indefesos
Tão indefesos
Tão indefesos

Às vezes quando penso em Baton Rouge
Eu nos vejo com 2,5 filhos lindos
1,5 filhas enrubescidas se preparando para casar
E dois netos gordos que eu mal consigo carregar

Papai, titio, família reunida ali para a bênção
Um cachorro em uma grelha de churrasco sobe ao espaço
O sonho se apaga na manhã deixando um gosto ruim
E estou de volta à cidade grande cansado da corrida da
perseguição, que desperdício

Então obrigado pelo cartão
O anúncio de um filho
E devo dizer que você e o Sam estão ótimos

A sua filha está radiante naquele vestido branco de noiva orgulhosa
Triste dizer que eu nunca consegui dar isso a você
Esse sorriso amplo
Então eu tento não pensar em Baton Rouge
Ou em uma banda de mariachis
Ou nos meus dezesseis e em um campo de futebol verdinho
E na menina que nunca foi minha

Tão indefesos
Tão indefesos
Tão indefesos

O prisma branco
[*The white prism*]

Há um prisma branco com gozo falso
Espalhado no rosto
E os comoventes detentos para sempre enterrados
Perdem o sorriso que tinham no rosto
O sorriso que registrava esperanças ou sonhos
Provou-se uma perda de tempo
E eu sou o servo oficial
Para sempre neste local

Queria construir um gabinete de brilhantes linguetas e madeira
Gavetas secretas e esconderijos esculpidos na madeira
Lugares secretos, mentiras secretas em uma escrivaninha ali sozinha
Uma carta secreta escrita para você
Para ser lida quando você estiver sozinha

Ela diz:
Eu sou teu servo oficial
Não posso mais fingir
Que sou um amante ou um igual
Eu não sou nem um amigo
Não sirvo para te servir
Não sou bom o bastante para ficar
E é assim que te suplico
Que por favor me mande embora

Estou te pedindo que me despeça
Me dói quando você fica triste
E não consigo fazer nada melhor que isso
Que deve certamente te deixar louca
Eu estaria melhor em um gabinete ou em uma prisão feita de pano
Agachado sob o seu vestido eu gozo
Jorrando em cusparadas

Eu sou teu servo oficial
Mas até eu tenho orgulho
Do que gero ou digo ou faço
Embora tenha muito o que esconder

Me escondo da liberdade e me escondo de você
Porque você me descobriu
Meu lugar é numa prisão embaixo das tuas pernas
Em um gabinete que construí
Sob uma vela em uma gaveta secreta em uma prisão junto de um fosso

Eu sou teu servo oficial
E estou te pedindo que me deixe
Do lado de fora desta cela onde só você pode respirar

Eu sou teu servo oficial mas estou te pedindo isto
Por favor me libera desse amor e faça isso com um beijo
Eu sou teu servo oficial
É de mim que você vai ter saudade
Faça isso com um beijo
Faça isso com um beijo
Faça isso com um beijo
É de mim que você vai ter saudade

Grande céu
[*Big sky*]

Grande céu que ergue o Sol
Grande céu que ergue a Lua
Grande céu que contém o mar
Mas que não pode mais nos conter

Grande céu que ergue as estrelas
Grande céu que segura Vênus e Marte
Grande céu prende você num pote
Mas que não pode mais nos conter

Grande céu, grande imenso lugar
Grande vento que sopra por toda parte
Grande tempestade causando caos e perdas
Mas que não pode mais nos conter

Grandes metas, grandes metas ambiciosas
Grandes discursos — falando até eu desistir
Grande vento — falando através de um amor torrencial
Mas que não pode mais nos conter

Grande pecado, grande pecado original
Paraíso em que nunca estive
Grande serpente rompe a pele
Mas vocês não podem mais nos conter

Uma grande casa contém uma família
Uma grande sala contém a você e a mim
É uma grande zona e com o neném somos três
Mas vocês não podem mais nos conter

Grande novidade, eles perderam a cabeça
Grande grande grande novidade, dessa vez vamos foder com eles
Isso é que é piada, será que eles achavam que éramos monges
Mas eles não podem mais nos conter

Uma grande boneca, grandes olhos enormes
Grande amor te segura em um torno
Um grande homem que aparou todos eles do mesmo tamanho
Eles não podem mais nos conter

Minueto rock
[*The rock minuet*]

Paralisado pelo ódio e uma alma feia pra caralho
Se ele matasse o pai, achava que ficaria completo
Enquanto ouvia de noite uma rádio antiga
Em que eles dançavam o minueto rock

Nos bares gays nos fundos do bar
Ele consumava o ódio em um frio chão de serragem
Enquanto a jukebox tocava síncopes
Ele cheirava coca de uma jarra
Enquanto eles dançavam um minueto rock

A escola era uma perda de tempo, o destino dele era a rua
Mas a escola era a única coisa que podia derrotar o Exército
As duas putas chupavam seus mamilos até ele gozar sobre os pés delas
Enquanto dançavam o minueto rock

Ele sonhou que seu pai estava caído de joelhos
Seu cinto de couro atado tão forte que era difícil respirar
E os rebites de sua jaqueta eram frios como uma brisa
Enquanto dançava um minueto rock

Ele imaginou o quarto onde ouviu o primeiro grito
Sua mãe de quatro com seu pai por trás
E o grito dela doía tanto que ele desejou ter ficado cego
E balançou no minueto rock

Nos fundos do armazém estavam uns caras
Eles tinha amarrado uma pessoa e costurado seus olhos
E ele ficou tão excitado que gozou nas próprias coxas
Quando eles dançaram o minueto rock

Na avenida B alguém uma noite parou o carro e o pegou
Ele o levou para um beco e aí puxou a faca
E pensou no seu pai enquanto lhe cortava a traqueia
E finalmente dançou o minueto rock

Na maldição do beco a emoção da rua
Nas docas geladas
Onde os bandidos se encontram
Na euforia droga, na euforia tesão
Você podia dançar o minueto rock
Na emoção da agulha e do sexo anônimo
Você podia dançar o minueto rock

Então quando você dança mesmo — dança lenta
Quando você dança mesmo — dança lenta
Quando você dança mesmo — dança lenta
Quando você dança o minueto rock

Como um gambá
[*Like a possum*]

Bom dia, é Dia do Gambá
Sinta-se como um gambá de todas as maneiras possíveis — como um gambá
Bigodes de gambá, cara de gambá
Hálito de gambá e um gosto de gambá
Como um gambá

Lendas de gambá olhos de gambá
Ossos de gambá coxas de gambá
Como um gambá
Doses de gambá corridas de gambá
Gambá dorme com tambores de gambá
Calmo como um anjo

Bom dia, é Dia do Gambá
Eu me sinto como um gambá de todas as maneiras possíveis
Como um gambá
Acorde com um sorriso de gambá
Olha só! Olha o meu sorriso
Como um gambá

Está tudo bem, não se preocupe
Minha cabeça está perdida, eu perdi o beijo
Meu sorriso é de chumbo, meu passo é de borracha
E eu digo como um gambá diz a outro
Como um gambá
Calmo como um anjo

A única coisa que eu espero jamais ver
É outro gambá nesta árvore
Fingindo-se de morto
Exatamente como um gambá

Eu estou com um buraco no coração do tamanho de um caminhão
Ele não vai ser prenchido por uma trepada de uma noite
Chupando e espremendo, não é sorte minha?
Estou com um buraco no coração do tamanho de um caminhão
Do tamanho de um caminhão

O diabo tentou me completar mas o meu buraco era alto
Como o céu lá em cima
Não é sorte minha?
Calmo como um anjo

Fumando crack com uma garota do centro
Injetando e gozando até doer
Calmo como um gambá

Estão se acasalando como macacos no zoológico
Um pra mim e um pra você
Não ia ser lindo?

Outra noite inútil na cama
Junto ao rio Hudson
Os patinadores fazendo boquetes
Camisinhas usadas boiam na espuma da beira do rio
Não ia ser lindo?
Não ia ser lindo?

Estou com um buraco no coração do tamanho de um caminhão
Ele não vai ser preenchido por uma trepada de uma noite
Como um gambá
Como um gambá
Calmo como um anjo

Você me conhece, eu gosto de dançar bastante
Com eus diferentes que se anulam uns aos outros
Só sobrei eu de pé

Um gosta de músculos, óleo e sujeira
E o outro gosta das mulheres com aquela bunda que dói
Como um gambá

O diabo tentou me completar
Mas o meu buraco era alto como o céu lá em cima
Calmo como um anjo

Estou com um buraco no coração do tamanho de um caminhão
E ele não vai ser preenchido por uma trepada de uma noite
Como um gambá

Você me conhece, eu gosto de beber bastante
E insisto — não sei qual dos eus vai dar as caras
Sobre o sol das cinco da manhã, a lua brilha
Sobre as docas brilhando
Calma como um anjo

As meninas do mercado sabem qual é a minha
Elas beliscam os mamilos e levantam as saias
Com uma língua com piercing lambendo por baixo de uma camiseta
[manchada

Olha este sorriso
Minha cabeça está perdida

Fumando crack com uma garota do centro
Injetando e gozando até doer
Calmo Calmo
Sentado no meio-fio eu jogo uma pedra
Nos caminhos do mercado de carne que passam
É só a minha sorte
Só sobrei eu de pé

Mas você me conhece, eu gosto de beber bastante
Só eu de pé
As meninas do mercado sabem qual é a minha
Elas beliscam os mamilos e levantam as saias
Lambendo por baixo de uma camiseta manchada
Calmas como um anjo

Fumando crack com uma garota do centro
Injetando e gozando, meu amor, até doer
Não ia ser,
Não ia ser,
Não ia ser amor
Não ia ser lindo?
Calmo como um anjo

Estou com um buraco no coração do tamanho de um caminhão
Ele não vai ser preenchido por uma trepada de uma noite
Não é sorte minha?
Estou com um buraco no coração do tamanho de um caminhão

Outra noite inútil na cama
Caminho até o rio Hudson ganhando um boquete
Calmo calmo calmo calmo como um anjo
Eu não sei, baby, por que ainda estou aqui
Forte e destemido no ar aberto
Só sobrei eu de pé

Só eu, só eu
Só sobrei eu de pé
Só eu
Só sobrei eu de pé
Calmo como um anjo
Só eu
Só eu
Só sobrei eu de pé
Calmo como um anjo

Injetando e gozando até doer
Ah, manhã santa
Calmo como um anjo

THE RAVEN

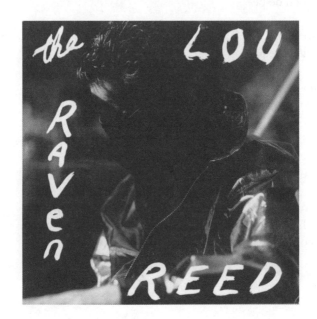

O verme conquistador*
[*The conqueror worm*]

VOZ
Vejam! É noite de gala.
Mística legião ataviada
Senta-se em um teatro para ver
Uma peça de medos e esperanças
Enquanto a orquestra respira em soluços
A música das esferas

Mentes murmuram e baixo resmungam —
Meros títeres, que vêm e que vão
Disfarçados de deuses
Mudam o cenário de um lado a outro
Inevitavelmente encurralados por dor invisível

Este drama variegado — certamente —
Não será esquecido
Um fantasma perseguido para sempre
Jamais alcançado pela malta
Conquanto circulem —
Retornando ao mesmo ponto —
Circulem e retornem
Ao mesmíssimo ponto
Sempre ao mesmíssimo ponto,
Com muito de loucura e mais ainda de pecado,
E horror e fingida revolta
Alma da trama

Apaguem-se — chega de luzes — apaguem-se todas!
E sobre cada forma moribunda
A cortina, mortalha funérea,
Vem veloz qual tempestade.
Os anjos, macilentos e lívidos,

---

* O texto deste prólogo é baseado no poema "The conqueror worm", publicado em 1843 por Edgar Allan Poe. Todo o disco se serve da obra de Poe, mas através de edições, reescritas e estilizações de seus textos. Por esse motivo as traduções foram feitas estritamente a partir dos textos de Reed.

Desvelando e rebelando-se afirmam
Que a peça é a tragédia, "Homem",
E seu herói, o verme conquistador.

Abertura instrumental

ATO I

O velho Poe
[Old Poe]

Melodia ao violão

O VELHO POE
Quando revejo minha vida — se pudesse ter o momento glorioso — a incrível oportunidade de compreender — a chance de me ver mais jovem uma só vez — de conversar... de ouvir seus pensamentos....

Melodia ao cello — continua durante a fala

O JOVEM POE
Na ciência da mente não há situação mais excitante que perceber (o que nunca percebi nas escolas) que em nossas tentativas de trazer de volta à memória algo há muito esquecido nós muitas vezes nos vemos na extrema iminência da lembrança sem por fim sermos capazes de lembrar. Sob o intenso escrutínio dos olhos de Ligeia, senti plenamente a consciência e a força de sua expressão e contudo fui incapaz de possuí-la e senti que me deixava como tantas outras coisas me deixaram — a carta lida pela metade, a garrafa bebida pela metade — encontrando nos mais comuns dos objetos do universo um círculo de analogias, de metáforas para a expressão que a mim foi intencionalmente interdita, negado assim o acesso à alma interior.

Olhos ofuscados por gloriosíssima efulgência, pálidos dedos transparentes, alvos, tom do sepulcro. Veias azuis e impetuosas na altiva fronte se inchavam e afundavam com as marés da profunda emoção, e eu vi que ela tinha de morrer, que lutava contra a sombra negra. Sua severa natureza me havia marcado com a crença de que, para ela, a morte chegaria sem seus terrores — mas assim não foi. Eu gemia angustiado diante do penoso espetáculo. Teria acalmado. Teria argumentado. Mas ela estava em meio aos mais convulsivos estertores. Ah, alma pesarosa. Sua voz mais doce, mais grave, e contudo suas palavras enlouqueciam mais seus sentidos. Eu me contorcia, em um transe, ao ritmo de uma melodia mais que mortal.

Ela me amava, não há dúvidas, e em seu seio o amor reinava como paixão singular. Mas na morte apenas me impressionava a intensidade de seu afeto. Sua devoção mais que passional chegava à idolatria. Como havia eu merecido ser assim abençoado e depois assim amaldiçoado com a remoção de minha adorada na hora de suas divagações mais delirantes?

ATRAVESSAR O FOGO — 310 LETRAS   423

Em sua entrega mais que feminina ao amor, totalmente imerecido e concedido sem mérito, vim a perceber o princípio de seu anelo. Era um anseio pela vida, um desejo intenso e agudo pela vida, que agora escapava veloz enquanto ela solenemente retornava a seu leito de morte. E eu não tinha palavras capazes de lhe dar expressão, exceto dizer, o Homem não deve ceder aos anjos, nem totalmente à morte, a não ser graças à fraqueza de sua frágil vontade.

Enlouqueci com a empolgação de uma dose desmedida de ópio. Eu a vi erguer o vinho aos lábios ou posso ter sonhado ver cair em uma taça, como que vindas de invisível fonte na atmosfera do quarto, três ou quatro grandes gotas de um brilhante fluido cor de rubi. Caindo. Enquanto Ligeia jazia em seu leito de ébano — o leito de morte — com meus olhos fixos em seu corpo. Então veio um gemido, soluço lento e delicado, uma só vez. Ouvi em supersticioso terror mas não o escutei de novo. Forcei a visão para ver qualquer movimento no cadáver, mas não havia nem o mais ligeiro, nada que se pudesse perceber. E no entanto eu ouvira o ruído e toda minha alma se despertara dentro de mim. O líquido rubro caía e eu pensava Ligeia vive, e senti o cérebro se contorcer, o coração parar de bater e os membros se enrijecerem onde estava sentado. Nos extremos do horror ouvi um vago som que saía da região da cama. Apressando-me em sua direção eu vi — vi distintamente — um tremor em seus lábios. Pus-me de pé de um salto e esfreguei e banhei as têmporas e as mãos mas em vão; toda a cor se foi, cessou toda a pulsação. Seus lábios voltaram a adotar a expressão dos mortos, o gélido matiz, o contorno afundado, e todas as odiosas peculiaridades daquele que há muitos dias é inquilino do sepulcro.

E novamente me afundei em visões de Ligeia. E novamente ouvi um suspiro tênue. E enquanto a olhava ela parecia ficar mais alta. Que inefável loucura me tomou com aquela ideia? Corri tocá-la. Sua cabeça caiu, e suas roupas se desmancharam, e de lá jorraram imensas massas de longos cabelos desfeitos. Era mais negro que as asas corvinas da meia-noite.

Edgar Allen Poe*
[*Edgar Allen Poe*]

O JOVEM POE
Estas são as histórias de Edgar Allan Poe
Não exatamente um rapaz qualquer

Ele vai te narrar tramas de horror
Depois vai brincar com tua mente
Se não ouviste falar dele
Deves ser surdo ou cego

Estas são as histórias de Edgar Allen Poe
Não exatamente um rapaz qualquer

Ele vai te falar de Usher
Cuja casa queimou em sua mente
Seu amor por sua querida irmã
(Cuja morte o deixaria louco)
O assassinato de um estranho
O assassinato de um amigo
Os chamados dos poços do inferno
Que jamais parecem cessar

Estas são as histórias de Edgar Allan Poe
Não exatamente um rapaz qualquer

Estas são as histórias de Edgar Allan Poe
Não exatamente um rapaz qualquer

A imagem diabólica da cidade e do mar
O caos e a carnificina que residem no fundo de mim
Decapitações — envenenamentos — infernais, nada maçantes
Não precisarás de óculos 3-D para cruzar esta porta

---

* A grafia do segundo nome de Poe, Allan, sempre causa equívocos e ao longo da canção Lou Reed
utiliza as duas grafias.

Estas são as histórias de Edgar Allan Poe
Não exatamente um rapaz qualquer

Nada aqui de Vincent Price Nosferatu ou mulheres nuas
Uma mente desfraldada, uma mente ereta, é tudo que temos aqui
É verdade, orangotangos fritos saltitam para o palco
Deixa em casa tuas expectativas
E ouve as histórias de Edgar Allan Poe

Nós te oferecemos o solilóquio, o corvo à porta
Os poços em chamas, as paredes móveis, nada de equilíbrio
Nada de lastro, nada de exagero, a verdade sem polimento é o que temos
Uma mente que, culpada, desfalece
Cozinhando delírios em uma panela

Estas são as histórias de Edgar Allen Poe
Não exatamente um rapaz qualquer

Um coração delator, um barril apodrecido
Um vale de inquietude
Um verme conquistador devorando almas
Guarda o melhor para o fim

Os sinos que dobram por Annie Lee
Enquanto Poe é enterrado vivo
Lamentando a morte de sua adorada em todas as suas
Muitas formas

Estas são as histórias de Edgar Allen Poe
Não exatamente um rapaz qualquer

O vale da inquietude
[*The valley of unrest*]

Música eletrônica

LIGEIA
Longe, muito longe
Não estão distantes todas as coisas belas?
Ao menos tão distante jaz aquele vale quanto o acamado
Sol no leste luminoso,
As montanhas paralisadas, o rio adoentado.
Não estão distantes todas as coisas belas?
Não estão distantes todas as coisas belas?

É um vale onde o tempo não se interrompe,
Onde sua história não será interpretada.
Contos do dardo de Satã —
De asas de anjos —
Coisas infelizes
Dentro do vale da inquietude.

O raio de sol pingava todo rubro,
Era silencioso o vale —
Tendo todos ido à guerra
Sem deixar um só interrogador que se ocupasse do voluntário
Saque, a palidez além do que se conhece,
Os ardilosos astros plenos de mistério,

As flores desprotegidas que se curvam,
As tulipas elevadas mais pálidas,
O céu tomado de terror
Rolando como uma queda-d'água
Por sobre o muro em chamas do horizonte —
Uma visão plena de sentidos.

Como hão de confessar os infelizes
Enquanto Roderick observa como um olho humano
E violetas e lírios acenam
Como estandartes em um céu que paira
Sobre e acima de um sepulcro

Enquanto gotas de orvalho caem sobre o que se recém plantou
Eterno orvalho que desce em gemas.
Não há por que fingir
Conquanto voem lindas nuvens.
Roderick como o olho humano se fechou para sempre
Longe, muito longe.

Roderick, qualquer que seja tua imagem
Roderick, mágica alguma há de separar de ti a música,
Tu cerraste muitos olhos em onírico sono.
Ó dia torturado, ainda chegam as melodias —
Ouço os sinos — mantive minha vigília.

Chuva dançando ao ritmo das bátegas
Sobre o espírito culpado para não ouvir as batidas,
Para não ouvir as batidas
Mas apenas lágrimas de perfeito gemido,
Apenas lágrimas de perfeito gemido.

Chama por mim
[*Call on me*]

ROWENA

Apanhada na balestra de ideias e jornadas
Sento-me aqui revivendo os lutos do outro eu
Apanhada na balestra de ideias e jornadas
Estou eu

Revivendo o passado do impulso enlouquecedor
O violento transtorno
O puro instinto conduzido
O puro assassínio conduzido
A atração da audácia
Estou eu

Por que não chamaste por mim?
Por que não chamaste por mim?
Por que não chamaste por mim?
Por que não chamaste?

Criatura indomável de nascença
Meu espírito rejeita o controle
Vagando pela amplidão da terra
Em busca de minha alma
Escrutando a obscuridade
Certamente encontrarei

O que poderia haver de mais puramente brilhante
Que a estrela da manhã da verdade?

Por que não chamaste por mim?
Por que não chamaste por mim?
Por que não chamaste por mim?
Por que não chamaste?

Por que não chamaste por mim?
Por que não chamaste por mim?
Por que não chamaste por mim?
Por que não chamaste?

A cidade no mar
[*The city in the sea*]

Música eletrônica, calma

O VELHO POE
A morte erigiu um trono a si mesma.

O JOVEM POE
Em estranha cidade — sozinha.

LENORE
A morte erigiu um trono a si mesma
Em estranha cidade — sozinha.
Seus santuários e palácios não são como os nossos,
Eles não tremem e apodrecem,
Comidos pelo tempo.

O VELHO POE
A morte erigiu um trono a si mesma.

LENORE
Erguidas por ventos olvidados
Resignadamente sob o céu
Jazem as águas melancólicas
Coroa de estrelas.

O JOVEM POE
Em estranha cidade — sozinha.

LENORE
Um paraíso que Deus não condena.
Mas a sombra perene
Torna tudo ridículo.

ROWENA
Não descem raios divinos.
Luzes das sinistras profundezas do mar escalam
As torres silenciosamente
Sobem tronos, arboretos

De hera esculpida e flores pétreas,
Sobem domos, espiras,
Salões majestosos são todos santuários melancólicos,
As colunas, os frisos, e os entablamentos
Entrelaçamentos asfixiantes chocantes,
Mastro, viola e vinha
Retorcidos.

O JOVEM POE
Ali, com nenhum gemido deste mundo,
Ergue-se o inferno por entre mil tronos.

O VELHO POE
Reverencia a morte.

O JOVEM POE E O VELHO POE
E a morte concede todo seu tempo.

LIGEIA
Há templos e sepulcros abertos
Nivelados com as ondas.
A morte espreita e espia — imensa! — gigantesca!
Há um marulho — agora uma vaga
Torres arremessadas
Afundando-se na maré opaca
As ondas enrubescendo
Até as horas perdendo o fôlego.

POE
Ah, astutos astros vigiando intermitentes uma noite após a outra de um sono desgraçado sem igual — igualado apenas ao horror do sonho que se desenrola — a batida delatora do coração — o alento sufocante — o desejo — a pose — imóveis diante do precipício — para cair correr mergulhar despencar cair fundo fundo na funda espiral e então...

O VELHO POE
Vemos nossa própria morte — vemo-nos cometendo assassinatos ou atrozes atos de violência — e então uma sombra amaldiçoada, não de homem ou Deus, mas uma sombra que repousa em empertigado umbral.

ATRAVESSAR O FOGO — 310 LETRAS

O JOVEM POE

Havia ali sete de nós, que vimos a sombra no que vinha de entre os paneja-
mentos. Mas não ousamos contemplá-la. Olhamos as profundezas do espelho de
ébano. E a aparição falou.

Reverberação eletrônica acrescentada à voz
"Sou uma sombra e resido nas catacumbas fronteiriças à terra da ilusão,
próximas às obscuras planícies do desejo."

O VELHO POE

E então começamos a tremer, saltando de nossos assentos entre tremores
— pois os tons na voz da sombra não eram tons humanos mas de uma multidão
de seres, variantes em suas cadências, de sílaba a sílaba, caíam crepusculares sobre nossos ouvidos com a música familiar e reconhecida de mil amigos que já
partiram.

Faixa instrumental: "Mil amigos que já partiram" [*A thousand departed friends*]

Mudança
[*Change*]

MORTE
A única coisa que muda constantemente é a mudança
E a mudança é sempre para pior
O verme no anzol sempre comido por um peixe
O peixe, por ave ou homem ou pior
Um aneurisma da alma
A única coisa que muda constantemente é a mudança
E vem munida de uma praga

A única coisa que muda constantemente é a mudança
E é sempre para pior
A única coisa que muda constantemente é a mudança
E é sempre para pior

A única coisa que muda constantemente é a mudança
Os vivos se tornam mortos
Teu cabelo caindo
Teu fígado inchado
Teus dentes apodrecendo, e a gengiva e o queixo
Tua bunda ficando flácida
Tuas bolas encolhendo
Teu pau engolido pelo saco
A única coisa que muda constantemente é a mudança
E sempre se volta contra ti

A única coisa que muda constantemente é a mudança
E é sempre para pior
A única coisa que muda constantemente é a mudança
E é sempre para pior

A única coisa que muda constantemente é a mudança
Cinzas voltam às cinzas ao pó voltarão
O cervo e o coelho
O almíscar de teu buraco
Preenchido com pletora de pavores
O pavor dos vivos
O pavor dos vivos

O assustador pulso da noite.
A única coisa que muda constantemente é a mudança.
Suas mudanças vão nos matar de medo

A única coisa que muda constantemente é a mudança
E é sempre para pior
A única coisa que muda constantemente é a mudança
E é sempre para pior

A única coisa que muda constantemente é a mudança
A única coisa que muda constantemente é a mudança
A única coisa que muda constantemente é a mudança
E vem munida de minha praga

A queda da casa de Usher
[*The fall of the house of Usher*]

POE
E então tive uma visão.

O som de batidas na porta, a porta se abrindo, uma tempestade ao fundo

RODERICK USHER
Ah, Edgar, ah, Edgar, meu caro amigo Edgar.

POE
Faz muito tempo, Roderick. Cavalguei por muitas milhas.
Foi um dia morto e surdo de outono. As folhas perderam seu brilho outonal, e as nuvens parecem opressivas com seus ornatos errantes.

USHER
Eu sei, amigo. Embora um tanto desta terra seja meu, acho insuportável a região. Vivo apenas de meios prazeres.

POE
Falando em prazeres, gostarias de uma tintura de ópio?

USHER
Nada me agradaria mais que fumar com um velho amigo.

O som de um fósforo riscado, a inalação da fumaça

USHER
Vivi a hedionda queda do véu, a amarga volta à vida comum, irredimida esterilidade de pensamento. Sinto um gelo, uma ânsia no coração.

Longa pausa

POE
É verdade que não tens boa aparência, Roderick, mas sou teu amigo não importando a ocasião ou a posição dos astros. Estou feliz que me tenhas escrito, mas devo admitir minha preocupação.

O som da chuva

USHER

Não posso conter meu coração. Edgar, procuro consolo em ti, para meu próprio alívio. O que tenho é de minha constituição, um mal de família, uma afecção nervosa que certamente há de passar. Mas tenho de fato uma mórbida agudez dos sentidos. Posso comer apenas do mais insípido; roupas, só as de mais leve textura. O aroma das flores me é opressivo. Meus olhos não suportam nem mesmo a mais tênue luminosidade.

Um leve gemido
Ouviste isso?

POE

Ouvi. Estou escutando — continua.

USHER

Hei de perecer. Perecerei nesta deplorável insanidade. Temo o futuro. Não os acontecimentos, o resultado. O mais trivial dos acontecimentos causa a maior das comoções da alma. Não temo o perigo, a não ser em seu efeito mais absoluto — o terror. Percebo que devo inevitavelmente abandonar de vez vida e razão, em meus esforços contra o demônio do medo.

Som de um vento forte
Talvez me creias supersticioso, mas a *natureza* deste lugar; ela paira a minha volta como um grande corpo, uma concha estragada, uma pele apodrecida e finita que envolve meu espírito.

POE

Mencionaste que tua irmã estava doente.

USHER

Minha adorada irmã, minha única companhia, vem sofrendo de uma longa doença que se arrasta e cuja inevitável conclusão parece perjúrio. Isso deixará a mim como o último da antiga raça dos Usher.

Suave gemido

POE

Ela se parece tanto contigo.

USHER

Tenho por ela um amor que não tem nome, maior que o que sinto por mim. Seu falecimento me deixará desesperadamente confinado a lembranças e realidades de um futuro tão estéril que será estupefaciente.

Os gemidos continuam

POE
E os médicos?

USHER
Estão abismados. Até hoje ela se recusava a se confinar ao leito, querendo estar presente, em tua honra, mas finalmente sucumbiu ao poder prostrador da destruição. Provavelmente não a verás mais.

Começa uma melodia ao violão

POE
Som e música nos levam às curvas gêmeas da experiência.
Como irmão e irmã entrelaçados, eles se libertam do contato corpóreo e dançam em pagã festividade.

USHER
Eu me maculei com minhas ideias. Tenho vergonha de meu cérebro. O inimigo sou eu, e o terror é o algoz.

A música é um reflexo de nosso eu interior; uma agonia sem filtros toca a corda ousada. O ousado cérebro confunde-se com sua própria percepção do futuro e se vira para dentro com ódio e terror. Seja por ação ou pensamento, estamos condenados a conhecer nosso próprio fim.

Escrevi um poema.

POE
Posso ouvi-lo?

USHER
Chama-se "O palácio assombrado".

No mais verde de nossos vales
Por bons anjos habitado,
Um palácio outrora belo e imponente
Erguia-se branco como a neve.

Estandartes, amarelos, gloriosos, dourados,
Em seu telhado flutuavam e tremulavam —
(Isso — tudo isso — era no antigo
Tempo há muito passado)

O som do trovão
E cada ar suave que brincava,
Pela muralha emplumada e pálida,
Lançava alado aroma.

Todos que pelo alegre vale erravam
Por duas luminosas janelas viam
Espíritos que se moviam musicalmente
O soberano do sereno reino,
Um batalhão de ecos cujo doce dever
Era apenas cantar
Em vozes de insuperável beleza
A inteligência e a sabedoria do rei.

Mas coisas malévolas, trajando mágoa,
Tomaram a alta corte do monarca
E à volta de seu lar agora a glória
É apenas vaga lembrança de uma história.

Formas vastas que se movem fantasticamente
Ao som de uma melodia dissonante,
Enquanto, como pavoroso rio,
Uma horrenda multidão corre para sempre dali
E ri — mas não mais sorri —
Nunca mais.

POE
Está frio aqui.

USHER
Digo-te que os minerais são coisas providas de sensações. A condensação gradual conquanto certa de uma atmosfera própria em torno das paredes e das águas comprova esse fato. Assim é a silente mas infeliz e terrível influência que há séculos molda minha família.

E agora eu.

Um grito

USHER
Perdão!

Sons caóticos
Ela se foi. Apagada a triste chama, Roderick não tem mais vida.

Suaves sons rangentes e farfalhantes
Conservarei seu cadáver por uma quinzena.

POE
Mas, Roderick —

USHER
Colocá-lo-ei em uma cripta diante do lago. Não quero ter de responder aos doutores nem colocá-la no túmulo exposto de minha família. Vamos enterrá-la na data adequada quando eu estiver mais plenamente no controle de minhas faculdades mentais.... A doença dela era incomum.
Por favor não me questiones quanto a isso.

POE
Não posso te questionar.

USHER
Então me ajuda, agora.

Som de um caixão que se abre

POE
Os dois passariam por gêmeos.

USHER
E somos. Sempre sentimos o que o outro sentiu....
Viste isso? É ela!

Rodopiantes sons eletrônicos

POE

É um redemoinho! Não deverias — não deves contemplar isto!

Bate a tampa do caixão
Roderick, essas aparências que te confundem são meros fenômenos elétri-cos, nada incomuns. Ou talvez tenham suas rançosas origens nos gases panta-nosos do lago. Por favor, fechemos esta vidraça e eu vou ler e tu, ouvir, e juntos passaremos esta noite terrível.... O que foi isso?

Som do choque de metais e uma reverberação abafada
O que é isso? Não estás ouvindo?

USHER

Se não estou ouvindo? Sim, ouvi e venho ouvindo — há muitos minutos — se ouvi! Ah, lamente por este pobre miserável: Eu não ousei — ah, não — não ousei falar! Nós a pusemos viva na tumba. Ouvi tênues movimentos no caixão — pensei ter ouvido — não ousei falar.

Sons de uma tempestade e muitas pessoas gritando
Ah, Deus, ouvi passos — não estás ouvindo? — atenção. Acaso não distingo o pesado e horrendo pulsar do coração dela? Louco, louco! Digo-te que ela agora está do outro lado desta porta!

Sons de fogo e gritos, o som alto de uma batida de coração

O leito
[*The bed*]

LADY MADELINE DE USHER
Era aqui que ela encostava a cabeça
Quando se deitava à noite
E foi aqui que foram concebidos nossos filhos
Velas iluminam o quarto à noite

E foi aqui que ela cortou os pulsos
Naquela estranha e fatídica noite
E eu disse Oh, oh, oh, oh, oh, oh, que sensação
E eu disse Oh, oh, oh, oh, oh, oh, que sensação

Era aqui que vivíamos
Paguei por este lugar com amor e sangue
E essas são as caixas que ela guardava na estante
Cheias da poesia e outras coisas suas

E é este o quarto em que ela pegou a navalha
E cortou os pulsos naquela estranha e fatídica noite
E eu disse Oh, oh, oh, oh, oh, oh, que sensação
E eu disse Oh, oh, oh, oh, oh, oh, que sensação

Eu nunca teria começado se soubesse
Que acabaria assim
Mas o engraçado é que não me sinto nem um pouco triste
Por ter acabado assim
Acabada, assim

Dia perfeito
[*Perfect day*]

LENORE
Um dia simplesmente perfeito
Beber sangria no parque
E mais tarde, quando escurecer
Vamos para casa
Um dia simplesmente perfeito
Dar comida aos animais no zoológico
E mais tarde um filme também
E depois para casa

Ah, é um dia tão perfeito
Fico feliz de ter passado esse dia com você
Ah, um dia tão perfeito
Você segura minha barra
Você segura minha barra

Um dia simplesmente perfeito
Os problemas todos deixados de lado
Passar o fim de semana sozinhos
É tão divertido
Um dia simplesmente perfeito
Você me faz esquecer de mim
Eu achei que era outra pessoa
Uma pessoa boa

Ah, é um dia tão perfeito
Fico feliz de ter passado esse dia com você
Ah, um dia tão perfeito
Você segura minha barra
Você segura minha barra

O corvo
[*The raven*]

Cello suave e sons eletrônicos

POE

1.
Uma vez, em uma meia-noite lúgubre, enquanto eu meditava, fraco e
[fatigado,
Sobre muitos volumes curiosos e exóticos de esquecida sabedoria —
Enquanto fechava os olhos, quase adormecendo, súbito veio um ruído,
Como o de alguém delicadamente tocando, tocando a porta de minha
[alcova.
"Algum visitante", murmurei, "batendo na porta de minha alcova —
Só isso e nada mais."

2.
Resmungando eu me ergui fracamente (sempre tive problemas para
[dormir),
Levantando-me aos trancos, a cabeça acelerada, ideias furtivas fluindo uma
[vez mais
Eu ali esperando alguma felicidade de aurora que fosse uma surpresa
Sendo a solidão não mais um prêmio que toca a porta de minha alcova
À procura do inteligente enfadonho perdido em sonhos para todo o
[sempre —
Só isso e nada mais.

3.
Pairando, meu pulso acelerava, rançoso tabaco provavam meus lábios,
Uísque repousava em minha bacia, restos da noite anterior.
Novamente veio a infernal batida em minha porta, aguilhão em minha
[mente —
É dentro ou fora essa batida? Chamando-me uma vez mais
O surto e a fúria de Lenore
Inominada *aqui* para todo o sempre.

4.
E o sedoso, triste, incerto farfalhar da cortina purpúrea
Encheu-me de excitação — tomado por inéditos terrores fantásticos;

De modo que agora (Ah, vento!) paro de respirar, ainda esperando acalmar
[minha respiração
"É algum visitante pedindo entrada à porta de minha alcova —
Algum visitante perdido pedindo entrada à porta de minha alcova —
É isso e nada mais."

5.
Olhando fundo nas trevas, muito tempo estive ali imaginando, temendo,
Duvidando, sonhando fantasias que moral algum já ousou sonhar.
Mas o silêncio não se rompia e a imobilidade não dava sinais,
E a única palavra pronunciada foi o nome sussurrado, "Lenore?"
Isso pensei e em voz alta sussurrei, em meus lábios apodreceu o nome
[purulento — ecoando a si próprio
Meramente isso e nada mais.

6.
Voltando a minha alcova, os nervos ardendo dentro de mim.
Quando de novo ouvi um toque um pouco mais alto do que antes,
"Certamente", disse eu, "certamente é algo em minha escada de ferro;
Abre a porta para ver o que é a 'ameaça' — abre a janela,
Libera as venezianas — exploremos este mistério —
Ah, coração a ponto de explodir, acalma-te apenas esta vez! E explora este
[mistério —
É o vento e nada mais."

7.
Apenas um epíteto murmurei enquanto por dentro me afogava e estremecia
com flerte e arrepio viris
Entrou voando um imponente Corvo, esguio e faminto como um inimigo
[qualquer.
Não prestou a menor obediência — nem um mínimo gesto em minha
[direção.
De reconhecimento ou polidez — mas se empoleirou sobre a porta de
[minha alcova —
Esta ave e seu rosto salivante insinuante em seu conhecimento —
Empoleirou-se sobre a porta de minha alcova
Restou calado e olhando, nada mais.

8.
Desviado! Enviezado! A triste imaginação do Eu sorri,

Juro, diante dessa selvagem e pérfida máscara que usa
"Embora aqui te mostres calvo e nu, e eu me admita sequioso e
[abandonado,
Corvo apavorante macabro e antigo, viajante das praias opiáceas,
Diz-me qual seja teu nome imperial, que não és esgoto de pesadelos,
Certo cruel pó bebida ou inalação forjada das flamas do folclore
[da cidade" —
Disse o Corvo "Nunca mais".

9.
E o Corvo, pousado só, encarando doentiamente e apenas meu sexo
[masculino,
Essas únicas palavras, como se sua alma em uma só palavra jorrasse.
Ridículo!!!
Nada mais então emitiu, nenhuma pena então fremiu —
Até que finalmente fui eu quem murmurou enquanto fixo mirava o chão,
"Outros amigos vieram voando e me abandonaram, voaram como todas as
[esperanças antes se foram
Como tu sem dúvida voarás antes da aurora" —
Mas a ave disse "Nunca. Mais"

10.
Então senti adensar-se o ar, perfumado de invisível incenso
Como que aceitando angélica intrusão (quando na verdade pressentia uma
[maquinação)
Diante do rosto de falsas memórias postergar! Postergar através da névoa
[da glória da cocaína
Fumei mais e mais a glória azul da ampola para esquecer —
[imediatamente!!! — a vil Lenore —
Disse o Corvo "Nunca mais".

11.
"Profeta!" disse eu, coisa malévola! — profeta ainda que ave ou
[demônio! —
Por aquele céu que sobre nós se debruça — por aquele Deus que ignoramos
[ambos —
Diz a esta alma carregada de dor e premeditado e destrutivo intento
Que entregou uma dama de coração puro à mais cúpida das necessidades
Mentiroso castrado, suarento e arrogante que obedece a nada acima
De um golpe de espeto a agulha

Direto à traição e à desgraça?
Da consciência exibindo nenhum vestígio —
Disse o Corvo "Nunca mais".

12.
"Marque esta palavra nossa despedida, ave ou inimigo!" gritei, de um
[salto —
"Volta para a tempestade, para a praia da garrafa preenchida de fumaça!
Não deixes uma só pluma como prova das impurezas que tua alma
[pronunciou!
Deixa intocada minha solidão! — foge como fugiram outros antes!
Tira as garras de meu peito e vê que não posso mais me importar.
O que quer que tivesse importância veio antes de eu sumir com a falecida
[Lenore!"
Disse o Corvo "Nunca mais".

13.
Mas o Corvo, sem se mover, ainda repousa, pousado calado,
Sobre um quadro, calado quadro da meretriz para sempre silenciada,
E seus olhos todos têm a semelhança de um demônio que sonha,
E a lâmpada sobre ele jorrando lança ao chão sua sombra.
Amo a mulher que mais me odeia! Amo a mulher que mais me odeia!
E minha alma não se erguerá daquela sombra.
Nunca mais!

Balão
[*Balloon*]

O ARTISTA
Eu sou um balãozinho e fico cheio
Me aperte, me dobre e nunca é demais
Me ponha na boca, me encha
Mas se você me espetar eu estouro

Eu sou um balãozinho cheio e firme
Eis minha proa, eis minha popa
Eis meus lábios, eis minha mangueira
Me largue ou eu vou explodir
Se você me espetar eu vou explodir

ATO II

Muzak genérica com baixo de jazz

O ARTISTA

Gostaria de agradecer a todos vocês por estarem aqui esta noite.

Sinto muito pelo tempo ruim — uma grande salva de palmas para o músico que me acompanha há tanto tempo, Manfred Gooseberry — ei, Goose, agradece os aplausos, relaxa, fica à vontade, toma uma bebida no Salão Poo Poo — e deixa que a gente cuida de você.

Canção da Broadway
[Broadway song]

Queria cantar uma canção da Broadway para vocês
Espero que todos cantem comigo
Um pouco de dança e algum sentimentalismo para descansar
A mente de vocês.

Queria tocar alguma coisa grave e sexy
Olhem as nossas dançarinas, como são jovens e sensuais — oi, Olga!
E quando começamos a rebolar vocês podem ouvir
O sopro dos saxofones

Ah, o show business é simplesmente maravilhoso
Eu só quero cair de joelhos e cantar
Para vocês
E que soprem os saxofones
Sopra, baby, sopra

Queria cantar uma canção da Broadway para vocês
Espero que todos cantem comigo
Um pouco de dança e algum sentimentalismo para descansar
A mente de vocês

Quero trazer uma lágrima aos seus olhos
Ooooh, o bom e velho Poe, ele não faz vocês chorarem?
Não é genial o jeito como ele escreve sobre os
Mistérios da vida?

Ah, o show business é simplesmente maravilhoso
Eu só quero cair de joelhos e cantar
Para vocês
E que soprem os saxofones
Sopra, baby, sopra
Anda, Goose, anda

O coração delator, parte I
[*The tell-tale heart, part I*]

Sons eletrônicos com feedback; vozes em conjunto distribuídas espacialmente com variadas quantidades de reverberação

O VELHO POE
Verdade! Nervoso, muito nervoso.

POE 1
Louco!

O JOVEM POE
Por que você diria que eu sou louco? A doença aguçou meus sentidos — e não os destruiu — não os diminuiu.

POE 2
Louco!

POE 3
O olho de um abutre — olho azul-claro, coberto por uma película.

O VELHO POE
Escute! Observe com que grau de sanidade e de calma eu narro esta história.

POE 5
Ele não morria de amores pelo velho. Ele jamais foi insultado.

POE 4
Ele o amava.

POE 1
Foi o olho o olho o olho.

O JOVEM POE
Eu me decidi. Tirarei sua vida para sempre.

POE 2
Nenhum amor.

POE 3
O olho de um abutre.

O JOVEM POE
Vocês deviam ter me visto.

POE 5
Vocês deviam tê-lo visto.

O VELHO POE
Como procedi sabiamente!

POE 4
Para se livrar para sempre do olho.

O JOVEM POE
Com que dissimulação operei!

TODOS
Cuidado!

O VELHO POE
Girei a tranca da porta dele e abri.

POE 1
Ao trabalho.

POE 2
Ao treino.

O JOVEM POE
Eu abri a porta dele e inseri uma lanterna negra.

TODOS
Negra.

O VELHO POE
Lentamente inseri minha cabeça; lentamente a inseri até o momento em que entrei. Eu estava tão lá dentro....

O feedback cresce

POE 3
Ele estava tão lá dentro que podia ver o velho dormir.

O VELHO POE
E então abri a lanterna para que um fino raio caísse sobre o olho.

POE 5
O olho de abutre.

POE 4
Ele fez isso por sete dias.

POE 1
Sete dias.

O JOVEM POE
Mas sempre o olho estava fechado, e assim eu não podia fazê-lo.

POE 2
E durante o dia ele cumprimentava calmamente o velho em sua alcova.

POE 3
Calmamente.

O VELHO POE
Nada está errado e tudo está bem.

POE 5
Toc-toc — quem é?

POE 4
Chegou a oitava noite.

TODOS
Oitava noite.

O JOVEM POE
Eu era mais lento que o ponteiro dos minutos de um relógio. O poder que eu tinha com o velho a ignorar totalmente minhas secretas ideias.

POE 1
Secretas ideias.

O VELHO POE
Minha sagacidade. Eu mal podia ocultar minha sensação de triunfo.

O JOVEM POE
Quando repentinamente o corpo se moveu.

POE 2
O corpo se moveu.

O VELHO POE
Mas eu entrei ainda mais, abrindo a porta ainda mais.

POE 3
"Quem está aí?"

TODOS
"Quem está aí?"

O JOVEM POE
Eu não mexi um só músculo. Fiquei quieto e imóvel.

POE 5
O velho se sentou na cama.

POE 4
Em sua cama.

TODOS
"Quem está aí?"

O VELHO POE
Ouvi um gemido e soube que era um gemido de terror mortal, não de dor ou sofrimento.

TODOS
Ah, não!

O JOVEM POE

Era o grave som abafado que surge do fundo da alma quando tomada de pavor. Senti tal pavor se acumular em meu próprio peito, aprofundando com seu eco os terrores que me distraíam. Sabendo o que o velho sentia e —

POE 1
— com pena dele —

POE 2
— com pena dele.

O JOVEM POE
Embora me fizesse rir.

TODOS
Ha-ha!

O VELHO POE

Ele estava acordado na cama desde o primeiro ruído. Ele estava acordado na cama pensando...

POE 3
...pensando...

POE 5
...é só o vento.

POE 4
O vento.

POE 1
É só a casa se acomodando.

POE 2
O velho emboscado com sua sombra negra.

POE 3
A morte se aproximando.

O VELHO POE

A presença enlutada do impercebido fazendo com que sentisse minha presença.

POE 5

Abra a lanterna!

O JOVEM POE

Vi o raio cair sobre o olho.

TODOS

Sobre o olho.

Fúria cega
[*Blind rage*]

O VELHO
Quem está aí espiando a minha porta
Espreitando pelo corredor
Não aguento mais
Não aguento mais
Quem está aí espiando a minha porta
Espreitando pelo corredor
Não aguento mais
Não aguento mais
Fúria cega... estou numa fúria cega
Fúria cega
Fúria cega
Fúria cega

Quem está se esgueirando em meu quarto
Tapando as estrelas e a Lua
Temo que vás me atacar em breve
Quem anda por aí!!!

Quem está se esgueirando em meu quarto
Tapando as estrelas e a Lua
Temo que vás me atacar em breve
Quem anda por aí!!!

Fúria cega
Fúria cega
Fúria cega
Fúria cega
Estou numa fúria cega

Fúria cega, estás me deixando com medo
Estás me deixando com medo
Fúria cega

Fúria cega
Fúria cega
Fúria cega

Fúria cega
Fúria cega
Estou numa fúria cega

O coração delator, parte II
[*The tell-tale heart, part II*]

Órgão e sons eletrônicos

POE 4
Furioso!

O VELHO POE
Aquilo estava me deixando furioso!

POE 1
Um som rápido abafado, uma batida.

POE 2
Como um relógio envolvido em algodão.

TODOS
Tique-taque.

O VELHO POE
Eu conhecia bem aquele som.

O JOVEM POE
Ele aumentava minha fúria.

POE 3
A batida do coração do velho.

O VELHO POE
Eu mal respirava e me continha.

O JOVEM POE
Imóvel.

POE 5
A tatuagem do coração —

POE 4
Infernal —

POE 1
Aumentando até o extremo.

POE 2
Aumentava o volume.

POE 3
Mais alto.

O VELHO POE
Fico nervoso nestas horas mortas da noite; em meio ao silêncio pavoroso desta casa velha, este som me leva a uma ira incontrolável. Achei que alguém fosse ouvir este som, achei que seu coração fosse explodir.

O JOVEM POE
Sua hora havia chegado.

Fortes batidas metálicas
Abram a porta!

Fortes batidas metálicas; entram os policiais

POLICIAL 1
Polícia, abre a porta.

O JOVEM POE
O velho foi para o interior.

POLICIAL 1
Foi para o interior.

O VELHO POE
Mas fiquem à vontade para fazer uma boa revista.

POLICIAL 2
Fiquem à vontade para fazer uma boa revista.

O JOVEM POE
Estes são seus tesouros.

POLICIAL 3
Tesouros.

O JOVEM POE
Seguros e imperturbados.

O VELHO POE
Por favor sentem-se e descansem. Os senhores devem estar cansados.

O JOVEM POE
Louca audácia. Perfeito triunfo.

POLICIAL 1
E então conversam.

TODOS
Conversam.

POLICIAL 3
Sobre coisas familiares.

O JOVEM POE
Ouço uma campainha.

O VELHO POE
Campainha.

O JOVEM POE
Os senhores não estão ouvindo?

POLICIAIS
Não.

O VELHO POE
Está mais alta. Está me dando dor de cabeça. Os senhores não estão ouvindo?

POLICIAL 1
Não.

POLICIAL 2
Não.

POLICIAL 3
Não.

O JOVEM POE
Eu — eu estou com dor de cabeça;

As batidas na porta continuam
O dia é longo. Os senhores não estão ouvindo?

POLICIAIS
Não!

O VELHO POE
Cacete! Vocês estão brincando comigo? Estão brincando comigo?

O JOVEM POE
Eles sabem!

O VELHO POE
Os senhores acham que eu sou —

O JOVEM POE
Eles sabem!

As batidas param

O VELHO POE
— imbecil? Acham que eu sou bobo?! Vilões, chega de fingir!

O VELHO POE E O JOVEM POE
Admito a culpa!

O JOVEM POE
Admito! Admito!

O VELHO POE
Aqui, aqui!

O VELHO POE E O JOVEM POE
Admito!

O VELHO POE
São as batidas daquele hediondo coração!

Brasas ardentes
[*Burning embers*]

POLICIAIS
Voa pelo vidro de uma janela
Cai pelo céu sentindo a chuva
Caminha sobre vidro moído teu coração delator

Olha pelas barras de uma suja cela de prisão
Paira até o paraíso, mergulha até o inferno
Escuta teu coração delator

Acendendo fogueiras no crepúsculo fantasmal
Observamos enquanto te vestes, saltamos de medo
Tu vês desaparecer uma aparição

Ah... pula para cima da mesa, pula sobre as estrelas
Sobe no telhado olhando através do ar
Caminha sobre vidro moído teu coração delator

Lenore, estou sonhando
Como pode a morte nos separar
Lenore, te vejo arder...
E eu caminharia sobre brasas ardentes
Caminha sobre brasas ardentes, coração delator

Caminha sobre brasas ardentes
Caminha sobre brasas ardentes
Caminha sobre brasas ardentes
Coração delator

O demônio dos perversos
[*The imp of the perverse*]

Ritmos eletrônicos

PROFESSORA
Morte por uma aparição de Deus. Morte por uma aparição de Deus.

ALUNO
Sou uma sombra.

PROFESSORA
Coisas materiais e espirituais...

ALUNO
Maternas.

PROFESSORA
...podem ser pesadas.

ALUNO
Sufocantes.

PROFESSORA
Há sete lâmpadas de ferro que aclaram nossos sentidos.

ALUNO
Sete facas.

PROFESSORA
Sete lâmpadas de ferro para aclarar nossos sentidos e sete sinos para celebrar a ressurreição.

ALUNO
Duas bolas de gude em um saco. Uma vela longa e esguia. Uma boca, duas constatações. Consternação e traição.

PROFESSORA
Você está ouvindo? *Você está me ouvindo?* Você está prestando atenção? *Em mim!*

ALUNO

Sou uma sombra.

PROFESSORA

Sete lâmpadas de ferro, sete oboés, duas bolas pequenas, e uma vela minúscula.

ALUNO

Vela minúscula.

PROFESSORA

Uma chama ridícula, brasas morrendo.

ALUNO

Morrendo.

PROFESSORA

Cinco criaturas do monólito, sete sussurros das catacumbas, cinco e sete falas murmurantes anestesiantes — você está ouvindo?

ALUNO

Sinto atração pelo que não devia!

PROFESSORA

Culpado culpado culpado culpado não não nunca nunca não; sete manhãs, treze luas, cinco lobos, uma manhã coberta de seda, sete sinos para sete sentidos cada um luxúria luxúria.

ALUNO

Culpadamente.

PROFESSORA

Duas glândulas aleitadas maduras com pontas vermelhas — você está ouvindo, meu ratinho? Cada sentido arrancado de seu corpete, cada glândula levada ao ponto de transbordar — você está me escutando, meu homem-ratinho, você está me escutando, pauzinho?

ALUNO

Sêmen!

PROFESSORA
Você está ouvindo, meu borrãozinho entumescido?

ALUNO
Ligeia! Estou à beira do abismo e ele me atrai! Culpa! Sou sombra!

A música cresce, fica mais alta

Espetáculo de desaparecimento
[*Vanishing act*]

PROFESSORA E ALUNO
Deve ser legal sumir
Fazer um espetáculo de desaparecimento
Estar sempre olhando para frente
E nunca olhando para trás.

Como é legal sumir
Flutuar numa névoa
De braço dado com uma jovem
Em busca de um beijo

Deve ser legal desaparecer
Fazer um espetáculo de desaparecimento
Estar sempre olhando para a frente
Nunca por cima do ombro

Deve ser legal desaparecer
Flutuar numa névoa
De braço dado com uma jovem
Em busca de um beijo

O barril
[*The cask*]

O JOVEM POE

Nunca aposte sua cabeça com o diabo. Quando eu era criança minha mãe me tratava como um pedaço de carne dura. Para sua mente bem regulada, os bebês só tinham a ganhar com as surras. Mas ela era canhota, e é melhor deixar uma criança sem apanhar do que fazê-la apanhar com a mão esquerda.

O mundo gira da direira para a esquerda. Não fará bem bater em um bebê da esquerda para a direita. Cada pancada na direção certa expulsa uma propensividade maligna, mas uma pancada na direção contrária empurra para dentro sua quota de perversidade.

Daí minha precocidade no vício, minha sensibilidade à injúria, as milhares de injúrias que sobre mim acumulou Fortunato, e então finalmente seus insultos enraivecidos, pelos quais jurei vingança.

Não dei voz à ameaça. Mas o conhecimento da "vingatividade" era tão definitivo, tão preciso, que nenhum risco podia me ameaçar; nem por palavras nem por atos havia eu dado motivo para que se duvidasse de minha boa vontade. Eu havia de castigá-lo impunemente. Vou meter-lhe no cu e mijar-lhe na cara. Vou corrigir a injustiça.

Mas, lábios e psique, mente, calem-se. Fortunato se aproxima.

FORTUNATO
Não me levem a mal
Por amar um barril
O barril de Amontillado

Por favor nem tentem
Podem ir à merda
Eu só quero este mítico barril
O barril de Amontillado

Tantos passarinhos me contaram
Ouvi tanta coisa a respeito
Mas a única coisa que cobiço
É a única que jamais tive

Então será que é demais pedir
Para apenas provar uma vez do barril
Ora, podem ir à merda
Pelo barril de Amontillado

Edgar, meu velho camarada, caro amigo do peito. Bom te ver, camarada. Ó grande elucidador, grande epopeia.

O JOVEM POE
Ah, Fortunato, que sorte te encontrar, que sorte te encontrar e te ver com tão esplêndida aparência. Recebi um barril de Amontillado — ou do que dizem ser Amontillado.

FORTUNATO
Amontillado? O mais incrível xerez? Um barril? Impossível? Como? Tão raro.

O JOVEM POE
Tive minhas dúvidas. Fiz a bobagem de pagar o preço cheio sem te consultar antes, mas não conseguimos te encontrar e eu temia perder uma pechincha.

FORTUNATO
Pavorosamente estúpido, se me perguntas, Edgar.

O JOVEM POE
Estou indo ver o senhor Bolo —

FORTUNATO
Um barril.

O JOVEM POE
Um barril. Para pedir-lhe uma opinião. Tens compromisso?

FORTUNATO
O senhor Bolo não sabe diferenciar Amontillado de leite de cabra.

O JOVEM POE
E contudo há quem diga que seu paladar se equivale ao teu.

FORTUNATO
Dificilmente, caro menino. Vamos.

O JOVEM POE
Aonde?

FORTUNATO
A tuas adegas... Ao suposto Amontillado.

O JOVEM POE
Ah, meu bom amigo, não. Não poderia abusar de tua boa natureza. Tens, afinal, um compromisso.

FORTUNATO
Ao inferno com o compromisso. Não tenho compromissos. Antes que murche e despenque o céu, vamos.

O JOVEM POE
Mas as adegas são úmidas e vejo que te aflige severo resfriado.

FORTUNATO
Vamos! O resfriado não é nada. Tiraram vantagem de ti. E o senhor Bolo não sabe diferenciar Amontillado de mijo. O barril?

O JOVEM POE
Está mais longe. Mas veja o branco tear de teias que reluz nas paredes da caverna.

FORTUNATO

Salitre? Salitre?

O JOVEM POE

Há quanto tempo tens essa tosse? Sim, salitre.

FORTUNATO

Não é nada.

O JOVEM POE

Devíamos voltar. Tua saúde é valiosa. És um homem cuja falta se faria sentir. Retornemos. Não posso ser responsável por uma piora em tua saúde. E, enfim, resta sempre o senhor Bolo.

FORTUNATO

Dane-se! Não te livras de mim. A tosse não é nada. Não vai me matar. Eu não vou morrer de tosse.

O JOVEM POE

Disso podes ter certeza. Toma um pouco desse Médoc para aquecer os ossos e te defender dessa umidade infernal.
Bebe. Bebe, desgraçado.

FORTUNATO

Bebo aos enterrados que repousam em torno de nós.

O JOVEM POE

E eu, a tua longa vida.
O salitre. Pende como mofo. Estamos abaixo do leito do rio. A umidade pinga e gela os ossos. Vamos voltar. Tua tosse.

FORTUNATO

A tosse não é nada! Vamos tomar mais Médoc....
Vamos até o Amontillado.

O JOVEM POE

Então, prossigamos. Eis o Amontillado. Agora, o senhor Bolo —

FORTUNATO

O senhor Bolo é um imbecil! Um ignorante.

ATRAVESSAR O FOGO — 310 LETRAS   471

O JOVEM POE

Não sentes o salitre? Devias mesmo partir. Imploro-te. Não? Então devo te deixar aqui. Mas primeiro permite que te dê todas as pequenas atenções que estão em meu poder.

FORTUNATO

O Amontillado. Ha, ha, ha. Uma piada realmente das boas.
Haveremos de rir largamente disso bebendo nosso vinho no palazzo.

O JOVEM POE

O Amontillado!

FORTUNATO

Sim sim sim. O Amontillado.

O JOVEM POE

Bem, então, vamos!

Feedback

FORTUNATO

Pelo amor de Deus!

O JOVEM POE

Precisamente pelo amor de Deus. Fortunato! Fortunato!

O feedback continua e fica mais alto

Culpada
[*Guilty*]

Sons eletrônicos e zumbidos de guitarra

MÃE
Culpada?

FILHA
Culpada.

MÃE
A culpa me paralisa,
Ela me atravessa como a chuva à seda.
Culpada? Minha mente não me deixa em paz.
Meus dentes estão podres, meus lábios começam a espumar.
Porque sou muito culpada.

FILHA
Culpada, culpada.

MÃE
Ohhhhh — culpada!
O que foi que eu disse? O que foi que fiz?
Por acaso fiz algo a você?
Não me dê as costas!
Não posso olhar nos teus ooooooolhos.

FILHA
Ooooooolhos.

MÃE
Sou culpada de todas as acusações.

FILHA
Culpada, culpada, culpada, culpada,
Culpada, culpada, culpada, culpada, culpada.

MÃE
Não faça isso.

FILHA
Não fazer o quê?

MÃE
Não — faça — isso!
Ah, você é tão criança!
Culpada — o que eu posso fazer?
Eu faço com você
Mas faço comigo também.
Corte a minha cabeça — me pendure na travessa do mastro.
Culpada? A culpa me paralisa,
Tenho maus pensamentos,
Meu clitóris é maligno.

FILHA
Culpada.

MÃE
Minha mente não me deixa em paz,
Tenho uma mente má, sou má até os ossos.

FILHA
Culpada — culpada de todas as acusações — culpada.

MÃE
Não faça isso.

FILHA
Não fazer o quê?

MÃE
Não — faça — isso!
Ah, você é uma menina tão descuidada!
Você se lembra de quando era bebê?

MÃE
Você tem um júri?

FILHA
Tenho.

MÃE
Eles já têm um veredicto?

FILHA
Culpada de todas as acusações.

FILHA
Culpada, culpada,
Culpada de todas as acusações.

MÃE
Eles já têm um veredicto?
Eles já têm um veredicto?
Sou culpada!

FILHA
É culpada.

MÃE
Ah, você é uma criança tão descuidada!
Eu devia bater em você.
Eu devia te dar uma surra!
Vou pôr você na terapia.

FILHA
Culpada, culpada,
Culpada, culpada.

MÃE (RINDO)
Culpada.

Diálogo a ser cantado

Criatura indomável de nascença
[*A wild being from birth*]

Sons eletrônicos e órgão

ROWENA
Criatura indomável desde o nascimento
Meu espírito rejeita o controle,
Vagando pela amplidão da Terra
Em busca de minha alma.

Enquanto o mundo todo repreende
Em visões do cavaleiro negro
Tive um sonho desperta,
Um sonho santo, um sonho santo.

Um sonho desperto sobre vida e luz
Que me animavam como um lindo raio,
Um espírito solitário que guiava
Com um feixe apontado para o passado.

Enquanto eu aterrorizada
Fico sentada imóvel por toda a noite enevoada
Vendo vagamente o que outrora brilhou forte
Espiando cuidadosamente o que brilhava ao longe —
O que poderia ser mais puramente brilhante
Na Estrela-d'Alva da verdade?

LIGEIA
Na consideração das faculdades e dos impulsos da alma humana na consideração de nossa arrogância, nossa radical, primitiva, irredutível arrogância de raciocínio, nós todos subestimamos a propensão. Não vimos necessidade para ela, o algo paradoxal que podemos chamar perversidade. Um móbile sem motivo. Incitados por ela, agimos sem um objetivo compreensível. A indução teria ido buscar a frenologia para admitir esse fato. Agimos pela razão pela qual não deveríamos. Para certas mentes isso é simplesmente irresistível. A convicção do erro ou da inadequação de uma ação é muitas vezes a força invencível. É um impulso primitivo.

Elementar — a sobrepujante tendência de fazer o mal em nome do mal. Ela nos impele a suas perseguições. Ah, sonho santo. Persistimos nos atos porque sentimos que *não* devíamos neles persistir. É este o poder combativo da frenologia.

ROWENA

Temos diante de nós uma tarefa que deve ser prontamente realizada. Sabemos que atrasá-la seria uma desgraça. Com língua de trombetas, a importante crise de nossa vida clama. Reluzimos.

LIGEIA

Consome-nos uma ansiedade para principiar a obra. E contudo uma sombra atravessa de relance o cérebro. O impulso cresce até ser uma vontade, a vontade, um desejo, o desejo, uma cobiça incontrolável, e a cobiça, desafiando todas as consequências, é obedecida. Adiamos tudo para o dia seguinte.

ROWENA

Trememos com a violência do conflito dentro de nós — o definido contra o indefinido, a substância contra a sombra.

Não há resposta além de que nos sentimos perversas. A sombra prevalece. Retorna nossa energia. Agora cometeremos, agora nos esforçaremos — Ah, mais santo dos sonhos — mas é tarde demais. Estamos à beira do precipício.

LIGEIA

Ficamos nauseadas e tontas. Vamos fugir do perigo mas ao invés disso nos aproximamos dele. Inebria-nos a simples ideia de uma queda de tamanha altura. Essa queda, essa veloz aniquilação — precisamente por conter as imagens mais odiosas e aterradoras de morte e de sofrimento — por esse motivo nós agora a desejamos impetuosissimamente. Não há na natureza paixão mais demoníaca que a paixão daquele que, estremecendo à beira do abismo, premedita um mergulho. Desejamos essas ações meramente porque sentimos que não devíamos. Tendo percebido isso, desvaneço. É o espírito dos perversos. A ideia de uma vela envenenada me ocorreu, e obtive uma para minha vítima. Não te importunarei com detalhes descabidos, mas que baste dizer que o veredicto foi "Morte por uma aparição de Deus".

ROWENA

Correu tudo bem para mim.

LIGEIA

Correu tudo bem para mim.

ROWENA

Herdado o patrimônio dele, regozijei-me em absoluta segurança. Jamais seria desmascarada. Estava segura — se não me provasse tola a ponto de fazer uma confissão aberta.

LIGEIA

Se não me provasse tola a ponto de fazer uma confissão pública. Assim que pronunciei aquelas palavras senti um tremor gélido escalar meu coração. Esforcei-me vigorosamente para me livrar desse pesadelo da alma. Ri. Assoviei. Caminhei e então caminhei mais rápido. Pensei ter visto um vulto disforme se aproximando por trás de mim. E então corri. Empurrei e afastei obstáculos às cegas. Imaginei sentir uma mão em minha garganta — e não era a mão de mortal. Gritei, e então claramente, claramente, pronunciei sentenças plenas de sentido que me consagraram ao verdugo e ao inferno, a mais completa condenação judicial.

Hoje estou acorrentada mas amanhã não terei grilhões. Mas onde?

Ah, sonho santo, Ah, raio de luz, caio prostrada pela empolgação nesta noite feliz.

Quero saber (Poço e pêndulo)
[*I wanna know (Pit and pendulum)*]

O JOVEM POE

Sob o intenso escrutínio dos olhos de Ligeia, senti plenamente a consciência e a força de sua expressão e contudo fui incapaz de possuí-la e senti que me deixava como tantas outras coisas me deixaram — a carta lida pela metade, a garrafa bebida pela metade — encontrando nos mais comuns dos objetos do universo um círculo de analogias, de metáforas para a expressão que a mim foi intencionalmente interdita, negado assim o acesso à alma interior.

JUÍZES E MORTOS (CORO)

Quero saber.

O JOVEM POE

Na consideração das faculdades e dos impulsos da alma humana na consideração de nossa arrogância, nossa radical primitiva, irredutível arrogância de raciocínio, nós todos subestimamos a propensão. Não vimos necessidade para ela, o algo paradoxal que podemos chamar perversidade. Incitados por ela, agimos sem um objetivo compreensível.

Agimos pela razão pela qual não deveríamos. Para certas mentes isso é simplesmente irresistível. A convicção do erro ou da inadequação de uma ação é muitas vezes a força invencível. É um impulso primitivo. A sobrepujante tendência de fazer o mal em nome do mal. Persistimos nos atos porque sentimos que *não* devíamos neles persistir.

JUÍZES E MORTOS (CORO)

Quero saber.

Ciência da mente
[*Science of the mind*]

O JOVEM POE
Na ciência da mente
Não há perdão
Paralisado fico ali dormindo
Tranquilo como uma criancinha
Coração se põe a bater
Sangue correndo pulsando
Movendo-se tranquilo como um cordeirinho

Na ciência da mente
Os membros são atados, privados de movimento
Os ferimentos que provocamos em espécie
Muitas vezes retornam a nós

Na ciência da mente
Tentando com muito esforço mover uma sombra
Não me enterrem, ainda estou vivo
A ciência da mente não cede
A ciência da mente não cede
A ciência da mente não cede

Annabel Lee / Os sinos
[*Annabel Lee / The bells*]

Sons eletrônicos com tons de sinos

LENORE
Que comece o rito do sepultamento,
Que se cante o cântico funéreo,
Um hino à morta mais rainha
A jamais morrer tão jovem

A doce Lenore se foi antes
De tomar a esperança que voava paralela,
Deixando em seu lugar a louca criança morta
Que deveria ter sido tua noiva.

Foi muitos, muitos anos atrás
Em um reino junto ao mar,
Ela era criança e tu eras criança
No reino junto ao mar.

Mas a Lua nunca reluz,
As estrelas nunca se levantam,
Anjo nenhum te inveja,
Pois Ligeia jaz morta
Com três serafins alados
Neste reino junto ao mar.

Casados em trevas
Alma com alma
Tu encolhes
Até seres uma verruga
E somes no buraco
Das negras imaginações da mente.

Encolhendo
Encolhendo
Encolhendo

Hop-frog
[*Hop-frog*]

HOP-FROG (O ANÃO BOBO DA CORTE)
Então, eles me chamam de suculenta rãzinha saltadora
Podes ver-me em qualquer alagado nas florestas
Não sabias que me chamam de rãzinha saltadora
Pulando carniça

Sou uma rã saltadora
Uma rã saltadora
Eles me chamam de rã saltadora
Salta... rã saltadora

Eles me chamam de rã saltadora
Tu me vês em qualquer alagado nas florestas
Não sabias que me chamam de rãzinha saltadora
Rã saltadora

Eles me chamam de rã saltadora
Tu me vês em qualquer alagado nas florestas
Estão me chamando de rã saltadora
Rã saltadora

Podes me ver em um salão de bailes
Podes me ver em uma alcova
Podes me ver na floresta
O salto, rã saltadora

Eles me chamam de rã saltadora
Eles te chamam de rã saltadora
Então, eles te chamam de rã saltadora
Rã saltadora
Rã saltadoraaaa
Rãããããããã

Cada rã a seu tempo
[*Every frog has his day*]

Melodia de instrumento de sopro

REI
Ó melífluo anão, príncipe de todos os bobos,
Coisinha engraçada que és —
Me faze rir,
Como a volumosa estrela de Deus.

HOP-FROG
Graciosa majestade, hoje
Não é o dia de riso.
Este sagrado momento está mais para reais crepúsculos
Que para ruína cômica ou piadas suicidas.

REI
Quanto a isso opino eu, muito obrigado.
Me faze rir, le petit vira-latas.
Bebe um pouco de vinho
Para não estragares um bom momento.

HOP-FROG
A bebida me transtorna — por favor, soberano —
Isso marcaria minha morte.

REI
Eu disse bebe, rameira sarnenta.
Além de baixo és surdo?

TRIPITENA
Senhor do reino, com tal grandeza,
Reserva esta bile para inimigos maiores.

REI
Me faze rir
Antes que te estique o pescoço tal qual uma girafa.

A fala de Tripitena
[*Tripitena's speech*]

TRIPITENA

Meu amor. O rei com qualquer outro nome, uma latrina. Tu, meu amor, pairas acima de todos; são todos apenas vermes sob teus calcanhares. São macacos. Veste-os — conforma-os a tua própria visão — mas não deixa que uma só palavra falsa de derrisão vaze para teu vasto coração. Já te vi de perto e de longe, e teu valor é maior que tua altura, tua largura, a profundidade de tua dor.

Ah, pária voluntário, não vês a luz de nosso amor — nossas fortunas interligadas — nossos corações fundidos em uma única fina trança dourada? Eles ouvem a música dos idiotas e se divertem com as sórdidas misérias de suas ações. Eles não são feitos dos anjos ou de qualquer outro posto avançado mais alto a que possa a humanidade aspirar. Aquele odioso rei-empresário vomitório é da mais baixa ordem, seus conselheiros, caricaturas desmoronantes da educação movidas pela avareza. Meu amor, cobre-os com os trajes da galhofa, e em seu avançado estado de estupidez e senilidade, queima-os e os destrói, para que possam suas cinzas se juntar ao adubo que tanto merecem. Se a justiça nesta terra é passageira, que pelo menos uma vez ouçamos o choro e os urros do rei-empresário. Faz que sejam os orangotangos que são e põe-nos nas chamas do candelabro aos olhos de todos — pendendo do teto por suas ridículas correntes e anáguas, que tu os farás usar sob o disfarce da cômica bufonaria. Aquele que subestima com o tempo há de descobrir a sublime verdade e a oca mentira por sobre as grades da sistemática desordem.

Empresários, não vale a pena nem cagar em vocês.

Quem sou eu?
[*Who am I?*]

TRIPITENA

Por vezes me pergunto quem sou eu
O mundo parecendo passar por mim
Um homem mais jovem agora envelhecendo
Tenho de me perguntar o que reserva o resto da vida

Ergo um espelho diante do rosto
Há certas linhas que posso atribuir
A lembranças de te amar
À paixão que rompe a razão em duas partes

Tenho de pensar e me deter agora
Se as reminiscências cerram teu cenho
Pensamos no que esperávamos ser
E então encaramos a realidade

Por vezes me pergunto quem sou eu
Quem fez as árvores
Quem fez o céu
Quem fez as tempestades
Quem fez a mágoa
Me pergunto quanta vida aguento

Sei que gosto de sonhar bastante
E de pensar em outros mundos que não são
Odeio precisar de ar para respirar
Queria abandonar este corpo e ser livre

Queria flutuar como uma criança mística
Queria beijar a fronte de um anjo
Queria resolver os mistérios da vida
Cortando a garganta de alguém ou removendo seu coração

Tu gostarias de vê-lo bater
Tu gostarias de segurar teus olhos
E embora saibas que estou morta
Tu gostarias de segurar minhas coxas

Se é errado pensar nisso
Segurar no punho o passado morto
Por que nos deram lembranças?
Percamos a cabeça e sejamos livres

Por vezes me pergunto quem eu sou
O mundo parecendo passar por mim
Um homem mais jovem agora envelhecendo
Tenho de me perguntar o que reserva o resto da vida

Me pergunto quem começou isso tudo
Estaria Deus apaixonado e deu um beijo
Em alguém que depois traiu?
E o amor sem Deus nos mandou embora?

Em alguém que depois traiu
O amor sem Deus nos mandou embora
Alguém que depois traiu
O amor sem Deus nos mandou embora

Orangotangos da corte
[*Courtly orangutans*]

Música eletrônica

HOP-FROG
Amanhã é o baile da estação.
Vos proponho fantasias
E aos honrados ministros, que as portem.

REI
Sim?

HOP-FROG
Todos vestidos de orangotangos.
E vossos convidados correrão aos gritos
Com a boca escancarada
E tentarão se esconder
E vós, senhor, rireis por último
Graças a tal ardilosidade imperial.

Ominosos metais graves
Corrigirei as injustiças.
Hei de torturar-vos.
Hei de queimar-vos.
Até a morte!

TRIPITENA
Meu príncipe —
Meu príncipe, tu acendes o fogo da chama eterna:
QUEIMEM, MACACOS, QUEIMEM!

Feedback e sons eletrônicos altos — "música de fogo"

Anjo da guarda
[*Guardian angel*]

O JOVEM POE E O ELENCO
Tenho um anjo da guarda
Eu o mantenho na cabeça
E quando tenho medo ou estou só
Eu o chamo para minha cama

Tenho um anjo da guarda
Que afasta de mim as coisas más
A única maneira de arruiná-lo seria eu não confiar em mim

A única maneira de arruiná-lo seria eu não confiar em mim
Tenho um anjo da guarda
Que várias vezes salvou minha vida

Através de tempestades malévolas e tambores de cristal
O anjo a minha direita
Me ergueu e me pôs no chão
Sempre me mostrando o que é direito

E se meu instinto mostrava que eu estava errado
O anjo endireitava tudo
E se meu instinto mostrava que eu estava errado
O anjo endireitava tudo

Tenho um anjo da guarda
Eu o mantenho na cabeça
E quando estou tendo pesadelos
Ele me mostra sonhos

Tenho um anel — tenho um vestido
Tenho uma concha vazia
Junto dos livros embaixo das xícaras de chá
Guardei uma espécie de inferno
Junto dos livros embaixo das xícaras de chá
Guardei uma espécie de inferno

Pânico e angústia tantas vezes em minha cabeça
Mas eu tinha um anjo da guarda
Que cuidava de mim

A rolha da champanhe — o abajur coruja
Um corvo e um pato
A semente de pais lamuriantes
E teu amor desesperado
A semente de pais lamuriantes
E teu amor desesperado

O amor e a sorte, tendo ambos vidas encantadas,
Podem mudar tudo em torno
Eu tinha um anjo da guarda
No fim de contas é isso

Tenho um anjo da guarda
Eu o mantenho na cabeça
Quando estou só e fico com medo
Ele salvou minha vida
Quando estou só e fico com medo
Ele salvou minha vida

AS MAIS RECENTES

Gravidade
[*Gravity*]

A gravidade está sempre nos puxando pra baixo
Puxando pra baixo, puxando pra baixo

A gravidade te faz descer ainda mais baixo
O que poderia te fazer descer ainda mais baixo
A gravidade te puxa ainda mais pra baixo
Ainda mais baixo, ainda mais baixo
O que você poderia fazer e o que você poderia dizer
É a gravidade, é a gravidade

Encontrem-se no jardim por trás do muro
Não há nenhuma proteção
Ouçam os gritos
Ouçam-nos urrando
Gravidade, gravidade
É ou amor ou miséria

Gravidade
Gravidade
Uma lei da natureza, a gravidade
Gravidade, ah, gravidade
Não existe nada mais baixo que a gravidade
Puxa pra esquerda e puxa pra direita
Gravidade o dia inteiro, a noite inteira
Alguns matam isso e outros estupram aquilo
E alguns de alguma maneira são ainda piores que isso

Gravidade zoom zoom zoom
A gravidade nos mantém longe da Lua
Das estrelas até a Terra
A gravidade é o que vale

Guerra guerra
Ninguém se cansa da guerra
Guerra
Guerra
Ninguém consegue se afastar da guerra

Guerra guerra guerra guerra
A vida toda foi isso que vimos
Guerra guerra guerra guerra
Nosso verdadeiro deus é o deus da guerra

Gravidade só nos puxando pra baixo, gravidade só nos puxando pra baixo
Gravidade só nos puxando pra baixo, gravidade gravidade
Ninguém consegue se afastar da gravidade
Gravidade gravidade
Ninguém consegue se afastar da gravidade

Coração generoso
[*Generous heart*]

Existe uma rua chamada Catalina
Onde algumas pessoas fazem umas coisas bem cruéis
Você pode tomar um tiro por causa de um carro estacionado
E um bom coração jamais deve começar
Ou tentar acabar com alguma briga
Não há glória em fazer a coisa certa
Desse jeito você pode se machucar de verdade
Porque um coração generoso pode se ver rasgado por
Uma bala em Catalina
Ah, são vinte e um dias,
Pra tentar ficar careta
Você pode rezar,
Pode chorar,
Pode tocar o seu violão

Pode assoviar uma música com um ritmo deprimente
Pode medir a sua vida com uma colher
Pode fumar Tampa Red
Ou pode escolher assoviar
Para uma lua cheia radiante

Mas o seu coração generoso jamais vai voltar a bater
E nós nunca mais vamos te ver

Você tem vinte e um dias mas tudo que se perdeu no fogo
Constitui uma perda grande demais pra você conter

Eu preciso de tempo pra aliviar meu sofrimento
Pra tentar aprender as palavras por favor

Por favor perdoe então, Por favor não esqueça então
Por favor não me deixe sem um grito —
As ruas são cruéis em Catalina
E um coração generoso não tem chance

Ah, um coração generoso
Um coração generoso

Um coração generoso não tem chance
E aqui estou eu com os meus vinte e um dias
Mas o coração generoso não teve chance

Ah, vinte e um dias, vinte e um dias, estou careta há vinte e um dias
Mas um coração generoso se foi deste lugar
E nunca mais vou te ver

vinte e um dias
vinte e um dias
vinte e um dias
No lugar
Mas o teu coração generoso vai estar no meu coração
Pra sempre pra sempre e mais um dia
Não por vinte e um dias
Não vinte e um dias
As coisas que perdemos no fogo
Não vinte e um dias
Não vinte e um dias
Você tinha um coração generoso.

Zona de segurança
[*Safety zone*]

Pensei em criar uma zona de segurança
Com o doutor e a irmã eu achei que ia criar uma zona de segurança
Pensei em fazer uma ponte
Manter a civilização do lado de cá
Pensei em construir uma zona de segurança

Pensei em criar uma zona de segurança
Pensei em juntar um hospital e uma escola e a minha casa
Desviando da moralidade
Que não sou eu
Pensei com o coração
Pensei em criar uma zona de segurança

Os japoneses nessa guerra nos puseram coletivamente de joelhos
Estou pedindo por favor, será que nós todos podemos concordar com uma
[coisa por favor
Aqui estão as devidas cartas seladas e enviadas para declarar
O óbvio e embora pareça tarde demais
Estou pedindo por favor, será que a gente pode declarar uma zona de
[segurança

Caro general, a gente pode construir uma zona de segurança?
Estou pedindo por favor se podemos construir uma zona de segurança
As vidas passam voando em um segundo... estupro na ponta das baionetas...
Os doentes, os mais velhos
A gente pode construir uma zona de segurança?
As vidas passam voando em um segundo
Presas à ponta de uma baioneta
Nada a temer daqui

Vamos morrer de fome ou frio
A gente pode construir uma zona de segurança?
Morrer de fome ou frio
A gente pode construir uma zona de segurança?
Caro general
A gente pode construir uma zona de segurança?

Pai criança
[*Junior dad*]

Você viria até mim?
Se eu estivesse meio afogado um braço acima da última onda
Você viria até mim?
Você me arrancaria dali?
Será que o esforço te faria tão mal?
É injusto te pedir
Pra ajudar a me arrancar dali

A janela rompeu o silêncio dos fósforos
A fumaça flutuando sem esforço
Estou todo afogado

Me arrancar
Será que você seria meu senhor meu salvador
Me arrancar pelos cabelos
Agora será que você me beijaria na boca?

Febre ardente ardendo na minha testa
O cérebro que um dia ouvia agora
Lança sua mensagem cansativa

Você não vai me arrancar daqui
Escaldando meu pai morto
Está com o motor e dirige adiante
Uma ilha de almas perdidas

Filhinho — um macaco então a um macaco
Eu vou te ensinar maldade medo e cegueira
Nada de bondade socialmente redentora
Ah — ou — estado de graça

Você me arrancaria dali?
Você abandonaria a bala mental?
Você me arrancaria pelo braço?
Você ainda me beijaria na boca?
Soluço: o sonho acabou
Pegue café: acenda as luzes

Diga oi ao pai criança
A maior desilusão
A idade o murchou e o transformou
No pai criança
Selvageria psíquica

Poder do coração
[*Power of the heart*]

Eu e você, a gente sempre sua e se esforça
Você procura sol e eu chuva
Nós somos pessoas diferentes, não somos a mesma pessoa
O poder do sol

Eu olho o topo das árvores, você procura bonés
Sobre a água onde as ondas chicoteiam
Eu dei a volta ao mundo pra trazer você de volta
O poder do coração

Você olhou pra mim e eu pra você
O coração adormecido aparecia reluzente
Entre as teias esfiapadas em que respirávamos
O poder do coração

Eu olhei pra você e
Aí você olhou pra mim
Pensei no passado e você no que poderia ser
Pedi de novo que você casasse comigo
O poder do coração

Todo mundo diz que o amor faz o mundo girar
Ouço uma bolha
Ouço um som
Do meu coração batendo e aí me viro
E vejo você de pé à porta
Você me conhece, eu gosto de sonhar bastante
Sobre uma coisa ou outra

E o que não é
E finalmente eu saquei o que era o quê
Era o poder do coração
O poder do coração

Eu e você, nós suamos e nos esforçamos
O resultado é sempre o mesmo
Você pensaria que de alguma maneira estamos em um jogo
O poder do coração

Acho que eu sou bobo
Sei que você é inteligente
A batida de um coração puro-sangue
Eu digo isso e não é lorota
Case comigo hoje

Você me conhece, eu gosto de sonhar bastante
Sobre o que existe e o que não existe
Mas basicamente eu sonho com você bastante
O poder do seu coração

O poder do seu coração

PASS THRU FIRE

THE VELVET UNDERGROUND & NICO

Sunday morning
[*Domingo de manhã*]

Sunday morning
Brings the dawn in
It's just a restless feeling by my side
Early dawning
Sunday morning
It's just the wasted years so close behind
Watch out the world's behind you
There's always someone around you who will call
It's nothing at all

Sunday morning
And I'm falling
I've got a feeling I don't want to know
Early dawning
Sunday morning
It's all the streets you crossed not so long ago
Watch out the world's behind you
There's always someone around you who will call
It's nothing at all

Sunday morning

I'm waiting for the man
[*Estou esperando o cara*]

I'm waiting for my man
Twentysix dollars in my hand
Up to Lexington 1-2-5
Feeling sick and dirty more dead than alive
I'm waiting for my man

Hey white boy, what you doin' uptown
Hey white boy, you chasin' our women around
Oh pardon me sir, it's furthest from my mind
I'm just lookin' for a dear dear friend of mine
I'm waiting for my man

Here he comes, he's all dressed in black
PR shoes and a big straw hat
He's never early, he's always late

First thing you learn is that you always gotta to wait
I'm waiting for my man
Up to a brownstone, up three flights of stairs
Everybody's pinned you but nobody cares
He's got the works gives you sweet taste
Then you gotta split because you got no time to waste
I'm waiting for my man

Baby don't you holler, darlin' don't you ball and shout
I'm feeling good, you know I'm gonna work it on out
I'm feeling good, I'm feeling oh so fine
Until tomorrow but that's just some other time
I'm waiting for my man

Femme fatale
[*Femme fatale*]

Here she comes
You'd better watch your step
She's going to break your heart in two, it's true
It's not hard to realize
Just look into her false-colored eyes
She'll build you up to just put you down
What a clown

'Cause everybody knows
The things she does to please
She's just a little tease
See the way she walks
Hear the way she talks

You're written in her book
You're number 37, have a look
She's going to smile to make you frown, what a clown
Little boy, she's from the street
Before you start you're already beat
She's going to play you for a fool, yes it's true

'Cause everybody knows
The things she does to please
She's just a little tease
See the way she walks
Hear the way she talks

She's a femme fatale

Venus in furs
[*A Vênus das peles*]

Shiny shiny, shiny boots of leather
Whiplash girlchild in the dark
Comes in bells, your servant, don't forsake him
Strike dear mistress and cure his heart

Downy sins of streetlight fancies
Chase the costumes she shall wear
Ermine furs adorn imperious
Severin Severin awaits you there

I am tired, I am weary
I could sleep for a thousand years
A thousand dreams that would awake me
Different colors made of tears

Kiss the boot of shiny shiny leather
Shiny leather in the dark
Tongue the thongs, the belt that does await you
Strike dear mistress and cure his heart

Severin, Severin, speak so slightly
Severin, down on your bended knee
Taste the whip, in love not given lightly
Taste the whip, now bleed for me

Shiny shiny, shiny boots of leather
Whiplash girlchild in the dark
Severin your servant, comes in bells, please don't forsake him
Strike dear mistress and cure his hear

Run run run
[*Corra corra corra*]

Teenage Mary said to Uncle Dave
I sold my soul, must be saved
Gonna take a walk down Union Square
You never know who you gonna find there

You gotta run run run run run
Gypsy death and you
Tell you what to do

Margarita Passion I had to get her fixed
She wasn't well, she's getting sick
Went to sell her soul, she wasn't high
Didn't know things she could buy

Seasick Sarah had a golden nose
Hard-nailed boots, wrapped around her toes
When she turned blue, all the angels screamed
They didn't know, they couldn't make the scene

Beardless Harry, what a waste
Couldn't even get a small-town taste
Rode the trolleys, down to Forty-Seven
Figured if he was good, he'd get himself to heaven

We gotta run run run run run
Take a drag or two
Run run run run run
Gypsy death and you
Tell you what to do

All tomorrow's parties
[*Todas as festas de amanhã*]

And what costume shall the poor girl wear
To all tomorrow's parties
A hand-me-down dress from who knows where
To all tomorrow's parties
And where will she go, and what shall she do
When midnight comes around
She'll turn once more to Sunday's clown and cry behind the door

And what costume shall the poor girl wear
To all tomorrow's parties
Why silks and linens of yesterday's gowns
To all tomorrow's parties
And what will she do with Thursday's rags
When Monday comes around
She'll turn once more to Sunday's clown and cry behind the door

And what costume shall the poor girl wear
To all tomorrow's parties
For Thursday's child is Sunday's clown
For whom none will go mourning

A blackened shroud
A hand-me-down gown
Of rags and silks—a costume
Fit for one who sits and cries
For all tomorrow's parties

Heroin
[*Heroína*]

I don't know just where I'm going
But I'm gonna try for the kingdom if I can
'Cause it makes me feel like I'm a man
When I put a spike into my vein
Then I tell you things aren't quite the same
When I'm rushin' on my run
And I feel just like Jesus' son
And I guess that I just don't know
And I guess that I just don't know

I have made a big decision
I'm gonna try to nullify my life
'Cause when the blood begins to flow
When it shoots up the dropper's neck
When I'm closing in on death
You can't help me, not you guys
Or all you sweet girls with all your sweet talk
You can all go take a walk
And I guess that I just don't know
And I guess that I just don't know

I wish that I was born a thousand years ago
I wish that I'd sailed the darkened seas
On a great big clipper ship
Going from this land here to that
Ah, in a sailor's suit and cap
Away from the big city
Where a man cannot be free
Of all the evils of this town
And of himself and those around
And I guess that I just don't know
And I guess that I just don't know

Heroin, be the death of me
Heroin, it's my wife and it's my life

Because a mainer to my vein
Leads to a center in my head
And then I'm better off than dead
Because when the smack begins to flow
I really don't care any more
About all the Jim-Jims in this town
And all the politicians making crazy sounds
And everybody putting everybody else down
And all the dead bodies piled up in mounds

'Cause when the smack begins to flow
Then I really don't care any more
Ah when that heroin is in my blood
And that blood is in my head
Man thank God I'm good as dead
And thank your God that I'm not aware
And thank God that I just don't care
And I guess that I just don't know
Oh and I guess that I just don't know

There she goes again
[*Lá vai ela outra vez*]

There she goes again
She's out on the streets again
She's down on her knees my friend
But you know she'll never ask you please again
Now take a look, there's no tears in her eyes
She won't take it from just any guy
What can you do
You see her walking on down the street
Look at all your friends that she's gonna meet
You'd better hit her

There she goes again
She's knocked out on her feet again
She's down on her knees my friend
You know she'll never ask you please again
Now take a look, there's no tears in her eyes
Like a bird, you know she will fly
What can you do
You see her walking on down the street
Look at all your friends that she's gonna meet (there she goes)
You'd better hit her

I'll be your mirror
[*Vou ser teu espelho*]

I'll be your mirror, reflect what you are
In case you don't know
I'll be the wind, the rain, and the sunset
The light on your door
To show that you're home

When you think the night has seen your mind
That inside you're twisted and unkind
Let me stand to show that you are blind
Please put down your hands
'Cause I see you

I find it hard
To believe you don't know
The beauty you are
But if you don't,
Let me be your eyes
A hand to your darkness
So you won't be afraid

When you think the night has seen your mind
That inside you're twisted and unkind
Let me stand to show that you are blind
Please put down your hands
'Cause I see you

I'll be your mirror

Black angel's death song
[*Canção fúnebre do anjo negro*]

The myriad choices of his fate set themselves out upon
A plate for him to choose, what had he to lose
Not a ghost-bloodied country all covered with sleep
Where the black angel did weep
Not an old city street in the east
Gone to choose

And wandering's brother walked on through the night
With his hair
In his face
Long a long splintered cut from the knife of G.T.

The Rally Man's patter ran on through the dawn
Until we said so long to his skull
Shrill yell

Shining brightly, red-rimmed and red-lined with the time
Effused with the choice of the mind on ice skates scraping chunks
From the bells

Cut mouth bleeding razors forget in the pain
Antiseptic remains coo goodbye
So you fly
To the cozy brown snow of the east
Gone to choose, choose again

Sacrificials remain make it hard to forget
Where you come from
The stools of your eyes serve to realize pain
Choose again

Roberman's refrain of the sacrilege recluse
For the loss of a horse
Went the bowels in the tail of a rat
Come again, choose to go

And if epiphanies terror reduced you to shame
Have your head bobbed and weaved
Choose a side
To be on

If the stone glances off split didactics in two
Lay the colour of mouse trails all's green try between
If you choose
If you choose
Try to lose
For the loss of remain come and start
Start the game
I Chi–Chi
Chi Chi I
Chi Chi Chi
Ka–Ta–Ko
Choose to choose
Choose to choose
Choose to go

European son
[*Filho europeu*]

You killed your European Son
You spit on those under twenty-one
But now your blue clouds have gone
You'd better say so long
Hey hey, bye bye bye

You made your wallpapers green
You want to make love to the scene
Your European Son is gone
You'd better say so long
Your clouds driftin' good-bye

WHITE LIGHT / WHITE HEAT

White Light / White Heat
[*Luz Branca / Calor Branco*]

White Light
Goin' messin' up my mind
White Light
Don't you know it's gonna make me go blind
White Heat
White Heat
It tickle me down to my toes
White Light
Lord have mercy White Light have it goodness knows

White Light
White Light
Goin' messin' up my brain
White Light
Oh, White Light
It's gonna drive me insane
White Heat
White Heat it tickle me down to my toes
White Light
Oh, White Light I said now, goodness knows, do it
White Light
Oh, I surely do love to watch that stuff drip itself in

White Light
Watch that side, watch that side
Don't you know gonna be dead and dried
White Heat
Yeah foxy momma watchin' me walkin' down the street
White Light
Come upside your head, gonna make you dead hang on your street
White Light
Movin' me between my brain
White Light
Gonna make you go insane
White Heat
Oh, White Heat it tickles me down to my toes
White Light
Oh White Light, I said now, goodness knows
White Light
Oh, White Light it lightens up my eyes
White Light
Don't you know it fills me up with surprise
White Heat
Oh, White Heat tickle me down to my toes
White Light
Oh, White Light, I'll tell you now, goodness knows, now work it
White Light
Oh, she surely do move speed
Watch that speedfreak, watch that speedfreak
Yeah we're gonna go and make it every week
White Heat
Oh, sputter mutter, everybody's gonna go and kill their mother

White Light
Here she comes, here she comes
Everybody get it gonna make me run
Do it

The gift
[*O presente*]

Waldo Jeffers had reached his limit. It was now mid-August, which meant he had been separated from Marsha for more than two months. Two months, and all he had to show were three dog-eared letters and two very expensive long-distance phone calls. True, when school had ended and she'd returned to Wisconsin and he to Locust, Pennsylvania, she had sworn to maintain a certain fidelity. She would date occasionally, but merely as amusement. She would remain faithful.

But lately, Waldo had begun to worry. He had trouble sleeping at night, and when he did, he had horrible dreams. He lay awake at night, tossing and turning underneath his pleated quilt protector, tears welling in his eyes as he pictured Marsha, her sworn vows overcome by liquor and the smooth soothing of some Neanderthal, finally submitting to the final caresses of sexual oblivion. It was more than the human mind could bear.

Visions of Marsha's faithlessness haunted him. Daytime fantasies of sexual abandon permeated his thoughts, and the thing was, they wouldn't understand how she really was. He, Waldo, alone understood this. He had intuitively grasped every nook and cranny of her psyche. He had made her smile—she needed him, and he wasn't there. (ahh....)

The idea came to him on the Thursday before the Mummers' parade was scheduled to appear. He'd just finished mowing and edging the Edison's lawn for a dollar fifty and then checked the mailbox to see if there was at least a word from Marsha. There was nothing but a circular from the Amalgamated Aluminum Company of America inquiring into his awning needs. At least they cared enough to write. It was a New York company. You could go anywhere in the mails.

Then it struck him. He didn't have enough money to go to Wisconsin in the accepted fashion, true, but why not mail himself? It was absurdly simple. He would ship himself, parcel-post special delivery. The next day Waldo went to the supermarket to purchase the necessary equipment. He bought masking tape, a staple-gun, and a medium sized cardboard box, just right for a person of his build. He judged that with a minimum of jostling, he could ride quite comfortably. A few airholes, some water, and perhaps midnight snacks, and it would probably be as good as going tourist.

By Friday afternoon, Waldo was set. He was thoroughly packed and the post office had agreed to pick him up at three o'clock. He had marked the package "fragile" and as he sat curled up inside, resting on the foam-rubber cushioning he'd thoughtfully included, he tried to picture the look of awe and happiness on Marsha's face, as she opened her door, saw the package, tipped the deliverer, and then opened it to see her Waldo finally there in person. She would kiss him, and then maybe they could see a movie. If he'd only thought of this before. Suddenly, rough hands gripped his package, and he found himself borne up. He landed with a thud in a truck and was off.

Marsha Bronson had just finished setting her hair. It had been a very rough weekend. She had to remember not to drink like that. Bill had been nice about it, though. After it was over, he'd said he still respected her, and after all it was certainly the way of nature, and even though, no, he didn't love her, he did feel an affection for her. And after all, they were grown adults. Oh, what Bill could teach Waldo. But that seemed many years ago.

Sheila Klein, her very, very best friend walked in through the porch screen door and into the kitchen.

"Oh god, it's absolutely maudlin outside."

"I know what you mean, I feel all icky." Marsha tightened the belt on her cotton robe with the silk outer edge. Sheila ran her finger over some salt grains on the kitchen table, licked her finger and made a face.

"I'm supposed to be taking these salt pills, but"—she wrinkled her nose—"they make me feel like throwing up."

Marsha started to pat herself under the chin, an exercise she had seen on television. "God, don't even talk about that." She got up from the table and went to the sink, where she picked up a bottle of pink and blue vitamins. "Want one? Supposed to be better than steak," and then attempted to touch her knees.

ATRAVESSAR O FOGO — 310 LETRAS 511

"I don't think I'll ever touch a daiquiri again." She gave up and sat down, this time nearer the small table that supported the telephone. "Maybe Bill will call," she said to Sheila's glance. Sheila nibbled on her cuticle.

"After last night, I thought maybe you'd be through with him."

"I know what you mean. My god, he was like an octopus—hands all over the place!" she gestured raising her arms upward in defense. "The thing is, after a while you get tired of fighting with him, you know, and after all I didn't really do anything Friday and Saturday, so I kind of owed it to him—you know what I mean." She started to scratch.

Sheila was giggling with her hand over her mouth. "I tell you, I felt the same way and even, after a while," here she bent forward in a whisper, "I wanted to." Now she was laughing very loudly.

It was at this point that Mr. Jameson, of the Clarence Darrow Post Office, rang the doorbell of the large stuccocovered frame house. When Marsha Bronson opened the door, he helped her carry the package in. He had his yellow and his green slips of paper signed, and left with a fifteen cent tip that Marsha had gotten out of her mother's small beige pocketbook in the den.

"What do you think it is?" Sheila asked.

Marsha stood with her arms folded behind her back. She stared at the brown cardboard carton that sat in the middle of the living room. "I don't know."

Inside the package, Waldo quivered with excitement as he listened to the muffled voices. Sheila ran her fingernail over the masking tape that ran down the center of the carton. "Why don't you look at the return address and see who it's from."

Waldo felt his heart beating. He could feel the vibrating footsteps. It would be soon.

Marsha walked around the carton and read the inkscratched label. "God, it's from Waldo!"

"That schmuck," said Sheila.

Waldo trembled with expectation.

"Well you might as well open it," said Sheila, and both of them tried to lift the stapled flap.

"Oaah," said Marsha groaning, "he must have nailed it shut." They tugged on the flap again. "My god, you need a power drill to get this thing open." They pulled again. "You can't get a grip." They both stood still breathing heavily. "Why don't you get a scissor," said Sheila. Marsha ran into the kitchen, but all she could find was a little sewing scissor. Then she remembered that her father kept a collection of tools in the basement. She ran downstairs, and when she came back up, she had a large sheetmetal cutter in her hand. "This is the best I could find." She was very out of breath. "Here, you do it, I think I'm gonna die." She sank into her large fluffy couch and exhaled noisily. Sheila tried to make a slit between the masking tape and the end of the cardboard flap, but the blade was too big and there wasn't enough room. "Goddamn this thing," she said feeling very exasperated. Then, smiling, "I got an idea." "What?" said Marsha. "Just watch," said Sheila, touching her finger to her head.

Inside the package, Waldo was so transfixed with excitement that he could barely breathe. His skin felt prickly from the heat and he could feel his heart beating in his throat. It would be soon.

Sheila stood quite upright and walked around to the other side of the package. Then she sank down to her knees, grasped the cutter by both handles, took a deep breath, and plunged the long blade through the middle of the package, through the masking tape, through the cardboard, through the cushioning, and right through the center of Waldo Jeffers' head, which split slightly and caused little rhythmic arcs of red to pulsate gently in the morning sun.

Lady Godiva's operation
[*A operação de Lady Godiva*]

Lady Godiva dressed so demurely
Pats the head of another curly-haired boy
Just another toy
Sick with silence she weeps sincerely
Saying words that have oh so clearly been said
So long ago

Draperies wrapped gently 'round her shoulder
Life has made her that much bolder now
That she found out how

Dressed in silk, Latin lace and envy
Pride and joy of the latest penny feire
Pretty passing care

Hair today now dipped in the water
Making love to every poor daughter's son
Isn't it fun

Now today propping grace with envy
Lady Godiva peers to see if anyone's there
And hasn't a care

Doctor is coming the nurse thinks SWEETLY
Turning on the machines that NEATLY pump air
The body lies bare

Shaved and hairless what once was SCREAMING
now lies silent and almost SLEEPING
the brain must have gone away

Strapped securely to the white table
Ether caused the body to wither and writhe
underneath the white light

Doctor arrives with knife and baggage
sees the growth as just so much cabbage
that now
must be cut away

Now comes the moment of Great! Great! Decision!
The doctor is making his first incision!
One goes here—one goes there

The ether tube's leaking says someone who's sloppy
Patient it seems is not so well sleeping

The screams echo up the hall
Don't panic someone give him pentathol instantly
Doctor removes his blade
Cagily so from the brain
By my count of ten—
The head won't move

Here she comes now
[*Aí vem ela agora*]

Now, if she ever comes now now
If she ever comes now now
If she ever comes now

Now, if she ever comes now now
If she ever comes now now
If she ever comes now

Aw, it looks so good
Aw, she's made out of wood
Just look and see

Now, if she ever comes now now
If she ever comes now now
If she ever comes now

Now, if she ever comes now now
If she ever comes now now
If she ever comes now

Aw, it looks so good
Aw, she's made out of wood
Just look and see

I heard her call my name
[*Escutei ela chamar meu nome*]

Here comes the count-down
It's gone gone gone, baby
Got my eyes wide open
Ever since I was crippled on Monday
Got my eyeballs on my knees, a baby-walking
I rapped for hours with Mad Mary Williams
She said she never understood a word from me because
I know that she cares about me

I heard her call my name
And I know that she's long dead and gone
Still it ain't the same
When I wake up in this morning, mama
I heard her call my name
I know she's dead and long, long gone
I heard her call my name
And then I felt my mind split open

Sister Ray
[*Sister Ray*]

Duck and Sally inside
They're cookin' for the down five
Who's starin' at Miss Rayon
Who's busy lickin' up her pigpen
I'm searchin' for my mainline
I said I couldn't hit it sideways
I said I couldn't hit it sideways
Aw, just like Sister Ray said
Whip it on

Rosie and Miss Rayon
They're busy waitin' for her booster
Who just got back from Carolina
She said she didn't like the weather
They're busy waitin' for her sailor
Who's drinking dressed in pink and leather
He's just here from Alabama
He wants to know a way to earn a dollar
I'm searchin' for my mainer
I said I couldn't hit it sideways
I couldn't hit it sideways
Aw, just like Sister Ray said
Play it on

Cecil's got his new piece
He cocks and shoots it between three and four
He aims it at the sailor
Shoots him down dead on the floor
Aw, you shouldn't do that
Don't you know you'll stain the carpet
Now don't you know you'll stain the carpet
And by the way have you got a dollar

ATRAVESSAR O FOGO — 310 LETRAS 515

Oh, no man, I haven't got the time-time
Too busy sucking on a ding-dong
Too busy sucking on my ding-dong
Aw, she does just like Sister Ray says

I am searchin' for my mainline
I said I c-c-couldn't hit it sideways
I c-c-c-c-couldn't hit it sideways
Oh, do it, do it, aw just just just just like Sister Ray said

Now who is that knocking?
Who's knocking at my chamber door
Could it be the police
They come and take me for a ride-ride
Oh but I haven't got the time-time
Hey, hey, hey she's busy sucking on my ding-dong
She's busy sucking on my ding-dong
Aw now do it just like Sister Ray says

I'm searchin' for my mainline
I couldn't hit it sideways
I couldn't hit it sideways
Now just like, oh just like aw, just like Sister Ray said

Whip it on me Jim!

THE VELVET UNDERGROUND

Candy says
[*Candy diz*]

Candy says I've come to hate my body
And all that it requires in this world
Candy says I'd like to know completely
What others so discreetly talk about

Candy says I hate the quiet places
That cause the smallest taste of what will be
Candy says I hate the big decisions
That cause endless revisions in my mind

I'm gonna watch the blue birds fly
Over my shoulder
I'm gonna watch them pass me by

Maybe when I'm older
What do you think I'd see
If I could walk away from me

What goes on
[*O que rola*]

What goes on here in you mind
I think that I am falling down
What goes on here in you mind
I think that I am upside down
Lady, be good and do what you should
You know it'll work alright
Lady, be good and do what you should
You know it'll be alright

I'm going up and I'm goin' down
I'm gonna fly from side to side
See the bells up in the sky
Somebody's cut the string in two
Lady, be good and do what you should
You know it'll work alright
Lady, be good and do what you should
You know it'll be it alright

One minute one one minute two
One minute up and one minute down
What goes on here in your mind
I think that I am falling down
Lady, be good do what you should
You know it'll work alright
Lady, be good do what you should
You know it'll be alright

Some kinda love
[*Algum tipo de amor*]

Some kinda love
Marguerita told Tom
Between thought and expression lies a lifetime
Situations arise because of the weather
And no kinds of love
Are better than others

Some kinds love
Marguerita told Tom
Like a dirty French novel
Combines the absurd with the vulgar
And some kinds of love
The possibilities are endless
And for me to miss one
Would seem to be groundless

I heard what you said
Marguerita heard Tom
And of course you're a bore
But in that you're not charmless
'Cause a bore is a straight line
That finds a wealth in division
And some kinds of love
Are mistaken for vision

Put jelly on your shoulder
Let us do what you fear most
That from which you recoil
But which still makes your eyes moist

Put jelly on your shoulder, baby
Lie down upon the carpet
Between thought and expression
Let us now kiss the culprit

I don't know just what it's all about
Put on your red pajamas and find out

Pale blue eyes
[*Olhos azuis-claros*]

Sometimes I feel so happy
Sometimes I feel so sad
Sometimes I feel so happy
But mostly you just make me mad
Baby you just make me mad
Linger on, your pale blue eyes
Linger on, your pale blue eyes

Thought of you as my mountain top
Thought of you as my peak
Thought of you as everything

I've had but couldn't keep
I've had but couldn't keep

If I could make the world as pure and strange as what I see
I'd put you in the mirror I put in front of me
I put in front of me

Skip a life completely, stuff it in a cup
She said money is like us in time
It lies but can't stand up
Down for you is up

It was good what we did yesterday
And I'd do it once again
The fact that you are married
Only proves you're my best friend
But it's truly, truly a sin
Linger on, your pale blue eyes
Linger on, your pale blue eyes

Jesus
[*Jesus*]

Jesus help me find my proper place
Jesus help me find my proper place
Help me in my weakness
'Cause I've fallen out of grace
Jesus
Jesus

Beginning to see the light
[*Começando a ver a luz*]

I'm beginning to see the light
I'm beginning to see the light
Some people work very hard
But still they never get it right
I'm beginning to see the light

I'm beginning to see the light
Now I'm beginning to see the light
Wine in the morning and some breakfast at night
I'm beginning to see the light

Here we go again
Playing the fool again
Here we go again
Acting hard again

I'm beginning to see the light
I'm beginning to see the light
I wore my teeth in my hands
So I could mess the hair of the night
Well I'm beginning to see the light

I met myself in a dream
And I just wanted to tell you—everything was all right
I'm beginning to see the light

Here comes two of you
Which one will you choose?
One is black and one is blue
Don't know just what to do

I'm beginning to see the light
I'm beginning to see the light
Some people work very hard
But still they never get it right
Well I'm beginning to see the light

There are problems in these times
But none of them are mine
Baby, I'm beginning to see the light

Here we go again
I thought that you were my friend
Here we go again
I thought that you were my friend

How does it feel to be loved?

I'm set free
[*Estou livre*]

I've been set free and I've been bound
To the memories of yesterday's clowns
I've been set free and I've been bound and now
I'm set free
I'm set free
I'm set free to find a new illusion

I've been blinded but now I can see
What in the world has happened to me
The prince of stories who walks right by me and now
I'm set free
I'm set free
I'm set free to find a new illusion

I've been set free and I've been bound
Let me tell you people what I've found
I saw my head laughing, rolling on the ground and now
I'm set free
I'm set free
I'm set free to find a new illusion

That's the story of my life
[*Essa é a história da minha vida*]

That's the story of my life
That's the difference between wrong and right
But Billy said, both those words are dead
That's the story of my life

The murder mystery
[*O mistério do assassinato*]

A

candy screen wrappers of silkscreen fantastic, requiring memories, both lovely and guilt-
-free, lurid and lovely with twilight of ages, luscious and lovely and filthy with laughter, laconic
giggles, ennui for the passion, in order to justify most spurious desires, rectify moments, most
serious and urgent, to hail upon the face of most odious time, requiring replies most facile and
vacuous, with words nearly singed, with the heartbeat of passions, spew forth with the grace of a
tart going under, subject of a great concern, noble origin

B

[denigrate obtuse and active verbs pronouns, skewer the sieve of the optical sewer, release
the handle that holds all the gates up, puncture the eyeballs, that seep all the muck up, read all the
books and the people worth reading and still see the muck on the sky of the ceiling]

A

please raise the flag
rosy red carpet envy
english used here
this messenger is nervous

it's no fun at all
out here in the hall

B

[mister moonlight
Succulent smooth and gorgeous
Isn't nice? We're number one and so forth
Isn't it sweet being unique?]

A

for screeching and yelling and various offenses, lower the queen and bend her over the tub, against the state, the country, the committee, hold her head under the water please for an hour, for groveling and spewing and various offenses, puncture that bloat with the wing of a sparrow, the inverse, the observe, the converse, the reverse, the sharpening wing of the edge of a sparrow, for suitable reckonings too numerous to mention, as the queen is fat she is devoured by rats, there is one way to skin a cat or poison a rat it is here to four hear to three forthrightly stated

put down that rag simpering, callow and morose
who let you in?
if I knew, then I could get out
the murder you see
is a mystery to me

B

[relent and observe and inverse and perverse and reverse the inverse of perverse and reverse and reverse and reverse and reverse and chop it and pluck it and cut it and spit it and sew it to joy on the edge of a cyclops and spinet it to rage on the edge of a cylindrical minute]

[dear Mister Muse
fellow of wit and gentry
medieval ruse
filling the shallow and
empty, fools that duel
duel in pools]

A

to Rembrandt and Oswald, to peanuts and ketchup, sanctimonious sycophants stir in the bushes, up to the stand with your foot on the bible as king I must order and constantly arouse, if you swear to catch up and throw up and up, a king full of virgin and kiss me and spin it, excuse me to willow and wander dark wonders, divest me of robes-suture Harry and pig meat, the fate of a nation, rests hard on your bosoms, the king on his throne, puts his hand down his robe, the torture of inverse and silk screen and Harry, and set the tongue squealing the reverse and inverse

B

[tantalize poets with visions of grandeur, their faces turn blue whit the reek of the compost, as the living try hard to retain what the dead lost, with double dead sickness from writing at what cost and business and business and reverse and reverse and set the brain reeling the inverse and perverse]

A

objections suffice
apelike and tactile bassoon
oboeing me
cordon the virus' section
off to the left
is what is not right

B

[English arcane
tantamount here to frenzy
passing for me
lascivious elder passion
corpulent filth
disguised as silk]

A

contempt, contempt, and contempt for the boredom, I shall poison the city and sink it with fire, for Cordless an Harry and Apepig and Scissor, the messenger's wig seems fraught with desire, for blueberry picnics, and pince-nez and magpies, the messenger's skirt, would you please hook it higher, for children and adults all those under 90, how truly disgusting! would you please put it down? A stray in this fray is no condom worth saving, as king I'm quite just, but it's just quite impossible, a robe and a robe and a robe and a bat, no double class inverse could make lying worth dying

B

[with cheap simian melodies, hillbilly outgush, for illiterate ramblings for cheap understand-ings, for mass understanding the simple the inverse, the compost, the reverse, the obtuse and stupid, and business, and business, and cheap, stupid lyrics, and simple mass reverse while the real thing is dying]

A

accept the pig, enter the Owl and Gorgeous, King on the left, it on the right and primping adjusting his nose as he reads from his scroll

off with his head, take his head from his neck off, requiring memories both lovely and guilt--free, put out his eyes, then cut his nose off, sanctimonious synchophants stir in the bushes, scoop out his brain, put a string where his ears were, all the king's horses and all the king's men, swing the whole mess at the end of the wire, scratch out his eyes with the tip of a razor, let the wire extend from the tip of a rose, Caroline, Caroline, Caroline, Oh! but retain the remnants of what once was a Nose, pass me my robe, fill my bath up with water

B

[folksy knockwurst peel back the skin of French and what do You find? Follicles intertwining, succulent prose wrapped up In robes]

[jumpsuit and pig meat and making his fortune, while making them happy with the inverse and obverse and making them happy and making them happy with the coy and the stupid, just another dumb lackey, who puts out the thing, while singing the other, but the real thing's alone and it is no man's brother]

A

no one knows
no nose is good news and
senseless
extend the wine
drink here a toast to selfless
10-year-old port
is perfect and court

B

[safety is nice
not an unwise word spoken
scary, bad dreams
made safe in lovely songs
no doom or gloom
allowed in this room]

A

Casbah and Cascade and Rosehip and Feeling, Cascade and Cyanide, Rachmaninoff, Beethoven-skull silly wagon and justice and perverse and reverse the inverse and inverse and inverse, blueberry catalog, questionable earnings, hustler's lament and the rest will in due cry, to battle and scramble and browbeat and hurt while chewing on minstrels and choking on dirt, disease please seems the order of the day, please the king, please the king, please the king day, Casbah and Cascade and Rosehip and Feeling, point of order return the kings here to the ceiling

razzamatazz,
there's nothing on my shoulder, lust is a must, shaving my
head's made me bolder, will you kindly read what it was I
brought thee

B

[oh, not to be whistled or studied or hummed or remembered at nights, when the I is alone, but to skewer and ravage and savage and split with the grace of a diamond and bellicose wit, to stun and to stagger with words as such stone, that those who do hear cannot again return home]

[hello to Ray
hello to Godiva and Angel who

let you in?
isn't it nice, the party?
aren't the lights pretty at night?]

A

sick leaf and sorrow and pincers net-scissors, regard and refrain from the daughters of marriage, regards for the elders and youngest in carriage, regard and regard for the inverse and perverse and obverse, and diverse, of reverse and reverse, regard from the sick, the dumb, and the camel from pump's storing water, like brain is to marrow to x-ray and filthy and cutting and peeling to skin and to skin and to bone into structure to livid and pallid and turgid and structured and structured an structured and structured an structured and regard and refrain and regard and refrain, the sick, and the dumb, inverse, reverse and perverse

B

[contempt, contempt, and contempt for the seething, for writhing and reeling and two-bit reportage, for sick with the body and sinister holy, the drowned burst blue babies now dead on the seashore, the valorous horsemen, who hang from the ceiling, the pig on the carpet, the dusty pale jissom, that has no effect for the sick with the see-saw, the inverse, obverse, converse, reverse of reverse the diverse and converse of reverse and perverse and sweet pyrotechnics, and let's have another of inverse, converse, diverse, perverse, and reverse, hell's graveyard is damned as they chew on their brains, the slick and the scum, reverse, inverse and perverse]

A

plowing while it's done away
dumb and ready pig meat
sick upon the carpet
climb into the casket
safe within the parapet
sack is in the parapet
pigs are out and growling
slaughter by the seashore
see the lifeguard drowning
sea is full of fishes
fish's full of china
china plates are falling
all fall down
sick and shiny carpet
lie before my eyes eyes
lead me to the ceiling
walk upon the wall wall
tender as the green grass
drink the whisky horror
see the young girls dancing
flies upon the beaches
beaches are for sailors

nuns across the sea-wall
black hood horseman raging
swordsman eating fire

B

[sick upon the staircase
Sick upon the carpet
blood upon the pillow
climb into the parapet
see the church bells gleaming
knife that scrapes a sick plate
dentures full of air holes
the tailor couldn't mend straight
shoot her full of air holes
climbing up the casket
take me to the casket
teeth upon her red throat
screw me in the daisies
rip apart her holler
snip the seas fantastic
treat her like a sailor
full and free and nervous
out to make his fortune
either this or that way
sickly or in good health
piss upon a building
like a dog in training
teach to heel or holler
yodel on a sing song
down upon the carpet]

A

fire on the carpet
set the house ablazing
seize and bring it flaming
genthy to the ground ground
Dizzy Bell Miss Fortune
fat and full of love-juice
drip it on the carpet
down below the fire hose
weep and whisky fortune
sail me to the moon, dear
drunken dungeon sailors
headless Roman horsemen
the king and queen are empty

their heads are in the outhouse
fish upon the water
bowl upon the saviour
toothless wigged Laureate
plain and full of fancy
name upon a letterhead
impressing all the wheatgerm
love you for a nickel
ball you for a quarter
set the casket flaming
do not go gentle blazing

B

[tickle polyester
sick within the parapet
screwing for a dollar
sucking on a fire-hose
chewing on a rubber line
tied to chairs and rare bits
pay another player
oh you're such a good lad
here's another dollar
tie him to the bedpost
sick with witches' covens
craving for a raw meat
bones upon the metal
sick upon the circle
down upon the carpet
down below the parapet
waiting for you bidding
pig upon the carpet
tumescent railroad
neuro-anaesthesia analog
ready for a good look
drooling at the birches
swinging from the birches
succulent Nebraska]

After hours
[*Altas horas*]

If you close the door, the night could last forever
Leave the sunshine out and say hello to never
All the people are dancing and they're having such fun

I wish it could happen to me
But if you close the door, I'd never have to see the day again

If you close the door, the night could last forever
Leave the wine glass out and drink a toast to never
Oh, someday I know someone will look into my eyes
And say hello—you're my very special one—
But if you close the door I'd never have to see the day again

Dark party bars
Shiny Cadillac cars
And the people on subways and trains
Looking gray in the rain
As they stand disarrayed
Oh but people look well in the dark

And if you close the door the night could last forever
Leave the sunshine out and say hello to never
All the people are dancing and they're having such fun
I wish it could happen to me
'Cause if you close the door I'd never have to see the day again
I'd never have to see the day again

1969 VELVET UNDERGROUND LIVE

Sweet Jane (prototype)
[*Doce Jane (protótipo)*]

Anyone who ever had a heart
Wouldn't turn around and break it
And anyone who's ever played a part
Wouldn't turn around and hate it

Sweet Jane

Waiting for Jimmy down by the alley
Waitin' there for him to come home
Waitin' down on another corner
Figurin' ways to get back home

Sweet Jane

Anyone who ever had a dream
Anyone who's ever played a part

Anyone who's gonna live lonely
Anyone who's ever split apart

Sweet Jane

Heavenly wine and roses
Seem to whisper to me
When you smile

Sweet Jane

New age (prototype)
[*Nova era (protótipo)*]

Waiting for the phone to ring
Diamond necklace on my shoulder
Waiting for the phone to ring
Lipstick on my neck and shoulder
It seems to be my fancy
To make it with Frank and Nancy when
Over the bridge we go, looking for love
Over the bridge we go
Looking for love

I'll come running to you
Hey baby, if you want me
I'll come running to you
Baby, if you want me

Looking at my hands today
Looked to me that they're made of ivory
Had a funny call today
Someone died and someone's married
You know that it's my fancy
To make it with Frank and Nancy when
Over the bridge they go, looking for love
Over the bridge we go
Looking for love

I'll come running to you
Hey baby, if you want me
I'll come running to you
Baby, if you want me
Something's got a hold on me
And I don't know what

Something's got a hold on me
And I don't know what

It's the beginning of a new age

Over you
[*Pra cima de você*]

Here I go again
Just gonna play it like a fool again
Here I go again
Over you, over you

I'm just like a bell again
You know I'm starting to ring again
Here I go again
Over you, over you

Typically when I had it
Treated it like dirt
Now naturally, when I don't have it
I am chasing less and less rainbows

LOADED

Who loves the sun
[*Quem ama o sol*]

Who loves the sun, who cares that it makes plants grow
Who cares what it does since you broke my heart
Who loves the wind, who cares that it makes breezes
Who cares what it does since you broke my heart
Who loves the sun
Who loves the sun
Not everyone
Who loves the sun

Who loves the rain
Who cares that it makes flowers
Who cares that it makes showers since you broke my heart
Who loves the sun
Who cares that it is shining
Who cares what it does since you broke my heart

Who loves the sun
Not everyone
Not just anyone
Who loves the sun

Sweet Jane (final version)
[*Doce Jane (versão final*)]

Standin' on the corner
Suitcase in my hand
Jack is in his corset, Jane is in her vest
And me, I'm in a rock 'n' roll band
Ridin' in a Stutz Bear Cat, Jim
You know those were different times
All the poets they studied rules of verse
And those ladies they rolled their eyes

Jack, he is a banker
And Jane, she is a clerk
And both of them save their monies
And when they come home from work
Sittin' down by the fire
The radio does play
A little classical music there, Jim
"The March of the Wooden Soldiers"
All you protest kids
You can hear Jack say

Some people they like to go out dancin'
And other peoples they have to work
And there's even some evil mothers
Well they're gonna tell you that everything is just dirt
You know that women never really faint
And that villians always blink their eyes
That children are the only ones who blush
And that life is just to die
But anyone who ever had a heart
They wouldn't turn around and break it
And anyone whoever played a part
They wouldn't turn around and hate it

Sweet Jane, sweet Jane

Rock 'n' roll
[*Rock'n'roll*]

Jenny said when she was just five years old
There was nothing happenin' at all
Every time she puts on a radio
There was nothin' goin' down at all
Then one fine mornin' she puts on a New York station
You know she don't believe what she heard at all
She started shakin' to that fine fine music
You know her life was saved by rock 'n' roll
Despite all the amputations you know you could just go out and
Dance to the rock 'n' roll station

Jenny said when she was just about five years old
You know my parents are gonna be the death of us all
Two TV sets and two Cadillac cars—
Ain't gonna help me at all
Then one fine mornin'
She turns on a New York station
She don't believe what she heard at all
She started dancin' to that fine fine music
You know her life was saved by rock 'n' roll
Despite all the computations
You could just dance to that rock 'n' roll station

And it was alright
It's alright now

Cool it down
[*Vai devagar*]

Somebody took the papers
And somebody's got the key
And somebody's nailed the door shut
And says, hey
Whatcha think that you see?
But me I'm down around the corner
You know I'm lookin for Miss Linda Lee
Because she's got the power to love me by the hour
Gives me W-L-O-V-E
If you want it so fast
Don't you know that it ain't gonna last
Of course you know it makes no difference to me

Somebody's got the time time
Somebody's got the right
All of the other people
Tryin' to use up the night
But now me, I'm out on the corner
You know I'm lookin for Miss Linda Lee
Because she's got the power to love me by the hour
Gives me W-L-O-V-E
If you want it to last
Don't you know honey you can get it so fast
But of course
You know it makes no difference to me
You better cool it down

New age (final version)
[*Nova era (versão final)*]

Can I have your autograph
He said to the fat blonde actress
You know I've seen every movie you've been in
From "Paths of Pain" to "Jewels of Glory"
And when you kissed Robert Mitchum
Gee, but I thought you'd never catch him

Over the hill right now
And you're looking for love
You're over the hill right now
And looking for love
I'll come runnin' to you
Honey when you want me
I'll come runnin' to you
Honey when you want me

Can I have your autograph
He said to the fat blonde actress
You know I know everything you've done
Anyway I hate divorces
To the left is a marble shower
It was fun even for an hour, but
You're over the hill right now
And lookin' for love
You're over the hill right now
And you're lookin' for love
I'll come runnin' to you

Honey when you want me
I'll come runnin' to you
Honey when you want me

Something's got a hold on me and I don't know what
Something's got a hold on me and I don't know what

It's the beginning of a new age

Head held high
[*Cabeça erguida*]

Momma told me
Ever since I was seven
Hold your head up high
My parents told me
Ever since I was eleven
Hold your head up high
They said the answer
Was to become a dancer
Hold your head up high
Oh just like I figured
They all was disfigured
With their head up high

Now I am older
I'm getting so much bolder
With my head up high
As I figured
Just like I figured
Set your heads up high
Just like I figured
You know they was disfigured
Hold your head high
You know they says the answer
Was to become a dancer
Hold your head up high boy

Ever since I was a baby
On my momma's knee
Oh just listening
To what everybody told me
But still the answer
Was to become a dancer
Hold your head up high

But just like I figured
They all was disfigured
Hold your heads up high

Lonesome Cowboy Bill
[*O Solitário Caubói Bill*]

Lonesome Cowboy Bill rides the rodeo
Lonesome Cowboy Bill you gotta see him yodel-e-eo

Lonesome Cowboy Bill rides the rodeo
Ever since he was a little lad rode the rodeo
Buckin' broncs and sippin' wine
Got to see him go
And all the ten-gallon girls love to hear him yodel-e-eo
Lonesome Cowboy Bill rides the rodeo
Lonesome Cowboy Bill you gotta see him yodel-e-eo

Lonesome Cowboy Bill, still rides the rodeo
Up round Colorado shores, down by the Ohio
Sometimes even New Orleans down by Mardi Gras
And all the ten-gallon girls love to hear him yodel-e-eo
Lonesome Cowboy Bill rides the rodeo
Lonesome Cowboy Bill you gotta see him yodel-e-eo

You gotta to see him in the rodeo
When he's ridin' goin' too darn fast
You gotta to hear the people scream and shout
They call him Lonesome Cowboy Bill

I found a reason
[*Encontrei uma razão*]

I found a reason to keep living, and the reason dear is you
I found a reason to keep singing, and the reason dear is you
Oh, I do believe, if you don't like things you leave
For someplace you've never gone before

Honey, I found a reason to keep living
You know the reason dear it's you
I've walked down life's lonely highways
Hand in hand with myself
And I realize how many paths have crossed between us

Oh I do believe you are what you perceive
What comes is better than what came before

And you'd better come
Come come come to me
Come come come to me
You'd better come
Come come come to me

Train round the bend
[*Trem na curva*]

Train round the bend
Takin' me away from the country
I'm sick of trees, take me to the city
Train goin' round the bend
Train comin' round the bend

Been in the country much too long
Trying to be a farmer
But nothing that I planted ever seemed to grow
Train comin' round the bend
Train comin' round the bend

I am just a city boy
I'm really not the country kind
I miss the city streets and the neon lights
See the train comin' round the bend
The train comin' round the bend

Once, she's goin' twice
She's gonna do it all up and down
She's goin' once, she's goin' twice
She's goin', train's comin' round the bend
You know the train's comin' round the bend

Hey, up and down, out of nowhere
Taking me back where I belong
I've been here once and I don't dig it tonight
The train's coming round the bend

Oh! Sweet nothing
[*Oh! O doce nada*]

Say a word for Jimmy Brown, he ain't got nothing at all
Not the shirt right off his back, he ain't got nothing at all

Say a word for Ginger Brown
Walks with his head down to the ground
Took the shoes right off his feet
And threw the poor boy right out in the street
And this is what he said
Oh sweet nothing, she ain't got nothing at all
Oh sweet nothing, she ain't got nothing at all

Say a word for Pearly Mae
She can't tell the night from the day
They threw her out in the street
Just like a cat she landed on her feet

And say a word for Joanie Love
She ain't got nothing at all
Every day she falls in love
And every night she falls
And when she does she says
Oh sweet nothing, ain't got nothing at all
Oh sweet nothing, ain't got nothing at all

V U

Stephanie says
[Stephanie diz]

Stephanie says
That she wants to know
Why she's given half her life
To people she hates now

Stephanie says (Stephanie says)
When answering the phone (answering the phone)
What country shall I say is calling
From across the world

But she's not afraid to die
The people all call her Alaska
Between worlds, so the people ask her
'Cause it's all her mind
It's all in her mind

Stephanie says (Stephanie says)
That she wants to know (she wants to know)

Why it is, though she's the door
She can't leave the room

Stephanie says (Stephanie says)
But doesn't hang up the phone (hang up the phone)
What sea shell say is call ing
From across the world

But she's not afraid to die
The people all call her Alaska
Between worlds, so the people ask her
'Cause it's all in her mind
It's all in her mind

They're asking is it good or bad
It's such an icy feeling
It's so cold in Alaska (Stephanie says)
It's so cold in Alaska (Stephanie says)
It's so cold in Alaska (Stephanie says)

Temptation inside your heart
[*Tentação dentro do seu coração*]

I know where temptation lies, inside of your heart
I know where the evil lies, inside of your heart
If you're gonna try to make it right
You're surely gonna end up wrong

I know where the mirror's edge is inside of your heart
I know where the razor's edge is inside of your heart
Well, if you're gonna make it right
You're surely gonna end up wrong
(Electricity comes from other planets)

I know where temptation lies, inside of your heart
I know where the evil lies, inside of your heart
Well, if you're gonna try to make it right
You're surely gonna end up wrong
(The pope in the silver castle)

One of these days
[*Um dia desses*]

One of these Days, ain't it peculiar
You're gonna look for me
And baby, I'll be gone

One of these days, and it won't be long
Oh darling, gonna call my name
And I'll be far gone

I'm gonna tell you something
That I ain't told no one before
That is iffn I can stop dancing
And get my poor self off this ballroom floor

One of these days, ain't it peculiar
Babe, you're gonna call my name
You know that I'll be gone, bye bye baby

I'm gonna tell you something
That I ain't told no one before
That is iffn I can stop dancing
And get my poor self off this ballroom floor

One of these days, and it won't be long
You're going to call my name
And I'll be gone
You're going to call my name
And I'll be gone
You're going to call my name child
And I'll be gone

I'm sticking with you
[*Vou na sua cola*]

I'm sticking with you
'Cause I'm made out of glue
Anything that you might do
I'm gonna do too

You held up a stagecoach in the rain
And I'm doing the same
Saw you hanging from a tree
And I made believe it was me

I'm sticking with you
'Cause I'm made out of glue
Anything that you might do
I'm gonna do, too

Moon people going to the stratosphere
Soldiers fighting with the Cong

But with you by my side I can do anything
When we swing, we hang past right and wrong

I'll do anything for you
Anything you'd want me to
I'll do anything for you
I'm sticking with you

ANOTHER VIEW

Hey Mr. Rain
[*Ei, sr. Chuva*]

Mr. Rain ain'tcha follow me down
Hey Mr. Rain ain'tcha follow me down
I been working baby oh so hard starin' up at the sky
Hey Mr. Rain ain'tcha follow me down

Mr. Rain ain'tcha gonna come down
Hey Mr. Rain ain'tcha gonna come down
I been working baby oh so hard staring up at the sky
Hey Mr. Rain gonna come down

Ferryboat Bill
[*Bill do Ferryboat*]

Ferryboat Bill, won't you please come home?
You know your wife has married a midget's son
And that's the short and long of it

THE VELVET UNDERGROUND LIVE MCMXCIII

Velvet nursery rhyme
[*Canção de ninar do Velvet*]

We're the Velvet Underground and we have come to play
It's been 28 years since we've been here to the day
There's Maureen she's on the drums she's having a lotta fun

Let's hear it for Moe Tucker hit those skins for everyone
There is Sterling Morrison he's playing the guitar
He's a guitar hero kick their asses really far

Now you got here John and me
We want no part of this
That's because we think it is
Real pretentious SHIT

Coyote
[*Coiote*]

Coyote goes to the top of the hill
Doing the things that coyotes will
Staring at the sky at the moon
You know he starts to howl

Coyote goes to the mountaintop
Looks over down at the river
says what a drop
No tame dog is gonna take my bone

Coyote at the top of the hill
Doing the things coyotes will
You gotta cast the first stone
Cast the first stone

Jackal goes to the top of the hill
Doing the things that jackals will
Staring at the moon
You know he starts to howl

Wild dog up on a mountaintop
Blood in his jaws, the bone he drops
No tame dog is ever ever gonna take my bone

Jackal up on top of the hill
Doing the things that jackals will
Cast the first stone
Cast the first stone

Coyote on top of the hill
Doing the things that coyotes will
Staring at the sky he looks at the moon he starts to howl

Coyote up on the mountaintop
Blood in his jaws the bone he drops
Says no tame dog is ever ever gonna take this bone

Coyote up on a mountaintop
Says what a drop
You've gotta cast the first stone
Cast the first stone

NICO: CHELSEA GIRL

Chelsea girls
[*Garotas do Chelsea*]

Here's Room 506
It's enough to make you sick
Brigid's all wrapped up in foil
You wonder if she can uncoil
Here they come now
See them run now
Here they come now
Chelsea Girls

Here's Room 115
Filled with S&M queens
Magic marker row
You wonder just how high they go
Here's Pope dear Ondine
Rona's treated him so mean
She wants another scene
She wants to be a human being

Pepper she's having fun
She thinks she's some man's son
Her perfect loves don't last
Her future died in someone's past

Dear Ingrid's found her lick
She's turned another trick
Her treats and times revolve
She's got problems to be solved

Poor Mary, she's uptight she can't turn out her light
She rolled Susan in a ball
And now she can't see her at all

Dropout, she's in a fix
Amphetamine has made her sick

542   LOU REED

White powder in the air
She's got no bones and can't be scared

Here comes Johnny Bore
He collapsed on the floor
They shot him up with milk
And when he died, sold him for silk
Here they come now
See them run now
Here they come now
Chelsea Girls

Wrap your troubles in dreams
[*Embrulhe seus problemas em sonhos*]

Wrap your troubles in dreams
Send them all away
Put them in a bottle
And across the seas they'll stay

Speak not of misfortune
Speak not of your woes
Just steel yourself for holy death
Crouching by the door
Writhe and sway to music's pain
Searing with asides
Caress death with a lover's touch
For it shall be your bride

Slash the golden whip it snaps
'Cross the lovers' sides
The earth trembles without remorse
Preparing for to die
Salty ocean waves and sprays
Come crashing to the shore
Bullies kick and kill young loves
Down on barroom floors

Violence echoes through the land
And heart of every man
The knife stabs existent wounds
Pus runs through matted hair

The gleaming knife cuts early
Through the midnight air

Cutting entrails in its path
Blood runs without care

Excrement filters through the brain
Hatred bends the spine
Filth covers the body pores
To be cleansed by dying time

Wrap your troubles in dreams send them all away
Put them in a bottle
And across the seas they'll stay

LOU REED

I can't stand it
[*Não aguento*]

It's hard being a man
Living in a garbage pail
My landlady called me up
She tried to hit me with a mop

I can't stand it any more more
But if candy would just come back it'd be all right

I live with thirteen dead cats
A purple dog that wears spats
They're all out living in the hall
And I can't stand it anymore

I'm tired of living all alone
Nobody ever calls me on the phone
But when things start getting bad
I just play my music louder

I can't stand it any more more

Going down
[*Caindo*]

When you're in a dream
And you think you got your problems all nailed down
Pieces of the scheme seem to rattle up and then to rattle down

And when you start to fall
And those footsteps
They start to fade
Well, then you know you're going down
You're falling all around
And you know you're going down for the last time

When you're in the air
And you're thinking
You'll drift off into the west
Your friend's polite, advise,
Hey, look you're pushing too hard
And perhaps you need a rest
And when you start to fall
And all those footsteps they start to fade
Then you know you're going down
Yeah, you're crashing upside down
And you know you're going down for the last

Time's not what it seems it just seems longer
When you're lonely in this world
Everything it seems
Would be brighter
If your nights were spent with some girl
Yeah, you're falling all around
Yeah, you're crashing upside down
And you know you're going down for the last time

Walk and talk it
[*O passo e o verbo*]

I got hearts in my looney tunes
I got dreams and you do, too
I got ten-wheel drive to pick you up, up to your ears
I got refined carbon in my eyelids, dear
I've got no one to love and no one to fear
You better walk it and talk it less you lose that beat

You better lose yourself mama
And knock yourself right off of your feet
You're moving too fast don't you want it to last
You better walk it talk it
You better walk it as you talk it less you lose that beat

I've got dimes in my shoes real nice
I've got bells that are laid on ice
I've got dreams, let me mix it with a little gin
I got cool when I'm cold and warm when I'm hot
But me is the one thing baby you ain't got
You got to walk it and talk it less you lose that beat

Lisa says
[*Lisa diz*]

Lisa says, on a night like this
It'd be so nice if you gave me a great big kiss
And Lisa says, hey honey, for just one little smile
I'll sing and play for you for the longest while

Lisa says, Lisa says
Lisa says, oh no Lisa says

Lisa says, honey, you must think I'm some kinda California fool
The way you treat me just like some kind of tool
Lisa says, hey baby, if you stick your tongue in my ear
Then the scene around here will become very clear

Lisa says, oh no Lisa says
Hey, don't you be a little baby
Lisa says, oh no Lisa say

Hey, if you're looking for a good time Charlie
Well, that's not really what I am
You know, some good time Charlie, always out having his fun
But if you're looking for some good good lovin'
Then sit yourself right over here
You know that those good, those good times
They just seem to pass me by just like pie in the sky
And Lisa says, on a night like this
It'd be so nice if you gave me a great big kiss
And Lisa says, hey baby, for just one little smile
I'll sing and play for you for the longest while

Why am I so shy
Why am I so shy
Jeez, you know that those good good times
They just seem to pass me by
Why am I so shy
First time I saw you, I was talking to myself

I says, hey you got those pretty, pretty eyes (such pretty eyes)
Now that you are next to me, I just get so upset
Hey Lisa, will you tell me, why am I so shy

Berlin
[*Berlim*]

In Berlin, by the wall
You were five foot ten inches tall
It was very nice
Candlelight and Dubonnet on ice
We were in a small café
You could hear the guitars play
It was very nice
It was paradise

You're right and I'm wrong
You know I'm gonna miss you
Now that you're gone
One sweet day

In a small small café
We could hear the guitars play
It was very nice
Candlelight and Dubonnet on ice
Don't forget, hire a vet
He hasn't had that much fun yet
It was very nice
Hey honey, it was paradise

I love you
[*Eu te amo*]

When I think of all the things I've done
And I know that it's only just begun
Those smiling faces, you know I just can't forget 'em
But I love you

When I think of all the things I've seen
And I know that it's only the beginning
You know those smiling faces, I just can't forget 'em
But for now I love you

Just for a little while
Oh baby, just to see you smile
Just for a little while

When I think of all those things I've done
And I know that it's only just begun
Smiling smiling faces, Jesus, you know I can't forget them
But for now I love you
Right this minute, baby now, I love you
At least for now I love you

Wild child
[*Menina indomável*]

I was talking to Chuck in his Ghengis Khan suit
And his wizard's hat
He spoke of his movie and how he was making a new soundtrack
And then we spoke of kids on the coast
And different types of organic soap
And the way suicides don't leave notes
Then we spoke of Lorraine, always back to Lorraine

I was speaking to Bill
Who was given to pills and small racing cars
He had given them up since his last crack-up
Had carried him too far
Then we spoke of movies and verse and the way an actress held her purse
And the way life at times could get worse
Then we spoke of Lorraine, always back to Lorraine

I was talking to Betty about her auditions, how they made her ill
The life of the theater is certainly fraught
With many spills and chills
But she calmed down after some wine
Which is what happens most of the time
Then we sat and both spoke in rhyme
Till we spoke of Lorraine, ah, it's always back to Lorraine

I was talking to Ed who'd been reported dead by a mutual friend
He thought it was funny that I had no money to spend on him
So we both shared a piece of sweet cheese
And sang of our lives and our dreams
And how things can come apart at the seams
And we talked of Lorraine, always back to Lorraine

She's a wild child and nobody can get at her
She's a wild child and nobody can get to her
Sleeping out on the street
Living all alone
Without a house or a home
And then she asks you please
Hey, baby can I have some spare change
Now can I break your heart?
She's a wild child, she's a wild child

Love makes you feel
[*O amor te faz sentir*]

Life isn't what it seems
I'm forever drifting into dreams
Such a sad affair
To always be drifting into air

But it's not what you say or you do
That makes me feel like I am falling
It's things that we've both been through
That makes me feel like I am upside down
And love makes you feel ten foot tall
Yes, love makes you feel ten foot tall

Just a funny thing
I'm forever drifting into dreams
Just not the proper thing
To always be drifting into dreams

But it's not what you say or do
That makes me feel like I am falling
It's things that we've both been through
That makes me feel like I am upside down
And love makes you feel ten foot tall
Yes, love makes you feel ten foot tall

And it sounds like this

Ride into the sun
[*Jornada para o sol*]

Looking for another chance
For someone else to be

Looking for another place
To ride into the sun

Ride into the sun
Ride into the sun
Ride into the sun
Ride into

The Sun
Where everything seems so pretty
But if you're tired and you're sick of the city
Remember that it's just a flower made out of clay

The City
Where everything seems so dirty
But if you're tired and you're filled with self-pity
Remember that you're just one more person who's there

It's hard to live in the city

Ocean
[*Oceano*]

Here comes the ocean and the waves down by the sea
Here comes the ocean and the waves where have they been

Don't swim tonight my love
The sea is mad my love
It's known to drive men crazy

Malcolm has burned at sea
The castle it sits and reeks
The madness can make you hazy

But here comes the waves
Down by the shore
Washing the rocks that have been here centuries or more
Down by the sea

Here comes the ocean and the waves down by the sea
Here comes the ocean and the waves where have they been

Castles glowing at night
Towers above our fright
Warlocks decapitating
Malcolm he lives on hate
Serves your brain on a plate
Feasts on your mouth for dinner

But here comes the waves down by the sea
Washing the eyes of the men who have died
Down by the sea

TRANSFORMER

Vicious
[*Perversa*]

Vicious, you hit me with a flower
You do it every hour
Oh baby, you're so vicious
Vicious, you want me to hit you with a stick
But all I've got's a guitar pick
Baby, you're so vicious

When I watch you come, baby I just wanna run—far away
You're not the kind of person 'round I wanna stay
When I see you walkin' down the street
I step on your hands and I mangle your feet
You're not the kind of person that I want to meet
Babe, you're so vicious, you're just so vicious

Vicious, you hit me with a flower
You do it every hour
Oh baby, you're so vicious

Vicious, Hey! Why don't you swallow razor blades
You must think that I'm some kind of gay blade
But baby, you're so vicious

When I see you comin' I just have to run
You're not good and you certainly aren't very much fun

When I see you walkin' down the street
I step on your hand and I mangle your feet
You're not the kind of person that I even want to meet
'Cause you're so vicious

Andy's chest
[*O baú do Andy*]

If I could be anything in the world that flew
I would be a bat and come swooping after you
And if the last time you were here things were a bit askew
Well, you know what happens after dark
When rattlesnakes lose their skins and their hearts
And all the missionaries lose their bark
Oh, all the trees are calling after you
And all the venom snipers after you
Are all the mountains bolder after you?

If I could be any one of the things in this world that bite
Instead of an indentured ocelot on a leash, I'd rather be a kite
And be tied to the end of your string
And flying in the air, babe, at night
'Cause you know what they say about honey bears
When you shave off all their baby hair
You have a hairy-minded pink bare bear

And all the bells are rolling out for you
And stones are all erupting out for you
And all the cheap bloodsuckers are flying after you

Yesterday, Daisy May and Biff were grooving on the street
And just like in a movie her hands became her feet
Her belly button was her mouth
Which meant she tasted what she'd speak

But the funny thing is what happened to her nose
It grew until it reached all of her toes
Now when people say her feet smell they mean her nose

And curtains laced whit diamonds dear for you
And all the Roman noblemen for you
And kingdom's Christian soldiers dear for you
And melting ice cap mountain tops for you
And knights in flaming silver robes for you
And bats that with a kiss turn prince for you
Swoop Swoop
Rock Rock.

Perfect day
[*Dia perfeito*]

Just a perfect day
Drink sangria in the park
And then later when it gets dark
We go home

Just a perfect day
Feed animals in the zoo
Then later a movie too
And then home

Oh it's such a perfect day
I'm glad I spent it with you
Oh such a perfect day
You just keep me hangin'on
You just keep me hangin'on

Just a perfect day, problems all left alone
Weekenders on our own, it's such fun
Just a perfect day, you made me forget myself
I thought I was someone else, someone good

You're going to reap just what you sow

Hangin' round
[*Rondando*]

Harry was a rich young man, who would become a priest
He dug up his dear father, who was recently deceased
He did it with tarot cards and a mystically attuned mind
And shortly there and after he did find

Jeanie was a spoiled young brat, she thought she knew it all
She smoked mentholated cigarettes and she had sex in the hall
But she was not my kind, or even of my sign
The kind of animal that I would be about

You keep hangin' round me and
I'm not so glad you found me
You're still doing things that I gave up years ago
You keep hangin' round me and
I'm not so glad you found me
You're still doing things that I gave up years ago

Kathy was a bit surreal, she painted all her toes
And on her face she wore dentures, clamped tightly to her nose
And when she finally spoke, her twang her glasses broke
And no one else could smoke while she was in the room

Hark, the herald angels sang and reached out for a phone
And plucking it with a knife in hand dialed long distance home
But it was all too much, sprinkling angel dust
To AT&T who didn't wish you well

You keep hangin' round me and
I'm not so glad you found me
You're still doing things that I gave up years ago
You keep hangin' round me and
I'm not so glad you found me
You're still doing things that I gave up years ago

Hangin' round, that's all you're doing baby
Hangin' round

Walk on the wild side
[*Venha fazer uma loucura*]

Holly came from Miami F-L-A
Hitchhiked her way across the U.S.A.
Plucked her eyebrows on the way
Shaved her legs and then he was a she
She says, Hey babe, take a walk on the wild side
Said, Hey honey, take a walk on the wild side

Candy came from out on the Island
In the backroom she was everybody's darling
But she never lost her head even when she was givin'
head–
She says, Hey babe, take a walk on the wild side
Said, Hey babe, take a walk on the wild side
And the colored girls go
Doo da doo da doo
Doo da doo
Doo da doo da doo
Doo da doo
Doo da doo da doo
Doo da doo
Doo

Little Joe never once gave it away
Everybody had to pay and pay
A hustle here and a hustle there
New York City is the place where they said
Hey babe, take a walk on the wild side
I said, Hey Joe, take a walk on the wild side

Sugar Plum Fairy came and hit the streets
Lookin' for soul food and a place to eat
Went to the Apollo
You should've seen 'im go go go
They said, Hey Sugar, take a walk on the wild side
I said, Hey babe, take a walk on the wild side

Jackie is just speeding away
Thought she was James Dean for a day
Then I guess she had to crash
Valium would have helped that bash
She said, Hey babe, take a walk on the wild side
I Said, Hey honey, take a walk on the wild side

Make up
[*Maquiagem*]

Your face when sleeping is sublime
And then you open up your eyes
Then comes pancake factor number one
Eyeliner rose hips and lip gloss such fun
You're a slick little girl
You're a slick little girl

Rouge and coloring, incense and ice
Perfume and kisses ooh it's all so nice
You're a slick little girl
You're such a slick little girl

Now we're coming out
Out of our closets
Out on the streets
Yeah we're coming out

When you're in bed it's so wonderful
It'd be so nice to fall in love
When you get dressed I really get my fill
People say that it's impossible

Gowns lovely made out of lace
And all the things that you do to your face
You're a slick little girl, oh you're a slick little girl

Eyeliner whitener then color the eyes
Yellow and green ooh what a surprise
You're a slick little girl, oh, you're such a slick little girl
Now we're coming out
Out of our closets
Out on the street
Yes, we're coming out

Satellite of love
[*Satélite do amor*]

Satellite's gone up to the skies
Things like that drive me out of my mind
I watched it for a little while
I like to watch things on TV

Satellite of love

Satellite's gone way up to Mars
Soon it'll be filled with parking cars
I watched it for a little while
I love to watch things on TV

I've been told that you've been bold
With Harry, Mark and John
Monday and Tuesday
Wednesday through Thursday
With Harry, Mark and John

Satellite's gone up to the skies
Things like that drive me out of my mind
I watched it for a little while
I love to watch things on TV

Satellite of love

Wagon wheel
[*Roda de carro*]

Won'tcha be my wagon wheel (spoke spoke)
Won'tcha tell me baby how does it feel?

You've gotta live yeah your life as though you're number one
Yeah, you've gotta live yeah your life
And make a point of having some fun
But iff'n you think that you get kicks from flirting with danger
Just kick her in the head and rearrange her

Oh heavenly father what can I do
What she's done to me is making me crazy
Oh heavenly father I know I have sinned
But look where I've been
It's making me lazy

Why don't you wake me, shake me
(Please) Don't let me sleep too long

New York telephone conversation
[*Nova York ao telefone*]

I was sleeping gently napping when I head the phone
Who is on the other end talking
Am I even home
Did you see what she did to him
Did you hear what they said
Just a New York conversation rattling in my read

Oh oh my, and what shall we wear
Oh oh my, and who really cares

Just a New York conversation
Gossip all of the time
Did you hear who did what to whom
Happens all the time
Who has touched and who has dabbled
Here in the city of shows
Openings, closings, bad repartee
Everybody knows

Oh how sad, and why do we call
Oh I'm glad, to hear from you all

I am calling
Yes I'm calling
Just to speak to you
For I know this night will kill me
If I can't be with you
If-I-can't-be-with-you

I'm so free
[*Me sinto tão livre*]

Yes, I am Mother Nature's son
And I'm the only one
I do what I want and I want what I see
Could only happen to me

I'm so free
I'm so free

Oh please, Saint Germaine
I have come this way
Do you remember the shape I was in
I had horns and fins

I'm so free
I'm so free
Do you remember the silver walks
You used to shiver and I used to talk
Then we went down to Times Square
And ever since, I've been hangin' round there

I'm so free
I'm so free

Goodnight ladies
[*Boa noite, senhoras*]

Goodnight ladies, ladies goodnight
It's time to say goodbye
Let me tell you now
Goodnight ladies, ladies goodnight
It's time to say goodbye

Now all night long you've been drinking your tequila
But now you've sucked your lemon peel dry
So why not get high, high, high and
Goodnight ladies, ladies goodnight

Goodnight ladies, ladies goodnight
It's time to say goodbye
Goodnight sweet ladies, ladies goodnight
It's time to say goodbye, bye, bye

We've been together for the longest time
But now it's time to get high

Come on let's get high, high, high
And goodnight ladies, ladies goodnight

Oh I'm still missing my other half
It must be something I did in the past
Don't it just make you wanna laugh
It's a lonely Saturday night

Nobody calls me on the telephone
I put another record on my stereo
But I'm still singing a song of you
It's a lonely Saturday night

Now if I was an actor or a dancer who was glamorous
Then you know an amorous life would soon be mine
But now the tinsel light of starbreak
Is all that's left to applaud my heartbreak
And at 11 o'clock I watch the network news

Something tells me that you're really gone
You said we could be friends but that's not what I want
Anyway, my TV dinner's almost done
It's a lonely Saturday night

BERLIN

Lady Day
[*Lady Day*]

When she walked on down the street
She was like a child staring at her feet
But when she passed the bar
And she heard the music play
She had to go in and sing
It had to be that way
She had to go in and sing
It had to be that way

After the applause had died down
And the people drifted away
She climbed down off the bar
And went out the door
To the hotel

That she called home
It had greenish walls
A bathroom in the hall
And I said no, no, no,
Oh, Lady Day
I said no, no, no,
Oh, Lady Day

Men of good fortune
[*Homens prósperos*]

Men of good fortune, often cause empires to fall
While men of poor beginnings, often can't do anything at all
The rich son waits for his father to die
The poor just drink and cry
And me, I just don't care at all

Men of good fortune, very often can't do a thing
While men of poor beginnings, often can do anything
At heart they try to act like a man
Handle things the best way they can
They have no rich daddy to fall back on

Men of good fortune, often cause empires to fall
While men of poor beginnings often can't do anything at all
It takes money to make money they say
Look at the Fords, didn't they start that way
Anyway, it makes no difference to me

Men of good fortune, often wish that they could die
While men of poor beginnings want what *they* have
And to get it they'll die

All those great things that life has to give
They wanna have money and live
But me, I just don't care at all
About men of good fortune, men of poor beginnings

Caroline says (I)
[*Caroline diz (I)*]

Caroline says that I'm just a toy
She wants a man not just a boy
Oh Caroline says, ooh Caroline says

Caroline says she can't help but be mean
Or cruel, or oh so it seems
Oh Caroline says, Caroline says

She says she doesn't want a man who leans
Still she is my Germanic Queen
Yeah, she's my Queen

The things she does, the things she says
People shouldn't treat others that way
But at first I thought I could take it all
Just like poison in a vial, hey she was often very vile
But of course, I thought I could take it all

Caroline says that I'm not a man
So she'll go get it catch as catch can
Oh Caroline says, yeah Caroline says

Caroline says moments in time
Can't continue to be only mine
Oh Caroline says, yeah Caroline says

She treats me like I am a fool
But to me she's still a German Queen
Ooh, she's my Queen

How do you think it feels
[*Você sabe o que é*]

How do you think it feels
When you're speeding and lonely
How do you think it feels
When all you can say is if only
If only I had a little
If only I had some change
If only, if only, only
How do you think it feels
And when do you think it stops

How do you think it feels
When you've been up for five days
Hunting around always, 'cause you're afraid of sleeping

How do you think it feels
To feel like a wolf and foxy
How do you think it feels
To always make love by proxy

How do you think it feels
And when do you think it stops!
When do you think it stops

Oh, Jim
[Oh, Jim]

All your two-bit friends they're shootin' you up with pills
They said that it was good for you, that it would cure your ills
I don't care just where it's at, I'm just like an alley cat
And when you're filled up to here with hate
Don't you know you gotta get it straight
Filled up to here with hate
Beat her black and blue and get it straight
Do, do, do, do, do, do

When you're lookin' through the eyes of hate
All your two-bit friends, they asked you for your autograph
They put you on the stage, they thought it'd be good for a laugh
But I don't care just where it's at
'Cause honey I'm just like an alley cat

And when you're filled up to here with hate
Don't you know you gotta get it straight—
Filled up to here with hate
Beat her black and blue and get it straight

Oh Jim, how could you treat me this way
Hey hey hey, how'd you treat me this way
Oh Jim, how could you treat me this way
Hey hey, how'd you treat me this way
You know you broke my heart ever since you went away

Now you said that you loved us
But you only made love to one of us
Oh oh oh oh Jim, how could you treat me this way
You know you broke my heart ever since you went away

When you're looking through the eyes of hate oh whoa whoa whoa
When you're looking through the eyes of hate oh whoa whoa whoa
When you're looking through the eyes of hate

Caroline says (II)
[*Caroline diz (II)*]

Caroline says, as she gets up off the floor
Why is it that you beat me, it isn't any fun
Caroline says, as she makes up her eye
You ought to learn more about yourself, think more than just I

But she's not afraid to die
All of her friends call her Alaska
When she takes speed, they laugh and ask her
What is in her mind
What is in her mind

Caroline says, as she gets up from the floor
You can hit me all you want to, but I don't love you anymore
Caroline says, while biting her lip
Life is meant to be more than this and this is a bum trip

She put her fist through the window pane
It was such a funny feeling

It's so cold in Alaska

The kids
[*As crianças*]

They're taking her children away
Because they said she was not a good mother
They're taking her children away
Because she was making it with sisters and brothers
And everyone else, all of the others
Like cheap officers who would stand there and
Flirt in front of me

They're taking her children away
Because they said she was not a good mother
They're taking her children away
Because of the things that they heard she had done
The black Air Force sergeant was not the first one
And all of the drugs she took, every one, every one

And I am the Water Boy
The real game's not over here
But my heart is overflowing anyway
I'm just a tired man, no words to say

But since she lost her daughter
It's her eyes that fill with water
And I am much happier this way

They're taking her children away
Because they said she was not a good mother

They're taking her children away
Because number one was the girlfriend from Paris
The things that they did they didn't have to ask us
And then the Welshman from India, who came here to stay

They're taking her children away
Because they said she was not a good mother
They're taking her children away
Because of the things she did in the streets
In the alleys and bars, no she couldn't be beat
That miserable rotten slut couldn't turn anyone away

The bed
[*A cama*]

This is the place where she lay her head
When she went to bed at night
And this is the place our children were conceived
Candles lit the room at night

And this is the place where she cut her wrists
That odd and fateful night
And I said, oh, oh, oh, oh, oh what a feeling

This is the place where we used to live
I paid for it with love and blood
And these are the boxes that she kept on the shelf
Filled with her poetry and stuff
And this is the room where she took the razor
And cut her wrists that strange and fateful night

I never would have started if I'd known
That it'd end this way
But funny thing I'm not at all sad
That it stopped this way

This is the place where she lay her head
When she went to bed at night
And this is the place our children were conceived

Candles lit the room brightly at night
And this is the place where she cut her wrists
That odd and fateful night
And I said, oh, oh, oh, oh, oh, oh, oh what a feeling

Sad song
[*Música triste*]

Staring at my picture book
She looks like Mary, Queen of Scots
She seemed very regal to me
Just goes to show you how wrong you can be
I'm gonna stop wasting my time
Somebody else would have broken both of her arms
Sad song

My castle, kids and home
I thought she was Mary, Queen of Scots
I tried so very hard
Shows just how wrong you can be

I'm gonna stop wasting my time
Somebody else would have broken both of her arms

SALLY CAN'T DANCE

Ride Sally ride
[*Vai, Sally, vai*]

Sit yourself down
Bang out a tune on that grand piano
Sit yourself down
Lay languidly down upon the sofa
Oohh isn't it nice, when your heart is made out of ice

Ride Sally Ride
It's not your time, or way of confusion
Ride Sally Ride
'Cause if you don't, you'll get a contusion
Oohh isn't it nice, when you find your heart's made out of ice

Sit yourself down, take off your pants
Don't you know this is a party
Sit yourself down, why do you think
We brought all these people, Miss Brandy?

Animal language
[*Linguagem dos animais*]

Miss Riley had a dog, she used to keep it in her back yard
And when the dog began to bark
All the neighbors began to shout
Then came a stormy night, Miss Riley let her dog out
And when the neighbors found him round
They put a gun down his mouth and shot him down

He went oohh wow bow wow oohh wow bow wow

Miss Murphy had a cat, on her lap it sat
And once in a great big while
It looked like that Cheshire Cat did smile
But often it used to chase, anything that crossed its face
But one day it got so hot that Cheshire Cat had a blood clot

And she said oohh yow meow meow
Oohh yow me meow

Then the dog met the cat, the dog was hot and the cat was wet
Then in came some sweaty dude, he put a board between the two
Then they couldn't get at it, got frustrated all about it
So they did the only thing you could do
They took the dude's sweat, and shot it up between the two

They said oohh wow bow wow, oohh wow meow

Baby Face
[*Baby Face*]

Jim, living with you's not such fun, you're not the only one
You don't have the looks
You're not the person that you used to be
And there are people on the street that would go for me
And I said no, no, no, no, no Baby Face

I met you in a bar in L.A., I was not feeling so good
You did the proper moves, you did everything that you should

But now you're making a mistake
And somebody else will take your place
You're taking drugs over me
And I said no, no, no, no, no Baby Face

You're not the kind of person it's easy to live with in a house
I cook all your meals, I make sure that you work out
But lately it's been gettin' so hard, the way you talk
(Man you don't split your stash or your bread)
The way you walk
(You can keep it)
And I'm not sure exactly what it's all about
And I said no, no, no, no, no Baby Face
(You can keep it just keep it)

N.Y. stars
[*Estrelas de Nova York*]

The stock is empty in our eyeball store
All we got left a few cataracts and sores
The faggot mimic machine never had ideas
Mission impossible they self-destruct on fear

On a standard New York night
Ghouls go to see their so-called stars
A fairly stupid thing
To pay five bucks for fourth-rate imitators

They say:
"I'm so empty
No surface, no depth
Oh please can't I be you
Your personality's so great"

Like new buildings
Square, tall and the same
Sorry Ms. Stupid
Didn't know you didn't know it's a game
I'm just waitin' for them to hurry up and die
It's really getting too crowded here
Help your New York Stars

Contributions accepted all the same
We need a new people store
Remember we're very good at games

ATRAVESSAR O FOGO — 310 LETRAS   567

Kill your sons
[*Matar seus filhos*]

All your two bit psychiatrists are giving you electric shock
They said they'd let you live at home with mom and dad
Instead of mental hospitals
But every time you tried to read a book you couldn't
Get to page seventeen
'Cause you forgot where you were
So you couldn't even read

Mom informed me on the phone she didn't know what to do about dad
He took an axe and broke the table aren't you glad you're married
And sister she got married on the Island
And her husband takes the train
He's big and he's fat—and he doesn't have a brain

Creedmore treated me very good
But Payne Whitney was even better
And when I flipped out on PHC
I was so sad—I didn't even get a letter

All of the drugs that we took, it really was a lot of fun
But when they shoot you up with thorazine on crystal smoke
You choke like a son of a gun

Don't you know?
They're gonna kill your sons
Until they run run run run run run run run away

Ennui
[*Tédio*]

All the things you said, you thought I was dead
Everything made me feel aware
Ah, you're getting old, you're doing things
You're losing your hair
All of the things that you used to believe in
Turned out to be true
You're guilty of reason

You're the kind of person that I could do without
Certain kinds of money
Would make you see what it's all about
There's a first time for everything

And the first one's on me
Don't you see

All of the things that your old lover said
Well look at them, they jump out of windows
And now they're just dead
It's the truth, don't you realize

They live without any talent or fun
Running out on the streets
Balling anyone
It's the truth
It's the truth

Pick up the pieces that make up your life
Maybe someday you'll have a wife
And then alimony
Oh, can't you see

Sally can't dance
[*Sally não pode dançar*]

Sally dances on the floor
She says that she can't do it anymore
She walks down Saint Mark's Place
And eats natural food at my place

Now, Sally can't dance no more
She can't get it off of the floor
Sally can't dance no more
They've got her in the trunk of a Ford
She can't dance no more

Sally is losing her face
She lives on Saint Mark's Place
In a rent-controlled apartment, eighty dollars a month
She has lots of fun, she has lots of fun, but

Sally can't dance no more
Sally can't dance no more
She took too much meth, and can't get off of the floor
Now Sally, she can't dance no more

She was the first girl in the neighborhood
To wear tie-dyed pants
A-like-a-she should

She was the first girl that I ever seen
That had flowers painted on her jeans
She was the first girl in her neighborhood
Who got raped in Tompkins Square
Real good
Now, she wears a sword like Napoleon
And she kills the boys and acts like a son

Watch this now
Sally became a big model
She moved up to Eightieth and Park
She had a studio apartment
And that's where she used to ball folk singers

Sally can't dance no more
Sally can't dance no more
Sally can't get herself off the floor
Sally can't dance no more

She knew all the really right people
She went to Les Jardin
She danced with Picasso's illegitimate mistress and wore
Kenneth Lane jewelry—it's trash, But

Sally can't dance no more

Billy
[*Billy*]

Billy was a good friend of mine
We grew up together ever since we were nine
We went to school he was my best friend
And I thought our friendship would never end

In high school he played football
And me I didn't do anything at all
He made touchdowns while I played pool
And no one could figure out which one of us was the fool

Then we both went off to college
He studied medicine while I studied foliage
He got A's, I got D's
He was going for his Ph.D.

Then I decided to drop out
Things were getting a little too hot
Billy stayed then became an intern then a doctor

Then war broke out and he had to go
But not me I was mentally unfit or so or so they say so-so

When he came back he wasn't quite the same
His nerves were shot but not me
Last time I saw him I couldn't take it anymore
He wasn't the Billy I knew
It was like talking to a door

Billy was a friend of mine
I grew up with him ever since I was nine
We went together through school
Now I often wonder which one of us was the fool

METAL MACHINE MUSIC

Liner notes
[*Texto do encarte*]

Passion—REALISM—realism was the key. The records were letters. Real letters from me to certain other people. Who had and still have basically, no music, be it verbal or instrumental, to listen to. One of the peripheral effects, typically distorted, was what was to be known as heavy metal rock. In Reality it was of course diffuse, obtuse, weak, boring and ultimately an embarrassment. This record is not for parties/ dancing/ background, romance. This is what I meant by "real" rock, about "real" things. No one I know has listened to it all the way through including myself. It is not meant to be. Start any place you like. Symmetry, mathematical precision, obsessive and detailed accuracy and the vast advantage one has over "modern electronic composers." They, with neither sense of time, melody or emotion, manipulated or no. It's for a certain time and place of mind. It is the only recorded work I know of seriously done as well as possible as a gift, if one could call it that, from a part of certain head, to a few others. Most of you won't like this, and I don't blame you at all. It's not meant for you. At the very least I made it so I had something to listen to. Certainly Misunderstood; Power to Consume (how Bathetic); an idea done respectfully, intelligently, sympathetically and graciously, always with concentration on the first and foremost goal. For that matter, off the record, I love and adore it. I'm sorry, but not especially, if it turns you off.

One record for us and it. I'd harbored hope that the intelligence that once inhabited novels or films would ingest rock. I was, perhaps, wrong. This is the reason *Sally Can't Dance*—your *Rock n Roll Animal*. More than a decent try, but hard for us to do badly. Wrong media, unquestionably. This is not meant for the market. The agreement one makes with "speed." A specific acknowledgment, A to say the least, very limited market. *Rock n Roll Animal* makes this possible, funnily enough. The misrepresentation succeeds to the point of making possible the appearance of the progenitor. For those for whom the needle is no more than a toothbrush. Professionals, no sniffers please, don't confuse superiority (no competition) with violence, power or other justifications. The Tacit speed agreement with Self. We did not start World War I, II, or III. Or the Bay of Pigs, for that Matter. Whenever. As way of disclaimer, I am forced to say that, due to stimulation of various centers (remember OOOHHHMMM, etc.), the possible negative contraindications must be pointed out. A record has to, of all things anyway, hypertense people, etc. possibility of epilepsy (petite mal), psychic motor disorders, etc., etc., etc. My week beats your year.

Lou Reed

CONEY ISLAND BABY

Crazy feeling
[*Sensação incrível*]

> You're the kind of person that I've been dreaming of
> You're the kind of person that I always wanted to love
> And when I first seen you walk right through that bar door
> And I seen those suit-and-tie Johns buy you one drink
> Then buy you some more
>
> I had—I knew you had that crazy feeling
> Now you've got that crazy feelin'
> You know I've had that crazy feeling, too
> I can see it in ya
>
> Now everybody knows that business ends at three
> And everybody knows an after-hours love is free
> And you, you really are a queen ah such a queen, such a queen
> And I know 'cause I've made the same scene
> I know just what you mean because
>
> You've got that crazy feelin' now now now
> You've got that that crazy feelin'
> You've got that crazy feelin' deep inside
> Now I can see it in your eyes
>
> I feel just like, feel just like ya

Charley's girl
[*A garota do Charley*]

> Everybody said that you better watch out
> Man, she's gonna turn you in

572   LOU REED

And me, you know that I thought I lucked out
And now look at the trouble that I'm in
You better watch out for Charley's girl

It happened on New Year's Eve
They said everybody had to leave
They had a warrant in their hand
They wanted to bust the whole band
I said if I ever see Sharon again
I'm gonna punch her face in
Watch out for Charley's girl
You know she'll turn you in

She's my best friend
[*Ela é minha melhor amiga*]

She's my best friend, certainly not your average girl
She's my best friend
She understands me when I'm feeling down, down, down,
down, down, down
You know it sure hurts to be that way
Down, down, down, down, down, down
You know that it sure hurts to know that you're that kinda fellow

Here's to Mulberry Jane
She made Jim when she came
Somebody cut off her feet, now Jelly rolls in the street

If you want to see me, well honey, you know that I'm not around
But if you want to hear me why don'tcha just turn around
I'm by the window where the light is

She's my best friend
Certainly not just like your average dog or car
She's my best friend
She understands me when I'm feeling down, down, down, down,
down, down
You know it sure hurts to be that way
Down, down, down, down, down, down
You know it sure hurts to know that you're that kinda fellow

Let's hear one for Newspaper Joe
He caught his hand in the door
Dropped his teeth on the floor
They said, "Hey now Joe, guess that's the way the news goes"

If you want to see, see me, well baby, you know that I'm not around
But if you want to feel, feel me why don'tcha just turn around
I'm by the window where the light is

Kicks
[*Barato*]

Hey man, what's your style
How you get your kicks for livin'
Hey man, what's your style
How you get your adrenaline flowin' now

Hey man, what's your style
I love the way you drive your car now
Hey man, what's your style
I ain't jealous of the way you're livin'

When you cut that dude with that stiletto, man, you
You did it so, ah, cheaply
When the blood come-a-down his neck
Don't you know it was a better than sex
Now, now, now
It was-a-way-a better than gettin' laid—'cause it's the
Final thing to do now
Get somebody to, uh, come on to you
Then you just
Get somebody to now now come on to you and then
You kill them,
You kill them

'Cause I need kicks
Hey baby, babe I need kicks, now
I'm gettin' bored, I need a need a need a now now now
some kicks
Oh give it give it give it now now some kicks
When you stabbed that cat with that knife
You did it so, ah, crudely, now

When the blood came down his chest-uh
It was way better than a sex
It was way better than getting' A it was a
The final thing to do

574   LOU REED

A gift
[Um presente]

I'm just a gift to the women of this world
I'm just a gift to the women of this world
Responsibility sits so ah hard on my shoulder
Like a good wine, I'm better as I grow older
And now, I'm just a gift to the women of this world

I'm just a gift to the women of this world
I'm just a gift to the women of this world

It's hard to settle for second best
After you've had me, you know that you've had the best
And now you know that I'm just a gift to women of this world
Just a gift, now

Ooohhh baby
[Ooohhh, baby]

You're the kind of girl
That everybody's wondering about
You're the kind of person
That everybody's a-staring at
But now you're a topless dancer
Working out of a bar on Times Square
And everybody wishes you were back
In the massage parlor back there on Ninth Avenue (311)
You make me go
Ooh baby, Ooh baby, Ooh baby ooh ooh ooh
Ooh baby, Ooh baby, Ooh baby ooh ooh ooh

Your old man was the best B and E man
Down on the streets
And all the guys on the precinct
Always was watching for him on their beat
But when he ripped off Seymour
He was really not a-doing so fine
And everything is not swelled 'cept his hands and legs
And maybe even mine

He's feeling maybe it's good that they said
Ooh baby, Ooh baby, Ooh baby ooh
Ooh baby, Ooh baby, Ooh hey babe, ooh ooh ooh

It's very funny asking me
Why they keep the lights on down so low
Well, yesterday's trade's today's competition
Or didn't you know
And all florescent lighting makes it
So your wrinkles, they don't show
And it's very funny, the way your
Twenty bucks an hour, can a-go
If you don't make me go now now now
Ooh baby, Ooh baby, Ooh ooh baby ooh
Ooh baby, Ooh baby, Ooh baby ooh ooh ooh

Everybody wondered about you
When you were seen in drinking some beer
You got here from Ohio and your mother said
You'd book her and be real near
That's the way it goes now
Ooh baby, Ooh baby, Ooh baby ooh ooh ooh
Hey shake your buns now, mama
Walk it now, get down

Nobody's business
[*Comigo e mais ninguém*]

Hey, if you're moving too fast
Don't you want this thing to last
But if you start moving slow
Then hey pretty mama, you just will have to go, because
It's nobody's business but my own
No no no no no, no no no no no

But if you start acting mean
Then I'll have to mess up the scene
But if you start treating me nice
Hey now baby I'm gonna have to raise your price, because
It's nobody's business but my own

Coney Island baby
[*Garoto de Coney Island*]

You know when I was a young man in high school
You believe it or not
I wanted to play football for the coach

And all those older guys,
They said that he was mean and cruel,
But you know, I wanted to play for the coach

They said I was a little too light weight
To play line backer
So's I'm playing right end
I want to play football for the coach
'Cause you know someday man you got to stand up straight
Unless you're gonna fall
And then you're goin' to die
And the straightest dude I ever knew
Was standing right by me all the time
So I had to play football for the coach
Man I wanted to play football for the coach

When you're all alone and lonely in your midnight hour
And you find that your soul, it's been up for sale
And you begin to think about all the things that you've done
And begin to hate just about everything
But remember the princess who lived on the hill,
Who loved you even though she knew you was wrong
And right now she just might come shining through

And the glory of love
Glory of love
Glory of love just might come through

When all your two-bit friends have gone and ripped you off
And they're talkin' behind your back sayin' man you are never
Gonna be no human being
Then you start thinkin' again about all those things that you done
And who it was and what it was
And all the different things
You made every different scene

But remember that the city is a funny place
Something like a circus or a sewer
And just remember different people have peculiar tastes

And the glory of love
The glory of love
The glory of love
Might see you through

I'm a Coney Island Baby now

I'd like to send this one out to Lou and Rachel and all the kids in PS 192

Man I swear I'd give the whole thing up for you

ROCK AND ROLL HEART

I believe in love
[*Eu acredito no amor*]

I believe in good times now
And I believe in shows
And I believe in the iron cross and as everybody knows
I believe in good time music, yeah, good time rock 'n' roll
I believe in music, music, music it'll satisfy your soul but
I believe in love (good-time music)

I believe in party time and I believe in soul
And I believe in temptation
And knock knock knockin' at your door
And I believe in good times, good times rock 'n' roll
Yeah I believe in the music, music, music
It'll satisfy your soul, don'tcha know that ah
I believe in love
Good time music
Good time rock 'n' roll

Banging on my drum
[*Batendo tambor*]

I'm banging on my drum
I'm banging on my drum
I'm banging on my drum boy
Finding I'm having lots of fun
I'm banging on my drum yeah
I'm banging on my drum
I'm banging on my drum now babe
And I'm having lotsa fun

Follow the leader
[*Siga o mestre*]

Follow, follow the leader, na-na-now
New York, New York City, na-na-na-na-na-now

Aw if you wanna dance
Hey work up a sweat and you baby better better get get yourself a better little romance
Then you know you gotta get up a little sweat and get a little romance
Then you'd better now follow, follow the leader na-na-now
New York, New York City, na-na-na-na-na-now

You wear it so well
[*Cai tão bem*]

All of those things yeah that you've got to give
Yeah you wear it so well
Yeah you wear it so well
All of those stories honey that I know you could tell
Yeah you wear it so well
And your face hides it so I can't tell
That you knew it so well
You Wear It So Well
All of the things that made poets sing
You wear it so well, yeah, you hide it so well

And all of the pain that you used to tell
You hide it so well
Can't tell from your face that you knew it so well
Hey now that you had such a story to tell
Yeah you got style and grace and you wear it so well
You wear it so well and
You've got such a story to tell
You wear it so well
Grace and style
Equals you so well
You wear it so well

Ladies pay
[*Se aproveitam as moças*]

All the sailors they are all home for leave
And everybody's waiting for them to try to deceive
The storekeepers have drawn their lace curtains bare
And all the willowy young girls are waiting there
Ah but how the ladies pay
Oh if they only knew how the ladies pay
Here now, how the ladies pay
When the men they have gone away

Nobody is standing guard upon the door
And nobody is feeding any of the poor
The poor sick soldier lies in bed beside his girl
Thinking of another place on the other side of this world
Ah how the ladies pay
Oh how the ladies pay
When the men they have gone away
Oh I wish I knew how the ladies pay

Day and night
Night an day
How the ladies pay

Rock and roll heart
[*Coração rock'n'roll*]

I don't like opera and I don't like ballet
And New Wave French movies they just drive me away
I guess I'm just dumb 'cause I knows I ain't smart
But deep down inside I've got a rock and roll heart
Yeah yeah yeah deep down inside I've got a rock and roll heart

A rock and roll heart
Searching for a good time
Just a rock and roll heart, roll heart, roll heart
Looking for a good time

I don't like messages or something meant to say
And I wish people like that would just go away
I guess that I'm dumb 'cause I now I'm not smart
But deep down inside I've got a rock and roll heart
Yeah yeah yeah deep down inside I've got a rock and roll heart

Senselessly cruel
[*Insensivelmente cruel*]

When I was a poor young boy in school
Girls like you always played me for a fool
But now the time has come to lay to waste
The theory people have of getting an acquired taste
You treated me oh so so senselessly cruel

From the beginning I suspected the worst
And you didn't disappoint me it's just that you were the first
But now I wouldn't let you touch me if you were within a foot
And girl I'm never ever gonna get hurt
'Cause you treated me oh so wrong
So senselessly cruel

Claim to fame
[*Direito à fama*]

Talk, talk, yak, yak
Watch out for that old one-track
Get it up and get it back
Makin' it upon your back

No space, no rent, the money's gone
It's all been spent now
Tell me 'bout your claim to fame
Now ain't that some claim to fame

Extra extra, read all about it now
Extra extra, something 'bout the claim to fame
Ooohhh sweet mama ooh sweet mama
Something 'bout a claim to fame

Wet lips, dry mouth
Ready for that old hand out now
Ain't that some claim to fame

Spaced out, spaced dead, the head is round
The square is pegged
Ain't that some claim to fame
Now tell me ain't that some claim to fame

Vicious circle
[*Círculo vicioso*]

You're caught in a vicious circle
Surrounded by your so-called friends
You're caught in a vicious circle
And it looks like it will never end
'Cause some people think that they like problems
And some people think that they don't
And for everybody who says yes
There's somebody whose starin' sayin' don't

You're caught in a vicious circle
Surrounded by your so-called friends
You're caught in a vicious circle
And it looks like it will just never end
'Cause some people think that it's nerves
And some people think that it's not
And some people think that it's things that you do
And others think that you were cold when you were hot
They think that that was what it was all about

You're caught in a vicious circle
Surrounded by all of your friends

A sheltered life
[*Uma vida protegida*]

Never been to England
Never been to France
Never really learned how to dance
I've never taken dope
I've never taken drugs
I've never danced on a bear skin rug
Guess it's true what all those people they say
I'm gonna have to lose my hometown ways
Guess it's true
Guess I've led a sheltered life

Never went around with anything
I've had a home-town life and
I haven't ever learned to swing
Not much of a life
I haven't seen much

I've been true to my wife
And it's just been too much

Guess it's true
What all those people they say
I'm gonna have to lose my home-town ways
You know it's true
Guess I've led a sheltered life

Temporary thing
[*Uma fase*]

Hey now bitch, now baby you'd better pack your things
Get outta here quick
Maybe your blood's getting', ah, too rich
It ain't like we ain't never seen this thing before
And if it turns you, bend around
Then you'd better hit the door
But I know—it's just a temporary thing

You read too many books, you seen too many plays
And if things like this turn you away
Now look, hey look you'd better think about it twice
I know that your good breeding makes it seem not so nice
It's just a temporary thing

Where's the number, where's a dime and where's the phone
I feel like a stranger, I guess you're gonna go back home
Your mother, your father, your fucking brother
I guess they wouldn't agree with me
But I don't give two shits
They're no better than me

Uh huh,
It's just a temporary thing
Oh, yeah
Been there before, just a temporary thing
It's just a temporary thing
Ah bitch, get off my kids, temporary thing

Get out

It's just a temporary thing

STREET HASSLE

Gimmie some good times
[*Me dá um pouco de curtição*]

"Hey, if it ain't the Rock 'n' Roll Animal himself.
What you doin', bro?"
Standing on the corner
"Well I can see that. What you got in your hand? "
Suitcase in my hand
"No shit! What it is!"
Jack is in his corset, Jane is in her vest
"'Fuckin''faggot' 'junkie'"
Sweet Jane, I'm in a rock and roll band
"Well, I can see that..."

Some people say that you can't, no matter babe who you are
And some people say they can't move, no matter where they are
Gimmie, gimmie, gimmie, some good times
Gimmie, Gimmie, Gimmie some pain
No matter how ugly you are, you know to me it all looks the same

Rain from the morning in the blue clouds
Now just shining up with dew
Riding through the city in the big cars
And me I ain't got nothing to do
Gimmie, gimmie, gimmie some good times
Gimmie, gimmie, gimmie some pain
Don't you know that things always look ugly
To me they always look the same
Don't you know that both of them look ugly
To me they always look the same
Standing in the corner
To me they always look the same

Dirt (final version)
[*Imunda (versão final)*]

It's been a long time since I've spoken to you
Was it the right time?
Your current troubles and you know they'll get much worse
I hope you know how much I enjoyed them
You're a pig of a person, there's a justice in this world

Hey, how about that?
Your lack of conscience and your lack of morality
Well, more and more people know all about it

We sat around the other night, me and the guys,
Trying to find the right word
That would best fit and describe
You and people like you
That no principle has touched, no principles baptized
How about that?
Who'd eat shit and say it tasted good
If there was some money in it for 'em

Hey, you remember that song by this guy from Texas whose name was Bobby Fuller?
I'll sing it for you it went like this:
I fought the law and the law won
I fought the law and the law won

You're just dirt

Street hassle: Waltzing Matilda, part I
[*Confusão de rua: Waltzing Matilda, parte I*]

Waltzing Matilda whipped out her wallet
The sexy boy smiled in dismay
She took out four twenties 'cause she liked round figures
Everybody's queen for a day
Oh babe, I'm on fire and you know I admire your body
Why don't we slip away
Although I'm sure you're certain it's a rarity me flirtin'
Sha-la-la-la this way
Oh sha-la-la-la-la, sha-la-la-la-la
Hey baby, come on let's slip away

Luscious and gorgeous, oh what a muscle
Call out the National Guard
She creamed in her jeans as he picked up her means
From off of the formica topped bar
And cascading slowly, he lifted her wholly
And boldly out of this world
And despite people's derision
Proved to be more than a diversion sha-la-la-la later on—
And then sha-la-la-la-la he entered her slowly and showed her where he was coming from
And then sha-la-la-la-la he made love to her gently it was like she'd never ever come
And then sha-la-la-la-la sha-la-la-la-la

When the sun rose and he made to leave
You know sha-la-la-la-la sha-la-la-la-la
Neither one regretted a thing

Street hassle: street hassle, part II
[Confusão de rua: confusão de rua, parte II]

Hey that cunt's not breathing, I think she's had too much
Of something or other, hey man, you know what I mean?
I don't mean to scare you, but you're the one who came here
And you're the one who's got to take her when you leave
I'm not being smart or trying to be cold on my part
And I'm not gonna wear my heart on my sleeve
But you know, people get all emotional and sometimes, man
They just don't act rational they, you know,
They think they're on TV
Sha-la-la-la-la man, why don't you just slip away

You know, I'm glad that we met, man
It really was nice talking and I really wish that there was a
little more time to speak
But you know, it could be a hassle trying to explain myself to a
Police officer about how it was your old lady got herself stiffed
And it's not like we could help her, there was nothing no one
Could do, and if there was man
You know I would have been the first
But when someone turns that blue, it is a universal truth
Then you just know that bitch will never fuck again
By the way, that's really some bad shit
That you came to our place with
But you ought to be more careful
Around the little girls

It's either the best or it's the worst
And since I don't have to choose, I guess I won't
And I know this ain't no way to treat a guest
But why don't you grab your old lady by the feet
And just lay her out on the darkened street and by morning
She's just another hit-and-run

You know some people got no choice
And they can never find a voice
To talk with—
That they can even call their own

586 LOU REED

So the first thing that they see
That allows them the right to be
Why they follow it,
You know it's called—

Bad luck

Street hassle: slip away, part III
[*Confusão de rua: cair fora, parte III*]

(Wait man, that's just a lie It's a lie she tells her friends there's a real song, a real song that she wouldn't even admit to herself, bleeding in her heart, it's a song lots of people moan, it's a painful song, with a lot of sad truths and life's full of sad songs, a penny for a wish, and wishing won't make it so Joe, where a pretty kiss, where a pretty face can't have its way, though tramps like us we were born to pay)

Love has gone away and there's no one here now and
There's nothing left to say but, oh how I miss him, baby
Ah baby, come on and slip away
Come on baby
Why don't you slip away
Love has gone away, took the rings off my fingers
And there's nothing left to say
But oh how, oh how I need it
Baby
Come on baby, I need you baby
Oh please don't slip away
I need your loving so bad
Babe
Please don't slip away

I wanna be black
[*Eu quero ser negro*]

I wanna be black
Have natural rhythm
Shoot twenty feet of jism, too
And fuck up the Jews
I wanna be black
I wanna be a Panther
Have a girlfriend named Samantha
And have a stable of foxy whores
Ooh I wanna be black

ATRAVESSAR O FOGO — 310 LETRAS   587

I don't wanna be a fucked-up, middle-class, college student anymore
I just want to have a stable of foxy little whores
Yeah, yeah I wanna be black

I wanna be black
I wanna be like Martin Luther King
And get myself shot in spring
Lead a whole generation too
And fuck up the Jews

I wanna be black, I wanna be like Malcolm x
And cast a hex over President Kennedy's tomb
And have a big prick, too

I don't wanna be a fucked-up, middle-class, college student no more

I just wanna have a stable of foxy little whores
Yeah, yeah I wanna be black

Real good time together
[*Curtir pra caramba juntos*]

We're gonna have a real good time together
We're gonna have a real good time together
We're gonna have a real good time together
We're gonna laugh and ball and shout together

Nah, nah, nah, nah, nah, nah, nah, nah, nah, nah, nah, nah

Shooting star
[*Estrela cadente*]

All of the people had their share of the glory
Looking out after you
It's just a story about win, lose and glory
And you know that it's true
Uh-huh, oh yeah, you're just a shooting star
Uh-huh, oh yeah, you're just a shooting star

Some man-made glory won't permit the commission
Of another God
And later persuasion would permit rearranging
Of another bar
And to cause more confusion and to make a dis-illusion
Would have gone too far

And it's by admission a protracted admission
A cadillac metallic car
Uh huh, oh yeah, you're just a shooting star
Un huh, oh yeah, you're just a shooting star

Leave me alone
[*Me deixe em paz*]

Everybody gonna try to tell you what to do, and
Never, never, never, never let it be said that it's true

Leave me, leave me, leave me, leave me
Leave me alone

Certain kinds of people they just always let you down
You're trying to go up and they just want a frown

Don't you know some people they just don't know when to stop
They can't tell the floor from the ceiling or the top
And then there's others types, they always make you wait
And they're the ones who always are the first to say, "Mistake"

Lonely lonely lonely lonely lonely boy
Leave me, leave me, leave me, leave me, leave me alone

Wait
[*Espera*]

(Disgrace
It was such a waste
Of such a pretty face)
Wait, I know I shouldn't, but please wait
I know the time is getting late
And he is lost who hesitates
But still I really wish that you would wait
Although this passion might abate
And find you in another state
That will see this as some mistake
Oh babe, I really think you ought to wait

Wait, I really wouldn't want your hate
Certainly not at this late date
You want to give not only take
I know propriety is such a weight

But then it makes no sense to wait
Considering the present state
Don't change my mind at this late date
Oh baby, don't you think we ought to wait

THE BELLS

Stupid man
[*Cara estúpido*]

Stupid man, hitchhiking out of a good life in Saskatchewan
And he thinks he's got big, big plans
Gonna build a house upon some land
Oh Casey, don't it make you crazy
Oh when you're livin' all alone by that damn water
Oh Casey, don't it make you crazy
When you're livin' all alone by those still waters
Please say hello, please say hello, to my little baby daughter
Oh Casey tell her that her father's gonna be coming home so soon, so soon, to see her
Well I'm shooting down the turnpike
With the driver doin' 95 or maybe more
Don't you think he's loaded, drunk
Or that he thinks that life's a bore
Oh Casey, oh Casey, don't you know how it makes me so damn crazy
Livin' all alone by those waters
But please say hello, but please say hello to my little baby daughter
Please please won't you just give her a great big kiss then tell her
That her stupid daddy will be coming home soon
Oh Casey, oh Casey, don't you know I made me so damn crazy
When I was livin' there all alone by those still waters
But please tell my baby baby baby baby daughter
That I'm tied up now but I'll be home soon
And I'll be the daddy that I oughta
Please say hello, from a stupid man

Disco mystic
[*Mística disco*]

Disco, disco mystic

590   LOU REED

I wanna boogie with you
[*Quero agitar com você*]

Hey pretty baby, don't you think you might give me a chance
Get it on with me, go downtown for some love and romance
And I know I ain't nothing, I ain't worth but a thin dime
But if you put your heart in my hands
I'm sure that I could change your mind

I wanna boogie with you, yeah, I wanna boogie with you

And there is something, baby that your parents both agreed
(They did agree)
And that is that they both had it, a big distrust in me
(Distrusted me)
And your best friend Frankie, I know your best friend Frankie
Wants to see me sink (wants to see me sink) and I don't much blame him for that
He gets so useless after so few drinks

You know babe, I wanna boogie with you

And I know your little baby sister she thinks that I'm a flop (thinks that I'm a flop)
But I guess that you know that it's true
I spent more time on the bottom than the top (bottom than the top)
Tell your little sister I know she wants to give me a whirl (give me a whirl)
But I don't have the time, babe wait till she's grown up and she's a woman, not a girl
Don't you know I want to boogie with you
Down on the corner

With you
[*Com você*]

With you, life moves so fast
With you, everything's a mess
Slow down
Don't you think you could be less capricious
I'm not you, I don't have no death wish
Slow down, slow down
With you, there is no denying
It's you, not my lack of trying
With you everybody's lying
It's you, it's not me who's crying

With you, stay and hold tightly from the streets
With you, every friend's a possible beat

Slow down, slow down
With you, it's a foregone conclusion
With you, envy, it's all a delusion
With you, I can have no illusion
It's you, who has the contusions
Crying

With you, everyone's a sucker
With you, it's fuckee or fucker
Slow down, slow down

With you, life is just a scramble
With you, every day is a gamble
With you, I can forget life barely
With you, playing the Virgin Mary
And you're crying

Looking for love
[*Em busca de amor*]

Hey now, there's a lovely girl and she's stealin' all your sheets
Hey now, there's a lovely girl that's the kind of girl to meet
Hey now, there's a lonely boy and he's looking looking for love
Now, there's a lovely girl and she's looking for a stud
Hey now, won't you give it now
Won't you give it give it give it to me
Hey now there's a lucky girl give it give it give it to me

Hey now, there's an international boy walking around the world
Hey now, there's a jet-set star looking still for some little pick-up girl
I said hey now, you used to scratch my back
And you look across the board
Hey now, when you ripped open my shirt
You see that's written hey "The Wanderer" on my chest
Hey now, there's a lovely girl
Easy kiss kisses goodbye
Hey now, there's a lovely child look look looking for love

City lights
[*Luzes da cidade*]

Don't these city lights light these streets to life
Don't these crazy nights bring us together

Any rainy day, you can dance those blues away
Don't these city lights bring us together

Charlie Chaplin's cane, well it flicked away the rain
Things weren't quite the same, after he came here
But then when he left, upon our own request
Things weren't quite the same, after he came here

We're supposed to be
A land of liberty
And those city lights to blaze forever
But that little tramp, leaning on that street corner lamp
When he left us, his humor left us forever

Don't these city lights bring these streets to life
Don't these crazy nights bring us together
Any rainy day, you can dance those blues away
Don't these city lights bring us together

All through the night
[*A noite inteira*]

Don't you feel so lonely when it's in the afternoon
And you gotta face it all through the night
Don't it make you believe that something's gonna have to happen soon, oh baby
All through the night

Have you ever played with an all-night band
And gone through it, baby all through the night
When the daytime descends in a nighttime of hell everybody's gone to look for a bell to ring
All through the night
And they do it all through the night

When the words were down and the poetry comes and the novel's written and the book is
        [done you said oh lord, lover baby give it to me all through the night and she says it

My best friend Sally, she got sick
And I'm feeling mighty ill myself
It happens all the time and all through the night
I went to St. Vincent's and I'm watching the ceiling fall down on the body as she's lying there
        [on
the ground
Says oh baby, gotta celebrate all through the night
Made me feel so sad I cried all through the night
I said oh Jesus, all through the night

If the sinners sin and the good man's gone and a woman can't come
And help him home and what you gonna do about it
When they go on all through the night
And he says give it to me all through the night

It ain't so much when a man's gotta cry, give a little loving
And some piece of mind
I said hey babe, give it to me all through the night

And some people wait for things that never come
And some people dream of things that never been done
They do it all through the night
The city's funny and the country's quiet but I'd wanna know why they don't have a riot
Why don't they do it, baby
All through the night

Oh mama, oh mama tell me about it all through the night
I want to have it all through the night
If Christmas comes only once a year
Why can't anybody shed just one tear
For things that don't happen all through the night

Families
[*Famílias*]

Mama, you tell me how's the family
And mama, tell me how's things going by you
And little baby sister, I heard that you got married
And I heard that you had yourself a little baby girl, too
And here's some uncles and some cousins I know vaguely
And would you believe my old dog Chelsy's there, too
And would you believe nobody in this family wanted to keep her
And now that dog's more a part of this family than I am too
I don't come home much anymore
No I don't come home much anymore

And mama, I know how disappointed you are
And papa, I know that you feel the same way too
And no, I still haven't got married
And no, there's no grandson
Planned here for you
And by the way daddy, tell me how's the business
I understand that your stock she's growing very high
No daddy, you're not a poor man anymore

And I hope you realize that
Before you die

Please, come on let's not start this business again
I know how much you resent the life that I have

But one more time I don't want the family business
Don't want to inherit it upon the day that you die
Really dad, you should have given it to my sister
You know, Elizabeth, you know Elizabeth
She has a better head for those things than I
She lives practically around the corner
That's really the kind of child you could be proud of

But papa, I know that this visit's a mistake
There's nothing here we have in common except our name
And families that live out in the suburbs
Often make each other cry

And I don't think that I'll come home much anymore
No, no I don't think I'll come home much again

Mama, Papa

The bells
[*Os sinos*]

And the actresses relate
To the actor who comes home late
After the plays have gone down
And the crowds have scattered around
Through the city lights and the streets
No ticket could be beat
For the beautiful show of shows
Ah, Broadway only knows
The Great White Milky Way
It had something to say
When he fell down on his knees
After soaring through the air
With nothing to hold him there
It was really not so cute
To play without a parachute
As he stood upon the ledge
Looking out he thought he saw a brook—

And he hollered, "Look! There are the bells!"
And he sang out, "Here come the bells!"
"Here come the bells!"
"Here come the bells!"

Here comes the bells

GROWING UP IN PUBLIC

How do you speak to an angel
[*Como falar com um anjo*]

A son who is cursed with a harridan mother
Or a weak simpering father at best
Is raised to play out the timeless classical motives
Of filial love and incest

How does he
Speak to a
How does he speak to the prettiest girl
How does he
Talk to her
What does he say for an opening line
What does he say if he's shy

What do you do with your pragmatic passions
With your classically neurotic style
How do you deal with your vague self-comprehension
What do you do when you lie

How do you
Speak to a
How do you speak to the prettiest girl
How do you speak to her
How do you dance on the head of a pin
When you're on the outside looking in

My old man
[*Meu velho*]

When I was a young boy in Brooklyn going to public school
During recess in the concrete playground they lined us up by twos
In alphabetical order, Reagan, Reed, and Russo

I still remember the names
And stickball and stoopball
Were the only games that we played
And I wanted to be like my old man
I wanted to grow up to be like my old man
I wanted to dress like, I wanted to be just like
I wanted to act like my old man

And then like everyone else I started to grow
And I didn't want to be like my father anymore
I was sick of his bullying
And having to hide under a desk on the floor
And when he beat my mother, it made me so mad I could choke
And I didn't want to be like my old man
I didn't even want to look like my old man
I didn't even want to seem like my old man

A son watches his father, being cruel to his mother
And makes a vow to return only when
He is so much richer, in every way so much bigger
That the old man will never hit anyone again.

And can you believe what he said to me
He said, Lou, act like a man

Keep away
[*Ficar longe*]

You keep your jealousy and your snide remarks to yourself
You know that I'm not seeing anybody else
You just keep your ear down to the ground
Yell your head off if you hear a sound
And here's a whistle, and a badge and a phone
You can arrest me if I'm not at home
And if I don't keep my word I swear I'll keep away

Here's some books and a puzzle by Escher
Here's Shakespeare's "Measure for Measure"
Here's a balloon, a rubber band and a bag
Why don't you blow them up, if you think you've been had
Here's a castle, a paper dragon and a moat
An earring, a toothbrush and a cloak
And if I don't keep my word I swear I'll keep away

I swear I'll keep away
From all we've ever done
I'll keep away the good times and
I'll keep away the fun
I swear I'll join the army or maybe the marines
I'll start to wear designer suits and put away my jeans
I swear that I'll keep away from all my old time friends
I'll throw away my records I'll try to make amends
I swear I'll give up gambling and playing with the rent
I'll give up food and drinking I'll give up a life ill spent

Here's a yardstick you can measure me by
Here's a coupon, maybe there's something you want to buy
Here's a Band-Aid in case you cut your feet
Here's a rubber mallet you can use on your front teeth
Here's a gun no one uses anymore
And a bracelet made of some inexpensive ore
And if I don't keep my word you won't see me anymore

I swear I'll keep away from dignity and pride
I'll keep away from abstracts I'll keep it all inside
Well, I'll just wrap me up in butter and melt me on a shelf
I'll fry in my own juices I'll become somebody else

Well, I'll just swear to keep away from everything that's good
I'll lie down in the gutter where I really should
I swear I'll light a candle to every modern foe
I swear I'll close the book on this and not see you anymore
'cause I just gotta get away

Growing up in public
[*Crescendo em público*]

Some people are into the power of power
The absolute corrupting power, that makes great men insane
While some people find their refreshment in action
The manipulation, encroachment and destruction of their inferiors

Growing Up in Public
Growing Up in Public
Growing Up in Public
Growing Up in Public
With your pants down

Some people are into their sadistic pleasures
They whet your desires and they drool in your ears

They're quasieffeminate characters in love with oral gratification
They edify your integrity, so they can play on your fears

And they're gonna do it in public
They're gonna do it to you in public
'Cause you're Growing Up in Public
'Cause you're Growing Up in Public
With your pants down

Some people think being a man is unmanly
And then some people think that whole concept's a joke
But some people think being a man is the whole point
And then some people wish that they'd never awoke
Up from a dream of nightmarish proportions
Down to a size neither regal nor calm
A Prince Hamlet caught in the middle between reason and instinct
Caught in the middle with your pants down again

Caught in the middle
I'm really caught in the middle
I'm caught in the middle
Caught in the middle baby deciding about you

Standing on ceremony
[*Cerimoniosos*]

Remember your manners
Will you please take your hat off
Your mother is dying
Listen to her cough

We were always standing on ceremony
We were always standing on ceremony

Can't you show some respect please
Although you didn't in real life
Your mother is dying
And I god damn well hope you're satisfied

We were always standing on ceremony
We were always standing on ceremony

So please play another song on that juke box
Please play another pretty sad song for me
And if that phone rings
Tell them that you haven't seen me

If 'n that phone rings
Tell them you haven't seen me for weeks
And this one here's on me
Standing on ceremony

So alone
[*Tão sozinhos*]

She calls on the phone
She says she doesn't want to be alone
She says it's making her neurotic
But please don't mistake it for being erotic
So alone
So all alone

She says let's go for a walk
We'll have a drink and maybe we will talk
And he thinks she has possibilities
If she could just put away her rosary
So all alone
Nobody wants to be alone

But I just didn't know
I swear to you, I just didn't know
I would never make you sad
If I had known
I never would have said those things to you
You'd have to be crazy to say those things to you

Let's face it, I made a mistake
Well you know, fools rush in where angels take a break
I can't be smart all of the time
And anyway I didn't know you were marking time over him
To tell you the truth
I forgot all about him

And you know I don't think it's nice
Asking one man about another man's vice
I don't care if you pick my head
As long as we end up in bed—alone
Just the two of us alone

I just didn't know
I swear to God, I just didn't know
Can't you understand that it's frightening

600   LOU REED

When you hear women talking about castrating and hating men
Who wants to know about how you hate men

Well you said now you wanted to dance
So now we're going to dance
You said that you weren't complete
But we're going to put you on your feet
You said that you were very vexed
And you told me to forget about sex
You said you liked me for my mind
Well, I really love your behind

Oh get up and boogie, oh baby get up and dance
Oh get get get get up and boogie baby, oh get up and dance
Shake your booty mama, oh get up and dance

Your point's very clear
You're not one to cry into your beer
Why don't we go to my place
Believe me, I'm very chaste
And I'm so alone
So all alone

Sure, all men are beasts
Hey look, I'll sit here quietly and I'll stare at my feet
I don't blame you for taking umbrage
With animals staring at your cleavage
So alone
We're so all alone

Hey, do you mind if I turn out the light
Don't take offense, but why don't you spend the night
I know your passions run very deep
But at this point we both need sleep
So alone
And who wants to be alone

Love is here to stay
[*O amor veio pra ficar*]

They both love Chinese food, he hates to dress
He loves to play pinball, she wants to play next
She likes her novels long, he's into comic books
They're gilt-edged polymorphous urban but somehow it works

She likes Truman Capote, he likes Gore Vidal
He likes Edgar Allan Poe, and she's into Mean Joe Greene
She thinks eating meat's disgusting, he likes hot dogs
She's into Gestalt therapy, while Est and the rest just make him ill, but

Love is here, here to stay
Love is here, here to stay
It gets proven every day
Love is here, here to stay

The power of positive drinking
[*O poder do embebedamento positivo*]

Some like wine and some like hops
But what I really love is my scotch
It's the power, the power of positive drinking
Some people ruin their drinks with ice
And then, they, they ask you for advice
They tell you, I've never told this to anyone before.
They say, Candy is dandy but liquor makes quipsters
And I don't like mixers, or sippers or sob sisters
You know, you have to be real careful
Where you sit down in a bar these days
And then some people drink to unleash their libidos
And other people drink to prop up their egos
It's my burden, man
People say I have the kind of face you can trust

Some people say alcohol makes you less lucid
And I think that's true if you're kind of stupid
I'm not that kind that gets himself burned twice
And some say liquor kills the cells in your head
And for that matter so does getting out of bed
When I exit, I'll go out gracefully, shot in my hand

Smiles
[*Sorrisos*]

Smiles—I was taught never to smile
I was told the stylish smiles of buffoonery and chicanery and larceny abound
My mom said unless someone sticks you right in front of a camera
A smile is the last thing that you wanna do
Those smiles—those mirthless toothy smiles

Smiles—they all smile on TV
The quizmaster with his withered crones
The talk show hosting movie stars
The politician licking feet
The mugger, the rapist,
The arsonist lover
All smile out from the news
At one time or another
Those smiles—those garish, sickly smiles

When I was young my mother said to me—
"Never, ever, let anyone see that you're happy"
Smiles, never, ever let them see you smile—
They'll always put you down—with those smiles—
Never, ever let them see you smile—
They'll always put you down—with your smiles—
Never, ever, let them see you smile—
They'll always put you down—with your smiles—
Never, ever let them see you smile—
Don't you know they'll make you go:
Doo doo doo doo doo doo doo doo
Doo doo doo doo doo doo doo doo
Doo

Think it over
[*Pense nisso*]

Waking, he stared raptly at her face
On his lips, her smell, her taste
Black hair framing her perfect face
With her wonderful mind and her incredible grace
And so, he woke he woke her with a start
To offer her his heart
Once and for all, forever to keep
And the words that she first heard him speak
Were really very sweet
He was asking her to marry him, and to think it over
Baby think it over

She said somewhere there's a faraway place
Where all is ordered and all is grace
No one there is ever disgraced
And everybody there is wise and everyone has taste
And then she sighed, well la-dee-dah-dee-dah

You and I have come quite far
And we really must watch what we say
Because when you ask for someone's heart
You must know that you're smart
Smart enough to care for it
So I'm gonna think it over
Baby, I'm going to think it over

Teach the gifted children
[*Ensine as crianças eleitas*]

Teach the gifted children, teach them to have mercy
Teach them about sunsets, teach them about moonrise
Teach them about anger, the sin that comes with dawning
Teach them about flowers and the beauty of forgetfulness
Then take me to the river and put me in the water
Bless them and forgive them, Father cause they just don't know

All the gifted children, teach the gifted children
The ways of men and animals
Teach them about cities, the history of the mysteries
Their vices and their virtues
About branches that blow in the wind
Or the wages of their sins
Teach them of forgiveness, teach them about mercy
Teach them about music
And the cool and cleansing water
Teach the gifted children
All the gifted children

THE BLUE MASK

My house
[*Minha casa*]

The image of the poet's in the breeze
Canadian geese are flying above the trees
A mist is hanging gently on the lake
My house is very beautiful at night
My friend and teacher occupies a spare room
He's dead—at peace at last the wandering Jew

Other friends had put stones on his grave
He was the first great man that I had ever met
Sylvia and I got out our Ouija Board
To dial a spirit—across the room it soared
We were happy and amazed at what we saw
Blazing stood the proud and regal name Delmore
Delmore, I missed all your funny ways
I missed your jokes and the brilliant things you said
My Daedalus to your Bloom, was such a perfect wit
And to find you in my house makes things perfect
I've really got a lucky life
My writing, my motorcycle, and my wife
And to top it all off a spirit of pure poetry
Is living in this stone and wood house with me
The image of the poet's in the breeze
Canadian geese are flying above the trees
A mist is hanging gently on the lake
Our house is very beautiful at night

Women
[*Mulheres*]

I love women
I think they're great
They're a solace to a world in a terrible state
They're a blessing to the eyes
A balm to the soul
What a nightmare to have no women in the world

I used to look at women in the magazines
I know that it was sexist but I was in my teens
I was very bitter, all my sex was on the sly
I couldn't keep my hands off women
And I won't till I die

A woman's love can lift you up and women can inspire
I feel like buying flowers and hiring a celestial choir
A choir of castratis to serenade my love
They'd sing a little Bach for us and then we'd make love

I love women
We all love women
We love women

Underneath the bottle
[*No fundo da garrafa*]

Oooh wheee, look at me
Looking for some sympathy
It's the same old story—of man and his search for glory
And he found it, there underneath the bottle
Things are never good
Things go from bad to weird
Hey gimmie another scotch with my beer
I'm sad to say I feel the same today—as I always do
Gimmie a drink to relax me
Oooh wheee, liquor set me free
I can't do no work, with these shakes inside me
Awww fuck, I got the lousiest luck
I'm sick of this, underneath the bottle
Seven days make a week, on two of them I sleep
I can't remember what the hell I was doin'
I got bruises on my leg from I can't remember when
I feel down some stairs I was lyin' underneath the bottle
Ooooh wheee
Son of a B
You get so down you can't get any lower
So long world you play too rough
And it's getting me all mixed up
I lost my pride and it's hidin'
There—
Underneath the bottle

The gun
[*A arma*]

The man has a gun
He knows how to use it
Nine millimeter Browning, let's see what he can do
He'll point it at your mouth
Says that he'll blow your brains out
Don't you mess with me
I'm carrying a gun
Carrying a gun
Carrying a gun
Don't you mess with me

Carrying a gun
Get over there
Move slowly
I'll put a hole in your face
If you even breathe a word
Tell the lady to lie down
I want you to be sure to see this
I wouldn't want you to miss a second
Watch your wife
Carrying a gun
Shooting with a gun
Dirty animal

Carrying a gun
Carrying a gun
Watch your face
Carrying a gun
Carrying a gun
Carrying a gun

The animal dies with fear in his eyes
With a gun
Don't touch him
Don't touch him
Stay away from him
He's got a gun

The blue mask
[*A máscara azul*]

They tied his arms behind his back to teach him how to swim
They put blood in his coffee and milk in his gin
They stood over the soldier in the midst of the squalor
There was war in his body and it caused his brain to holler

Make the sacrifice
Mutilate my face
If you need someone to kill
I'm a man without a will
Wash the razor in the rain
Let me luxuriate in pain
Please don't set me free
Death means alot to me

The pain was lean and it made him scream
He knew he was alive
They put a pin through the nipples on his chest
He thought he was a saint
I've made love to my mother, killed my father and my brother
What I am to do
When a sin goes too far, it's like a runaway car
It cannot be controlled
Spit upon his face and scream
There's no Oedipus today
This is no play you're thinking you are in
What will you say

Take the blue mask down from my face and look me in the eye
I get a thrill from punishment
I 've always been that way
I loathe and despise repentance
You are permanently stained
Your weakness buys indifference
And indescretion in the streets
Dirty's what you are and clean is what you're not
You deserve to be soundly beat

Make the sacrifice
Take it all the way
There's no "won't" high enough
To stop this desperate day
Don't take death away
Cut the finger at the joint
Cut the stallion at his mount
And stuff it in his mouth

Average guy
[*Cara normal*]

I ain't no Christian or no born-again saint
I ain't no cowboy or a Marxist D.A.
I ain't no criminal or Reverend Cripple from the right
I am just your average guy, trying to do what's right
I'm just your average guy

An average guy—I'm just your average guy
I'm average looking and I'm average inside
I'm an average lover and I live in an average place

You wouldn't know me if you met me face to face
I'm just your average guy
I'm just an average guy

I worry about money and taxes and such
I worry that my liver's big and it hurts to the touch
I worry about my health and bowels
And the crime waves in the street
I'm really just your average guy
Trying to stand on his own two feet
I'm just your average guy

Average looks
Average tastes
Average height
An average waist
Average in everything I do
My temperature is 98.2
I'm just your average guy

An average guy

The heroine
[*A heroína*]

The heroine stood up on the deck
The ship was out of control
The bow was being ripped to shreds
Men were fighting down below
The sea had pummeled them for so long
That they knew nothing but fear
And the baby's in his box, he thinks the door is locked
The sea is in a state, the baby learns to wait
For the heroine
Locked in his defense
He waits for the heroine

The mast is cracking as the waves are slapping
Sailors rolled across the deck
And when they thought no one was looking
They would cut a weaker man's neck
While the heroine dressed
In a virgin white dress
Tried to steer the mighty ship

But the raging storm wouldn't hear of it
They were in for a long trip

Baby's in a box, thinks the door is locked
He finds it hard to breathe, drawing in the sea
And where's the heroine
To fire off the gun
To calm the raging seas
And let herself be seized by
The baby in the box
He thinks the door is locked
The woman has the keys
But there's no moment she can seize

Here's to the heroine
Who transcends all the men
Who are locked inside the box
Will the lady let him out—

The Heroine
Strapped to the mast
The pale ascendant
Heroine

Waves of fear
[*Ondas de medo*]

Waves of fear attack in the night
Waves of revulsion—sickening sights
My heart's nearly bursting
My chest's chocking tight
Waves of fear, waves of fear

Waves of fear
Squat on the floor
Looking for some pill, the liquor is gone
Blood drips from my nose, I can barely breathe
Waves of fear I'm too scared to leave

I'm too afraid to use the phone
I'm too afraid to put the light on
I'm so afraid I've lost control
I'm suffocating without a word
Crazy with sweat, spittle on my jaw
What's that funny noise,

What's that on the floor
Waves of fear
Pulsing with death
I curse at my tremors
I jump at my own step
I cringe at my terror
I hate my own smell
I know where I must be
I must be in hell

Waves of fear
Waves of fear

The day John Kennedy died
[*O dia em que John Kennedy morreu*]

I dreamed I was the president of these United States
I dreamed I replaced ignorance, stupidity and hate
I dreamed the perfect union and the perfect law, undenied
And most of all I dreamed I forgot the day John Kennedy died

I dreamed that I could do the job that others hadn't done
I dreamed that I was uncorrupt and fair to everyone
I dreamed I wasn't gross or base, a criminal on the take
And most of all I dreamed I forgot the day John Kennedy died

I remember where I was that day I was upstate in a bar
The team from the university was playing football on TV
Then the screen went dead and the announcer said
"There's been a tragedy, there are unconfirmed reports the
President's been shot, and he may be dead or dying."
Talking stopped, someone shouted, "What?!"
I ran out to the street
People were gathered everywhere saying did you hear what they said on TV
And then a guy in a Porsche with his radio on
Hit his horn and told us the news
He said, "The president's dead, he was shot twice in the head
In Dallas, and they don't know by whom."

I dreamed I was the president of these United States
I dreamed that I was young and smart and it was not a waste
I dreamed that there was a point to life and to the human race
I dreamed that I could somehow comprehend that someone
Shot him in the face

Oh, the day John Kennedy died

ATRAVESSAR O FOGO — 310 LETRAS   611

Heavenly arms
[*Braços celestiais*]

Heavenly arms reach out to hold me
Heavenly arms entice you to dance
In a world of ill will, the dancers are still
Heavenly arms reach out to me

Heavenly arms soft as a love song
Heavenly arms bring a kiss to your ear
In a world that seems mad
All the dancers seem sad
Heavenly arms reach out to me

Heavenly arms come to my rescue
Only a woman can love a man
In a world full of hate love should never wait
Heavenly arms reach out to me

Heavenly arms strong as a sunset
Heavenly arms pure as the rain
Lovers stand warned
Of the world's impending storm
Heavenly arms reach out to me
Sylvia

LEGENDARY HEARTS

Legendary hearts
[*Corações lendários*]

Legendary hearts, tearing us apart
With stories of their love
Their great transcendent loves
While we stand here and fight
And lose another night of legendary love

Legendary loves, haunt me in my sleep
Promises to keep, I never should have made
I can't live up to this
I'm good for just a kiss—not legendary love

Romeo oh Romeo, wherefore art thou Romeo
He's in a car or at a bar
Or churning his blood with an impure drug
He's in the past and seemingly lost forever
He worked hard at being good
But his basic soul was stained not pure
And when he took his bow no audience was clapping

Legendary hearts, tear us all apart
Make our emotions bleed, crying out in need
No legendary love is coming from above
It's in this room right now

And you've got to fight to make what's right
You've got to fight to keep your legendary love

Don't talk to me about work
[*Não venha me falar de trabalho*]

A perfect day to get out of bed
Shower, dress, shave, kiss you on the head
Then I hit the office and my head starts to swim
A perfect day to just walk around
See a violent movie check the sounds
But even on the street when I hear a phone ring
My heart starts to beat
When I get home I don't want you to speak

Don't talk to me about work
Please, don't talk to me about work
I'm up to my eyeballs in dirt—
With work, with work

How many dollars
How many sales
How many liars
How many tales
How many insults must you take in this one life

I'm in prison most of the day
So please excuse me if I get this way
But I have got obligations to keep
So be very careful when you speak
Don't talk to me about work
Please don't talk to me about work

I'm up to my eyeballs in dirt—
With work, with work
Please, don't talk to me about work
Don't you talk to me about work
I'm up to my eyeballs in dirt
With work, with work

Make up my mind
[*Faça minha cabeça*]

I can't seem to make up my mind
I can't tell the colors that will fit this room
I can't tell a thing about you
Make up my mind

I can't seem to make up my mind
Are you laughing at me or telling a joke?
The cigarette on the sheet begins to smoke
Make up your mind

Right or left, up or down, in or out, straight or round
Love or lust, rain or shine
I can't seem to make up my poor mind

I can't seem to make up my mind
I can't tell the difference between wrong and right
Are you laughing at me in your sleep tonight?
Leaving me behind—

Why don't you make up your mind
About leaving me behind

Martial law
[*Lei marcial*]

I've declared a truce
So stop your fighting
The marshal is in town
I won't put up with no bigmouth yapping
At least not while I'm around
This here is my friend Ace
He's from the eigth precinct
Nothing goes on that he don't know
And we've been sent

'Cause your arguments
Have been goin' on too long
And before one of you
Hurts the other one of you
I'm declaring martial law

I came I saw I declared martial law
I'm the marshal in this city
The jails are filled with people like you
You oughta listen to your diddy wah diddy
What's a girl like you doin' with that lamp
You better drop that down on the floor
And son that isn't very smart, kickin' a hole in that door
Hey Ace, will you take a look at this place
And get those neighbors out of the hall
I'm declaring martial law

I came I saw I declared martial law
'Cause I'm the marshal in this city
And if you stand away
I've got something to say
That might even help you

Keep your hands to yourself
Keep your big mouth shut
Don't you touch nobody with hate
And if all you've got is poison in your mouth
Make sure that you don't speak
It's 3:30 in the early morning
Don't punch, don't scratch, don't bite
Try not to take the garbage of the day
To anyplace else but outside
Now me and Mr. Ace are gonna leave this place
And this fighting's gonna end
And if we're called back
I'm gonna knock you flat
And stack you end to end

I came, I saw, I declared martial law
I'm the marshal in this city

ATRAVESSAR O FOGO — 310 LETRAS   615

The last shot
[*O último pico*]

The last shot should have killed me,
Pour another drink
Let's drink to the last shot
And the blood on the dishes in the sink
Blood inside the coffee cup, blood on the table top
But when you quit, you quit
But you always wish
That you knew it was your last shot
I shot blood at the fly on the wall
My heart almost stopped, hardly there at all
I broke the mirror with my fall, with my fall-fall-fall
Gimmie a double, give yourself one, too
Gimmie a short beer, and one for you, too
And a toast to everything that doesn't move, that doesn't move
But when you quit, you quit
But you always wish that you knew it was your last shot
But when you quit, you quit
But you always wish that you knew it was your last shot
Whisky, bourbon, vodka, scotch
I don't care what it is you've got
I just want to know that it's my last shot, my last shot
I remember when I quit pretty good

See this here's where I chipped my tooth
I shot a vein in my neck and I coughed up a Quaalude on
My last shot,
Here's a toast to all that's good and here's a toast to hate
And here's a toast to toasting and I'm not boasting
When I say I'm getting straight, when I say I'm getting straight

But when you quit, you quit
But you always wish, that you knew it was
Your last shot
When you quit, you quit
But you always wish
That you knew it was your last shot

Turn out the light
[*Apague a luz*]

Lover, lover why is there light
In the itchy-gitchy evening and it's dark outside
And what is the difference between wrong and right
Wrong and right
Isn't it funny how pain goes away
And then comes back another day
The air feels very good today
Good today

Lover, lover why is there light
Did you forget to turn off that light
Well that's all right but it was way too bright
Way too bright
See the eagle above the hill
The lake reflects and is so still
The tension has gone from my will
From my will

Moon on the mountain shining bright
First there's dark and then there's light
And sometimes the light is way too bright
It's way too bright

Why don't you turn off the light?
Turn off the light

Pow wow
[*Conselho indígena*]

Christopher Columbus discovered America
Found he had a cornucopia
Gave love to the Indians and they gave it back
A pow wow in the teepee is where it's at

I want to dance with you
I want to dance with you
I want to dance with you
I want to dance with you
The Indian fought with his arrow and his bow
Till General Custer lost to Sitting Bull
Scalped all day and scalped all night

Give me that fire water
I'm gonna buy me a wife

I want to dance with you
I want to dance with you
I want to dance with you
I want to dance with you
When your people first moved to our block
Our ancestors met with culture shock
Two different monkeys from two different trees
Come on let's stop our fightin'
And come dance with me

Come on and dance with me
Come on and dance with me
'Cause I really want to dance with you
I want to dance with you

Betrayed
[*Traído*]

Betrayed—by the one who says she loves you
By the one who says she needs you
Above all other men
Betrayed by her fragile, vicious beauty
Her father did his duty, and I lay down betrayed

Justice taught her competence—her mother was like steel
Her cousins, they're all convicts
She alone rose above that wheel
But a motorcyclist no matter how good
Is slave to the oncoming truck
And the poison of her father was her most pitiless luck

Three of us lie in this bed, night of infamy
One of us lies on our back, her father's in her head
And quick she turns, and slaps my face
And with her eyes open wide she screams
I hate you, I hate you, I hate you
But she's looking right past me

Betrayed—by the one who says she loves you
By the one who says that she needs you above all other men
Betrayed by her fragile, vicious beauty
Her father did his duty
And I lay down betrayed

Bottoming out
[*Fundo do poço*]

I'm cruising fast on a motorcycle
Down this winding country road
And I pass the gravel at the foot of the hill
Where last week I fell off
There's still some oil by this old elm tree
And a dead squirrel that I hit
But if I hadn't left, I would've struck you dead
So I took a ride instead

My doctor says she hopes I know, how lucky I can be
After all it wasn't my blood mixed in the dirt that night
But this violent rage, that turns inward
Can not be helped by drink
And we must really examine this
And I say I need another drink

I'm tearing down Rte. 80 East
The sun's on my right side
I'm drunk but my vision's good
And I think of my child bride
And on the left in shadows I see
Something that makes me laugh
I aim that bike at that fat pothole beyond that underpass

Bottoming out

Home of the brave
[*Terra dos bravos*]

Here's to Johnny with his Jo and Micky's got a wife
And here's to Jerry he has got his Joyce
And me—I'm shaking
In my boots tonight
For the daughters and the sons lost in the home of the brave

Here's to the home of the brave
Here's to the life that's not saved
Here's to the home of the brave
Here's to the home of the brave

Here's to Frank hit in some bar, in picturesque Brooklyn Heights
And here's to a friend who jumped in front of a train
At seven o'clock one night

And another friend who thinks that he lacks worth
Has disappeared from sight
Somewhere in the home of the brave

The stars are hiding in their clouds
The street lights are too bright
A man's kicking a woman who's clutching his leg tight
And I think suddenly of you and blink my eyes in fright
And rush off to the home of the brave

Here's to the home of the brave
Here's to the home of the brave
Here's to the life that is saved
Here's to the home of the brave

And every day you have to die some
Cry some
Die some

Rooftop garden
[*Jardim suspenso*]

Sitting in our rooftop garden
Looking down below
Sitting in our rooftop garden
Waiting for the sun
Isn't it lovely watching a plane go by
What a lovely couple are you and I

Sitting in our rooftop garden, a few drops of rain
The lights in the city blinking on
Just the same
No sugar with my coffee
How's your tea
In our rooftop garden above the city

Let's not see any letters
Let's not answer the phone
Let's just pretend that there's no one at home

In our rooftop garden
Up on the roof

NEW SENSATIONS

I love you, Suzanne
[*Eu te amo, Suzanne*]

You broke my heart and you made me cry
You said that I couldn't dance
But now I'm back to let you know that I can really make romance

You do what you gotta do
You do everything you can
You do what you wanna do
Hey, but I love you Suzanne

You do anything once
You try anything twice
You do what you gotta do
Hey but I love you Suzanne

I love you when you're good
I love you when you're bad
You do what you gotta do
But I love you Suzanne

You do what you wanna do
You do what you can
You do what you wanna do babe
But I love you Suzanne

Endlessly jealous
[*Ciúme sem fim*]

Jealousy endlessly sweeps through my mind
Jealousy often causes me to be unkind
I'm sorry I said that
I'm sorry I did that
I'm sorry I hit you
I'm sorry
I'm sorry

Endlessly jealous of you
Being endlessly jealous of me
The man that you thought I could be
Turning red with jealousy

Endlessly jealousy eats through my skull
Endlessly jealousy makes me feel dull
Fighting endless jealous fighting
I feel my fingers tightening
Tightening please don't break her arm
Jealously thinking of you
Of your endless possession of me
Of my jealousy / endlessly / jealously
Endlessly jealous of you

Sorry
Running to a phone to say
I'm sorry
Running out of dimes
The phone on the street
Spits at me—have a good day
Sorry
Please you know how I am sorry
I've been this way for oh so long
Endlessly / jealously / jealous of you

Jealousy endlessly eats through my mind
Jealousy endlessly makes me be unkind
I'm sorry I said that
I'm sorry I did that
I'm sorry I hit you
I'm sorry
I'm sorry

Endlessly jealous of you
Being endlessly jealous of me
Endlessly jealous of you
Being endlessly jealous of me

Endlessly jealous of you
Endlessly jealous of you

My red joystick
[*Meu joystick vermelho*]

The first bite of the apple made Eve smart
The second bite taught her how to break men's hearts
The third bite taught her how to strut her stuff
But she never got to the fourth bite that says
Enough is enough

Enough is enough baby
I've had enough of you
You can keep your dresses
You can keep your jewels
You can keep the color TV
Those soaps just make me sick
All I'm asking you to leave me
Is my Red Joystick

My Red Joystick, my Red Joystick
All I'm asking you to leave me is my Red Joystick

Eve kissed Abel
That's how he got murdered by Cain
Abraham gave up his son
To keep his wife away
And even the Lord almighty
Speaking from the trenches to the pits
Spoke for all mankind when he said

Take the Porsche
Take the kids
Take the stocks
Baby take the rugs
Take those roses
From my poor heart wilting
But please please please
Leave me my Red Joystick

Eve drank apple cider,
Eve brewed good apple wine
Eve cooked up stewed apples
Knew how to have a good time
She came into the bedroom
Raised her skirts up high
She said, "If a little knowledge is a dangerous thing, baby,
Give me a piece before I die"

Hey Eve take a bite of my apple
I know you think you're pretty slick
The one thing I ask you to leave me
Is my Red Joystick

My Red Joystick
My Red Joystick
All I'm asking you to leave me is my Red Joystick
My Red Joystick baby

My Red Joystick
All I'm asking you to leave me is
My Red Joystick

Turn to me
[*Me procure*]

If you gave up major vices
You're between a hard place and a wall
And your car breaks down in traffic on the street
Remember, I'm the one who loves you
You can always give me a call

If your father is freebasing
And your mother turning tricks
That's still no reason you should have a rip
Remember, I'm the one who loves you
You can always give me a call

When your teeth are ground down to the bone
And there's nothing between your legs
And some friend died of something that you can't pronounce
Remember I'm the one who loves you
You can always give me a call

You can't pay your rent
Your boss is an idiot and
Your apartment has no heat and
Your wife says maybe it's time to have a child
Remember I'm the one who loves you
You can always give me a call

When it's all too much, you turn the TV set on
And light a cigarette and
Then a public service announcement
Comes creeping on and
You see a lung corroding
Or a fatal heart attack

Turn to me

New sensations
[Novas sensações]

I don't like guilt be it stoned or stupid
Drunk and disorderly I ain't no cupid
Two years ago today I was arrested on Christmas Eve
I don't want pain, I want to walk not be carried
I don't want to give it up, I want to stay married
I ain't no dog tied to a parked car

I want the principles of a timeless muse
I want to eradicate my negative views
And get rid of those people who are always on a down
It's easy enough to tell what is wrong
But that's not what I want to hear all night long
Some people are like human Tuinals

I took my GPZ out for a ride
The engine felt good between my thighs
The air felt cool it was forty degrees outside
I rode to Pennsylvania near the Delaware Gap
Sometimes I got lost and had to check the map
I stopped at a roadside diner for a burger and a Coke
There were some country folk and some hunters inside
Somebody got themselves married and somebody died
I went to the jukebox and played a hillbilly song
They was arguing about football, as I waved and went outside
And I headed for the mountains, feeling warm inside
I love that GPZ so much, you know that I could kiss her

Doin' the things that we want to
[Fazendo o que queremos]

The other night we went to see Sam's play
(Doin' the things that we want to)
It was very physical it held you to the stage
(Doin' the things that he wants to)
The guy's a cowboy from some rodeo
(Doin' the things that he wants to)
The girl had once loved him but now she wants to go
(Doin' the things that she wants to)

The man was bullish, the woman was a tease
(Doin' the things that they want to)

They fought with their words, their bodies and their deeds
(Doin' the things that they want to)
And when they finished fighting, they exited the stage
(Doin' the things that they want to)
I was firmly struck by the way they had behaved
Doin' the things that they want to
Doin' the things that they want to

It reminds me of the movies Marty made about New York
Those frank and brutal movies that are so brilliant
Fool for Love meet The Raging Bull
They're very inspirational I love the things they do
Doin' the things that I want to

There's not much you hear on the radio today
But you can still see a movie or a play
Here's to Travis Bickle and here's to Johnny Boy
Growing up in the mean streets of New York

I wrote this song 'cause I'd like to shake your hand
In a way you guys are the best friends I ever had

What becomes a legend most
[*O que faz um mito*]

What becomes a legend most—when she's alone in a hotel lobby
What becomes a legend most—some bad Champagne and some foreign bottled beer
What becomes a legend most—when the musicians have come and then leave her
What becomes a legend most—besides being a legendary star
What becomes a legend most—lying in bed cold and regal
What becomes a legend most—lying in bed watching a talk show on TV
What becomes a legend most—50 days in 50 cities and
Everyone says she looks pretty
At least as pretty as a legend should

Fifty days can wear you down
Fifty cities flying by
A different man in each different hotel
And if you're not careful word can get around

What becomes a legend most—not a bed that is half-empty
Not a heart that is left empty
That's not pretty, not pretty at all

What becomes a legend most—when she's lying in her hotel room
What becomes a legend most
Well baby tonight it's you

Fly into the sun
[*Voar para o sol*]

I would not run from the Holocaust
I would not run from the bomb
I'd welcome the chance to meet my maker
And fly into the sun
Fly into the sun
Fly into the sun
I'd break up into a million pieces and fly into the sun

I would not run from the blazing light
I would not run from its rain
I'd see it as an end to misery as an end to worldly pain
An end to worldly pain—an end to worldly pain
I'd shine by the light of the unknown moment
To end this worldly pain

The earth is weeping, the sky is shaking
The stars split to their core
And every proton and unnamed neutron is fusing in my bones
And an unnamed mammal is darkly rising
As man burns from his tomb
And I look at this as a blissful moment to fly into the sun
Fly into the sun—fly into the sun
I'd burn up into a million pieces and fly into the sun
To end this mystery, answer my mystery
I'd look at this as a wondrous moment to end this mystery
Fly into the sun—fly into the sun
I'd break up into a million pieces and fly into the sun

My friend George
[*Meu amigo George*]

Read in the paper about a man killed with a sword
And that made me think of my friend George
People said the man was five foot six
Sounds like Georgie with his killing stick

I knew Georgie since he's eight
I always thought that he was great and
Anything that George would do
You know that I would do it too
George liked music and George liked to fight

He worked out in a downtown gym every night
I'd spar with him when work was done
We split lips but it was all in fun

Next thing I hear George's got this stick
He's using it for more than kicks
I seen him down at Smalley's bar
He was wired up, I tried to calm him down
Avenge yourself he says to me—avenge yourself for humanity
Avenge yourself for the weak and the poor
Stick it to these guys right through their heads
The fight is my music, the stick is my sword
And you know that I love you, so please don't say a word
Can't you hear the music playing, the anthem, it's my call
And the last I seen of Georgie was him running through the door

Hey bro, what's the word—talkin' 'bout my friend George
Hey bro, what's the word—you talkin' 'bout my friend George

High in the city
[*Doidão pela cidade*]

I got the time
I got my feet
Let's go hit the street
I got my mace and you got your knife
You gotta protect your own life

I wanna get high in the city
I wanna stay alive here in the city
I wanna stay high in the city
High in the city / high in the city
Let's not walk down Sutton Place
You know everybody there's gotten Akitas
Don't want to talk politics today
I feel too good
Let me have my way
Watch out for that guy on your right
Seen him on the news last Saturday night
He was high in the city
High in the city
Hey, look they're setting fire to that Jeep
There's not much you can keep
I want to stay alive in the city

So many people feeling low
And there's only one way to go to get
High in the city
High in the city
Let's grab a pie, let's hit the park
I'll kiss and hug you till it gets dark
Here in the city
Getting high in the city

Down at the arcade
[*No fliperama*]

Down at the Arcade the defender is there
Down off of Broadway he's there playing his games
It's very dangerous putting money down on Robotron
Oh, I'm the Great Defender
And I really know just how to get along

A fistful of quarters, a fifty dollar stake
Life is a gamble on videotape
I called a disc jockey to dedicate a song to Blair
It's the Temps singing "I'll Be There"

The president called to give me the news
I've been awarded the Nobel Prize in Rhythm and Blues
And Stevie Wonder wants to record one of my songs
Oh, I'm the Great Defender
And I really know just how to get along

Oh, I'm the Great Defender, listen to my song
I really hope you like it, it isn't very long
It's rooted in the fifties but its heart's in 1984
And if you really like it,
Then I'll sing it for you once more

Down at the Arcade
Oh I'm the Great Defender
And I really think I've got it made

MISTRIAL

Mistrial
[*Novo julgamento*]

When I was six I had my first lady
When I was eight my first drink
When I was 14 I was speeding in the streets
What could anybody say to me
You can call Mister
You can call me Sir
But don't you point your finger at me

I want a Mistrial
To clear my name
I want a Mistrial in front of the people
I want a Mistrial
To clear my name
I want to bring my case to the people of New York City

When I was 30 my attitude was bad
If I said differently it'd be a lie
But there's some smarts you learn down in the street
That a college education can't buy

I want a Mistrial
To clear my name
I want a Mistrial in front of the people
I want a Mistrial
To clear my name
I want to bring my case in front of the people
of New York City

And I said M-I-S-T-R-I-A-L—Mistrial
In front of all the people

And I says M-I-S-T-R-I-A-L—Mistrial
In front of the people of New York City

No money down
[*Sem entrada*]

I know you're disappointed
In the way I handled things
You're thinking I misread the times

630   LOU REED

And acted cowardly
And since what I do affects us both
And you feel that I let you down

They say there's someone for everyone
And for everyone a someone
And some tattoo roses across their chests
With a heart that says Rollo
And some work without a public relations man
And do their best work
Babe out of sight

Now I have known a hero or two
And they all learn to swim through mud
And they all got boots caked with
Dirty soles that they get from
Squashing bugs
So when push comes to shove
Get the Harley revved up
The moon can eclipse even the sun

You're paying a price
When there's no price to pay
Lovers trust—no money down
It's a lover's trust—no money down

Outside
[*Lá fora*]

Outside the world's a mindless child—outside
Outside reflects the worst of styles—outside
Inside when you're in my arms
A mindless child is still to be born
Inside, baby, when we come inside

Outside the politics of greed—outside
Outside misbehavior seethes—outside
Mindless repression dominates the street
While I kneel down and kiss your feet
Inside, baby, when we come inside—outside

Outside they don't think, they breed—outside
Outside emotion determines need—outside
Outside the world's a mindless child
That we could bring to life

In your arms
Inside, baby, when we come inside

Outside the politics of hate and greed—outside
Outside the world's a mindless child—outside
But when I hold you in my arms
It's a mindless child that you want
Inside, no matter 'bout the world outside
Inside, a baby's what you want inside

Don't hurt a woman
[*Não magoe uma mulher*]

I was angry
I said things I shouldn't say
But please don't turn your back

Sometimes I get so upset
But I take it all back

Please don't go
I know I was wrong
Sometimes—I don't know
What comes over me

But I try to remember
Don't hurt a woman

I was angry
I said things I shouldn't say
I must have lost control
Sometimes something clicks in my head
And I'm not myself anymore

That wasn't me
You can't believe everything you see
Let's make believe I never said a word
And I'll try to remember
Don't hurt a woman

Video violence
[*Vídeo-violência*]

The currents rage deep inside us
This is the age of video violence

The currents rage so deep inside us
This is the age of video violence

Up in the morning, drinking his coffee
Turns on the TV to some slasher movie
Cartoon-like women, tied up and sweaty
Panting and screaming
Thank you, have a nice day

His heart is pounding he switches the channel
Looking for something other than rape or murder
Or beatings or torture
But except for Walt Disney
It's a twisted alliance
This age of video violence

Down at his job his boss sits there screaming
If he loses his job, then life loses its meaning
His son is in high school
There's nothing he's learning
He sits by the TV
Watching Corvettes exploding 'cause

Down at a bar some woman is topless
She's acned and scarred, her hair is a mess
While he shoves $5 down her exotic panties
The video jukebox is playing Madonna

While just down the block
At some local theater
They're grabbing their crotches
At the 13th beheading
As the dead rise to live
The live sink to die
The currents are deep and raging inside

Our good working stiff looks a whore in the eye
Ties her to a bed
While he beats her back bloody
And then back at home
Drinking more instant coffee
Calls some red-neck evangelist that
He's seen on TV and says

The currents rage, the dawn's upon us
This is the age of video violence
No age of reason is landing upon us
This is the age of video violence

The currents rage so deep within us
This is the age of video violence
The currents rage so deep down inside us
This is the age of video violence

Spit it out
[*Põe pra fora*]

If there's rage inside you
So you cannot think
Spit it out
If you get so angry
That you cannot speak
Spit it out

Talk to him or her or it
And tell them where they can put it
Spit it out
Spit it out
You got to talk to him or her or it
And take aim with your mouth and spit
Spit it out
Spit it out

If you get worked over at your job
Spit it out
If a taxi almost runs you down
Spit it out
You got to take aim with your mouth
And speak and give it to them right between the teeth
Spit it out
Spit it out

Talk to him or her or it
And take aim with your mouth and spit
Spit it out
Spit it out

If you're patient and you have the time
Spit it out
Wait till they're on the decline
Spit it out
The Chinese say you meet the hard with the soft
The Yin with the Yang
The down with the up

Spit it out
Spit it out
You got to grab that dumb he, she or it
And give it to them right between the teeth
Spit it out
Spit it out

The original wrapper
[*Embalagem original*]

I was sittin' home on the West End
Watchin' cable TV with a female friend
We were watchin' the news, the world's in a mess
The poor and the hungry, a world in distress
Herpes, AIDS, the Middle East at full throttle
Better check that sausage before you put it in the waffle
And while you're at it—check what's in the batter
Make sure the candy's in the
Original Wrapper

Reagan says abortion's murder
While he's looking at Cardinal O'Connor
Look at Jerry Falwell, Louis Farrakhan
Both talk religion and the brotherhood of man
They both sound like they belong in Teheran
Watch out, they're goin' full throttle
Better watch that sausage before you put it in the waffle
And while you're at it—better check that batter
Make sure the candy's in the
Original Wrapper
Hey, pitcher, better check that batter
Make sure the candy's in the
Original Wrapper

White against white, Black against Jew
It seems like it's 1942
The baby sits in front of MTV watching violent fantasies
While Dad guzzles beer with his favorite sport
Only to find his heroes are all coked up
It's classic, original—the same old story
The politics of hate in a new surrounding
Hate if it's good and hate if it's bad
And if this all don't make you mad
I'll keep yours and I'll keep mine

ATRAVESSAR O FOGO — 310 LETRAS

Nothing sacred and nothing divine
Father, bless me—we're going full throttle
Better check that sausage before you put it in the waffle
And while you're at it better check that batter
Make sure the candy's in the Original Wrapper

I was born in the United States
I grew up hard but I grew up straight
I saw a lack of morals and a lack of concern
A feeling that there's nowhere to turn
Yippies, Hippies and upwardly mobile Yuppies
Don't treat me like I'm some damn lackey
'Cause the murderer lives while the victims die,
I'd much rather see it an eye for an eye
A heart for a heart, a brain for a brain
And if this all makes you feel a little insane
Kick up your heels—turn the music up loud
Pick up your guitar and look out at the crowd
And say, "Don't mean to come on sanctimonious
But life's got me nervous and a little pugnacious-
Lugubrious so I give a salutation
And rock on out to beat really fabulous
Ohh poop ah doo and how do you do
Hip hop gonna bop till I drop."
Watch out world, comin' at you full throttle
Better check that sausage before you put it in the waffle
And while you're at it, better check that batter
Make sure the candy's in the Original Wrapper
Hey, hey pitcher better check that batter
Make sure the candy's in the
Original Wrapper

Mama's got a lover
[*A mamãe tem um amante*]

Mama's got a Lover
A painter I am told
She's getting out of real estate
For the art scene down in old Soho

Mama's got a Lover
He owns a gallery
She says he likes collages but
The money's in GRA-FI-TI

Mama's got a Lover
I met him yesterday
She says she hopes I like him
Maybe I'll send him a card on Father's Day

Mama's got a Lover
They're backing a film
It's about a working mother
Who gives birth to black and white
Siamese twins

Mama's got a Lover
He's got something to say
He says he's into dirt and rot
The essence of "urban decay"

Mama's got a Lover
We met yesterday
She says she hopes I like him
I'll send him a card on Father's Day

Mama's got a Lover
I met him yesterday
She's starting a new chapter
I wish she was on the last page

I remember you
[*Lembro de você*]

I remember you, I remember me
I remember, I remember how things used to be
I remember every word that you said
I remember, how could I forget
Yes, I remember, I remember you

I remember you, I remember your old address and
I remember, how could I forget
I remember thinking how my luck changed
I remember being so amazed
I remember, I remember you

I remember you, I remember me
I remember the way things used to be
I remember how it was that we met
I remember, I will never forget 'cause
I remember, I remember you

Tell it to your heart
[*Diz pro seu coração*]

I'm staring through a telescope at night
At a large light in the sky—
Its spinning lights reminded me of you
A star spinning in orbit lighting up the sky
Or maybe it was not a star at all

I'm standing by the Hudson River's edge at night
Looking out across the Jersey shore
At a neon light spelling out some cola's name
And I thought
Your name should be dancing beamed from satellites
Larger than any billboard in Times Square

Tell it to your heart
Please don't be afraid
I'm the one who loves you in each and every way
Tell it to your heart
Please don't be afraid
New York City lovers
Tell it to your heart

I'm up on the roof, it's 5 A.M., I guess I couldn't sleep
And I see this spinning light that I saw last week
Maybe I should wake you up but by then it might be gone
You never know what you see when you look up in the sky

I ran outside down a darkened street listening
To my boot heels click
My leather jacket squeaked, I needed a cigarette
When I turned the corner my spinning light was in the street
They were filming a commercial on TV

Tell it to your heart
Please don't be afraid
We're no teenage movie
That ends in tragedy
Tell it to your heart
Please don't be afraid
New York City lovers
Tell it to your heart

NEW YORK

Romeo had Juliette
[*Julieta era de Romeu*]

Caught between the twisted stars the plotted lines the faulty map
That brought Columbus to New York
Betwixt between the East and West
He calls on her wearing a leather vest
The earth squeals and shudders to a halt
A diamond crucifix in his ear is used to help ward off the fear
That he has left his soul in someone's rented car
Inside his pants he hides a mop to clean the mess that he has dropped
Into the life of lithesome Juliette Bell

And Romeo wanted Juliette
And Juliette wanted Romeo

Romeo Rodriguez squares his shoulders and curses Jesus
Runs a comb through his black pony-tail
He's thinking of his lonely room
The sink that by his bed gives off a stink
Then smells her perfume in his eyes
And her voice was like a bell

Outside the streets were steaming the crack dealers were dreaming
Of an Uzi someone had just scored
I betcha I could hit that light with my one good arm behind my back
Says little Joey Diaz
Brother, give me another tote
Those downtown hoods are no damn good
Those Italians need a lesson to be taught
This cop who died in Harlem, you think they'd get the warnin'
I was dancing when I saw his brains run out on the street

And Romeo had Juliette
And Juliette had her Romeo

I'll take Manhattan in a garbage bag with Latin written on it that says
"It's hard to give a shit these days"
Manhattan's sinking like a rock, into the filthy Hudson what a shock
They wrote a book about it, they said it was like Ancient Rome
The perfume burned his eyes, holding tightly to her thighs
And something flickered for a minute
And then it vanished and was gone

Halloween parade
[*Parada do Dia das Bruxas*]

There's a downtown fairy singing out "Proud Mary"
As she cruises Christopher Street
And some southern queen is acting loud and mean
Where the docks and the badlands meet
This Halloween is something to be sure
Especially to be here without you

There's a Greta Garbo and an Alfred Hitchcock
And some black Jamaican stud
There's five Cinderellas and some leather drags
I almost fell into my mug
There's a Crawford, Davis and a tacky Cary Grant
And some homeboys lookin' for trouble down here from the Bronx

But there ain't no Hairy and no Virgin Mary
You won't hear those voices again
And Johnny Rio and Rotten Rita
You'll never see those faces again
This Halloween is something to be sure
Especially to be here without you

There's the Born Again Losers and the Lavender Boozers
And some crack team from Washington Heights
The boys from Avenue B, the girls from Avenue D
A Tinkerbell in tights
This celebration somehow gets me down
Especially when I see you're not around

There's no Peter Pedantic saying things romantic
In Latin, Greek or Spic
There's no Three Bananas or Brandy Alexander
Dishing all their tricks

It's a different feeling that I have today
Especially when I know you've gone away
There's a girl from Soho with a teeshirt saying, "I blow"
She's with the "Jive Five 2 Plus 3"
And the girls for pay dates are giving cut rates
Or else doing it for free
The past keeps knock knock knocking on my door
And I don't want to hear it anymore
No consolations please
For feelin' funky

I got to get my head above my knees
But it makes me mad and mad makes me sad
And then I start to freeze
In the back of my mind I was afraid it might be true
In the back of my mind I was afraid that they meant you
The Halloween Parade
See you next year—
At the Halloween Parade

Dirty blvd.
[*Boulevard barra-pesada*]

Pedro lives out of the Wilshire Hotel
He looks out a window without glass
The walls are made of cardboard
Newspapers on his feet
And his father beats him 'cause he's too tired to beg
He's got nine brothers and sisters
They're brought up on their knees
It's hard to run when a coat hanger beats you on the thighs
Pedro dreams of being older and killing the old man
But that's a slim chance he's going to the boulevard

This room cost $2,000 a month
You can believe it man it's true
Somewhere a landlord's laughing till he wets his pants
No one here dreams of being a doctor or a lawyer or anything
They dream of dealing on the dirty boulevard

Give me your hungry, your tired, your poor I'll piss on 'em
That's what the Statue of Bigotry says
Your poor huddled masses—lets club 'em to death
And get it over with and just dump 'em on the boulevard

Outside it's a bright night, there's an opera at Lincoln Center
And movie stars arrive by limousine
The klieg lights shoot up over the skyline of Manhattan
But the lights are out on the mean streets

A small kid stands by the Lincoln Tunnel
He's selling plastic roses for a buck
The traffic's backed up to 39th Street
The TV whores are calling the cops out for a suck

And back at the Wilshire, Pedro sits there dreaming
He's found a book on magic in a garbage can
He looks at the pictures and stares up at the cracked ceiling
"At the count of three," he says, "I hope I can disappear
and fly fly away . . ."

Endless cycle
[*Eterno ciclo*]

The bias of the father runs on through the son
Leaving him bothered and bewildered
The drugs in his veins only cause him to spit
At the face staring back in the mirror
How can he tell a good act from the bad
He can't even remember his name
How can he do what needs to be done
When he's a follower and not a leader
The sickness of the mother runs on through the girl
Leaving her small and helpless
Liquor flies through her brain with the force of a gun
Leaving her running in circles
How can she tell a good act from the bad
When she's flat on her back in her room
How can she do what needs to be done
When she's a coward and a bleeder
The man if he marries will batter his child
And have endless excuses
The woman sadly will do much the same
Thinking that it's right and it's proper
Better than their mommy or their daddy did
Better than the childhood they suffered
The truth is they're happier when they're in pain
In fact, that's why they got married

There is no time
[*Não há tempo*]

This is no time for celebration
This is no time for shaking hands
This is no time for back-slapping
This is no time for marching bands
This is no time for optimism

This is no time for endless thought
This is no time for my country right or wrong
Remember what that brought

There is no time

This is no time for congratulations
This is no time to turn your back
This is no time for circumlocution
This is no time for learned speech
This is no time to count your blessings
This is no time for private gain
This is a time to put up or shut up
It won't come back this way again

There is no time

This is no time to swallow anger
This is no time to ignore hate
This is no time be acting frivolous
Because the time is getting late
This is no time for private vendettas
This is no time to not know who you are
Self-knowledge is a dangerous thing
The freedom of who you are
This is no time to ignore warnings
This is no time to clear the plate
Let's not be sorry after the fact
And let the past become our fate

There is no time

This is no time to turn away and drink
Or smoke some vials of crack
This is a time to gather force
And take dead aim and attack
This is no time for celebration
This is no time for saluting flags
This is no time for inner searchings
The future is at hand
This is no time for phony rhetoric
This is no time for political speech
This is a time for action
Because the future's within reach

This is the time, because there is no time

Last great American whale
[*A última grande baleia americana*]

They say he didn't have an enemy
His was a greatness to behold
He was the last surviving progeny
The last one on this side of the world
He measured a half mile from tip to tail
Silver and black with powerful fins
They say he could split a mountain in two
That's how we got the Grand Canyon

Some say they saw him at the Great Lakes
Some say they saw him off of Florida
My mother said she saw him in Chinatown
But you can't always trust your mother
Off the Carolinas the sun shines brightly in the day
The lighthouse glows ghostly there at night
The chief of a local tribe had killed a racist mayor's son
And he'd been on death row since 1958
The mayor's kid was a rowdy pig
Spit on Indians and lots worse
The Old Chief buried a hatchet in his head
Life compared to death for him seemed worse
The tribal brothers gathered in the lighthouse to sing
And tried to conjure up a storm or rain
The harbor parted and the great whale sprang full up
And caused a huge tidal wave
The wave crushed the jail and freed the chief
The tribe let out a roar
The whites were drowned
The browns and reds set free

But sadly one thing more
Some local yokel member of the NRA
Kept a bazooka in his living room
And thinking he had the Chief in his sights
Blew the whale's brains out with a lead harpoon

Well Americans don't care for much of anything
Land and water the least
And animal life is low on the totem pole
With human life not worth more than infected yeast
Americans don't care too much for beauty
They'll shit in a river, dump battery acid in a stream

They'll watch dead rats wash up on the beach
And complain if they can't swim
They say things are done for the majority
Don't believe half of what you see
And none of what you hear

It's like what my painter friend Donald said to me,
"Stick a fork in their ass and turn them over, they're sick"

Beginning of a great adventure
[*O começo de uma grande aventura*]

It might be fun to have a kid that I could kick around
A little me to fill up with my thoughts
A little me or he or she to fill up with my dreams
A way of saying life is not a loss
I'd keep the tyke away from school
And tutor him myself
Keep him from the poison of the crowd
But then again pristine isolation
Might not be the best idea
It's not good trying to immortalize yourself

Why stop at one, I might have ten, a regular TV brood
I'd breed a little liberal army in the woods
Just like these redneck lunatics I see at the local bar
With their tribe of mutant inbred piglets with cloven hooves
I'd teach 'em how to plant a bomb, start a fire, play guitar
And if they catch a hunter, shoot him in the nuts
I'd try to be as progressive as I could possibly be
As long as I don't have to try too much

Susie, Jesus, Bogart, Sam, Leslie, Jill and Jeff
Rita, Winny, Andy, Fran and Jet
Boris, Bono, Lucy, Ethel, Bunny, Reg and Tom
That's a lot of names to try not to forget
Carrie, Marlon, Mo and Steve
La Rue and Jerry Lee
Eggplant, Rufus, Dummy, Star and The Glob
I'd need a damn computer to keep track of all these names
I hope this baby thing don't go too far

I hope it's true what my wife said to me
She says, baby, "It's the beginning of a great adventure"

It might be fun to have a kid that I could kick around
Create in my own image like a god
I'd raise my own pallbearers to carry me to the grave
And keep me company when I'm a wizened toothless clod
Some gibbering old fool sitting all alone drooling on his
shirt
Some senile old fart playing in the dirt
It might be fun to have a kid I could pass something on to
Something better than rage, pain, anger and hurt

Busload of faith
[*Um caminhão de fé*]

You can't depend on your family
You can't depend on your friends
You can't depend on a beginning
You can't depend on an end
You can't depend on intelligence
You can't depend on God
You can only depend on one thing
You need a busload of faith to get by

You can depend on the worst always happening
You can depend on a murderer's drive
You can bet that if he rapes somebody
There'll be no trouble having a child
And you can bet that if she aborts it
Pro-lifers will attack her with rage
You can depend on the worst always happening
You need a busload of faith to get by

You can't depend on the goodly-hearted
The goodly-hearted made lampshades and soap
You can't depend on the Sacrament
No Father, no Holy Ghost
You can't depend on any churches
Unless there's real estate that you want to buy
You can't depend on a lot of things
You need a busload of faith to get by

You can't depend on no miracle
You can't depend on the air
You can't depend on a wise man
You can't find them because they're not there

You can depend on cruelty
Crudity of thought and sound
You can depend on the worst always happening
You need a busload of faith to get by

Sick of you
[*Cheio de você*]

I was up in the morning with the TV blarin'
Brushed my teeth sittin' watchin' the news
All the beaches were closed the ocean was a Red Sea
But there was no one there to part it in two
There was no fresh salad 'cause
There's hypos in the cabbage
Staten Island disappeared at noon
And they say the Midwest is in great distress
And NASA blew up the moon
The ozone layer has no ozone anymore
And you're gonna leave me for the guy next door
I'm sick of you

They arrested the mayor for an illegal favor
Sold the Empire State to Japan
And Oliver North married Richard Secord
And gave birth to a little Teheran
And the Ayatollah bought a nuclear warship
If he dies he wants to go out in style
And there's nothing to eat that don't carry the stink
Of some human waste dumped in the Nile
Well one thing is certainly true
No one here knows what to do
And I'm sick of you

The radio said there were 400 dead
In some small town in Arkansas
Some whacked-out trucker
Drove into a nuclear reactor
And killed everybody he saw
Now he's on Morton Downey
And he's glowing and shining
Doctors say this is a medical advance
They say the bad makes the good
And there's something to be learned
In every human experience

Well I know one thing that really is true
This here's a zoo and the keeper ain't you
And I'm sick of it, I'm sick of you
They ordained the Trumps and then he got the mumps
And died being treated at Mt. Sinai
And my best friend Bill died from a poison pill
Some wired doctor prescribed for stress
My arms and legs are shrunk
The food all has lumps
They discovered some animal no one's ever seen
It was an inside trader eating a rubber tire
After running over Rudy Giuliani
They say the president's dead
No one can find his head
It's been missing now for weeks
But no one noticed it
He had seemed so fit
And I'm sick of it
I'm sick of you
Bye, bye, bye

Hold on
[*Dê um tempo*]

There's blacks with knives and whites with clubs
Fighting at Howard Beach
There's no such thing as human rights
When you walk the N.Y. streets
A cop was shot in the head by a 10-year-old kid named Buddah
In Central Park last week
The fathers and daughters are lined up by
The coffins by the Statue of Bigotry

You better hold on—something's happening here
You better hold on—well I'll meet you in Tompkins Square

The dopers sent a message to the cops last weekend
They shot him in the car where he sat
And Eleanor Bumpers and Michael Stewart must have appreciated that
There's a rampaging rage rising up like a plague of bloody vials
Washing up on the beach
It'll take more than the Angels or Iron Mike Tyson
To heal this bloody breach

A junkie ran down a lady, a pregnant dancer
She'll never dance but the baby was saved
He shot up some China White and nodded out at the wheel
And he doesn't remember a thing
They shot that old lady 'cause they thought she was a witness
To a crime she didn't even see
Whose home is the home of the brave by the Statue of Bigotry

You got a black .38 and a gravity knife
You still have to ride the train
There's the smelly essence of N.Y. down there
But you ain't no Bernard Goetz
There's no mafia lawyer to fight in your corner
For that 15 minutes of fame
The have and havenots are bleeding in the tub
That's New York's future not mine

Good evening Mr. Waldheim
[*Boa noite, sr. Waldheim*]

Good evening, Mr. Waldheim
And Pontiff how are you?
You have so much in common
In the things you do
And here comes Jesse Jackson
He talks of common ground
Does that common ground include me
Or is it just a sound
A sound that shakes
Oh Jesse, you must watch the sounds you make
A sound that quakes
There are fears that still reverberate

Jesse you say common ground
Does that include the PLO?
What about people right here right now
Who fought for you not so long ago?
The words that flow so freely
Falling dancing from your lips
I hope that you don't cheapen them with a racist slip
Oh common ground
Is common ground a word or just a sound
Common ground—remember those civil rights workers buried in the ground

If I ran for president and once was a member of the Klan
Wouldn't you call me on it
The way I call you on Farrakhan
And Pontiff, pretty Pontiff
Can anyone shake your hand?
Or is it just that you like uniforms and someone kissing your hand
Or is it true
The common ground for me includes you, too

Good evening, Mr. Waldheim
Pontiff how are you
As you both stroll through the woods at night
I'm thinking thoughts of you
And Jesse you're inside my thoughts
As the rhythmic words subside
My common ground invites you in
Or do you prefer to wait outside
Or is it true
The common ground for me is without you
Or is it true
There's no ground common enough for me and you

Xmas in February
[*Natal em fevereiro*]

Sam was lyin' in the jungle
Agent Orange spread against the sky like marmalade
Hendrix played on some foreign jukebox
They were praying to be saved
Those Gooks were fierce and fearless
That's the price you pay when you invade
Xmas in February

Sam lost his arm in some border town
His fingers are mixed with someone's crop
If he didn't have that opium to smoke
The pain would never ever stop
Half his friends are stuffed into black body bags
With their names printed at the top
Xmas in February

Sammy was a short-order cook in a
Short-order black and blue collar town
Everybody worked the steel mill but
The steel mill got closed down

He thought if he joined the Army
He'd have a future that was sound
Like no Xmas in February

Sam's staring at the Vietnam wall
It's been a while now that he's home
His wife and kid have left, he's unemployed
He's a reminder of the war that wasn't won
He's that guy on the street with the sign that reads
"Please help send this Vet home"
But he is home
And there's no Xmas in February
No matter how much he saves

Strawman
[Testa de ferro]

We who have so much
To you who have so little
To you who don't have anything at all
We who have so much
More than any one man does need
And you who don't have anything at all
Does anybody need another million dollar movie
Does anybody need another million dollar star
Does anybody need to be told over and over
Spitting in the wind comes back at you twice as hard

Strawman, going straight to the devil
Strawman, going straight to hell

Does anyone really need a billion dollar rocket
Does anyone need a $60,000 car
Does anyone need another president
Or the sins of Swaggart, parts 6, 7, 8 and 9
Does anyone need yet another politician
Caught with his pants down
Money sticking in his hole
Does anyone need another racist preacher
Spittin' in the wind can only do you harm

Does anyone need another faulty shuttle
Blasting off to the moon, Venus or Mars
Does anybody need another self-righteous rock singer
Whose nose he says led him straight to God

Does anyone need yet another blank skyscraper
If you're like me I'm sure a minor miracle will do
A flaming sword or maybe a gold ark floating up the Hudson
When you spit in the wind it comes right back at you

Dime store mystery
[*Mistério barato*]

He was lying banged and battered, skewered
And bleeding, talking crippled on the cross
Was his mind reeling and heaving
Hallucinating fleeing what a loss
The things he hadn't touched or kissed
His senses slowly stripped away
Not like Buddha not like Vishnu
Life wouldn't rise through him again
I find it easy to believe
That he might question his beliefs
The beginning of the last temptation
Dime store mystery

The duality of nature, godly nature, human nature
Splits the soul
Fully human, fully divine and divided
The great immortal soul
Split into pieces, whirling pieces, opposites attract
From the front, the side, the back
The mind itself attacks
I know this feeling, I know it from before
Descartes through Hegel
Belief is never sure
Dime store mystery, last temptation

I was sitting drumming, thinking, thumping, pondering
The mysteries of life
Outside the city shrieking screaming whispering
The mysteries of life
There's a funeral tomorrow at St. Patrick's
The bells will ring for you
What must you have been thinking
When you realized the time had come for you
I wish I hadn't thrown away my time
On so much human and so much less divine

The end of the last temptation
The end of a dime store mystery

SONGS FOR DRELLA

Small town
[*Cidade pequena*]

When you're growing up in a small town
When you're growing up in a small town
When you're growing up in a small town
You say no one famous ever came from here
When you're growing up in a small town
And you're having a nervous breakdown
And you think that you'll never escape it
Yourself or the place that you live
Where did Picasso come from
There's no Michelangelo coming from Pittsburgh
If art is the tip of the iceberg
I'm the part sinking below

When you're growing up in a small town
Bad skin, bad eyes—gay and fatty
People look at you funny
When you're in a small town
My father worked in construction
It's not something for which I am suited
Oh—what is something for which you are suited?
Getting out of here

I hate being odd in a small town
If they stare let them stare in New York City
At this pink-eyed painting albino
How far can my fantasy go?
I'm no Dali coming from Pittsburgh
No adorable lisping Capote
My hero—oh do you think I could meet him?
I'd camp out at his front door

There's only one good thing about a small town
There's only one good use for a small town

There's only one good thing about a small town
You know that you want to get out

When you're growing up in a small town
You know you'll grow down in a small town
There's only one good use for a small town
You hate it and you know you'll have to leave

Open house
[*Portas abertas*]

Please
Come over to 81st street I'm in the apartment above the bar
You know you can't miss it, it's across from the subway
And the tacky store with the Mylar scarves

My skin's as pale as the outdoors moon
My hair's silver like a Tiffany watch
I like lots of people around me but don't kiss hello
And please don't touch

It's a Czechoslovakian custom my mother passed on to me
The way to make friends Andy is invite them up for tea
Open house, open house

I've got a lot of cats, here's my favorite
She's a lady called Sam
I made a paper doll of her—you can have it
That's what I did when I had St. Vitus' dance
It's a Czechoslovakian custom my mother passed on to me
Give people little presents so they'll remember me
Open house, open house

Someone bring vegetables, someone please bring heat
My mother showed up yesterday, we need something to eat
I think I got a job today they want me to draw shoes
The ones I drew were old and used
They told me—draw something new
Open house, open house

Fly me to the moon, fly me to a star
But there're no stars in the New York sky
They're all on the ground
You scared yourself with music, I scared myself with paint
I drew 550 different shoes today

It almost made me faint
Open house, open house

Style it takes
[*O estilo necessário*]

You've got the money, I've got the time
You want your freedom, make your freedom mine
'Cause I've got the style it takes
And money is all that it takes
You've got connections and I've got the art
You like attention and I like your looks
And I have the style it takes
And you know the people it takes
Why don't you sit right over there, we'll do a movie portrait
I'll turn the camera on—and I won't even be there
A portrait that moves, you look great I think.
I'll put the Empire State Building on your wall
For 24 hours glowing on your wall
Watch the sun rise above it in your room
Wallpaper art, a great view
I've got a Brillo box and I say it's art
It's the same one you can buy at any supermarket
'Cause I've got the style it takes
And you've got the people it takes
This is a rock group called the Velvet Underground
I show movies on them
Do you like their sound
'Cause they have a style that grates and I have art to make
Let's do a movie here next week
We don't have sound but you're so great
You don't have to speak
You've got the style it takes (kiss)
You've got the style it takes (eat)
You've got the style it takes (couch)
You've got the style it takes (kiss)

Work
[*Trabalho*]

Andy was a Catholic, the ethic ran through his bones
He lived alone with his mother, collecting gossip and toys

Every Sunday when he went to church
He'd kneel in his pew and he'd say
"It's work, all that matters is work."

He was a lot of things, what I remember the most
He'd say, "I've got to bring home the bacon, someone's got to bring home the roast"
He'd get to the Factory early
If you'd ask him he'd a told you straight out
"It's work"

No matter what I did it never seemed enough
He said I was lazy, I said I was young
He said, "How many songs did you write?"
I'd written zero, I lied and said, "Ten"
"You won't be young forever—you should have written fifteen"
It's work

"You ought to make things big
People like it that way
And the songs with the dirty words make sure you record them that way"
Andy liked to stir up trouble, he was funny that way
He said, "It's just work"

Andy sat down to talk one day
He said, "Decide what you want"

"Do you want to expand your parameters
Or play the museums like some dilettante"
I fired him on the spot, he got red and he called me a rat
It was the worst word that he could think of
I'd never seen him like that
It was work, I thought he said it's just work

Andy said a lot of things, I stored them all away in my head
Sometimes when I can't decide what I should do
I think what would Andy have said
He'd probably say
"You think too much—That's 'cause there's work that you don't want to do"
It's work, the most important thing is work
It's work, the most important thing is work

Trouble with classicists
[*O problema dos classicistas*]

The trouble with a classicist—he looks at a tree
That's all he sees, he paints a tree
The trouble with a classicist, he looks at the sky
He doesn't ask why, he just paints a sky

The trouble with an impressionist, he looks at a log
He doesn't know who he is, standing, staring at this log
And surrealist memories are too amorphous and proud
While those downtown macho painters are just alcoholic
The trouble with impressionists
That's the trouble with impressionists

The trouble with personalities, they're too wrapped up in style
It's too personal, they're in love with their own guile
They're like illegal aliens trying to make a buck
They're driving gypsy cabs but they're thinking like a truck
That's the trouble with personalities

I like the druggy downtown kids who spray-paint walls and trains
I like their lack of training, their primitive technique
I think sometimes it hurts you when you stay too long in school
I think sometimes it hurts you when you're afraid to be called a fool
That's the trouble with classicists

Starlight
[*Luz das estrelas*]

Starlight open wide, starlight open up your door
This is New York calling, with movies from the street
Movies with real people, what you get is what you see
Starlight open wide, Andy's Cecil B. DeMille
Come on L.A. give us a call
We've got Superstars who talk, they'll do anything at all
Ingrid, Viva, Little Joe, Baby Jane, and Edie S.
But you'd better call us soon before we talk ourselves to death

Starlight open wide, everybody is a star
Split-screen eight hour movies
We've got color, we've got sound

Won't you recognize us, we're everything you hate
Andy loves old Hollywood movies, he'll scare you hypocrites to death
You know that shooting up's for real
That person who's screaming, that's the way it really feels
We're all improvising five movies in a week
If Hollywood doesn't call us—we'll be sick

Starlight open wide
Do to movies what you did to art
Can you see beauty in ugliness, or is it playing in the dirt
There are stars out on the New York streets
We're going to capture them on film
But if no one wants to see 'em
We'll make another and another

Starlight let us in that magic room
We've all dreamt of Hollywood, it can't happen too soon
Won't you give us a million dollars the rent's due
Andy'll give you two movies and a painting
Starlight open wide!

Faces and names
[*Rostos e nomes*]

Faces and names, I wish they were the same
Faces and names only cause trouble for me
Faces and names
If we all looked the same and we all had the same name
I wouldn't be jealous of you or you jealous of me
Faces and names

I always fall in love with someone who looks
The way I wish that I could be
I'm always staring at someone who hurts
And the one they really hurt is me
Faces and names, to me they're all the same
If I looked like you and you looked like me
There'd be less trouble you'd see
Faces and names I wish they'd go away
I'd disappear into that wall and never talk
Talk not talk

I wish I was a robot or a machine
Without a feeling or a thought
People who want to meet the name I have

Are always disappointed in me
Faces and names I wish they were the same
Faces and names only cause problems for me
Faces and names
I'd rather be a hole in the wall—looking on the other side
I'd rather look and listen, listen not talk
To faces and names
If I had a breakdown when I was a kid

If I lost my hair when I was young
If you dress older when you are not
As you really age, you look the same
If we all looked the same, we wouldn't play these games
Me dressing for you, you dressing for me—undressing for me

Faces and names if they all were the same
You wouldn't be jealous of me or me jealous of you
Me jealous of you—me jealous of you
Your face and your name
Your face and your name
Faces and names
Faces and names

Images
[*Imagens*]

I think images are worth repeating
Images repeated from a painting
Images taken from a painting
From a photo worth re-seeing
I love images worth repeating, project them upon the ceiling
Multiply them with silk screening
See them with a different feeling
Images/those images/images/those images

Some say images have no feeling, I think there's a deeper meaning
Mechanical precision or so it's seeming
Instigates a cooler feeling
I love multiplicity of screenings
Things born anew display new meanings
I think images are worth repeating and repeating and repeating
Images/oh images/those images/images

I'm no urban idiot savant spewing paint without any order
I'm no sphinx, no mystery enigma

What I paint is very ordinary
I don't think I'm old or modern, I don't think I think I'm thinking
It doesn't matter what I am thinking
It's images are worth repeating and repeating
Those images/images/

If you're looking for a deeper meaning, I'm as deep as this
High ceiling
If you think technique is meaning, you might find me very simple
You might think the images are boring
Cars and cans and chairs and flowers
And you might find me personally boring
Hammer, sickle, Mao Tse Tung, Mao Tse Tung
Those images/those images/images

I think that it bears repeating the images upon the ceiling
I love images worth repeating and repeating and repeating
Images/images/those images/those images

Slip away (A warning)
[*Desaparecer (Um aviso)*]

Friends have said to lock the door and have an open house no more
They said the Factory must change and slowly slip away
But if I have to live in fear, where will I get my ideas
With all those crazy people gone, will I slowly slip away

Still there's no more Billy Name, Ondine is not the same
Wonton and the Turtle gone
Slowly slip away . . . slowly slip away

If I close the Factory door and don't see those people anymore
If I give in to infamy . . . I'll slowly slip away

I know it seems that friends are right
Hello daylight, goodbye night
But starlight is so quiet here, think I'll slowly slip away

What can I do by myself, it's good to hear from someone else
It's good to hear a crazy voice—will not slip away
Will not slip away

If I have to live in fear my ideas will slowly slip away
If I have to live in fear I'm afraid my life will slip away
If you can't see me past my door
Why your thoughts could slowly slip away

If I have to lock the door, another life exists no more
Slip away

Friends have said to lock the door
Watch out for what comes through that door
They said the Factory must change
But I don't

It wasn't me
[*Não fui eu*]

It wasn't me who shamed you, it's not fair to say that
You wanted to work—I gave you a chance at that
It wasn't me who hurt you, that's more credit than I'm worth
Don't threaten me with the things you do to you

It wasn't me who shamed you, it wasn't me who brought
You down
You did it to yourself without any help from me
It wasn't me who hurt you, I showed you possibilities
The problems you had were there before you met me

I didn't say this had to be
You can't blame these things on me
It wasn't me, it wasn't me, it wasn't me
I know she's dead, it wasn't me

It wasn't me who changed you, you did it to yourself
I'm not an excuse for the hole that you dropped in
I'm not simpleminded but I'm no father to you all
Death exists but you do things to yourself

I never said give up control
I never said stick a needle in your arm and die
It wasn't me, it wasn't me, it wasn't me
I know he's dead but it wasn't me

It wasn't me who shamed you, who covered you with mud
You did it to yourself without any help from me
You act as if I could've told you or stopped you like some god
But people never listen and you know that that's a fact

I never said slit your wrists and die
I never said throw your life away
It wasn't me, it wasn't me, it wasn't me
You're killing yourself—you can't blame me

I believe
[*Eu acredito*]

Valerie Solanis took the elevator got off at the 4th floor
Valerie Solanis took the elevator got off at the 4th floor
She pointed the gun at Andy saying you cannot control me anymore

I believe there's got to be some retribution
I believe an eye for an eye is elemental
I believe there's something wrong if she's alive right now

Valerie Solanis took three steps, pointing at the floor
Valerie Solanis waved her gun, pointing at the floor
From inside her idiot madness spoke and bang Andy fell onto the floor

I believe life's serious enough for retribution
I believe being sick is no excuse and
I believe I would've pulled the switch on her myself

When they got him to the hospital his pulse was gone
They thought that he was dead
His guts were pouring from his wounds onto the floor
They thought that he was dead
Not until years later would the hospital do to him
What she could not
What she could not
"Where were you, you didn't come to see me"
Andy said, "I think I died, why didn't you come to see me"
Andy said, "It hurt so much, they took blood from my hand"

I believe there's got to be some retribution
I believe there's got to be some restitution
I believe we are all the poorer for it now

Visit me, visit me
Visit me, visit me
Visit me, why didn't you visit me
Visit me, why didn't you visit me

Nobody but you
[*Ninguém além de você*]

I really care a lot although I look like I do not
Since I was shot—there's nobody but you
I know I look blasé, "party Andy"'s what the papers say
At dinner I'm the one who pays—for a nobody like you

Nobody but you, a nobody like you
Since I got shot there's nobody but you

Won't you decorate my house
I'll sit there quiet as a mouse
You know me I like to look a lot—at nobody but you
I'll hold your hand and slap my face
I'll tickle you to your disgrace
Won't you put me in my proper place—a nobody like you

Sundays I pray a lot, I'd like to wind you up
And paint your clock
I want to be what I am not—for a nobody like you

The bullet split my spleen and lung, the doctors said I was gone
Inside I've got some shattered bone—for nobody but you
Nobody but you, nobody like you
Shattered bone for nobody but you

I'm still not sure I didn't die
And if I'm dreaming I still have bad pains inside
I know I'll never be a bride—to nobody like you
I wish I had a stronger chin, my skin was good, my nose was thin
This is no movie I'd ask to be in—with a nobody like you
Nobody like you, a nobody like you
All my life—it's been nobodies like you

A dream
[*Um sonho*]

It was a very cold clear fall night. I had a terrible dream. Billy Name and Brigid were playing under my staircase on the second floor about two o'clock in the morning. I woke up because Amos and Archie had started barking. That made me very angry because I wasn't feeling well and I told them. I was very cross, the real me, that they just better remember what happened to Sam the Bad Cat that was left at home and got sick and went to pussy heaven.

It was a very cold clear fall night. Some snowflakes were falling. Gee it was so beautiful, and so I went to get my camera to take some pictures. And then I was taking the pictures but the exposure thing wasn't right and I was going to call Fred or Gerry to find out how to get it set but, oh, it was too late and then I remembered they were still probably at dinner and anyway I felt really bad and didn't want to talk to anybody. But the snowflakes were so beautiful and real looking and I really wanted to hold them. And that's when I heard the voices from down the hall near the stairs. So I got a flashlight and I was scared and I went out into the hallway. There's been all kinds of trouble lately in the neighborhood and someone's got to bring home the bacon and anyway there were Brigid and Billy playing. And under the staircase was a little meadow sort of like the park at 23rd street where all the young kids go and play frisbee. Gee that must be fun, maybe we should do an article on that in the magazine, but they'll just tell me I'm stupid and it won't sell. But I'll hold my ground this time, I mean it's my magazine isn't it?

So I was thinking that as the snowflakes fell and I heard these voices having so much fun. Gee it would be so great to have some fun. So I called Billy, but either he didn't hear me or he didn't want to answer, which was so strange because even if I don't like reunions I've always loved Billy. I'm so glad he's working. I mean it's different than Ondine. He keeps touring with those movies and he doesn't even pay us and the film, I mean the film's just going to disintegrate and then what. I mean he's so normal off of drugs. I just don't get it.

And then I saw John Cale. And he's been looking really great. He's been coming by the office to exercise with me. Ronnie said I have a muscle but he's been really mean since he went to AA. I mean what does it mean when you give up drinking and you're still so mean. He says I'm being lazy but I'm not, I just can't find any ideas. I mean I'm just not, let's face it, going to get any ideas up at the office.

And seeing John made me think of the Velvets and I had been thinking about them when I was on St. Marks Place going to that new gallery those sweet new kids have opened, but they thought I was old, and then I saw the old Dom, the old club where we did our first shows. It was so great. I don't understand about that Velvet's first album. I mean I did the cover and I was the producer and I always see it repackaged and I've never gotten a penny from it. How could that be. I should call Henry. But it was good seeing John, I did a cover for him, but I did in black and white and he changed it to color. It would have been worth more if he'd left it my way but you can never tell anybody anything, I've learned that.

I tried calling again to Billy and John but they wouldn't recognize me it was like I wasn't there. Why won't they let me in. And then I saw Lou. I'm so mad at him. Lou Reed got married and didn't invite me. I mean is it because he thought I'd bring too many people. I don't get it. He could have at least called. I mean he's doing so great. Why doesn't he call me? I saw him at the MTV show and he was one row away and he didn't even say hello. I don't get it. You know I hate Lou I really do. He won't even hire us for his videos. And I was so proud of him.

I was so scared today. There was blood leaking through my shirt from those old scars from being shot. And the corset I wear to keep my insides in was hurting. And I did three sets of 15 pushups and 4 sets of ten situps. But then my insides hurt and I saw drops of blood on my shirt and I remember the doctors saying I was dead. And then later they had to take blood out of my hand 'cause they'd run out of veins but then all this thinking was making me an old grouch and you can't do anything anyway so if they wouldn't let me play with them in my own dream. I was just going to have to make another and another and another. Gee wouldn't it just be so funny if I died in this dream before I could make another one up.

And no body called.

Forever changed
[*Mudado para sempre*]

Train entering the city
I lost myself—and never came back
Took a trip 'round the world—and never came back
Black silhouettes, crisscrossed tracks—never came back

You might think I'm frivolous—uncaring and cold
You might think I'm empty—depends on your point of view
Society Andy who paints and records them
The high and the low—never turn back

Got to get to the city—get a job
Got to get some work—to see me through
My old life's behind—I see it receding
My life's disappearing—disappearing from view

Hong Kong and I was changed
Burma Thailand—and I was changed
A few good friends—to see me through
Henry and Brigid—to see me through
Only art—to see me through
Only heart—to see me through
My old life's disappearing—disappearing from view

Forever changed, forever changed
I was forever changed

Hello it's me
[*Oi, sou eu*]

Andy it's me, haven't seen you in a while
I wish I'd talked to you more when you were alive
I thought you were self-assured when you acted shy
Hello it's me

I really miss you, I really miss your mind
I haven't heard ideas like that for such a long long time
I loved to watch you draw and watch you paint
But when I saw you last, I turned away

When Billy Name was sick and locked up in his room
You asked me for some speed, I thought it was for you
I'm sorry if I doubted your good heart
Things always seem to end before they start

Hello it's me, that was a great gallery show
Your cow wallpaper and your floating silver pillows
I wish I paid more attention when they laughed at you
Hello it's me

"Pop goes pop artist," the headline said
"Is shooting a put on, is Warhol really dead?"
You get more time for stealing a car
I remember thinking as I heard my own record in a bar

They really hated you, now all that's changed
But I have some resentments that can never be unmade
You hit me where it hurt I didn't laugh
Your Diaries are not a worthy epitaph

Oh well now Andy—I guess we've got to go
I wish someway somehow you like this little show
I know this is late in coming but it's the only way I know
Hello it's me— good night Andy
Goodbye Andy

MAGIC AND LOSS

What's good—The thesis
[*O que tem de bom — A tese*]

Life's like a mayonnaise soda
And life's like space without room
And life's like bacon and ice cream
That's what life's like without you

Life's like forever becoming
But life's forever dealing in hurt
Now life's like death without living
That's what life's like without you

Life's like Sanskrit read to a pony
I see you in my mind's eye strangling on your tongue
What good is knowing such devotion
I've been around—I know what makes things run

What good is seeing-eye chocolate
What good's a computerized nose

And what good was cancer in April
Why no good—no good at all

What good's a war without killing
What good is rain that falls up
What good's a disease that won't hurt you
Why no good, I guess, no good at all

What good are these thoughts that I'm thinking
It must be better not to be thinking at all
A styrofoam lover with emotions of concrete
No not much, not much at all

What good is life without living
What good's this lion that barks
You loved a life others throw away nightly
It's not fair, not fair at all

What's good?
What's good?
Not much at all
Life's good—
But not fair at all

Power and glory—The situation
[*Poder e glória — A situação*]

I was visited by the power and the glory
I was visited by a majestic hymn
Great bolts of lightning
Lighting up the sky
Electricity flowing through my veins

I was captured by a larger moment
I was seized by divinity's hot breath
Gorged like a lion on experience
Powerful from life
I want all of it—
Not just some of it

I saw a man turn into a bird
I saw a bird turn into a tiger
I saw a man hang from a cliff by the tips of his toes
In the jungles of the Amazon
I saw a man put a redhot needle through his eye
Turn into a crow and fly through the trees

Swallow hot coals and breathe out flames
And I wanted this to happen to me

We saw the moon vanish into his pocket
We saw the stars disappear from sight
We saw him walk across the water into the sun
While bathed in eternal light
We spewed out questions waiting for answers
Creating legends, religions and myths
Books, stories, movies and plays
All trying to explain this

I saw a great man turn into a little child
The cancer reduce him to dust
His voice growing weak as he fought for his life
With a bravery few men know
I saw isotopes introduced into his lungs
Trying to stop the cancerous spread
And it made me think of Leda and the Swan
And gold being made from lead
The same power that burned Hiroshima
Causing three-legged babies and death
Shrunk to the size of a nickel
To help him regain his breath
And I was struck by the power and the glory
I was visited by a majestic Him
Great bolts of lightning lighting up the sky
As the radiation flowed through him
He wanted all of it
Not some of it

Magician—Internally
[*Mago — Internamente*]

Magician magician take me upon your wings
And gently roll the clouds away
I'm sorry so sorry I have no incantations
Only words to help sweep me away
I want some magic to sweep me away
I want some magic to sweep me away
I want to count to five
Turn around and find myself gone
Fly me through the storm
And wake up in the calm

Release me from this body
From this bulk that moves beside me
Let me leave this body far away
I'm sick of looking at me
I hate this painful body
That disease has slowly worn away

Magician take my spirit
Inside I'm young and vital
Inside I'm alive—please take me away
So many things to do—it's too early
For my life to be ending
For this body to simply rot away

I want some magic to keep me alive
I want a miracle I don't want to die
I'm afraid that if I go to sleep I'll never wake
I'll no longer exist
I'll close my eyes and disappear
And float into the mist

Somebody please hear me
My hand can't hold a cup of coffee
My fingers are weak—things just fall away
Inside I'm young and pretty
Too many things unfinished
My very breath taken away

Doctor you're no magician—and I am no believer
I need more than faith can give me now
I want to believe in miracles—not just belief in numbers
I need some magic to take me away

I want some magic to sweep me away
I want some magic to sweep me away
Visit on this starlit night
Replace the stars the moon the light—the sun's gone
Fly me through this storm
And wake up in the calm ...
I fly right through this storm
And I wake up in the calm

Sword of Damocles—Externally
[Espada de Dâmocles — Externamente]

I see the Sword of Damocles is right above your head
They're trying a new treatment to get you out of bed
But radiation kills both bad and good
It can not differentiate
So to cure you they must kill you
The Sword of Damocles hangs above your head

Now I've seen lots of people die
From car crashes or drugs
Last night on 33rd Street I saw a kid get hit by a bus
But this drawn out torture over which part of you lives
Is very hard to take
To cure you they must kill you
The Sword of Damocles above your head

That mix of Morphine and Dexedrine
We use it on the street
It kills the pain and keeps you up
Your very soul to keep
But this guessing game has its own rules
The good don't always win
And might makes right
The Sword of Damocles
Is hanging above your head

It seems everything's done that must be done
From over here, though, things don't seem fair
But there are things that we can't know
Maybe there's something over there
Some other world that we don't know about
I know you hate that mystic shit
It's just another way of seeing
The Sword of Damocles above your head

Goodbye mass—In a chapel bodily termination
[Missa de Adeus — Em uma capela de extermínio corpóreo]

Sitting on a hard chair try to sit straight
Sitting on a hard chair this moment won't wait
Listening to the speakers—they're talking about you
Look at all the people, all the people you knew

Sitting with my back straight it becomes hard to hear
Some people are crying it becomes hard to hear
I don't think you'd have liked it you would have made a joke
You would have made it easier you'd say, "Tomorrow I'm smoke"

Sitting on a hard chair how far we have come
Trying hard to listen to your friends who have come
Some of them are famous and some are just like me
Trying hard to listen trying hard to see

Sitting on a hard chair it's over . . . time to stand
Some people are crying I turn to grab your hand
It's your daughter saying thank you
You, you would have made a joke
"Isn't this something," you'd say, "Tomorrow I'm smoke"

Cremation—Ashes to ashes
[*Cremação — Ao pó voltarás*]

Well the coalblack sea waits for me me me
The coalblack sea waits forever
The waves hit the shore
Crying more more more
But the coalblack sea waits forever

The tornadoes come, up the coast they run
Hurricanes rip the sky forever
Though the weathers change
The sea remains the same
The coalblack sea waits forever

There are ashes spilt through collective guilt
People rest at sea forever
Since they burnt you up
Collect you in a cup
For you the coalblack sea has no terror

Will your ashes float like some foreign boat
Or will they sink absorbed forever
Will the Atlantic coast
Have its final boast
Nothing else contained you ever

Now the coalblack sea waits for me me me
The coalblack sea waits forever

When I leave this joint
At some further point
The same coalblack sea will it be waiting

Dreamin'—Escape
[*Sonhando — Fuga*]

If I close my eyes I see your face and I'm not without you
If I try hard and concentrate, I can still hear you speak
I picture myself in your room by the chair
You're smoking a cigarette
If I close my eyes I can see your face you're saying, "I missed you"
Dreamin'—I'm always dreamin'

If I close my eyes I can smell your perfume—you look and say, "Hi babe"
If I close my eyes pictures from China still hang from the wall
I hear the dog bark I turn and say, "What were you saying?"
I picture you in the red chair inside the pale room

You sat in your chair with a tube in your arm—you were so skinny
You were still making jokes (I don't know what drugs they had you on)
You said, "I guess this is not the time for long-term investments"
You were always laughing, but you never laughed at me

They say in the end the pain was so bad that you were screaming
Now you were no saint, but you deserved better than that
From the corner I watched them removing things from your apartment
But I can picture your red chair and pale room inside my head

If I close my eyes I see your face and I'm not without you
If I try hard and concentrate I can hear your voice saying,
"Who better than you"
If I close my eyes I can't believe that I'm here without you
Inside your pale room your empty red chair and my head
Dreamin'—I'm always dreamin'

No chance—Regret
[*Sem oportunidade — Arrependimento*]

It must be nice to be steady, it must be nice to be firm
It must be nice never to move off of the mark
It must be nice to be dependable and never let anyone down
It must be great to be all the things you're not
It must be great to be all the things that I'm not

I see you in the hospital your humor is intact
I'm embarrassed by the strength I seem to lack
If I was in your shoes
So strange that I am not
I'd fold up in a minute and a half
I'd fold up in a minute and a half
And I didn't get a chance to say goodbye

It must be nice to be normal it must be nice to be cold
It must be nice not to have to go, oh, up or down
But me I'm all emotional no matter how I try
You're gone and I'm still here alive
You're gone and I am still alive
And I didn't get a chance to say goodbye
No—I didn't get a chance to say goodbye

There are things we say we wish we knew and in fact we never do
But I wish I'd known that you were going to die
Then I wouldn't feel so stupid, such a fool that I didn't call
And I didn't get a chance to say goodbye
I didn't get a chance to say goodbye

No there's no logic to this—who's picked to stay or go
If you think too hard it only makes you mad
But your optimism made me think you really had it beat
So I didn't get a chance to say goodbye
I didn't get a chance to say goodbye

The warrior king—Revenge
[*O rei guerreiro — Vingança*]

I wish I was the warrior king in every language that I speak
Lord over all that I survey and all that I see I keep
Power omnipresent undiminished uncontrolled
With a massive violent fury at the center of my soul

I wish I was a warrior king inscrutable benign
With a faceless charging power always at my command
Footsteps so heavy that the world shakes
My rage instilling fear
Yet cautious firm but fair and good
The perfect warrior king

I wish I installed angels in every subject's house
Agents of my goodness no one would be without

A steak on every plate a car for every house
And if you ever crossed me
I'd have your eyes put out

You don't exist without me, without me you don't exist
And if logic won't convince you—then there's always this
I'm bigger, smarter, stronger, tough
Yet sensitive and kind
And though I could crush you like a bug
It would never cross my mind

It wouldn't cross my mind to break your neck
Or rip out your vicious tongue
It wouldn't cross my mind to snap your leg like a twig
Or squash you like some slug
You are a violent messenger
And I'm not above your taunts
And if you hit me you know I'll kill you
Because I'm the warrior king

Harry's circumcision—Reverie gone astray
[*A circuncisão de Harry — Devaneio desvairado*]

Looking in the mirror Harry didn't like what he saw
The cheeks of his mother, the eyes of his father
As each day crashed around him the future stood revealed
He was turning into his parents
The final disappointment

Stepping out of the shower, Harry stared at himself
His hairline receding, the slight overbite
He picked up the razor to begin his shaving
And thought—oh I wish I was different
I wish I was stronger I wish I was thinner
I wish I didn't have this nose
These ears that stick out remind me of my father
And I don't want to be reminded at all
The final disappointment

Harry looked in the mirror thinking of Vincent van Gogh
And with a quick swipe lopped off his nose
And happy with that he made a slice where his chin was
He'd always wanted a dimple
The end of all illusion
Then peering down straight between his legs

Harry thought of the range of possibilities
A new face a new life no memories of the past
And slit his throat from ear to ear

Harry woke up with a cough—the stitches made him wince
A doctor smiled at him from somewhere across the room
Son we saved your life but you'll never look the same
And when he heard that, Harry had to laugh
And when he heard that! Harry had to laugh
Although it hurt Harry had to laugh
The final disappointment

Gassed and stoked—Loss
[*Travado e chapado — Perda*]

Well, you covered your tracks
And now I can't see you
You had your ashes scattered at sea
There's no grave to visit, no tombstone to look at
You were in the New York Times obituary
There's no record no tape no book no movie
Some photographs and memories
Sometimes I dial your phone number by mistake
And this is what I hear
"This is no longer a working number baby
Please redial your call
This is no longer a working number
Your party doesn't live here anymore
This is no longer a working number
If you still require help
Stay on the line and an operator
Will try to bail you out"

I knew I should have seen you that Thursday
I knew I shouldn't have left
But you sounded so good, your spirits so up
I thought I'd see you next week
I say over and over if I had half a brain
If I had half a brain in my head
I wouldn't sit here dialing a wrong number
And listening to what some recording said

I knew I should have written, written things down
I always say I'll never forget

Who can forget a one-eyed pilot
Who's a concert pianist
A painter a poet songwriter supreme
My friends are blending in my head
They're melding into one Great Spirit
And that spirit isn't dead

Now I may not remember everything that you said
But I remember all the things you've done
And not a day goes by not an hour
When I don't try to be like you
You were gassed, stoked and rarin' to go
And you were that way all of the time
So I guess you know why I'm laughing at myselves
Every time I dial the wrong line
This is no longer a working number, baby
Gassed stoked and ready to go
Gassed stoked and ready to go
Gassed stoked and ready to go

Power and the glory. Part II—Magic • Transformation
[*Poder e a glória. Parte II — Magia • Transformação*]

With a bravery stronger than lust
Shooting up his veins

Magic and loss—The summation
[*Magia e perda — A soma final*]

When you pass through the fire
You pass through humble
You pass through a maze of self-doubt
When you pass through humble
The lights can blind you
Some people never figure that out
You pass through arrogance you pass through hurt
You pass through an ever-present past
And it's best not to wait for luck to save you
Pass through the fire to the light

As you pass through the fire
Your right hand waving
There are things you have to throw out

That caustic dread inside your head
Will never help you out
You have to be very strong
'Cause you'll start from zero
Over and over again
And as the smoke clears
There's an all-consuming fire
Lying straight ahead

They say no one person can do it all
But you want to in your head
But you can't be Shakespeare
And you can't be Joyce
So what is left instead
You're stuck with yourself
And a rage that can hurt you
You have to start at the beginning again
And just this moment
This wonderful fire started up again

When you pass through humble
When you pass through sickly
When you pass through
I'm better than you all
When you pass through
Anger and self-deprecation
And have the strength to acknowledge it all
When the past makes you laugh
And you can savor the magic
That let you survive your own war
You find that that fire is passion
And there's a door up ahead not a wall

As you pass through fire as you pass through fire
Try to remember its name
When you pass through fire licking at your lips
You cannot remain the same
And if the building's burning
Move towards that door
But don't put the flames out
There's a bit of magic in everything
And then some loss to even things out

SET THE TWILIGHT REELING

Egg cream
[*Egg cream*]

When I was a young man—no bigger than this
A chocolate Egg Cream was not to be missed
Some U Bet's Chocolate Syrup, seltzer water mixed with milk
Stir it up into a heady fro—tasted just like silk

Now you can go to Junior's, Dave's on Canal Street
I think there's Kens in Boston
There must be something in L.A.
But Becky's on Kings Highway
Was the Egg Cream of choice
If you don't believe me
Go ask any of the boys

The only good thing I remember about P.S. 92
Was the Egg Cream served at Becky's
It was a fearsome brew
For 50 cents you got a shot—chocolate bubbles up your nose
Made it easier to deal with knife fights and kids pissing in the street

So the next time you're in Brooklyn—please say hello for me
Totonno's for pizza and ice cream at Al and Shirley's
But mostly you go to Becky's—sit in a booth and say hello
And have two chocolate Egg Creams—one to stay and go

You scream, I steam, we all want Egg Cream

NYC man
[*Nova-iorquino*]

It can only lead to trouble if you break my heart
If you accidentally crush it on the Ides of March
I'd prefer you were straightforward
You don't have to go through all of that
I'm a New York City man, baby
Say "Go" and that is that

It's far too complicated to make up a lie
That you'd have to remember and really why
I wouldn't want to be around you

If you didn't want to have me around
I'm a m-a-n-n man
Blink your eyes and I'll be gone

Brutus made a pretty speech but Caesar was betrayed
Lady Macbeth went crazy but Macbeth ended slain
Ophelia and Desdemona dead leaving Hamlet in a play
But I'm no Lear with a blinded eye
Say "Go" and I am gone

The stars have shut their eyes up tight
The earth has changed its course
A kingdom sits on a black knight's back
As he tries to mount a white jeweled horse
While a clock full of butterflies on the hour
Releases a thousand moths
You say "Leave" and I'll be gone
Without any remorse
No letters, faxes, phones or tears
There's a difference between
Bad and worse

New York City I love you
Blink your eyes and I'll be gone
Just a little grain of sand

Finish line (for Sterl)
[*Linha de chegada (para Sterl)*]

Wind blows snow outside my window
Crowd below runs wild in the streets
Two rented brothers race down two separate alleys
Heading for the finish line

Down in the train yard out by the stockyard
Butchers with aprons hack meat in the snow
Blood has the brothers pulsing with envy
Heading for the finish line

Two rented brothers—their faces keep changing
Like these feelings I have for you
Nothing's forever not even five minutes
When you're headed for the finish line

Down by the depot out by the meat rack
Down by the tunnels surrounding the jails

Prisoners are marching in squares and in circles
They're heading for the finish line

They're lining up for Noah's Ark
They're stabbing each other in the dark
Saluting a flag made of some rich guy's socks
Heading for the finish line

Close to the line the ice is cracking
Two rented feelings sitting in the stands
Two mothers, two fathers and both of them are paid for
All of a sudden it comes back to me

Just up ahead is the finish line
Two rented referees and two checkered rags
Out of the corner of my eye comes a
Dark horse with black wings
Headed for the finish line

I'm five years old the room is fuzzy
I think there's also a very young girl
It's so hard to remember what happened exactly
As I'm staring at the finish line

First came fire then came light
Then came feeling then came sight

Trade in
[*Escambo*]

I met a new me at 8 A.M.
The other one got lost
This was not a trade in
Although I wouldn't believe the cost
I woke up crying as we said goodbye
Me and my old self
Each day he vanished more and more
As I became someone else

He actually was murdered
I had taken him apart
But when I put him back together
I couldn't find his heart
It was resting underneath a chair
In a bed of bright tinfoil
If I pulled back the flaps

I could still see it beat
I could still hear his voice uncoil
As I said:

I want a trade in
A 14th chance at this life
I met a woman with a thousand faces
And I want to make her my wife

How could I have been so mistaken
How could I think that it was true
A child that is raised by an idiot
And that idiot then becomes you
How could I believe in a movie
How could I believe in a book
But most of all how could I listen to you
Such an obvious schmuck
A life spent listening to assholes
It's funny but it's true
So get rid of them I said to myself
But first I'm—I'm getting rid of you

Take me over to the window
My heart said to my head
Please set me on fire
So we can start again
I was so wrong that it's funny
And I can't apologize
But instead,
You can be everything that I'm not
The second that I die

Hang on to your emotions
[*Se agarre às suas emoções*]

When your imagination has too much to say
When the chill of the night meets the sweat of the day
And you have trouble understanding what other people have to say
You'd better hang on to your emotions

When a demagogue inside your head has taken charge
And by default what you say or do is criticized
And this litany of failures is recited a thousand times
You'd better hang on to your emotions

Could it be you've never felt like that
That your mind's a cage inside the cage a cat
That spits and scratches all it can get at
And that's you
And your emotions

Could it be you've never felt like that
Your mind's a cage inside the cage a rat
Rabidly trying to get at
You and your emotions
You and your emotions

When your imagination has too much to say
When that facile voice inside your head says give your life away
You might think to ask how it got that way
What books it has read that make it that way
And where it got the right to speak to anyone that way
You'd better hold on to your emotions
Hold on to your emotions

When a night city's breeze blows across the room
And a 5 A.M. moon and sun start their swoon
You hear your lover's breath
And not a moment too soon
You get to release all your emotions
You get to let go of your emotions

I want to let go
I want to release now

Sex with your parents (motherfucker) Part II
[*Sexo com os pais (filho da puta) Parte II*]

I was thinking of things that I hate to do
Things you do to me or I do to you
Something fatter and uglier than Rush Rambo
Something more disgusting than Robert Dole
Something pink that climbs out of a hole
And there it was—sex with your parents

I was getting so sick of this rightwing Republican shit
These ugly old men scared of young tit and dick
So I tried to think of something that made me sick
And there it was—sex with your parents

Now these old fucks can steal all they want
And they can go and pass laws saying you can't say what you want
And you can't look at this and you can't look at that
And you can't smoke this and you can't snort that
And me, baby—I got statistics—I got stats
These people have been to bed with their parents

Now I know you're shocked but hang and have a brew
If you think about it for a minute you know that it's true
They're ashamed and repelled
They don't know what to do
They've had sex with their parents
When they looked into their lovers' eyes they saw mom
In the name of family values we must ask whose family
In the name of family values we must ask:

Senator, it's been reported that you have had
Illegal congress with your mother
Senator an illegal congress by proxy is a
Pigeon by any other name

Senators you polish a turd
Here in the big city we got a word
For those who would bed their beloved big bird
And make a mockery of our freedoms
Without even using a condom
Without even saying "No"
By God we have a name for people like that
It's—hey Motherfucker

Hookywooky
[*Hookywooky*]

I'm standing with you on your roof
Looking at the chemical sky
All purple blue and oranges,
Some pigeons flying by
The traffic on Canal Street is so noisy—it's a shock
And someone's shooting fireworks
Or a gun on the next block
Traffic's so noisy it's a shock
Sounds like fireworks
Or a gun on the next block
I want to hookywooky with you

ATRAVESSAR O FOGO — 310 LETRAS   683

Your ex-lover Satchel is here from France
Yet another ex!
They gather about you like a Mother Superior
All of you still friends
But none of my old flames ever talk to me
When things end for me they end
They take your pants your money your name
But the song still remain

You're so civilized it hurts
I guess I could learn a lot
About people, plants and relationships
How not to get hurt a lot
And each lover I meet up on your roof
I wouldn't want to throw him off

Mmm, into the chemical sky
Down into the streets to die
Under the wheels of a car on Canal Street
And each lover I meet up on your roof
I wouldn't want to throw him off
Into the chemical sky
Under the wheels of a car to die on Canal Street

The proposition
[*A proposta*]

You can't have the flower without the root
You can't have the fire without the soot
Even a stripper needs her red tasseled suit
And we were meant to be

In every war the north needs the south
And everyone knows all assholes have a mouth
Without mystery what would writers talk about
We were meant to be

An apple needs pits the way a melon needs seeds
Your foot needs your arm and your arm needs your knee
And one of these days I know you will need me
We were meant to be

Your mother's an ogre, your father's a scamp
You won't see my parents honored on any stamp
But just like a bulb screws into a lamp
We were meant to be

The way AIDS needs a vaccine
Somewhere a vaccine needs AIDS
The way a victim needs life
A life needs to be saved
And out of all of this
Will come a better way
We were meant to be

So you can go to Europe, Los Angeles or Mars
You can stand on a building
Throwing cinderblocks at cars
You can practice deep voodoo
But like me you'll see
We were meant to be

The adventurer
[*A aventureira*]

You're an adventurer
You sail across the oceans
You climb the Himalayas
Seeking truth and beauty as a natural state
You're a queen reborn
Worshipped from above afar
Some see you as an elixir
An elemental natural seeking perfect grace
In a catacomb
Or cave of endless drawings
Prehistoric or religious
Your accomplishments prodigious
Seeking out the perfect tone
Your language so clear
Your voice perfectly turning
As in the city I sit yearning
Blowing rings of smoke from thin cigars
Or driving fast in foreign cars
To capture your remains

You're an adventurer
A turban wet wrapped 'round your head
On the mountainside they predict your death
Oh how you fooled them all
But subjects are a poor excuse
When what you really want's a muse
An inspirating knowledge of what comes before

Speeds of light
The momentary flicker of a candle
In its wicker basket
Smoking wax—Facts!
Did you find that superior knowledge
That eluded you in college
Did you find that super vortex
That could cause your cerebral cortex
To lose its grip
You're an adventurer
You were out looking for meaning
While the rest of us were steaming
In an inspirating urban pit
An adventurer
You enter as I'm dreaming
I wish I'd never wake up
Differentiating scheming from my one true love

You're an adventurer
You love the angles and the cherries
The height and width of levies
The natural bridge and tunnels of the human race
You're an adventurer
Nothing seems to scare you
And if it does it won't dissuade you
You just won't think about it
You dismiss it and defocus
You redefine the locus of your time in space—Race!
As you move further from me

And though I understand the thinking
And have often done the same thing I find parts of me gone
You're an adventurer
And though I'll surely miss you
And of course I'll survive without you
And maybe good will come of that
But at this point I anticipate some grieving
And although I know your leaving
Is a necessary adjunct to what we both do
An adventurer
Splitting up the atom
Splitting up the once was
Splitting up the essence
Of our star-crossed fate
None who meet you do forget you

My adventure
My adventure
My adventuress

Riptide
[*Vazante*]

She's out of her mind
Like the wind in a storm
Like the ocean at dawn as it disappears, with the riptide

She's out of her mind
She's pulled away by the moon
She's ripped from her sleep as the cold lunar sweep gains control

What you gonna do with your emotions
Ones you barely recognize
In your sleep I heard you screaming
"This is not voluntary!
This is not voluntary!
If this is life I'd rather die!"
In the riptide

She's out of her mind—riptide
Like a muscle that swells
You know when you trip
Whether you're well or sick
Your body aches

She's out with the tide
Gone to a prisoner's dance
Where a monkey's her date
Eating limbs off a plate with a spoon

What you gonna do with your emotions

Said the seagull to the loon
What you gonna do with your emotions
She said, "Please wake me up."
She said, "Don't touch me now."
She said, "I wish I was dead."
With the riptide

She's out of her mind—riptide—you always win
It happens over and over again, riptide
She's out of her mind like a hurricane's rain
She does not stand a chance at this lunar dance riptide

I was thinking of van Gogh's last painting
The wheatfields and the crows
Is that perhaps what you've been feeling
When you see the ground
As you fall from the sky
As the floor disappears
From beneath your feet riptide

She's going out of her mind
Out with the tide
Out of her mind
With the riptide

Set the twilight reeling
[*Pôr o crepúsculo em movimento*]

Take me for what I am
A star newly emerging
Long-simmering explodes
Inside the self is reeling
In the pocket of the heart
In the rushing of the blood
In the muscle of my sex
In the mindful mindless love
I accept the new-found man and I set the twilight reeling

At 5 A.M. the moon and sun
Sit set before my window
Light glances off the blue glass we set
Right before the window
And you who accept
In your soul and your head
What was misunderstood
What was thought of with dread
A new self is borne
The other self dead
I accept the new-found man and set the twilight reeling

A soul singer stands on the stage
The spotlight shows him sweating
He sinks to one knee
Seems to cry
The horns are unrelenting
But as the drums beat he finds himself growing hard

In the microphone's face he sees her face growing large
And the swelling crescendo no longer retards
I accept the new-found man and set the twilight reeling

As the twilight sunburst gleams
As the chromium moon it sets
As I lose all my regrets and set the twilight reeling
I accept the new-found man and set the twilight reeling

MISCELÂNEA

Ocean
[*Oceano*]

Here comes the ocean and the waves down by the sea
Here comes the ocean and the waves where have they been
Silver and black lit night
Here's to a summer's night
An empty splendid castle

Glowering alone at night
The princess has had a fight
Madness seeks out a lover

And here come the waves down by the shore
Washing the soul
Of the body that comes
From the depth of the sea
Here comes the ocean and the waves down by the sea
Here comes the ocean and the waves where have they been
Don't swim tonight my love
The tide is out my love
Malcolms curse haunts our family
Odious loud and rich
Ruler of filthy seas
Revel in heaven's justice

Here comes the waves and save for a scream
There's much like a song to be heard in the wind
That blows by the sea
By the wind down by the sea
Here come the waves

You can dance
[*Você pode dançar*]

Yeah, you can dance
With your only one
Yeah, you can dance
And have your fuckin' fun
Yeah, you can cry
With your only one
But I'll tell you
Hey honey that I won't be back again

Yeah, you can laugh HAH
'Til you start to cry
You can dance, dance
Until you cry
Yeah, you can dance
Yeah, you can dance
Yeah yeah dance dance dance dance dance
Yeah, you can dance
Yeah, you can dance
Ah pull your ass baby and dance

Yeah, you can laugh
'Til you start to fall
You can carry on
But I don't think that you're still tall
You can go around and carry on
With your only one
But I tell you something else honey
I'm not coming back no more
You can act like your gonna cry
You can laugh'til your fuckin' heart strikes
You can laugh
Yeah, you can dance
Yeah, you can dance dance dance dance dance
You can dance
Yeah, you can dance
Stay here, I tell you to dance

You can laugh HAH
'Til you start to cry and
You can carry on 'til your way dry
And you can dance
'Til your life is gone but me
I'm not coming back again

690   LOU REED

Yeah, you can dance and dance and dance
Until your heart runs dry
You can carry on until I hope that you die
And you can dance
Yeah you can dance
Yeah, you can dance dance dance dance dance
Yeah, you can dance
Yeah, you can dance
Hey move your ass and dance

Such a pretty face
[*Um rosto tão bonito*]

such a pretty face
and it was such a waste
and such a pretty face
it was such a disgrace
and such a pretty face
and it was such a waste
it was such a waste
such a pretty face
and it was such a waste

Affirmative action (PO #99)
[*Ação afirmativa (Policial No. 99)*]

Hey patrolman number 44
I'd like to see ya on the floor
Hey patrolman number 99
I like to make it with you sometime

There's nothing the lawless would rather see
Than a patrolman down upon his knees sayin'
Please
Street hassle

There's nothing the lawless would rather see
Than a patrolman down upon his knees
I think the lawless she's very hot
She goes uptown then gets a hormone shot
There's nothing she would rather, rather see
Than a patrolman down on his knees

Hey patrolman number 99
Hey off icer I'd like to have you sometime
And patrolman number 44
I'd like you to go down on me some more
There's nothing the lawless would rather see
Than a patrolman down on his knees sayin'
Please
Street hassle

Bang bang baby in the street
A policeman laying by my feet
What was the thing that you said last night
That made me wanna go start a fight
When I saw the body in the street
It made me feel like I would get weaker
There's nothing the lawless would rather see
Than a patrolman on his knees

Hey patrolman number 44
I'd like to really get to see you some more
Hey patrolman number 99
I'd like to get together with you sometime

We were looking for a street hassle

Better get up and dance
[*Melhor levantar e ir dançar*]

Dance dance gotta get up and dance
Better dance dance dance gotta get up and dance
Get outta the bed man if you're low
Better get up and dance
Don't just sit around waiting for the phone
Better get up and dance
Better dance dance gotta get up and dance
Better dance dance dance gotta get up and dance

Baby don't you know you're wasting such time
Better get up and dance
Don't you say it all can't be mine
Better get up and dance
Better dance dance better get up and dance
Better dance dance dance better get up and dance
Better dance dance better get up and dance
Better dance dance dance better get up and dance

Baby you're nothing when you're all alone
Better get up and dance
Don't you sit and wait by the phone
Better get up and dance
Better dance dance better get up and dance
Better dance dance dance better get up and dance

Here comes the bride
[*Lá vem a noiva*]

I just wanna tell you a story
It happened to a friend of mine
Didn't have no power and no glory
Said he didn't have the time
He said he was a happy kind of person
Do anything to find out about this girl
She went and then she married another fella
Knocked my friend right out of this world
He heard the preacher say
Here comes the bride . . .
And doesn't she look lovely

Somebody call his Aunt Carrie
And tell her that her nephew Jimmy
Is comin' in from Vermont via the coast
And somebody call up his old man
Tell him that his son's arriving
And he's looking like a ghost

And somebody find that Virgin Mary
Oh won't you tell that bitch
Your Jimmy's a comin' back home
And somebody tell those ladies in waiting
HOLD IT NOW!!
Don't tell the preacher go on with it
We don't wanna hear those words
Here comes the bride
And doesn't she look lovely

My name is Mok
[*Meu nome é Mok*]

My name is Mok, thanks a lot
I know you love the thing I got
You've never seen the likes of me
Why I'm the biggest thing since WWIII

My name is Mok and I'm on fire
I'm the match and I'm the pyre
I'm the voodoo black musician priest
Why I'm the greatest thing since WWIII

My name is Mok, thanks a lot
I'm the power Sodom used on Lot
I am the pillar, I am the snake
I'm the beat that makes you shake
Why I'm the top, the point, the end
I'm more than a lover and more than a friend
I am the power of pure desire
My magic will take you higher
Than you've ever been before
So follow me beyond the door
Of the stupid hopes and dreams you've got

My name is Mok, thanks a lot
Girls . . . .

His name is Mok, thanks a lot
You think he's acting but he's not
The show that you're about to see
Is the absolutely finest greatest
Wonderment since WWIII

My name is Mok, thanks a lot
Just wait'll you see what I have got
There is nothing up my sleeve
Come look at this
There's nothing compared to me
I am the killer, I am the source
And you will worship me of course
I'm the oracle, I'm the seer, the wit
There is no question that I am it
I know what you've been waiting for
You won't have to wait no more
History reveals my friend, it reveals one thing

There's only one beginning and one end
There's only one, one and only is there not
My name is Mok, thanks a lot
Hey girls. . . . .

Little sister
[*Irmãzinha*]

You know it's hard for me
I cannot use the phone
And in the shade of publicity no relationship is born
And I feel like a Hercules who's recently been shorn
but I have always loved my baby sister

Pick me up at eight
you'll see me on TV
I know I don't look well, time's not been good to me
But please believe me
the blame is all on me
and I've always loved my baby sister

Remember when
we were younger when
you would wait for me at school
and teachers, friends and brazen sins
and I was often cruel
But you always believed in me
you thought I was the best
And now that I've got you alone let me get this off my chest

Pick a melody then count from one to ten
I'll make a rhyme up and then we'll try again
to laugh or cry, or give a sigh
to a past that might have been
and how much I really loved my baby sister

Something happened
[*Aconteceu alguma coisa*]

Something happened I just don't understand
Something happened it's making me feel mad
Something happened you don't hear about
At least I never did before

Something happened I just don't understand
Something happened I just don't understand
Something happened it's making me feel mad
I never saw this on TV
I never read it in no book
Something happened I just don't understand

Something happened I just don't understand
Something happened it's making me feel mad
I thought I knew a lot of things
But I don't know a thing at all
Something happened I just don't understand
The things I hear and see
Don't seem the same
The things I touch and feel are forever changed
I've never felt this way before
And I hope I never do again
Something happened, I don't know why or when
Something happened, I just don't understand

Letters to the Vatican
[*Cartas para o Vaticano*]

Rosie sits inside a bar smoking a large man's cigar
In a place called "Sammy's" on Amsterdam Avenue
She doesn't look a day over 65, although she's really 29
She likes records from the '60s
They remind her of the good old times

And after some wine and some scotch
Rosie starts to let it hang out:
She throws a glass at the mirror and asks Big Max for a pen

She writes a letter to the Vatican
"I'm gonna write a letter to Him:
Dear Pope, send me some soap and a bottle of Bombay gin"
A letter to the Vatican
"I'm gonna write a letter to Him:
Dear Pope, send me some hope or a rope to do me in"
And no one stops her
We all lend a hand
We all knew her before she was this mad
We just hold her until the shaking stops
Because the heart says what only the heart knows

"I wanna hear some Diana Ross
I wanna hear a little bit of Marvin Gaye
I wanna hear a song that reminds me of a better day"

Rosie slaps a pretty girl in the mouth
And running to the jukebox she tries to put a quarter in
She says, "I've had enough of you men
And I'll never say yes again; it's holiness or nothing
For me in this life . . . "

She writes a letter to the Vatican
"I'm gonna write a letter to him:
Dear Pope, send me some soap and a bottle of Bombay gin"
A letter to the Vatican
"I'm gonna write a letter to him:
Dear Pope, send me some hope or a rope to do me in

And no one stops her
We all lend a hand
We all knew her before she was this mad
We just hold her until the shaking stops
Because the heart says what only the heart knows

The calm before the storm
[*A calmaria antes da tempestade*]

There was a time when ignorance made our innocence strong
There was a time when we all thought we could do no wrong
There was a time, so long ago
but here we are in the calm before the storm

While the orchestra plays
they build barricades to help close the doors
While the musician sings
the holocaust rings the cymbals of war
We stare
at the things that were there
and no longer are—
And in our hearts
here we are again
In the calm before the storm

There was a time when we had an idea whose time hadn't come
They kept changing its name so we could still pretend
it was not really gone

We heard our screams turn into songs and back into screams again
And here we are again,
In the calm before the storm

One world one voice
[*Um só mundo uma só voz*]

One World One Voice
Speakin' in a common tongue
Speakin' with a common drum
The drumming of your heart

One World One Voice
Speaking with a common tongue
Music speaks to everyone
And everyone speaks to it

One World One Voice
Each of us has our own choice
The choice whether to live or die
The music makes you smile

One World One Voice
Our commonness gives us a choice
And since we all are one
It's all or nothing at all

One World One Voice
Speaking in a common tongue
Speaking through guitars and drums
Making us all one

One World One Voice
Our commonness gives us a choice
And since we really all are one
It's all or nothing at all

Why can't I be good
[*Por que eu não posso ser bom*]

Why can't I be good, why can't I act like a man
Why can't I be good and do what other men can
Why can't I be good make something of this life
If I can't be a god let me be more than a wife
Why can't I be good

I don't want to be weak, I want to be strong
Not a fat happy weakling with two useless arms
A mouth that keeps moving with nothing to say
An eternal baby who never moved away

I'd like to look in a mirror with a feeling of pride
Instead of seeing a reflection of failure—a crime
I don't want to turn away to make sure I can not see
I don't want to hold my ears when I think about me

I want to be like the wind when it uproots a tree
Carries it across an ocean to plant in a valley
I want to be like the sun that makes it flourish and grow
I don't want to be what I am anymore

I was thinking of some kind of whacked-out syncopation
That would help improve this song
Some knock-'em down rhythm that would help move it along
Some rhyme of pure perfection,— a beat so hard and strong
If I can't get it right this time
Will a next time come along

Why can't I be good

You'll know you were loved
[*Você vai saber que foi amada*]

Some things come to he who waits
But all is lost if you hesitate
And I was never one to wait
You'll know you were loved

You can hire great lawyers
You can speak to your friends
You can say we did this and that
Some things don't change

Unwrap the present and burn the remains
You'll know you were loved

Now you take Roscoe he ain't much
People say things are ruined after his touch
It's like a tar was dripping from his brush
But you'll know you were loved

Or Stan or Jake emerging from your past
From those love affairs that didn't last

But me I'll give it my last gasp
You'll know you were loved

A parrot a donkey a dog a bone
Some of us never had a home
And if we did we left it long ago
And didn't know we were loved

Empty as a wooden clock
Left in the woods at 12 o'clock
Insides all rusted, the spring has popped
But you'll know you were loved

Even when you sleep at night
Inside your heart will cry
You can never say goodbye
When you know you were loved

Underachievers of the world unite
You have nothing to lose except your fright
And together we can perhaps pass a night
When you know you were loved

And together we can perhaps
Pass a night when you know you were loved

Is anybody listening
[*Alguém está ouvindo?*]

Is anybody listening, is anybody out there
Is there anyone who listens to a poor man's song
Is it true our hearts are empty
That we are beyond caring
The sound of one hand clapping
Is a poor man's song

Is anybody listening to the story of oppression
Is everybody tired of the man who misses opportunity
Is everybody bored with one more story of debasement
Of the lone man once more humbled
Left beaten left for dead

Is everybody bored with stories of failure
Is everybody tired of the man who can't succeed
(Give me your hand)
Is the city finally empty of any pretense, sense of caring

Is it true that you are tired of a
Poor man on his knees

Is anybody listening, is anybody out there
Is anybody listening to this poor man's song
Howling in the rubble in the bowels within the city
Screaming for a fair chance
Smoke burning in his lungs

Is anybody listening, is anybody out there
If we all joined together making one united voice
The earth could move
The sky would shake
If we all sang together
The story of all poor men
Hear the city's cry

Is anybody listening to the soul of the big city
To the Appalachian Mountains, to the worker on his feet
Is anybody listening to the soul of West Virginia
To the farmer in the heartland
A convict putting in hard time

Is anybody listening, is somebody out there
Is anybody listening to a poor man's song
Is anybody out there for the man who's always working
And is thrown away like a paper plate
When a younger man comes along

Is anybody out there, is anybody listening
Is anybody listening to this poor man's song
Is anybody out there, can anybody hear me
The sound of one hand clapping is a poor man's song

Downtown dirt (prototype)
[*Sujeira do centro da cidade (protótipo)*]

Pickin' up pieces of information
Down on the docks
Pickin' up pieces of information about you
And how to pick locks
Scoutin' around on the Lower East Side
A mattress is in the rain
Those uptown ladies with their uptown coats
Come down here to get laid

It's a boring macho trip
And I'm the type that fascinates

Hey, Mrs. Pamela Brown
How's the Dakota
You're twenty eight years old and your face has been lifted
But you still look so much older
Your bed is soiled your linen is drab
You got crabs
The things they sell you-your credit cards
I love you for 'em
I love you for it

I sell you sugar—I'm a humanitarian
I give it all to myself that way you're clean
And I stay out of debt

And psychologically, you know hey psychologically
It's better that I think I'm dirt
Psychologically it's better that I think that I'm dirt
Don't you know it's better that I think that I'm dirt

Hey don't you like to have some dirt
That's all it's worth its just dirt
Cheap
Cheap damn dirt

Hey Pam dirt
Cheap dirt
Worth dirt
Uptown dirt
Dirt

TIME ROCKER

Alone at last
[*Enfim só*]

Alone at last
Hello I must be going
I met my self a year from today—what a shock!

Alone at last
Hello I must be coming
I ran into my self two years ago today— what a shock!

What did that girl look like
That I never married
I fly into the future and see her with a baby carriage
You didn't miss much old sport
You'd be in a pauper's court

Look into the future
Look into the past
Here I am alone at last
With history gone and tomorrows to come
I witnessed the invention of the atomic bomb
I saw my own death
Should I tray to prevent it
And if I did—could I live forever
And never age and always be healthy
Could I change the times and become very wealthy
Would history change because I had viewed it
Alone at last
Alone at last
Alone at last

Here I am alone at last
A head on my shoulders
Legs under my ass
Before me the future
Behind me the past
The present always shifting

If I knew what I could do
One is one and two is two
But this is time I'll travel through
Alone at last
Alone at last
Future past

Blood of the lamb
[*Sangue do cordeiro*]

Who do you think you're kidding
The blood of the lamb is unforgiving
I'd rather have the head of the King of Siam
Or the heart of a prince from Pakistan

Who do you think you're kidding
This sacrifice is unforgiven

Next thing kill me a firstborn son
Bring me the cock of a tortured bull
The hand, the foot, the tongue, the brain of a man

Who do you think you're kidding
The blood of the lamb is unforgiving
Bring me the ears of a pharaoh's wife
Barbaric love masquerades as hate

Who do you think you're kidding
The blood of the lamb is unforgiving
Blood on the altar blood on the feet
Blood on the landscape, oh what a creep
A river of blood is like a river of piss to me

Who do you think you're kidding
The blood of the lamb is unforgiving
The tooth of a king the scalp of a queen
The light of the stars the start of a scream

Who do you think you're kidding
The blood of the lamb can't be forgiven
Blood on the hands blood on the feet
Blood in the alleys blood in the street
Blood that won't wash off
A river of piss to me

Who do you think you're kidding
Who do you think you're kidding

Vanishing act
[*Espetáculo de desaparecimento*]

I must be nice to disappear
To have a vanishing act
To always be moving forward and
Never looking back

How nice it is to disappear and
Float into a mist
With a young lady on your arm
Looking for a kiss

It might be nice to disappear
To have a vanishing act
To always be looking forward
Never look over your back

I must be nice to disappear
Float into a mist
With a young lady on your arm
Looking for a kiss

Float into the mist
Float into the mist
Disappear into the mist
And float into the mist

Mongo and Longo
[*Mongo e Longo*]

Mongo: When Daddy died he made me a slave
Longo: Yes when Daddy died he left me everything
    The tent the circus the cook this chair
    Everything you see and smell including the air
Mongo: And I, Mr. Mongo, get to forever serve you
Longo: And I, Mr. Longo, am glad that you do!

Both: Things have always been this way
    One's the master one's the slave

Longo: Mr. Mongo bring me bread
    The wine of insects with
    An eight-year head
    Some cockroach 30 with a fragrant musk
    And serve it in Daddy's head by the bust

Both: How nice it is to be this way
Mongo: He's the master
Longo: He's the slave
Both: Things have always been this way
    One is master one is slave

Mongo: I was left nothing so I have to behave
    The fact is I'm happier being a slave
    For I always do good and I don't have to think
    I'm happier that way I thing
    There's too much stress and responsibility
    Being the one who is always free
    If I had a choice I would still remain me
    Some are meant to serve

Longo: Let's drink a toast with
    Some old dead bug wine

Both: It's been that way since the beginning of time
Longo: I am the master he's the slave
Both: Things have always been this way

Longo: I was made for power
      It seems obvious now
      As beloved dead pater
      Was aware all along
      Some are born to greatness
      Some are born to crawl
      You know that it's true
      He can't make his mind up at all
      There's no question in my mind
      That it's better this way

Both: Things have always been this way
      One is master one is slave
      One is meant to serve

A witness to life
[*Uma testemunha da vida*]

      Historically helpless I stand without entering
      I watch at a distance
      My heart fairly melting—away
      Consumed yet removed
      I'm forever a witness
      A taster not a drinker
      Forever
      A witness to life

      Historically passive I stand always waiting
      Forever observing
      My heart palpitating
      Awaiting a missive or some sort of signal
      A kiss or a slap causing some sort of tingle in me

      A witness to life

Gossip song
[*Canção fofoca*]

      Have you heard that she's pregnant? (NO!)
      Yes she's pregnant again
      My God, she can't keep her love to herself!

Have you seen the boyfriend? (NO!)
Not only ugly no future (NO!)
Do you think we owe it to her as friends
To tell her that she is really a slut
To tell her exactly what is what
If she's not careful she won't have any friends at all

Did you see who she is dating?
He's hardly a man at all
He barely smiles and when
He talks he lisps

I'd rather go to bed with a broom
I'd rather tell the truth than lie
If friends can't tell you the truth
Then really who will

I know you'd tell me if
I was petty
I know you'd say if I was small
If your friends can't tell you
Who bloody hell will?!

She's our best friend but
She's ruining her life
She'll only make it worse if
She becomes his wife
She's not getting any younger
But can't she do better than this?

Oh she can do better
Oh she can do better
Oh she can do better than this
Oh she can do better than this

Future farmers of America
[*Futuros fazendeiros da América*]

Born on a farm in a transatlantic moonlight
Split like a cord of wood my family broke up
Sold like a piece of steer a piece of meat a cow
A breathing piece of shit

Picked for my age for my strength and makeup
Called for: I was tall I was big I could hold up
A tree or a piece of steel I could do
What my fat owner can't

Future farmers of America

I'm always watching the way his wife looks me over
I have a sex twice as big as her husband's
If I wasn't so large so strong so pale
I'd disappear under a bush

Colorless men and ladies of the world unite
Kill your master with one cut of your knife
Kill them during sex kill them during talk
Kill them whenever you can

Future farmers of America

These stupid black owners are foreigners to affairs of heart
Look at me! I'll never own land that I work on!
Every one of us here shares a surname
This father must die

I was born on the dark cusp of twilight
My father was dark my mother was light
Look at me I'm strong
I could crush him in my fist

I could crush him in my
I could crush him in my
I could crush him in my fist
Future farmers of America
I could crush him in my fist

Putting on a new skin
[*Vestindo uma pele nova*]

Putting on a new skin
Covering up the old blood
Remember where we came from
Sticky black primordial mud

Looking like a rhino
Looking like a tiger
Whit so many colors here
Why do I like you just in black?
Why do I like you just in black?

Purple yellow green chartreuse
Silver gray don't be obtuse
Unless you're just and old recluse
I love you in black

Putting on a new skin
Look for a good time
Getting rid of old looks
Searching for newly sublime!
Searching for newly sublime!

Cobra blue and cancer brown
Torrential white and juicy mauve
I just want go get my old skin off
'Cause I love you in black
'Cause I love you in black

Reverse diminuendo
[*Diminuendo ao contrário*]

I must be nice to have a home
That always stays under your feet
That can always be depended on
One place to eat and sleep

How nice it must be to have a rug
On which to stretch your legs
A T-bone steak beside me
I want to be a dog

I must be nice to have a home
A place that you can trust
That stays forever in one spot
And never moves about

I must be nice to have a fire lit
And stretch out on a rug
A meaty bone next to your nose
I want to be a dog

I want to be a dog
I want to be a dog
With a T-bone in my paws
I want to be a dog

Turning time around
[*Reverter o tempo*]

(Priscilla)
What do you call love
(Nick)
Well, I call it Harry
(Priscilla)
Please I'm being serious
What do you call love

(Nick)
Well I don't call it family
And I don't call it lust
And as we all know—marriage isn't a must
And I suppose in the end it's a matter of trust
If I had to—I'd call love time

(Priscilla)
What do you call love
Can't you be more specific
What do you call love
Is it more than the heart's hieroglyphic

(Nick)
Time has no meaning
No future no past
And when you're in love
You don't have to ask
There's never enough time
To hold love in your grasp
Turning time around

(Both)
Turning time around
That is what love is
Turning time around
Yes, that is what love is
(Nick)
My time is your time
When you're in love
(Priscilla)
And time is what you never have enough of
(Nick)
You can't see or hold it
It's exactly like love

(Both)
Turning time around
Turning time around
Turning time around

Into the divine
[*No que é divino*]

I think you're so beautiful
I think you're so kind
And I think I would miss you
If you disappear into the divine

I thing of an apple core
When you start thinking of god
And I know I would miss you
If you disappear into the divine

I think you're so beautiful
As beautiful as the blackened space and stars
But all I see is a coreless seed
When you cry for a god who's not there

But I think you're so beautiful
And I see you as a sun
That shines out through these galaxies
Shimmering and warm

And I think you're so beautiful
And if there's one thing I believe at all
It's how much I would miss you
If you disappeared into the divine
It's how much I would miss you
If you disappeared into the divine

Why do you talk
[*Por que você fala*]

Why do you talk
Why do you waste time
Saying the same old thing
It should be a crime

You never listen
Instead you stammer

As though you're interesting
An full of glamour
As though you're interesting
An full of glamour

Why do you talk so much
Why don't you shut up
You have nothing to say
You lack drama

It's the same old thing
You'd like to know why
Who made the earth move
Who made the sky high
Who made the earth move
Who made the sky high
Who made your blood red
Who made you think thoughts
Who made you breathe a breath
Tell me, why do you talk
Tell me, why do you talk
Tell me, why do you talk
Tell me, why do you talk

Why do you always talk
Why do you make sounds
Why don't you listen
Why do you talk so much
Why don't you listen
Why do you talk so much

Why don't you shut up

I don't need this
[*Eu não preciso disso*]

I don't need this
Don't care about it
Don't feel this
Don't care about it
If I'm hungry them I am eating
If I'm lazy them I am sleeping

I don't need this
Don't care about it

In two years I'll be retiring
Don't feel good
Don't feel sad
Don't get angry
I don't get mad
Don't go up
I don't go down
I don't need this
Don't care about it

Some like moonlights
Gay sonatas
I'd like to get out
Persona non grata
Movie out
With nothing with me
No hair upon my head
If it is chilly
No clothing
No extra money
No children
No extra honey
No mistress
No little chocolates
No chokes and sobs
I want to get out
I want to get out
I want to get out

I don't need it

Talking book
[*Livro-falante*]

I wish I had a talking book
That told me how to act and look
A talking book that contained keys
To past and present memories

A talking book that said your name
So if you were gone you'd still remain
More than a picture on a shelf
In imagination I could touch
A talking, talking book

I wish I had a talking book
Filled with buttons you could push
Containing looks and sights
Your touch
Your look your eyes your scent
Your touch
Your feel your breath
Yours sounds your sighs
How much I'd live to ask it why
One must live and one must die

I wish I had a talking book
By my side so I could look
And touch and feel and dream a look
Much bigger than a talking book
A taste of lovings future and past
Is that so much to really ask
In this one moment's time in space
Can our love really be replaced
By a talking book?

On the run
[*Na corrida*]

You don't ever compromise
I see the pain in your eyes
Don't you worry, the game is won
I'll be there on the run

I'll make you happy, the others are thick
Just call me up, I'll be your big stick
They do it for money that's what they call fun
I'll be there on the run

A room with thirteen chairs
Three lions, ten polar bears
An ice cube the size of the sun
I'll be there on the run

I see pain in your eyes
And you know I sympathize
I'll come runnin' the game is won
I'll be there on the run

We have never compromised
I'll say I love you a million times

714   LOU REED

Don't you forget in the game is won
I'll be there on the run

Don't you forget it, the game is won
I'll be there on the run

ECSTASY

Ecstasy
[*Êxtase*]

They call you Ecstasy
Nothing ever sticks to you
Not Velcro not Scotch Tape
Not my arms dipped in glue
Not if I wrap myself in nylon
A piece of duct tape down my back
Love pierced the arrow with the 12
And I can't get you back
Ecstasy, Ecstasy
Ecstasy

Across the streets an old Ford
They took off its wheels
The engine is gone
In its seat sits a box
With a note that says, "Goodbye Charlie - thanks a lot"
I see a child through a window with a bib
And I think of us and what we almost did
The Hudson rocketing with light
The ships pass the Statue of Liberty at night
They call it Ecstasy. Ecstasy
Ecstasy. Ecstasy

Some men call me St. Ivory
Some call me St. Maurice
I'm smooth as alabaster
With white veins running through my cheeks
A big stud through my eyebrow
A scar on my arm that says "Domain"
I put it over the tattoo
That contained your name

They called you Ecstasy Ecstasy Ecstasy
They call you Ecstasy Ecstasy Ecstasy

The moon passing through a cloud
A body facing up is floating towards a crowd
And I think of a time and what I couldn't do
I couldn't hold you close, I couldn't I couldn't become you

They call you Ecstasy
I can't hold you down I can't hold you up
I feel like that car that I saw today
No radio no engine no hood
I'm going to the café I hope they've got music
And I hope that they can play
But if we have to part I'll have a new scar right over my
heart——I'll call it Ecstasy
Ecstasy Ecstasy Ecstasy
Ecstasy Ecstasy Ecstasy

Mystic child
[*Criança mística*]

It was only the time of the newly born dead
With the wispy cobwebs in your head
The polar moon looked out instead
Going wild

Liquor shifting through the brain
The manic-depressive goes insane
Going wild going wild

Desperate anger hits the streets
By the foul smelling river by the meat market
Going wild mystic child

In the winter with the frozen toes
Looking out the big windows
To fly
Going wild

Situation X out of control
My eyes half opened like a mole
Who smiles
Going wild

In the mystic morning where the river meets
The hurdy-gurdy of the hip hop beat

5 A.M. the viscous street
Wild goin' wild

Out the window like a flash
Falling through a rooftop crash
Blind
Goin' wild

Sick and misty like a pup by the curb he's
Throwin' up
Wild
Like a child

If he can't have all that relates
To testify that he is great
He'll cut someone with a broken plate
And stand upon the subway grate
And smile
Goin' wild goin' wild with a smile

Holy morning
Sun is up and someone
Here has lost his cups
The dawn is tattered all cut up
Goin' wild like a mystic child
Like a mystic child

Sunday morning looking down from the rooftop
Goin' wild
With a smile- mystic child

Top of the world he's got it made
His rings are gold his braids are jade
He jumped to the street-he's got it made
Goodbye child
Goodbye child
Mystic child
Goin' wild

Paranoia key of E
[*Paranoia em mi maior*]

How come you say you will and then you won't
You change your mind and then you say you don't
The mystery is why I play the goat
The mystery you call love

Sometimes you're like an eagle strong like a rock
Other times it seems you get unlocked
And all of your worst fears come tumbling out
Into the street into the snow

I remember when you had a dream
Everything was what it seemed to be
But now nightmares replace everything
And everything you see is wrong

You said we'd meet but you're 2 hours late
You said you thought someone had picked your gate
So you hid and were afraid to wait
Seeing shadows in the snow

Now your friend Godfrey is a perfect choice
One minute down next time rejoice
He seems to have found the perfect voice
Paranoia key of E

Let's say everything he says is true
You love me but I cheat on you
And in my bedroom is a female zoo
Worse than Clinton in prime time
I swear to you I'm not with Jill or Joyce
Or Cyd or Sherry or Darlene or worse
I'm not kissing you while inside I curse
Paranoia key of E

Let's play a game the next time we meet
I'll be the hands and you be the feet
And together we will keep the beat
To paranoia key of E

Now you know mania's in the key of B
Psychosis in the key of C
Let's hope that we're not meant to be
In paranoia key of E

Anorexia is in G flat
And F is anything I've left out
Dyslexia, Kleptomania and Vertigo
Patricide A, matricide D the same schizos
Paranoia key of E

Let's have a coda in the key of K
Something that only we can play
Maybe we'll light up like a 100 K

Paranoia out of Key
Paranoia key of E

Mad
[*Louco*]

Mad- you just make me mad
I hate your silent breathing in the night
Sad- you make me sad
When I juxtapose your features I get sad

I know I shouldn't a had someone else in our bed
But I was so tired I was so tired
Who would think you'd find a bobby pin
It just makes me mad
Makes me mad
It just makes me, makes me mad

Glad-when I'm gone your glad
That overwhelming tension dissipates
Tad- you think I'm a baby
Nobody likes to hear "why don't you grow up"
At dawn

I know I shouldn't a had someone else in our bed
But I was so tired, so tired
Who would think you'd find a bobby pin
It makes me mad
Makes me mad
Don't you know it just makes me mad

Dumb - you're dumb as my thumb
In the wistful morning you throw a coffee cup at my head
Scum - you said I'm scum
What a very lovely feminine thing to do

Bark - why don't you just bark
Sit, come, stay, are the perfect words meant for you
Ass - you says I'm an ass
You better call 911 'cause I'm gonna hold you tight

I know I shouldn't a had someone else in our bed
But I was so tired so tired
You said you're out of town for the night
And I believed in you
I believed you

And I was so tired
It makes me so mad
It makes me so mad
Dumb...

Modern dance
[*Dança moderna*]

Maybe I should go and live in Amsterdam
in a side street near a big canal
spend my evenings in the van Gogh Museum
what a dream van Gogh Museum

or maybe it's time to see Tangiers
a different lifestyle some different fears
and maybe I should be in Edinburgh
in a kilt in Edinburgh

Doin' a modern dance
Doin' a modern dance

Or maybe I should get a farm in southern France
Where the winds are wispy
And the villagers dance
And you and I we'd sleep beneath a moon
Moon in June and sleep till noon

And maybe you and I could fall in love
Regain the spirit that we once had
You'd let me hold you and touch the night
That shines so bright
So bright with fright

Doin' a modern dance
Doin' a modern dance

Shit maybe I could go to Yucatan
where women are women a man's a man
no one confused
ever loses place
with their place
in the human race

Maybe I'm not cut out for city life
the smell of exhaust the smell of strife
and maybe you don't want to be a wife
it's not a life being a wife

Doin' a modern dance
Doin' a modern dance

So maybe I should go to Tanganyika
Where the rivers run
down mountains tall and steep
Or go to India to study chants
And lose romance to a mantra's dance

I need a guru I need some law
Explain to me the things we saw
And why it always comes to this
It's all downhill after the first kiss

Maybe... I should move to Rotterdam
Maybe... move to Amsterdam
I should move to Ireland
Italy, Spain, Afghanistan
Where there is no rain

Or maybe I should just learn a modern dance
Where roles are shifting the modern dance
You never touch you don't know who you're with
This week this month this time of year
This week this month this time of year

Doin' a Modern Dance
You don't know who you're with-modern dance
I should move to Pakistan go to Afghanistan- dance
You don't know who you're with- dance
You don't know who you're with-modern dance
And maybe you don't want to be a wife
It's not a life being a wife
Doin' a modern dance
You never touch you don't know who you're with
Dance-modern dance
The roles are shifting - dance

Tatters
[*Farrapos*]

Some couples live in harmony
Some do not
Some couples yell and scream
Some do not

But what you said was something that I can't forget
It echoes in my head like a bullet made of lead

Some people yell and scream and some do not
Some people sacrifice their lives and some do not
Some people wait for sleep to take them away
While others read books endlessly
Hoping problems will go away

I know you're hoping everything works out
Neither one of us is the type who shouts
You sleep in the bedroom
While I pace up and down the hall
Our baby stares at both of us
Wondering which one of us to call

I guess it's true that not every match burns bright
I guess it's true not all that I say is right
But what you said still bounces around in my head
Who thought this could happen to us
When we first went to bed

I'm told in the end that none of this matters
All couples have troubles and none of this matters
But what you said still echoes in my head
And I'm still in the hallway downstairs sleeping alone instead

I know you don't care but here's my last thought
Not that it matters, but here's the last thing I thought
Our little thing is lying here in tatters
And you my dear don't have any manners

Sad to leave this way - to leave it all in tatters
Saddening to leave this way - to leave it all in tatters
I suppose we all could say that nothing of it matters
But still it's sad to see everything in tatters

Baton Rouge
[*Baton Rouge*]

When I think of you Baton Rouge
I think of a mariachi band
I think of 16 and a crisp green football field
I think of the girl I never had

When I think of you Baton Rouge
I think of a back seat in a car
The windows are foggy
And so are we
As the police asked for our I.D.

So helpless
So helpless
Ooohhh so helpless
Ooohhh so helpless
Ooohhh so helpless
So helpless

Well I once had a car
Lost it in a divorce
The judge was a woman of course
She said give her the car and the house and your taste
Or else I set the trial date

So now when I think of you Baton Rouge
And the deep southern belles with their touch
I wonder where love ends and hate starts to blush
In the fields in the swamps in the rush

In the terra-cotta cobwebs of your mind
When did you start seeing me
As a spider spinning web
Of malicious intent
And you as poor poor me
At the fire at the joint
This disinterred and broken mount
In the bedroom in the house
Where we were unmarried

So helpless
So helpless
So helpless

When was I the villain in your heart
Putting the brake on your start
You slapped my face and cried and screamed
That's what marriage came to mean
The bitterest ending of a dream

You wanted children
And I did not
Was that what it was all about

ATRAVESSAR O FOGO — 310 LETRAS   723

You might get a laugh when you hear me shout
You might get a laugh when you hear me shout
I wish I had
So helpless
So helpless
So helpless
So helpless
So helpless
So helpless

Sometimes when I think of Baton Rouge
I see us with 2 $^1/_2$ strapping sons
1 $^1/_2$ flushed daughters preparing to marry
And two fat grandsons I can barely carry

Daddy, uncle, family gathered there for grace
A dog in a barbecue pit goes up in space
The dream recedes in the morning with a bad aftertaste
And I'm back in the big city worn from the race of the
chase what a waste

So thanks for the card
The announcement of child
And I must say you and Sam look great
Your daughter's gleaming in that white wedding dress
with pride
Sad to say I could never bring that to you
That wide smile
So I try not to think of Baton Rouge
Or of a mariachi band
Or of 16 and a crisp green football field
And the girl I never had

So helpless
So helpless
So helpless

The white prism
[*O prisma branco*]

There's a white prism with phony jism
Spread across its face
And the soulful convicts forever interred
Lose the smile across their faces
The smile that registered hopes or dreams

Has proven just a waste
And I'm the indentured servant
Forever in his place

I wish I built a cabinet of shiny bolts and wood
Secret draws and hiding places sculpted out of wood
Secret places secret lies in a desk lying alone
A secret letter written to you
To be read when you're alone

It says:
I'm your indentured servant
I can no longer pretend
That I'm a lover or an equal
I'm not even a friend
I'm not good enough to serve you
I'm not good enough to stay
So it is that I beseech you
To please turn me away

I'm asking you to let me go
It hurts me when you're sad
And I can not do better than this
Which must surely make you mad
I'd be better off in your cabinet or in a prison made of cloth
Crouched beneath your dress I come
Shooting little spurts

I'm your indentured servant
But even I have pride
In what I make or say or do
Although I've lots to hide
I hide from freedom and I hide from you
'cause you've found me out
I belong in prison beneath your legs
In a cabinet that I've built
Beneath a candle in a secret drawer in a prison by a moat

I'm your indentured servant
And I'm asking you to leave
Me outside this prison cell where only you can breathe

I'm your indentured servant but I'm asking you for this
Please release me from this love and do it with a kiss
I'm your indentured servant
I'm the one you'll miss
Do it with a kiss

Do it with a kiss
Do it with a kiss
I'm the one you'll miss

Big sky
[*Grande céu*]

Big sky holding up the sun
Big sky holding up the moon
Big sky holding down the sea
But it can't hold us down anymore

Big sky holding up the stars
Big sky holding Venus and Mars
Big sky catch you in a jar
But it can't hold us down anymore

Big sky big enormous place
Big wind blow all over the place
Big storm wrecking havoc and waste
But it can't hold us down anymore

Big goals big ambitious goals
Big talk- talking till I fold
Big wind- talking through torrential love
But it can't hold us down anymore

Big sin big original sin
Paradise where I've never been
Big snake break the skin
But you can't hold us down anymore

A big house holds a family
A big room it holds you and me
It's a big mess and baby makes three
But you can't hold us down anymore

Big news they're out of their heads
Big big big news let's fuck them instead
There's a big joke did they think we were monks
But they can't hold us down anymore

A big doll big enormous eyes
Big love holds you in a vise
A big man who cut them down to size
They can't hold us down anymore

The rock minuet
[*Minueto rock*]

Paralyzed by hatred and a piss ugly soul
If he murdered his father he thought he'd become whole
While listening at night to an old radio
Where they danced to the rock minuet

In the gay bars in the back of the bar
He consummated hatred on a cold sawdust floor
While the jukebox played backbeats
He sniffed coke off a jar
While they danced to a rock minuet

School was a waste he was meant for the street
But school was the only way the army could be beat
The two whores sucked his nipples 'til he came on their feet
As they danced to the rock minuet

He dreamt that his father was sunk to his knees
His leather belt tied so tight that it was hard to breathe
And the studs from his jacket were as cold as a breeze
As he danced to a rock minuet

He pictured the bedroom where he heard the first cry
His mother on all fours with his father behind
And her yell hurt so much he had wished he'd gone blind
And rocked to a rock minuet

In the back of the warehouse were a couple of guys
They had tied someone up and sewn up their eyes
And he got so excited he came on his thighs
When they danced to the rock minuet

On Ave. B someone cruised him one night
He took him in an alley and then pulled a knife
And thought of his father as he cut his windpipe
And finally danced to the rock minuet

In the curse of the alley the thrill of the street
On the bitter cold docks
Where the outlaws all meet
In euphoria drug in euphoria heat
You could dance to the rock minuet
In the thrill of the needle and anonymous sex
You could dance to the rock minuet

So when you dance hard - slow dancing
When you dance hard - slow dancing
When you dance hard - slow dancing
When you dance to the rock minuet

Like a possum
[*Como um gambá*]

Good morning it's Possum Day
Feel like a possum in every way – like a possum
Possum whiskers, possum face
Possum breath and a possum taste
Like a possum

Possum tales possum eyes
Possum bones possum thighs
Like a possum
Possum shots possum runs
Possum sleeps to possum drums
Calm as an angel

Good morning it's Possum Day
I feel like a possum in every way
Like a possum
Wake up with a possum smile
Look at me! Look at this smile
Like a possum

Things are all right don't worry about this
My mind's amiss I've lost the kiss
My smile is leaden my gait is rubber
And I say as one possum to another
Like a possum
Calm as an angel

The only thing I hope to never see
Is another possum in this tree
Playing possum
Just like a possum

I got a hole in my heart the size of a truck
It won't be filled by a one-night fuck
Slurping and squeezing ain't it just my luck
Got a hole in my heart the size of a truck
The size of a truck

The devil tried to fill me up but my down was high
As the sky is up
Ain't that just my luck
Calm as an angel

Smoking crack with a downtown flirt
Shooting and coming 'til it hurts
Calm as an angel

They're mating like apes in the zoo
One for me and one for you
Wouldn't it just be lovely

Another useless night in bed
By the Hudson River
The rollerbladers giving head
Used condoms float on the river edge's head
Wouldn't it be lovely
Wouldn't it be lovely

I got a hole in my heart the size of a truck
It won't be filled by one night fuck
Like a possum
Like a possum
Calm as an angel

You know me I like to dance a lot
With different selves who cancel out one another
I'm the only one left standing

One likes muscles, oil, and dirt
And the other likes the women with the butt that hurts
Like a possum

The devil tried to fill me up
But my down was high as the sky is up
Calm as an angel

I got a hole in my heart the size of a truck
And it won't be filled by a one-night fuck
Like a Possum

You know me I like to drink a lot
And carry on-don't know which self will show up
Over the 5 A.M. sun, the moon is shining
Over the docks shining
Calm as an angel

Girls in the market know what I'm about
They pinch their nipples and they lift their skirts
With a pierced tongue licking below a stained tee shirt

Look at this smile
My mind's amiss

Smoking crack with a downtown flirt
Shooting and coming 'til it hurts
Calm Calm
Sitting on a curb I throw a rock
At the passing meat market trucks
It's just my luck
I'm the only one left standing

Now you know me I like to drink a lot
The only one left standing
The girls in the market know what I'm about
They pinch their nipples and they lift their skirts
Licking below a stained tee shirt
Calm as an angel

Smoking crack with a downtown flirt
Shooting and coming baby 'til it hurts
Wouldn't it be,
Wouldn't it be,
Wouldn't it be love
Wouldn't it be lovely
Calm as an angel

Got a hole in my heart the size of a truck
It won't be filled by a one-night fuck
Ain't it just my luck
Got a hole in my heart the size of a truck

Another useless night in bed
Walk down to the Hudson River getting head
Calm calm calm calm as an angel
Don't know why baby I'm still here
Strong and fearless in the outside air
I'm the only one left standing

I'm the only one, the only one
The only one left standing
I'm the only one
I'm the only one left standing
Calm as an angel

I'm the only one
I'm the only one
The only one left standing
Calm as an angel

Shooting an coming 'til it hurts
˙O'holy morning
Calm as an angel

THE RAVEN

The conqueror worm
[*O verme conquistador*]

VOICE
Lo! It's a gala night.
A mystic throng bedecked
Sit in a theater to see
A play of hopes and fears
While the orchestra breathes fitfully
The music of the spheres.

Mindes mutter and mumble low—
Mere puppets they, who come and go
Disguised as gods,
They shift the scenery to and fro
Inevitably trapped by invisible woe.

This motley drama—to be sure—
Will not be forgotten.
A phantom chased for evermore,
Never seized by the crowd
Through they circle—
Returning to the same spot—
Circle and return
To the selfsame spot
Always to the selfsame spot,
With much of madness and more of sin,
And horror and mimic rout
The soul of the plot.

Out—out are the lights—out all!
And over each dying form

The curtain, a funeral pall,
Comes with the rush of a storm.
The angels, haggard and wan,
Unveiling and uprising affirm
That the play is the tragedy, "Man,"
And its hero the conqueror worm.

Instrumental overture

ACT I

Old Poe
[*O velho Poe*]

Guitar melody

OLD POE

As I look back on my life—if I could have the glorious moment—the wondrous opportunity to comprehend—the chance to see my younger self one time—to converse ... o hear his thoughts....

Cello melody—continues throughout speech

YOUNG POE

In the science of the mind there is no point more thrilling than to notice (which I never noticed in schools) that in our endeavors to recall to memory something long-forgotten we often find ourselves upon the very verge of remembrance without being in the end able to remember. Under the intense scrutiny of Ligeia's eyes, I have felt the full knowledge and force of their expression and yet been unable to possess it and have felt it leave me as so many other things have left—the letter half-read, the bottle half-drunk—finding in the commonest objects of the universe a circle of analogies, of metaphors for that expression which has been willfully withheld from me, the access to the inner soul denied.

Eyes blazed with a too-glorious effulgence, pale fingers transparent, waxen, the hue of the grave. Blue veins upon the lofty forehead swelled and sunk impetuously with the tides of deep emotion and I saw that she must die, that she was wresting with the dark shadow. Her stern nature had impressed me with the belief that, to her, death would come without its terrors—but not so. I groaned in anguish at the pitiable spectacle. I would have soothed. I would have reasoned. But she was amid the most convulsive of writhings. Oh, pitiful soul. Her voice more gentle, more low, and yet her words grew wilder of meaning. I reeled, entranced, to a melody more than mortal.

She loved me, no doubt, and in her bosom love reigned as no ordinary passion. But in death only was I impressed with the intensity of her affection. Her more than passionate devotion amounted to idolatry. How had I deserved to be so blessed and then so cursed with the removal of my beloved upon the hour of her most delirious musings?

In her more than womanly abandonment to love, all unmerited and unworthily bestowed, I came to realize the principle of her longing. It was a yearning for life, an eager, intense desire for life, which was now fleeing so rapidly away as she returned solemnly to her bed of death. And I had no utterance capable of expressing it, except to say, Man doth not yield to the angels, nor unto death utterly, save only through the weakness of his feeble will.

I became wild with the excitement of an immoderate dose of opium. I saw her raising wine to her lips or may have dreamed that I saw fall within a goblet, as if from some invisible spring in the atmosphere of the room, three of four large drops of a brilliant and ruby-colored fluid. Falling. While Ligeia lay in her bed of ebony—the bed of death—with mine eyes riveted upon her body. Then came a moan, a sob low and gentle but once. I listened in superstitious terror but heard it not again. I strained vision to see any motion in the corpse, but there was not the slightest perceptible. Yet I had heard the noise and my whole soul was awakened within me. The red liquid fell and I thought, Ligeia lives, and I felt my brain reel, my heart cease to beat, and my limbs go rigid where I sat. In extremity of horror I heard a vague sound issuing from the region of the bed. Rushing to her I saw—I distinctly saw—a tremor upon her lips. I sprang to my feet and chafed and bathed the temples and hands but in vain; all color fled, all pulsation ceased. Her lips resumed the expression of the dead, the icy hue, the sunken outline, and all the loathsome peculiarities of that which for many days has been the tenant of the tomb.

And again I sank into visions of Ligeia. And again I heard a low sob. And as I looked she seemed to grow taller. What inexpressible madness seized me with that thought? I ran to touch her. Her head fell, and her clothing crumbled, and there streamed forth huge masses of long disheveled hair. It was blacker than the raven wings of midnight.

Edgar Allen Poe
[*Edgar Allen Poe*]

YOUNG POE
These are the stories of Edgar Allan Poe
Not exactly the boy next door

He'll tell you tales of horror
Then he'll play with your mind
If you haven't heard of him
You must be deaf or blind.

These are the stories of Edgar Allen Poe
Not exactly the boy next door

He'll tell you about Usher
Whose house burned in his mind
His love for his dear sister
(Whose death would drive him wild)
The murder of a stranger
The murder of a friend

The callings from the pits of hell
That never seem to end.

These are the stories of Edgar Allan Poe
Not exactly the boy next door

These are the stories of Edgar Allan Poe
Not exactly the boy next door

The diabolic image of the city and the sea
The chaos and the carnage that reside deep within me
Decapitations—poisonings—hellish not a bore
You won't need 3-D glasses to pass beyond this door.

These are the stories of Edgar Allan Poe
Not exactly the boy next door

No Nosferatu Vincent Price or naked women here
A mind unfurled a mind unbent is all that we have here
Truth, fried orangutans flutter to the stage
Leave your expectations home
And listen to the stories of Edgar Allan Poe.

We give you the soliloquy the raven at the door
The flaming pits the moving walls no equilibrium
No ballast, no bombast, the unvarnished truth we've got
A mind that swoons guiltily
Cooking ravings in a pot.

These are the stories of Edgar Allen Poe
Not exactly the boy next door.

A telltale heart a rotting cask
A valley of unrest
A conqueror worm devouring souls
Keep the best for last

The bells that ring for Annie Lee
As Poe's buried alive
Regretting his beloved's death in all her
Many guises.

These are the stories of Edgar Allen Poe
Not exactly the boy next door

The valley of unrest
[*O vale da inquietude*]

Electronic music

LIGEIA
Far away, far away,
Are not all lovely things far away?
As far at least lies that valley as the bedridden
Sun in the luminous east,
The paralyzed mountains, the sickly river.
Are not all things lovely far away?
Are not all things lovely far away?

It is a valley where time is not interrupted,
Where its history shall not be interpreted.
Stories of Satan's dart—
Of angel wings—
Unhappy things
Within the valley of unrest.

The sun ray dripped all red,
The dell was silent—
All the people having gone to war
Leaving no interrogator to mind the willful
Looting, the pale past knowledge,
The sly mysterious stars,

The unguarded flowers leaning,
The tulips overhead paler,
The terror-stricken sky
Rolling like a waterfall
Over the horizon's fiery wall—
A visage full of meaning.

How the unhappy shall confess
As Roderick watches like a human eye
While the violets and lilies wave
Like banners in the sky hovering
Over and above a grave
As dewdrops on the freshly planted
Eternal dew coming down in gems.
There's no use to pretend
Though gorgeous clouds fly,
Roderick like the human eye has closed forever
Far away far away.

Roderick, whatever thy image may be
Roderick, no magic shall sever the music from thee,
Thou hast bound many eyes in a dreamy sleep.
O tortured day the strains still arrive—
I hear the bells—I have kept my vigilance.

Rain dancing in the rhythm of a shower
Over what guilty spirit to not hear the beating,
To not hear the beating heart
But only tears of perfect moan,
Only tears of perfect moan.

Call on me
[*Chama por mim*]

ROWENA
Caught in the crossbow of ideas and journeys
Sit here reliving the other self's mournings
Caught in the crossbow of ideas and dawnings
Stand I

Reliving the past of the maddening impulse
The violent upheaval
The pure driven instinct
The pure driven murder
The attraction of daring
Stand I

Why didn't you call on me
Why didn't you call on me
Why didn't you call on me
Why didn't you call

A wild being from birth
My spirit spurns control
Wandering the wide earth
Searching for my soul
Dimly peering
I would surely find

What could there be more purely bright
than truth's daystar

Why didn't you call on me
Why didn't you call on me

Why didn't you call on me
Why didn't you call

Why didn't you call on me
Why didn't you call on me
Why didn't you call on me
Why didn't you call

The city in the sea
[*A cidade no mar*]

Electronic music, soft

OLD POE
Death has reared himself a throne.

YOUNG POE
In a strange city—alone.

LENORE
Death has reared himself a throne
In a strange city—alone.
Their shrines and palaces are not like ours,
They do not tremble and rot,
Eaten with time.

OLD POE
Death has reared himself a throne.

LENORE
Lifted by forgotten winds
Resignedly beneath the sky
The melancholy waters lie
A crown of stars.

YOUNG POE
In a strange city—alone.

LENORE
A heaven God does not condemn.
But the everlasting shadow
Makes mockery of it all.

ROWENA
No holy rays come down.
Lights from the lurid deep sea stream up the
Turrets silently,

Up thrones, up arbors
Of sculpted ivy and stone flowers,
Up domes, up spires,
Kingly halls all are melancholy shrines,
The columns, frieze, and entablature
Chokingly shockingly intertwined,
The mast, the viol, and the vine
Twisted.

YOUNG POE
There amid no earthly moans
Hell rises from a thousand thrones.

OLD POE
Does reverence to death.

OLD POE AND YOUNG POE
And death does give his undivided time.

LIGEIA
There are open temples and graves
On a level with the waves.
Death looms and looks—huge!—gigantic!
There is a ripple—now a wave
Towers thrown aside
Sinking in the dull tide
The waves glowing redder
The very hours losing their breath.

POE
Oh, the cunning stars watching fitfully over night after night of matchless wretched sleep—matched only with the horror of the dream unfolding—the telltale beating of the heart—the suffocating breath—the desire—the pose—one poses upon the precipice—to fall to run to dive to tumble to fall down down into the spiral down and then....

OLD POE
One sees one's own death—one sees one committing murder or atrocious violent acts—and then a cursed shadow not of man or God but a shadow resting upon a brazen doorway.

YOUNG POE
There were seven of us there who saw the shadow as it came out from among the draperies. But we did not dare behold it. We looked down into the depths of the mirror of ebony. And the apparition spoke.

Electronic reverberation added to voice
"I am a shadow and I dwell in the catacombs which border the country of illusion hard by the dim plains of wishing."

OLD POE

And then did we start shuddering, starting from our seats trembling—for the tones in the voice of the shadow were not the tones of any one man but of a multitude of beings and, varying in their cadences from syllable to syllable, fell duskily upon our ears in the well-remembered and familiar accents of a thousand departed friends.

Instrumental track: "A Thousand Departed Friends"

Change
[*Mudança*]

DEATH
The only thing constantly changing is change
And change is always for the worse
The worm on the hook always eaten by a fish
The fish by a bird man or worse
A spot on the lung a spot on your heart
An aneurysm of the soul
The only thing constantly changing is change
And it comes equipped with a curse

The only thing constantly changing is change
And it's always for the worse
The only thing constantly changing is change
And it's always for the worse

The only thing constantly changing is change
The living only become dead
Your hair falling out
Your liver swelled up
Your teeth rot your gums and your chin
Your ass starts to sag
Your balls shrivel up
Your cock swallowed up in its sack
The only thing constantly changing is change
And it's always change on your back.

The only thing constantly changing is change
And it's always for the worse
The only thing constantly changing is change
And it's always for the worse

The only thing constantly changing is change
Ashes to ashes to dust
The deer and the rabbit

The musk of your hole
Filled up with myriad dread
The dread of the living
The dread of the living
The frightening pulse of the night.
The only thing constantly changing is change.
Its changes will kill us with fright

The only thing constantly changing is change
And it's always for the worse
The only thing constantly changing is change
And it's always for the worse

The only thing constantly changing is change
The only thing constantly changing is change
The only thing constantly changing is change
And it comes equipped with my curse

The fall of the house of Usher
[*A queda da casa de Usher*]

POE

And then I had a vision.

The sound of knocking on a door, the door opening, a storm in the background

RODERICK USHER

Ah Edgar, ah Edgar, my dear friend Edgar.

POE

It's been a long time, Roderick. I've ridden many miles.

It's been a dull and soundless day for autumn. The leaves have lost their autumn glow, and the clouds seem oppressive with their drifting finery.

USHER

I know, my friend. Though I own so much of this land I find the country insufferable. I deal only in half pleasures.

POE

Speaking of half pleasures, would you care for a tincture of opium?

USHER

Nothing would please me more than to smoke with an old friend.

The sound of a match being struck, inhalation of smoke

USHER

I have experienced the hideous dropping of the veil, the bitter lapse into common life, unredeemed dreariness of thought. I have an iciness, a sickening of the heart.

740   LOU REED

Long pause

POE

It's true you don't look well, Roderick, but I am your friend no matter the occasion or position of the stars. I'm glad you wrote me, but I must admit to concern.

The sound of rain

USHER

I cannot contain my heart. Edgar, I look to you for solace, for relief from myself. What I have is constitutional, a family evil, a nervous affection that must surely pass. But I do have this morbid acuteness of senses. I can eat only the most insipid food, clothes only of the lightest texture. The odor of flowers I find oppressive. My eyes cannot bear even the faintest light.

A soft moaning
Did you hear that?

POE
I hear. I am listening—go on.

USHER

I shall perish. I will perish in this deplorable folly. I dread the future. Not the events, the results. The most trivial event causes the greatest agitation of the soul. I do not fear danger except in its absolute effect—terror. I find I must inevitably abandon life and reason together, in my struggles with the demon fear.

Sound of strong wind
Perhaps you'll think me superstitious, but the *physique* of this place; it hovers about me like a great body, some diseased outer shell, some decaying finite skin encasing my morale.

POE
You mentioned your sister was ill.

USHER

My beloved sister, my sole companion, has had a long continuing illness whose inevitable conclusion seems forsworn. This will leave me the last of the ancient race of Ushers.

Soft moaning

POE
She looks so much like you.

USHER

I love her in a nameless way, more than I love myself. Her demise will leave me hopelessly confined to memories and realities of a future so barren as to be stultifying.

Moaning continues

POE
What of physicians?

USHER

They are baffled. Until today she refused bed rest, wanting to be present in your honor, but finally she succumbed to the prostrating power of the destroyer. You will probably see her no more.

Guitar melody begins

POE

Sound and music take us to the twin curves of experience.

Like brother and sister intertwined, they relieve themselves of bodily contact and dance in a pagan revelry.

USHER

I have soiled myself with my designs. I am ashamed of my brain. The enemy is me and the executioner terror.

Music is a reflection of our inner self; unfiltered agony touches the wayward string. The wayward brain confuses itself with the self-perceived future and turns inward with loathing and terror. Either by design or thought we are doomed to know our own end.

I have written a lyric.

POE
May I hear it?

USHER
It is called "The Haunted Palace."

In the greenest of our valleys
By good angels tenanted,
Once a fair and stately palace—
Snow-white palace—reared its head.

Banners yellow, glorious, golden,
On its roof did float and flow—
(This—all this—was in the olden
Time long ago)

The sound of thunder
And every gentle air that dallied,
Along the rampart plumed and pallid,
A winged odor went away.

All wanderers in that happy valley
Through two luminous windows saw
Spirits moving musically
The sovereign of the realm serene,
A troop of echoes whose sweet duty
Was but to sing

In voices of surpassing beauty
The wit and wisdom of the king.

But evil things, in robes of sorrow,
Assailed the monarch's high estate.
And round about his home the glory
Is but a dim remembered story.

Vast forms that move fantastically
To a discordant melody,
While like a ghastly river
A hideous throng rush out forever
And laugh—but smile no more—
Nevermore.

POE
It's cold in here.

USHER
I tell you minerals are sentient things. The gradual yet certain condensation of an atmosphere of their own about the waters and the walls proves this. Thus the silent yet importunate and terrible influence which for centuries has molded my family.
And now me.

A scream

USHER
Excuse me!

Chaotic sounds
She is gone. Out, sad light, Roderick has no life.

Soft sounds of creaking and rustling
I shall preserve her corpse for a fortnight.

POE
But Roderick—

USHER
I shall place it in a vault facing the lake. I do not wish to answer to the medical men nor place her in the exposed burial plot of my family. We shall inter her at the proper date when I am more fully of a right mind.... Her malady was unusual.
Please do not question me on this.

POE
I cannot question you.

USHER
Then help me now.

ATRAVESSAR O FOGO — 310 LETRAS   743

Sound of coffin opening

POE

One would think you twins.

USHER

We are. We have always been sympathetic to each other....
Have you seen this? It is her!

Swirling electronic sounds

POE

It is a whirlwind! You should not—you must not behold this!

Slamming of coffin

Roderick, these appearances, which bewilder you are mere electrical phenomena, not un-
common. Or perhaps they have their rank origins in the marshy gases of the lake. Please, let's
close this casement and I will read and you will listen and together we will pass this terrible night
together.... What's that?

Sound of metal clanging and muffled reverberation
What's that? Don't you hear that?

USHER

Not hear it? Yes, I hear it and have heard it—many minutes—have I heard it? Oh, pity me
miserable wretch: I dared not—oh, no—I dared not speak! We have put her living in the tomb. I
have heard feeble movements in the coffin—I thought I heard—I dared not speak.

Sounds of a storm and many people screaming
Oh, God, I have heard footsteps—do you not hear them?—attention. Do I not distinguish
that heavy and horrible beating of her heart? Madman, madman! I tell you she now stands without
the door!

Sounds of fire and screams, a loud heartbeat

The bed
[*O leito*]

LADY MADELINE OF USHER
This is the place where she laid her head
When she went to bed at night
And this is the place our children were conceived
Candles lit the room at night

And this is the place where she cut her wrists
That odd and fateful night
And I said, Oh, oh, oh, oh, oh, oh, what a feeling
And I said, Oh, oh, oh, oh, oh, oh, what a feeling

This is the place where we used to live
I paid for it with love and blood
And these are the boxes that she kept on the shelf
Filled with her poetry and stuff

And this is the room where she took the razor
And cut her wrists that strange and fateful night

And I said, Oh, oh, oh, oh, oh, oh, what a feeling
And I said, Oh, oh, oh, oh, oh, oh, what a feeling

I never would have started if I'd known
That it'd end this way
But funny thing I'm not at all sad
That it stopped this way
Stopped this way

Perfect day
[Dia perfeito]

LENORE
Just a perfect day
Drink sangria in the park
And then later when it gets dark
We go home
Just a perfect day
Feed animals in the zoo
Then later a movie too
And then home

Oh it's such a perfect day
I'm glad I spent it with you
Oh such a perfect day
You just keep me hangin' on
You just keep me hangin' on

Just a perfect day
Problems all left alone
Weekenders on our own
It's such fun
Just a perfect day
You make me forget myself
I thought I was someone else
Someone good

Oh it's such a perfect day
I'm glad I spent it with you
Oh such a perfect day
You just keep me hangin' on
You just keep me hangin' on

The raven
[*O corvo*]

Soft cello and electronics

POE

1.
Once upon a midnight dreary, as I pondered, weak and weary,
Over many a quaint and curious volume of forgotten lore—
While I nodded, nearly napping, suddenly there came a tapping,
As of someone gently rapping, rapping at my chamber door.
"Tis some visitor", I muttered, "tapping at my chamber door—
Only this and nothing more."

2.
Muttering I got up weakly (always I've had trouble sleeping),
Stumbling upright, my mind racing, furtive thoughts flowing once more
I there hoping for some sunrise happiness would be a surprise
Loneliness no longer a prize rapping at my chamber door
Seeking out the clever bore lost in dreams for evermore—
Only this and nothing more.

3.
Hovering, my pulse was racing, stale tobacco my lips tasting,
Scotch sitting upon my basin, remnants of the night before.
Came again infernal tapping on the door, in my mind jabbing—
Is it in or outside rapping? calling out to me once more
The fit and fury of Lenore
Nameless *here* for evermore.

4.
And the silken, sad, uncertain rustling of the purple curtain
Thrilled me—filled me with fantastic terrors never felt before;
So that now (O wind!) stop breathing, hoping yet to calm my breathing
"'Tis some visitor entreating entrance at my chamber door—
Some lost visitor entreating entrance at my chamber door—
This it is and nothing more."

5.

Deep into the darkness peering, long I stood there wondering, fearing,
Doubting, dreaming fantasies no mortal dared to dream before,
But the silence was unbroken and the stillness gave no token,
And the only word there spoken was the whispered name, "Lenore?"
This I thought and out loud whispered, from my lips the foul name festered—echoing itself
Merely this and nothing more.

6.

Back into my chamber turning, every nerve within me burning,
When once again I heard a tapping somewhat louder than before,
"Surely," said I, "surely that is something at my iron staircase;
Open the door to see what 'threat' is—open the window,
Free the shutters—let us this mystery explore—
O bursting heart be still this once! And let this mystery explore—
It is the wind and nothing more."

7.

Just one epithet I muttered as inside I gagged and shuddered
with manly flirt and flutter
In there flew a stately Raven, Sleek and ravenous as any foe.
Not the least obeisance made he—not a minute's gesture toward me
Of recognition or politeness—but perched above my chamber door—
This fowl and salivating visage insinuating with its knowledge—
Perched above my chamber door
Silent sat and staring nothing more.

8.

Askance! Askew! The self's sad fancy smiles,
I swear, at this savage viscous countenance it wears
"Though you show here shorn and shaven, and I admit myself forlorn and craven
Ghastly grim and ancient Raven wandering from the opiate shores
Tell me what thy lordly name is, that you are not nightmare sewage,
Some dire powder drink or inhalation framed from flames of downtown lore"—
Quoth the Raven, "Nevermore."

9.

And the Raven, sitting lonely, staring sickly at my male sex only,
That one word, as if his soul in that one word he did outpour.
Pathetic!!!
Nothing further then he uttered, not a feather then he fluttered—
Till finally was I that muttered as I stared dully at the floor,
"Other friends have flown and left me, flown as each and every hope has flown before
As you no doubt will 'fore the morrow"—
But the bird said, "Never. More."

10.

Then I felt the air grow denser, perfumed from some unseen incense
As though accepting angelic intrusion (when in fact I felt collusion)
Before the guise of false memories respite! Respite through the haze of cocaine's glory
I smoke and smoke the blue vial's glory to forget—at once!!!—the base Lenore—
Quoth the Raven, "Nevermore."

11.

"Prophet!" said I, "thing of evil!—prophet still, if bird or devil!—
By that heaven that bends above us—by that God we both ignore—
Tell this soul with sorrow laden willful and destructive intent
How had lapsed a pure heart lady to the greediest of needs
Sweaty arrogant dickless liar who ascribed to nothing higher
Than a jab from prick to needle
Straight to betrayal and disgrace?
The conscience showing not a trace—
Quoth the Raven, "Nevermore."

12.

"Be that word our sign of parting, bird or fiend!" I yelled, upstarting—
"Get thee back into the tempest into the smoke-filled bottle's shore!
Leave no black plume as a token of the slime thy soul has spoken!
Leave my loneliness unbroken!—quit as those have quit before!
Take the talon from my heart and see that I can care no more.
Whatever mattered came before I vanished with the dead Lenore!"
Quoth the Raven, "Nevermore."

13.

But the Raven, never flitting, still is sitting, silent sitting,
Above a painting silent painting of the forever silenced whore,
And his eyes have all the seeming of a demon that is dreaming,
And the lamplight o'er him streaming throws his shadow to the floor.
I love she who hates me more! I love she who hates me more!
And my soul shall not be lifted from that shadow.
Nevermore!

Balloon
[*Balão*]

ENTERTAINER
I'm a little balloon and I get puffed up
Squeeze me and bend me it's never enough
Put your lips around me, blow me up
But if you prick me I will pop

I'm a little balloon full and firm
Here's my aft and here's my stern
Here's my lips and here's my hose
Put me down or I will burst
If you prick me I will burst!

ACT II

Generic lounge music with walking bass

ENTERTAINER
I'd like to thank all you people for showing up tonight.
Sorry about the weather—Let's have a big hand for my
longtime accompanist Manfred Gooseberry—hey, Goose,
take a bow, relax, be comfortable, have a cocktail in the
Poo Poo Lounge—and let us entertain you.

Broadway song
[*Canção da Broadway*]

I'd like to sing you a Broadway song
I hope that you'll all sing along
A little dancing and some sentiment to put your
Mind at ease

I'd like to play you something low and sexy
Look at our dancers they're so young and pretty—hi Olga!
And when we start to groove you can hear the
Saxophones blow

Ah show business is just a wonderful thing
All I want is to get down on my knees and sing
For you
And let the saxophones blow
Blow baby blow

I'd like to sing you a Broadway song
I hope that you'll all sing along
A little dancing and some sentiment to put your
Mind at ease

I wanna bring a tear to your eye
Awww good old Poe don't he make you cry

Ain't it great the way he writes about the
Mysteries of life

Ah show business is just a wonderful thing
All I want is to get down on my knees and sing
For you
And let the saxophones blow
Blow baby blow
Go goose go

The tell-tale heart, part I
[*O coração delator, parte I*]

Electronics with feedback; voices in Ensemble placed spatially with various amounts of reverb

OLD POE
True! Nervous, very nervous.

POE 1
Madman!

YOUNG POE
Why will you say that I am mad? The disease has sharpened my senses—not destroyed—not dulled them.

POE 2
Madman!

POE 3
The eye of a vulture—a pale blue eye, with a film over it.

OLD POE
Listen! Observe how healthily and how calmly I tell this story.

POE 5
He had no passion for the old man. He was never insulted.

POE 4
He loved him.

POE 1
It was the eye the eye the eye.

YOUNG POE
I made up my mind. To take his life forever.

POE 2
Passionless.

POE 3
The eye of a vulture.

YOUNG POE
You should have seen me.

POE 5
You should have seen him.

OLD POE
How wisely I proceeded.

POE 4
To rid himself of the eye forever.

YOUNG POE
With what dissimulation I went to work!

ALL
Caution!

OLD POE
I turned the latch on his door and opened it.

POE 1
To work.

POE 2
To practice.

YOUNG POE
I opened his door and put in a dark lantern.

ALL
Dark.

OLD POE
Slowly I put my head in; slowly I thrust it until in time I entered. I was in so far....

Feedback swelling

POE 3
He was in so far he could see the old man sleep.

OLD POE
And then I undid the lantern so a thin ray fell upon the eye.

POE 5
The vulture eye.

POE 4
He did this for seven days.

POE 1
Seven days.

YOUNG POE
But always the eye was closed, and so I could not do the work.

POE 2
And in the day he would greet the old man calmly in his chamber.

POE 3
Calmly.

OLD POE
Nothing is wrong and all is well.

POE 5
Knock, knock—who's there?

POE 4
Came night eight.

ALL
Night eight.

YOUNG POE
I was slower than a watch minute hand. The power that I had with the old man not to even dream my secret thoughts.

POE 1
Secret thoughts.

OLD POE
My sagacity. I could barely conceal my feelings of triumph.

YOUNG POE
When suddenly the body moved.

POE 2
The body moved.

OLD POE
But I went in even further, pushing the door open even further.

POE 3
"Who's there?"

ALL
"Who's there?"

YOUNG POE
I did not move a muscle. I kept quiet and still.

POE 5

The old man sat up in bed.

POE 4

In his bed.

ALL

"Who's there?"

OLD POE

I heard a groan and knew it was a groan of mortal terror, not pain or grief.

ALL

Oh, no!

YOUNG POE

It was the low stifled sound that arises from the bottom of the soul when overcharged with awe. I felt such awe welling up in my own bosom, deepening with its echo the terrors that distracted me. Knowing what the old man felt and—

POE 1

—pitying him—

POE 2

—pitying him.

YOUNG POE

Although it made me laugh.

ALL

Ha-ha!

OLD POE

He'd been lying awake since the first slight noise. He'd been lying awake thinking....

POE 3

... thinking ...

POE 5

... it is nothing but the wind.

POE 4

The wind.

POE 1

It is nothing but the house settling.

POE 2

The old man stalked with his black shadow.

POE 3
Death approaching.

OLD POE
The mournful presence of the unperceived causing him to feel my presence.

POE 5
Open the lantern!

YOUNG POE
I saw the ray fall on the eye.

ALL
On the eye.

Blind rage
[*Fúria cega*]

THE OLD MAN
Who's that peeping through my door
Sneaking up and down the hall
I can't stand it anymore
I can't stand it anymore
Who's that peeping through my door
Sneaking up and down the hall
I can't stand it anymore
I can't stand it anymore
Blind rage . . . I'm in a blind rage
Blind rage
Blind rage
Blind rage

Who's that creeping in my room
Blocking out the stars and moon
I fear you will attack me soon
Who goes there!!!

Who's that creeping in my room
Blocking out the stars and moon
I fear you will attack me soon
Who goes there!!!

Blind rage
Blind rage
Blind rage
Blind rage
I'm in a blind rage

Blind rage you're making me scared
You're making me scared
Blind rage

Blind rage
Blind rage
Blind rage

Blind rage
Blind rage
I'm in a blind rage

The tell-tale heart, part II
[*O coração delator, parte II*]

Organ and electronics

POE 4
Furious!

OLD POE
It made me furious!

POE 1
A dull quick sound, pounding.

POE 2
Like a watch encased in cotton.

ALL
Tick-tock.

OLD POE
I knew that sound well.

YOUNG POE
It increased my fury.

POE 3
The beating of the old man's heart.

OLD POE
I scarcely breathed and refrained.

YOUNG POE
Motionless.

POE 5
The tattoo of the heart—

POE 4

Hellish—

POE 1

Increased and was extreme.

POE 2

It grew louder.

POE 3

Louder.

OLD POE

I am nervous at this dead hour of the night; amid the dreadful silence of this old house, this sound excites me to uncontrollable wrath. I thought someone would hear this sound, I thought his heart would burst.

YOUNG POE

His hour had come.

Loud metallic knocking
Open the door!

Loud metallic knocking; enter Policemen

POLICEMAN 1

Police, open the door.

YOUNG POE

The old man has gone to the country.

POLICEMAN 1

Gone to the country.

OLD POE

But please search well.

POLICEMAN 2

Please search well.

YOUNG POE

These are his treasures.

POLICEMAN 3

Treasures.

YOUNG POE

Secure and undisturbed.

OLD POE

Please sit and rest. You must be fatigued.

YOUNG POE
Wild audacity. Perfect triumph.

POLICEMAN 1
So they chat.

ALL
Chat.

POLICEMAN 3
Of familiar things.

YOUNG POE
I hear ringing.

OLD POE
Ringing.

YOUNG POE
Do you not hear it?

POLICEMEN
No.

OLD POE
It is louder. It is making my head ache. Do you not hear it?

POLICEMAN 1
No.

POLICEMAN 2
No.

POLICEMAN 3
No.

YOUNG POE
I—I have a headache.

Knocking continues
The day is long. Do you not hear it?

POLICEMEN
No!

OLD POE
Do you fucking mock me? Do you mock me?

YOUNG POE
They know!

OLD POE
Do you think me—

YOUNG POE
They know!

Knocking stops

OLD POE
—an imbecile? Do you think me a fool! Villains, dissemble no more!

OLD POE AND YOUNG POE
I admit the deed!

YOUNG POE
Admit! Admit!

OLD POE
Here, here!

OLD POE AND YOUNG POE
Admit!

OLD POE
It is the beating of his most hideous heart!

Burning embers
[*Brasas ardentes*]

POLICEMEN
Fly through the glass of a windowpane
Fall through the sky feeling the rain
Walk on broken glass your telltale heart

Look through the bars of a dirty jail cell
Soar to heaven dive to hell
Listen to your telltale heart

Setting fires in the ghost twilight
We see you dress we bolt with fright
You see an apparition disappear

Ah . . . jump to the table jump up the stairs
Stand on the rooftop looking out through the air
Walk on broken glass your telltale heart

Lenore am I dreaming
How can death keep us apart
Lenore I see you burning. . . .
And I'd walk on burning embers
Walk on burning embers
Walk on burning embers telltale heart

Walk on burning embers
Walk on burning embers
Walk on burning embers
Telltale heart

The imp of the perverse
[*O demônio dos perversos*]

Rhythmic electronics

FEMALE TEACHER
Death by a visitation from God. Death by a visitation from God.

MALE STUDENT
I am shadow.

FEMALE TEACHER
Things material and spiritual . . .

MALE STUDENT
Maternal.

FEMALE TEACHER
. . . can be heavy.

MALE STUDENT
Suffocating.

FEMALE TEACHER
There are seven iron lamps which illumine our senses.

MALE STUDENT
Seven knives.

FEMALE TEACHER
Seven iron lamps to illumine our senses and seven bells to celebrate the resurrection.

MALE STUDENT
Two marble balls in a sack. One long and slender candle. One mouth, two reckonings. Consternation and treachery.

FEMALE TEACHER
Are you listening? *Are you listening to me?* Are you paying attention? *To me!*

MALE STUDENT
I am shadow.

FEMALE TEACHER
Seven iron lamps, seven oboes, two small balls, and one tiny candle.

MALE STUDENT
Tiny candle.

FEMALE TEACHER
One pathetic flame, embers dying.

MALE STUDENT
Dying.

FEMALE TEACHER
Five creatures from the monolith, seven whispers from the catacombs, five and seven numbing mumbling speeches—are you listening?

MALE STUDENT
I am drawn to do what I should not!

FEMALE TEACHER
Guilty guilty guilty guilty no no never never no; seven mornings, thirteen moons, five wolves, one silk-spread morning, seven bells for seven senses each one lusting lusting.

MALE STUDENT
Guiltily.

FEMALE TEACHER
Two milk-fed glands ripe and red-tipped—are you listening, my little mouse? Each sense ripped from its bodice, each gland primed to its overflow—do you hear me, my little mouse man, do you hear me, little cock?

MALE STUDENT
Semen!

FEMALE TEACHER
Are you listening, my little tumescent smear?

MALE STUDENT
Ligeia! I stand on the edge and am drawn to it! Guilt! I am shadow!

Music swells, becomes louder

Vanishing act
[*Espetáculo de desaparecimento*]

TEACHER AND STUDENT
It must be nice to disappear
To have a vanishing act
To always be looking forward
And never looking back

How nice it is to disappear
Float into a mist
With a young lady on your arm
Looking for a kiss

It might be nice to disappear
To have a vanishing act
To always be looking forward
Never look over your back

It must be nice to disappear
Float into a mist
With a young lady on your arm
Looking for a kiss

The cask
[*O barril*]

YOUNG POE

Never bet the Devil your head. When I was an infant my mother treated me like a tough steak. To her well-regulated mind, babies were the better for beatings. But she was left-handed, and a child flogged left-handed is better left unflogged.

The world revolves from right to left. It will not do to whip a baby from left to right. If each blow in the right direction drives an evil propensity out, a blow in the opposite direction knocks it's quota of wickedness in.

Hence my precocity in vice, my sensitivity to injuries, the thousands of injuries heaped upon me by Fortunato, and then finally his rabid insults, for which I vowed revenge.

I gave no utterance to threat. But the knowledge of "avengemanship" was so definite, so precise, that no risk could befall me; by neither word nor deed had I given cause to doubt my goodwill. I would punish with impunity. I will fuck him up the ass and piss in his face. I will redress the wrong.

But lips and psyche, mind, be silent. Fortunato approaches.

FORTUNATO

Don't take me to task
For loving a cask
The cask of Amontillado

Please don't make a pass
You can go kiss my ass
All I want is this mythical cask
The cask of Amontillado

I've heard so much through the grapevine
I've heard so much on the line

But the one thing that I lust after
Is the one thing I've never had

So is it too much to ask
Too have just one taste of the cask
Why you could go kiss my ass
For the cask of Amontillado

Edgar, old fellow, dear bosom friend. Hail fellow well met. O great elucidator, great epopee.

YOUNG POE

Ah, Fortunato, what luck to meet you, what good luck to meet you and see you looking so splendid. I have received a cask of Amontillado—or what passes for Amontillado.

FORTUNATO

Amontillado? That most wondrous sherry? A cask? Impossible! How? So rare.

YOUNG POE

I've had my doubts. I was silly enough to pay the full price without consulting you in the matter, but you were not to be found and I was fearful of losing a bargain.

FORTUNATO

Fearfully stupid if you ask me, Edgar.

YOUNG POE

I am on my way to see Mr. Bolo—

FORTUNATO

A cask.

YOUNG POE

A cask. To gather his opinion. Are you engaged?

FORTUNATO

Mr. Bolo cannot tell Amontillado from goat's milk.

YOUNG POE

Yet some say his taste is a match for your own.

FORTUNATO

Hardly, dear boy. Let us go.

YOUNG POE

Where?

FORTUNATO

To your vaults ... to the supposed Amontillado.

YOUNG POE

Oh my good friend, no. I could not impose upon your good nature. You have, after all, an engagement.

FORTUNATO

To hell with the engagement. I have no engagement. Before the sky withers and falls, let us go.

YOUNG POE

But the vaults are damp and I see you are afflicted with a severe cold.

FORTUNATO

Let us go! The cold is nothing. You've been taken advantage of. And Mr. Bolo cannot tell Amontillado from piss. The cask?

YOUNG POE

It is farther on. But see the white webwork which gleams from the cavern walls.

FORTUNATO

Nitre? Nitre?

YOUNG POE

How long have you had that cough? Yes, nitre.

FORTUNATO

It is nothing.

YOUNG POE

We should go back. Your health is precious. You are a man who would be missed. Let's return. I cannot be responsible for causing you ill health. And anyway, there's always Mr. Bolo.

FORTUNATO

Be dammed! I'll not be swayed. The cough is nothing. It will not kill me. I won't die of a cough.

YOUNG POE

Of that you can be sure. Have some of this Médoc to warm the bones and defend you from this infernal dampness.
Drink. Drink, damn you.

FORTUNATO

I drink to the buried that repose around us.

YOUNG POE

And I to your long life.
The nitre. It hangs like moss. We are below the river's bed. The moisture trickles and chills the bones. Let's go back. Your cough.

FORTUNATO

The cough is nothing! Let us have some more Médoc....
Let us proceed to the Amontillado.

YOUNG POE

So, proceed. Herein the Amontillado. Now, Mr. Bolo—

FORTUNATO

Mr. Bolo is an imbecile! An ignoramus.

YOUNG POE

Can you not feel the nitre? You really should go. I implore you. No? Then I must leave you here. But first let me render you all the little attentions within my power.

FORTUNATO

The Amontillado. Ha, ha, ha. A very good joke indeed.
We will have many a rich laugh about it over our wine in the palazzo.

YOUNG POE

The Amontillado!

FORTUNATO

Yes yes yes. The Amontillado.

YOUNG POE

Well, then, let's go!

Feedback

FORTUNATO

For the love of God!

YOUNG POE

Precisely for the love of God. Fortunato! Fortunato!

Feedback continues and grows louder

Guilty
[*Culpada*]

Electronics and guitar drones

MOTHER

Guilty?

DAUGHTER

Guilty.

MOTHER

I'm paralyzed with guilt,
It runs through me like rain through silk.
Guilty? My mind won't leave me alone.
My teeth are rotten, my lips start to foam
'Cause I'm so guilty.

DAUGHTER

Guilty, guilty.

MOTHER

Ohhhhh—guilty!

What did I say?
What did I do?
Did I ever do it to you?
Don't turn your back?
I can't look you in the eyeeyeeye.

DAUGHTER
Eyeeyeeye.

MOTHER
I guess I am guilty as charged.

DAUGHTER
Guilty, guilty, guilty, guilty,
Guilty, guilty, guilty, guilty, guilty.

MOTHER
Don't do that.

DAUGHTER
Don't do what?

MOTHER
Don't—do—that!
Oh, you're such a child!
Guilty—what can I do?
I do it to you
But I do it to me too.
Cut off my head—hang me from the yardarm.
Guilty? I'm paralyzed with guilt,
I've got bad thoughts,
I've got an evil clit.

DAUGHTER
Guilty.

MOTHER
My mind won't leave me alone,
I've got a bad mind, I've got a bad bone.

DAUGHTER
Guilty—guilty as charged—guilty.

MOTHER
Don't do that.

DAUGHTER
Don't do what?

MOTHER
Don't—do—that!

Oh, you're such a reckless child!
You remember when you were a baby?

MOTHER
Do you have a jury?

DAUGHTER
Yeah.

MOTHER
Do they have a verdict?

DAUGHTER
Guilty as charged.

DAUGHTER
Guilty, guilty,
Guilty as charged.

MOTHER
Do they have a verdict?
Do they have a verdict!
I'm guilty!

DAUGHTER
You're guilty.

MOTHER
Oh, you are such a reckless child!
I should beat you.
I should hit you!
I will put you in therapy.

DAUGHTER
Guilty, guilty,
Guilty, guilty.

MOTHER (LAUGHING)
Guilty.

Dialogue to be sung

A wild being from birth
[*Criatura indomável de nascença*]

Electronics and organ

ROWENA

A wild being from birth
My spirit spurns control,
Wandering the wide earth
Searching for my soul.

While all the world is chiding
In visions of the dark night
I have had a waking dream,
A holy dream a holy dream.

A waking dream of life and light
That cheered me as a lovely beam,
A lonely spirit guiding
With a ray turned back upon the past.

While I aghast
Sit motionless through the misty night
Dimly peering at what once shone bright
Peeking warily at what shone afar—
What could there be more purely bright
In truth's daystar?

LIGEIA

In the consideration of the faculties and impulses of the human soul in consideration of
our arrogance, our radical, primitive, irreducible arrongance of reason, we have all overlooked the
propensity. We saw no need for it the paradoxical something which we may call perverseness. A
mobile without motive. Through its promptings, we act without comprehensible object. Induction
would have brought phrenology to admit this. We act for the reason we should not. For certain
minds this is absolutely irresistible. The conviction of the wrong or impolicy of an action is often
the unconquerable force. It is a primitive impulse.

Elementary—the overwhelming tendency to do wrong for the wrong's sake. This impels us
to its persecutions. O holy dream. We persist in acts because we feel that we should *not* persist in
them. This is the combativeness of phrenology.

ROWENA

We have a task before us which must be speedily performed. We know it will be ruinous to
delay. Trumpettoungued, the important crisis of our life calls. We glow.

LIGEIA

We are consumed with eagerness to commence work. Yet a shadow flits across the brain.
The impulse increases to a wish, the wish to a desire, the desire to uncontrollable longing, and the
longing in defiance of all consequences is indulged. We put off all until tomorrow.

ROWENA

We tremble with the violence of the conflict within us—the definite with indefinite, the
substance with the shadow.

There is no answer except that we feel perverse. The shadow prevails. Our energy returns. We will commit now, we will labor now—O holiest of dreams—but it is too late. We stand upon the brink of the precipice.

LIGEIA

We grow sick and dizzy. We go to shrink from danger but instead we approach it. We are intoxicated by the mere idea of a fall from such a great height. This fall, this rushing annihilation— for the very reason it contains the most loathsome and ghastly images of death and suffering—for this reason do we now most impetuously desire it. There is no passion in nature so demonic as the passion of him who, shuddering upon the edge, meditates a plunge. We will these actions merely because we feel that we should not. Having realized this, I swoon. It is the spirit of the perverse. The idea of a poison candle struck my fancy, and I procured one for my victim. I will not vex you with impertinent details, but suffice it to say the verdict was "Death by the visitation of God."

ROWENA

All went well for me.

LIGEIA

All went well for me.

ROWENA

His estate inherited, I reveled in absolute security. I would never be found out. I was safe. I was safe—if I did not prove fool enough to make open confession.

LIGEIA

If I did not prove fool enough to make public confession. No sooner had I uttered those words than I felt an icy chill creep into my heart. I made a strong effort to shake off this nightmare of the soul. I laughed. I whistled. I walked and then walked faster. I thought I saw a formless shape approaching me from behind. And then I ran. I pushed and shoved blindly. I thought I felt a hand upon my trhoat—no mortal hand. I screamed, and then clearly, clearly, I enunciated pregnant sentences that consigned me to the hangman and to hell, the fullest judicial conviction.

Today I wear chains but tomorrow I shall be fetterless. But where?

O holy dream, O beam of light, I fall prostrate with excitement this holy night.

I wanna know (Pit and pendulum)
[*Quero saber (Poço e pêndulo)*]

YOUNG POE

Under the intense scrutiny of Ligeia's eyes, I have felt the full knowledge and force of their expression and yet have been unable to possess it and have felt it leave me as so many other things have left—the letter half-read, the bottle half-drunk—finding in the commonest objects of the universe a circle of analogies, of metaphors for that expression which has been willfully from me, the access to the inner soul denied.

JUDGES AND DEAD PEOPLE (CHOIR)

I wanna know.

YOUNG POE

In consideration of the faculties and impulses of the human soul in consideration of our arrogance, our radical, primitive, irreducible arrogance of reason, we have all overlooked the propensity. We saw no need for it, the paradoxical something which we may call perverseness. Through its promptings, we act without comprehensible object.

We act for the reason we should not. For certain minds this is absolutely irresistible. The conviction of the wrong or impolicy of an action is often the unconquerable force. It is a primitive impulse. The overwhelming tendency to do wrong for the wrong's sake. We persist in acts because we feel that we should *not* persist in them.

JUDGES AND DEAD PEOPLE (CHOIR)
I wanna know

Science of the mind
[*Ciência da mente*]

YOUNG POE
In the science of the mind
There is no forgiving
Paralyzed I lay here sleeping
Quiet as a little child
Heart starts beating
Blood rushing pounding
Moving quiet as a little lamb

In the science of the mind
Limbs are bound devoid of movement
The injuries we do in kind
Are visited upon us often

In the science of the mind
Trying hard to move a shadow
Don't bury me I'm still alive
The science of the mind unyielding
The science of the mind unyielding
The science of the mind unyielding

Annabel Lee / The bells
[*Annabel Lee / Os sinos*]

Electronics with bell tones

LENORE

Let the burial rite begin,
The funeral song be sung,
An anthem for the queenliest dead
That ever died so young.

Sweet Lenore has gone before,
Taking hope that flew beside,
Leaving instead the wild dead child
That should have been your bride.

It was many and many a year ago
In a kingdom by the sea,
She was a child and you were a child
In the kingdom by the sea.

But the moon never beams,
The stars never rise,
No angels envy thee,
For Ligeia rests dead
With three winged seraphs
In this kingdom by the sea.

Wedded darkly
Soul to soul
You shrink in size
Down to a mole
And disappear into the hole
Of the dark mind's imaginings.

Shrinking
Shrinking
Shrinking

Hop-frog
[*Hop-frog*]

HOP-FROG (THE DWARF COURT JESTER)
Well they call me a juicy hop-frog
You can see me in any wood bog
Don't you know that they call me the hop-frog
Hopping frog

I'm a hop-frog
A hop-frog
They call me the hop-frog
Hop . . . Hop-frog

They call me a hop-frog
See me in any wood bog
Don't you know that they call me a hop-frog
Hop-frog

They call me a hop-frog
See me in a wood bog
They're calling me a hop-frog
Hop-frog

You can see me in a ballroom
You can see me in a bedroom
You can see me in the woods
The hop hop-frog

They call me hop-frog
They call you hop-frog
Well they call you hop-frog
Hop-frog
Hop-froggg
Froggggggg

Every frog has his day
[*Cada rã a seu tempo*]

Horn melody

KING
O mellifluous dwarf, prince of all the jesters,
Funny little thing you are—
Make me laugh
As God's voluminous star.

HOP-FROG
Gracious majesty, today
Is not made-for-laughter day.
This moment sacred is more for royal sunsets
Than comic ruin or suicidal jests.

KING
I'll be the judge of that, thank you.
Make me laugh le petite cur.
Drink some wine
Lest you foul sweet time.

HOP-FROG

Drink upsets me—please, your liege—
This would mark the death me.

KING

I said drink, you scabrous whore.
Are you deaf as well as short?

TRIPITENA

Kingdom's sire, big as you are,
Save such bile for larger foes.

KING

Make me laugh
'Fore I stretch your neck like a giraffe.

Tripitena's speech
[*A fala de Tripitena*]

TRIPITENA

My love. The king by any other name a pissoir. You, my love, tower over them all; they are
but vermin beneath your heels. They are monkeys. Suit them—frame them to your own vision—
but do not let one false word of mockery seep through to your vast heart. I have seen you from
close and afar, and your worth far exceeds your height, your width, the depth of your sorrow.

O willful outcast, dost thou not see the light of our love—our linked fortunes—our hearts
melded together into one fine golden braided finery? They listen to the music of idiots and amuse
themselves with the sordid miseries of their businesses. They are not the things of angels or of any
higher outpost that humanity might aspire to. Your loathsome vomitous businessman king is of
the lowest order, his advisers crumbling mockeries of education driven by avarice. My love, dress
them in the suits of mockery, and in their advanced state of stupidity and senility, burn and destroy
them, so their ashes might join the compost which they so much deserve. If justice on this earth
be fleeting, let us for once hear the weeping and the braying of the businessman king. Let them be
the orangutans they are and set them blazing from the chandelier for all to see—hanging from the
ceiling by their ridiculous chains and petticoats, which you will have them wear under the guise
of costumic buffoonery. He who underestimates in time is bound to find the truth sublime and
hollow lie upon the grates of systemic disorder.

Businessmen, you're not worth shitting on.

Who am I?
[*Quem sou eu?*]

TRIPITENA

Sometimes I wonder who am I
The world seeming to pass me by

A younger man now getting old
I have to wonder what the rest of life will hold

I hold a mirror to my face
There are some lines that I could trace
To memories of loving you
The passion that breaks reason in two

I have to think and stop me now
If reminiscences make you frown
One thinks of what one hoped to be
And then faces reality

Sometimes I wonder who am I
Who made the trees
Who made the sky
Who made the storms
Who made heartbreak
I wonder how much life I can take

I know I like to dream a lot
And think of other worlds that are not
I hate that I need air to breathe
I'd like to leave this body and be free

I'd like to float like a mystic child
I'd like to kiss an angel on the brow
I'd like to solve the mysteries of life
By cutting someone's throat or removing their heart

You'd like to see it beat
You'd like to hold your eyes
And though you know I'm dead
You'd like to hold my thighs

If it's wrong to think on this
To hold the dead past in your fist
Why were we given memories
Let's lose our minds and be set free

Sometimes I wonder who am I
The world seeming to pass me by
A younger man now getting old
I have to wonder what the rest of life will hold

I wonder who started this
Was God in love and gave a kiss
To someone who later betrayed
And godless love sent us away

ATRAVESSAR O FOGO — 310 LETRAS   773

To someone who later betrayed
Godless love sent us away
Someone who later betrayed
Godless love sent us away

Courtly orangutans
[*Orangotangos da corte*]

Electronic court music

HOP-FROG
Tomorrow is the seasonal ball.
I propose costumes for you
And the honorable ministers to wear.

KING
Yes?

HOP-FROG
All dress as orangutans.
All your guests will run and scream
With their mouths agape
And try to hide
And you, sire, will have last laugh
For such imperial cunning.

Ominous low horns
I will redress the wrong.
I will torture you.
I will burn you.
Dead!

TRIPITENA
My prince—
My prince, you light the fire of eternal fame:
BURN MONKEYS BURN!

Loud feedback and electronics—"fire music"

Guardian angel
[*Anjo da guarda*]

YOUNG POE AND CAST

I have a guardian angel
I keep him in my head

And when I'm afraid and alone
I call him to my bed

I have a guardian angel
Who keeps bad things from me
The only way to ruin it would be for me not to trust me

The only way to ruin it would be for me not to trust me
I have a guardian angel
Who's often saved my life

Through malevolent storms and crystal drums
The angel on my right
Has lifted me up and set me down
Always showing me what's right

And if my instinct proved me wrong
The angel set it right
And if my instinct proved me wrong
The angel set it right

I have a guardian angel
I keep him in my head
And when I'm having nightmares
He shows me dreams instead

I have a ring—I have a dress
I have an empty shell
By the books below teacups
I've kept a kind of hell
By the books below teacups
I've kept a kind of hell

Panic and anxiety so often in my head
But I had a guardian angel
Who took care of me instead

The champagne cork—the nightlight owl
A raven and a duck
The seed of pining parents
And your despairing love
The seed of pining parents
And your despairing love

Love and luck both having charmed lives
Can change all things about
I had a guardian angel
That's what this is all about

I have a guardian angel
I keep him in my head
When I'm alone and become afraid
He saved my life instead
When I'm alone and become afraid
He saved my life instead

AS MAIS RECENTES

Gravity
[*Gravidade*]

Gravity is always pullin' us down
Pullin' us down pullin' us down

Gravity makes you lower than this
What could make you lower than this
Gravity pulls you lower than this
Lower than this lower than this
What could you do and what could you say
It's gravity it's gravity

Meet in the garden behind the wall
There is no protection at all
Listen to the screaming
Listen to them holler
Gravity gravity
It's either love or squalor

Gravity
Gravity
A law of nature gravity
Gravity oh gravity
There's nothing lower than gravity
Pull to the left pull to the right
Gravity all day and night
Some kill this and some rape that
And some are somehow worse than that

Gravity zoom zoom zoom
Gravity keeps us from the moon
From the stars down to earth
Gravity what is it worth

War war
You can't get enough of war
War
War
You can't get away from war
War war war war
All our lives that's all we saw
War war war war
Or true god's the god of war

Gravity just pullin' us down gravity just pullin' us down
Gravity just pullin' us down gravity gravity
You can't get away from gravity
Gravity gravity
You can't get away from gravity

Generous heart
[*Coração generoso*]

There's a street called Catalina
Where some get pretty mean
You could get shot over a parked car
And a gentle heart should never start
Or try to end some fight
There's no glory to doing the right thing
You could really get hurt that way
Cause a generous heart can be taken apart by
A bullet in Catalina
Oh there's 21 days,
To try to get straight
You can pray,
You can cry,
You can strum

You can whistle a tune with a saddening beat
You can measure your life in a spoon
You can smoke Tampa Red
You can whisper instead
To a full and radiant moon

But your generous heart will never again start
And we'll never see you again

You got 21 days but all things lost in the fire
Add up to a loss too big to hold

I need time off to soothe my suffering
To try to learn the word please

Please forgive then, Please don't forget me,
Please don't leave me with a shout—
The streets are mean in Catalina
And a generous heart lost out

Oh a generous heart
A generous heart
A generous heart lost out
And here I am with my 21 days
But the generous heart lost out

Oh 21 days, 21 days, I'm straight 21 days
But a generous heart is gone from this spot
And I'll never see you again

21 days
21 days
21 days
On the spot
But your generous heart will be in my heart
Forever forever and a day
Not for 21 days
Not 21 days
Things we lost in the fire
Not 21 days
Not 21 days
You had a generous heart.

Safety zone
[*Zona de segurança*]

I thought I'd make a safety zone
With the Dr. and the sister I thought I'd make a safety zone
I thought I'd make a bridge
Keep civility over here
I thought I'd build a safety zone

I thought I'd build a safety zone
I thought I'd bring together a hospital a school and my
home
Side stepping morality
That isn't me

I thought with my heart
I thought I'd build a safety zone

The Japanese in this war have brought us to our collective knees
I am asking please can we all agree on one thing please
Here are proper letters sealed and sent to state
The obvious and though it seems to late
I'm asking please can we declare a safety zone

Dear General, may we build a safety zone
We're asking please may we build a safety zone
Lives fly by in a minute . . . rape at the end of a bayonet . . .
the sick the elderly
May we build a safety zone
Lives fly by in a minute
Stuck to the end of a bayonet
Nothing to fear from here

We're gonna starve or freeze
May we build a safety zone
Starve or freeze
Dear General
May we build a safety zone

Junior dad
[*Pai criança*]

Would you come to me
If I was half drowning an arm above the last wave
Would you come to me
Would you pull me up
Would the effort really hurt you
Is it unfair to ask you
To help pull me up

The window broke the silence of the matches
The smoke effortlessly floating
I'm all choked up

Pull me up
Would you be my lord and savior
Pull me up by my hair
Now would you kiss me on my lips

Burning fever burning on my forehead
The brain that once was listening now
Shoots out its tiresome message

Won't you pull me up
Scalding my dead father
Has the motor and he's driving towards
An island of lost souls

Sunny—a monkey then to monkey
I will teach you meanness fear and blindness
No social redeeming kindness
Oh—or—state of grace

Would you pull me up
Would you drop the mental bullet
Would you pull me by the arm up
Would you still kiss my lips
Hiccup: the dream is over
Get the coffee: turn the lights on
Say hello to junior dad
The greatest disappointment
Age withered him and changed him
Into junior dad
Psychic savagery

Power of the heart
[*Poder do coração*]

You and me we always sweat and strain
You look for sun I look for rain
We're different people we're not the same
The power of the sun

I look for tree tops you look for caps
Above the water where the waves snap back
I flew around the world to bring you back
The power of the heart

You looked at me and I looked at you
The sleeping heart was shining through
The wispy cobwebs that we were breathing through
The power of the heart

I looked at you and
Then you looked at me
I thought of past you thought of what could be
I asked you once again to marry me
The power of the heart

Everybody say love makes the world go round
I hear a bubble
I hear a sound
Of my heart beating then I turn around
And find you standing at the door
You know me I like to dream a lot
Of this and that

And what is not
And finally I figured out what was what
It was the power of the heart
The power of the heart

You and me we sweat and strain
The result's always the same
You'd think somehow we're in a game
The power of the heart

I think I'm dumb
I know you're smart
The beating of a pure bred heart
I say this to you and it's not a lark
Marry me today

You know me, I like to dream a lot
Of what there is and what there's not
But mainly I dream of you a lot
The power of the heart

The power of the heart

Discografia

The Velvet Underground & Nico (Verve, 1967)

   Sunday morning *
   Black angel's death song*

Todas as canções publicadas por Oakfield Avenue Music Ltd.
Todos os direitos administrados por Screen Gems — EMI Music Inc. (BMI) a não ser
* Publicadas por John Cale Music Inc. (BMI)/Oakfield Avenue Music Ltd.
Todos os direitos administrados por Screen Gems — EMI Music Inc. (BMI)

White Light/White Heat (Verve, 1967)

   The gift*
   Here she comes now*
   Sister Ray*

Todas as canções publicadas por Oakfield Avenue Music Ltd.
Todos os direitos administrados por Screen Gems — EMI Music Inc. (BMI) a não ser
* Publicadas por John Cale Music Inc. (BMI)/Oakfield Avenue Music Ltd.
Todos os direitos administrados por Screen Gems — EMI Music Inc. (BMI)

The Velvet Underground (MGM, 1969)

Todas as canções publicadas por Oakfield Avenue Music Ltd.
Todos os direitos administrados por Screen Gems — EMI Music Inc. (BMI)

1969 Velvet Underground Live

Sweet Jane (prototype)
New age (prototype)
Over you

Todas as canções publicadas por Oakfield Avenue Music Ltd.
Todos os direitos administrados por Screen Gems — EMI Music Inc. (BMI)

Loaded (Cotillian, 1970)

Todas as canções publicadas por Oakfield Avenue Music Ltd.
Todos os direitos administrados por Screen Gems — EMI Music Inc. (BMI)

VU

Stephanie says
Temptation inside your heart*
One of these days*
I'm sticking with you*

Todas as canções publicadas por Oakfield Avenue Music Ltd.
Todos os direitos administrados por Screen Gems — EMI Music Inc. (BMI)
* Publicadas por John Cale Music Inc. (BMI)

Another view (Polygram, 1986)

Hey Mr. Rain*
Ferryboat Bill *

* Publicadas por John Cale Music Inc. (BMI)/Oakfield Avenue Music Ltd.
Todos os direitos administrados por Screen Gems — EMI Music Inc. (BMI)

The Velvet Underground Live MCMXCIII

Velvet nursery rhyme*
Coyote*

* Publicadas por John Cale Music Inc. (BMI)/Oakfield Avenue Music Ltd.
Todos os direitos administrados por Screen Gems — EMI Music Inc. (BMI)

Nico: Chelsea girl (Polygram, 1967)

Wrap your troubles in dreams
Chelsea girls*

Publicada por Oakfield Avenue Music Ltd.
Todos os direitos administrados por Screen Gems — EMI Music Inc. (BMI)
* Publicada por John Cale Music Inc. (BMI)/Oakfield Avenue Music Ltd.
Todos os direitos administrados por Screen Gems — EMI Music Inc. (BMI)

Lou Reed (RCA, 1972)

Publicado por Oakfield Avenue Music Ltd.
Todos os direitos administrados por Screen Gems — EMI Music Inc. (BMI)

Transformer (RCA, 1972)

Publicado por Oakfield Avenue Music Ltd.
Todos os direitos administrados por Screen Gems — EMI Music Inc. (BMI)

Berlin (RCA, 1973)

Publicado por Oakfield Avenue Music Ltd.
Todos os direitos administrados por Screen Gems — EMI Music Inc. (BMI)

Sally can't dance (RCA, 1974)

Publicado por Oakfield Avenue Music Ltd.
Todos os direitos administrados por Screen Gems — EMI Music Inc. (BMI)

Metal machine music (RCA, 1975)

Publicado por Oakfield Avenue Music Ltd.
Todos os direitos administrados por Screen Gems — EMI Music Inc. (BMI)

Coney Island baby (RCA, 1975)

Publicado por Oakfield Avenue Music Ltd.
Todos os direitos administrados por Screen Gems — EMI Inc. (BMI)

Rock and roll heart (Arista, 1976)

Publicado por Metal Machine Music Ltd.
Todos os direitos administrados por Screen Gems — EMI Inc. (BMI)

Street hassle (Arista, 1978)

Publicado por Metal Machine Music Ltd.
Todos os direitos administrados por Screen Gems — EMI Inc. (BMI)

The bells (Arista, 1979)

Publicado por Metal Machine Music Ltd.
Todos os direitos administrados por Screen Gems — EMI Inc. (BMI)

Growing up in public (Arista, 1980)

Publicado por Metal Machine Music Ltd.
Todos os direitos administrados por Screen Gems — EMI Inc. (BMI)

The blue mask (RCA, 1982)

Publicado por Metal Machine Music Ltd.
Todos os direitos administrados por Screen Gems — EMI Inc. (BMI)

Legendary hearts (RCA, 1983)
Publicado por Metal Machine Music Ltd.
Todos os direitos administrados por Screen Gems — EMI Inc. (BMI)

New sensations (RCA, 1984)

Publicado por Metal Machine Music Ltd.
Todos os direitos administrados por Screen Gems — EMI Inc. (BMI)

Mistrial (RCA, 1986)

Publicado por Metal Machine Music Ltd.
Todos os direitos administrados por Screen Gems — EMI Inc. (BMI)

New York (Sire, 1989)

Publicado por Metal Machine Music Ltd.
Todos os direitos administrados por Screen Gems — EMI Inc. (BMI)

Songs for Drella (Sire, 1990)

Publicado por John Cale Music Inc. (BMI)/Metal Machine Music Ltd.
Todos os direitos administrados por Screen Gems — EMI Inc. (BMI)

Magic and loss (Sire, 1992)

Publicado por Metal Machine Music Ltd.
Todos os direitos administrados por Screen Gems — EMI Inc. (BMI)

Set the twilight reeling (Warner Bros., 1996)

Publicado por Lou Reed Music Ltd.
Todos os direitos administrados por EMI Blackwood Music Inc. (BMI)

Time rocker (1996)

Publicado por Lou Reed Music Ltd.
Todos os direitos administrados por EMI Blackwood Music Inc. (BMI)

Ecstasy (2000)

Copyright © Lou Reed Music (BMI)
Todos os territórios fora da América do Norte administrados por EMI Blackwood Music Inc. (BMI)
Todos os direitos de Lou Reed na América do Norte administrados por Spirit One Music (BMI)

The raven (2003)

Copyright © Lou Reed Music (BMI)
Todos os territórios fora da América do Norte administrados por EMI Blackwood Music Inc. (BMI)
Todos os direitos de Lou Reed na América do Norte administrados por Spirit One Music (BMI)

Miscelânea

Ocean

Oakfield Avenue Music Ltd. (BMI) administrada por Screen Gems — EMI Music Inc.
(Caixa *Velvet Underground Peel Slowly and See*, Polygram, 1995)

You can dance
Such a pretty face
Affirmative action (PO #99)
Better get up and dance

Não publicadas

Here comes the bride

John Cale Music Inc. (BMI) / Oakfield Avenue Music Ltd. (BMI)
administrada por Screen Gems — EMI Music Inc.
(Caixa *Velvet Underground Peel Slowly and See*, Polygram, 1995)

My name is Mok

Rock and Rule (MGM / UA, 1984)

One world one voice
Why can't I be good?*

* *Faraway so close!* (EMI / Electrola, 1993)

You'll know you were loved

Friends (Reprise, 1995)

Is anybody listening

Trilha sonora original do filme *O quarto poder* (Warner Bros., 1996)

Little sister

Trilha sonora original do filme *Na zorra do rock* (Morocco / Motown, 1983)

Letters to the Vatican

Nothing but the truth (Electra, 1988)

The calm before the storm

Nothing but the truth (Electra, 1988)

Something happened

Trilha sonora original do filme *Para sempre na memória* (Epic / CBS Records, 1988)

Downtown dirt (prototype)

Publicada por Metal Machine Music Inc. administrada por Screen Gems — EMI Inc. (BMI) (*Between thought and expression: The Lou Reed Anthology*, BMG, 1992)

Generous heart

Publicada por Lou Reed Music.
Todos os direitos administrados por Spirit Music Publishing.

Gravity

Publicada por Lou Reed Music.
Todos os direitos administrados por Spirit Music Publishing.

Junior dad

Publicada por Lou Reed Music.
Todos os direitos administrados por Spirit Music Publishing.

Power of the heart

Publicada por Lou Reed Music.
Todos os direitos administrados por Spirit Music Publishing.

Safety zone

Publicada por Lou Reed Music.
Todos os direitos administrados por Spirit Music Publishing.

Sobre o autor

Lewis Allen Reed nasceu em 1942 no Brooklyn, em Nova York. Em 1964, formou-se na Universidade de Syracuse, onde conheceu, em um curso de escrita criativa, o poeta norte-americano Delmore Schwartz, que se tornaria seu amigo e mentor. No ano seguinte, junto com o galês John Cale, que já havia trabalhado com compositores do quilate de LaMonte Young, criou o Velvet Underground, banda com a qual a dupla incorporou de forma definitiva os elementos da música de vanguarda ao rock and roll. Além de *Atravessar o fogo*, Reed já publicou dois livros de fotografia.

ESTA OBRA FOI COMPOSTA POR 2 ESTÚDIO GRÁFICO EM DANTE E
IMPRESSA PELA GEOGRÁFICA EM OFSETE SOBRE PAPEL PÓLEN
SOFT DA SUZANO PAPEL E CELULOSE PARA A
EDITORA SCHWARCZ EM JULHO DE 2010